# CHANGEM
# ET STATU...

MW01222855

# FAUX TITRE

Etudes
de langue et littérature françaises
publiées

sous la direction de Keith Busby,
M.J. Freeman, Sjef Houppermans,
Paul Pelckmans et Co Vet

No. 206

Amsterdam - Atlanta, GA 2001

# CHANGEMENTS POLITIQUES ET STATUT DES LANGUES

## Histoire et épistémologie 1780-1945

Marie-Christine Kok Escalle
Francine Melka (réd.)

Cover illustration / Illustration de couverture: Alissia Melka Teichroew

The paper on which this book is printed meets the requirements of "ISO 9706:1994, Information and documentation - Paper for documents - Requirements for permanence".

Le papier sur lequel le présent ouvrage est imprimé remplit les prescriptions de "ISO 9706:1994, Information et documentation - Papier pour documents - Prescriptions pour la permanence".

ISBN: 90-420-1375-3
©Editions Rodopi B.V., Amsterdam - Atlanta, GA 2001
Printed in The Netherlands

# TABLE DES MATIÈRES

# INTRODUCTION

Marie-Christine Kok Escalle
Francine Melka
Universiteit Utrecht

C'est à l'Université d'Utrecht que s'est tenu le colloque de la *S.I.H.F.L.E.S.*, Société Internationale pour l'Histoire du Français Langue Étrangère ou Seconde, les 9, 10 et 11 décembre 1999.

Le français a une longue histoire aux Pays-Bas : depuis la fin du Moyen-Age, la langue française a été utilisée comme langue seconde et même comme langue première d'éducation pour une certaine partie de la population, parfois même au détriment de la langue maternelle, le néerlandais. Aujourd'hui, l'apprentissage du français à l'école est influencé par les réalités économiques, sociales et politiques qui déterminent des connotations décisives pour le statut de la langue étrangère. Quelques exemples tirés de l'histoire récente ou plus lointaine des Pays-Bas illustrent cette réalité. En 1995, au tout début de la présidence de Jacques Chirac, les essais nucléaires français ont repris dans le Pacifique, après avoir été interrompus pendant les septennats de François Mitterrand. Les élèves du secondaire, sensibles au langage des écologistes, ont boycotté les cours de français dans les lycées, et les enseignants de français se retrouvèrent sans élèves pendant une semaine. Ce banal exemple montre combien la langue, ici le français, est, aux yeux de l'utilisateur étranger, étroitement associée à une idéologie, celle du pouvoir politique en place aussi bien en France, pays d'origine de cette langue, que dans le pays où se pratique le français langue étrangère. Presque un siècle plus tôt, en 1898, en réaction à l'affaire Dreyfus qui occupait l'opinion publique en France mais aussi à l'étranger, on pouvait lire dans la presse néerlandaise des appels à boycotter non pas la langue française mais l'apprentissage du français en France même : les jeunes filles néerlandaises devraient donc se rendre en Suisse ou en Belgique et non plus en France comme c'était l'habitude dans certains milieux pour apprendre le français, et en retour les préceptrices françaises devraient être remplacées par d'autres Francophones.

La place qu'occupe la langue d'un pays dans l'éducation, dans les pratiques sociales et culturelles est grandement influencée par l'image que ce pays offre et que l'on se fait de ce pays. Le contexte socio-culturel dans lequel s'inscrit une langue étrangère est déterminant, tant en ce qui concerne la société cible qu'en ce qui concerne la société source. L'étude de l'influence de ces contextes respectifs sur l'image et les pratiques de cette langue forme le cadre de notre problématique. "Changements politiques et statut des langues" tel est le sujet de ce recueil qui rend compte des travaux menés pendant le colloque de la *S.I.H.F.L.E.S.*, qui s'est tenu à l'Université d'Utrecht.

Les trois paramètres dégagés par Willem Frijhoff (1995 : 48) pour étudier le statut de la langue étrangère[1], à savoir l'usage de la langue comme pratique culturelle, comme c'est le cas chez Isabelle de Charrière (*cf.* l'étude de Madeleine van Strien-Chardonneau), la pédagogie de l'apprentissage, qui apparaît dans les manuels de langue étrangère, et la réflexion savante sur la langue et la didactique, comme en témoigne la discussion sur l'universalité de la langue française (*cf.* l'étude de Gerda Haßler) se retrouvent au fil des contributions qui analysent différents types de documents.

On peut se placer à plusieurs niveaux de changement politique et considérer les événements qui ont provoqué une rupture sociale et politique dans un pays et en analyser les effets sur la langue de l'autre ; on peut aussi examiner plus directement les modifications apportées par un nouveau régime ou gouvernement au système éducatif, tant sur les objectifs donnés à l'instruction que sur les programmes, les manuels, les méthodes d'enseignement. La question principale est de savoir dans quelle mesure ces changements politiques ont eu des effets sur la place qu'occupe le français dans la société, sur la place qu'on lui attribue à l'école et dans l'éducation en général. Tels sont les thèmes abordés dans cet ouvrage.

Les effets du politique et des idéologies politiques sur le statut d'une langue étrangère et sur la perception de sa fonction seront étudiés sur une large période allant du XVIIIe au XXe siècles et dans de nombreux pays européens. Ainsi, nous présentons d'abord deux étu-

---

[1] *In Documents pour l'histoire du français langue étrangère ou seconde, 16,* Décembre 1995: 48.

des générales : dans le cadre du rayonnement de la langue française au XVIII<sup>e</sup> siècle, Gerda Haßler (Universität Potsdam) présente *La discussion sur l'universalité de la langue française et la comparaison des langues: une rupture épistémologique* et Madeleine van Strien-Chardonneau (Universiteit Leiden) pose la question du *Statut du français, langue seconde selon Isabelle de Charrière: langue de culture, langue utilitaire?*

Dans quelle mesure les changements politiques ont-ils eu des effets sur la place qu'occupe le français dans la société et sur la place qu'on lui attribue à l'école et dans l'éducation en général ? Dans quelle mesure la langue de l'autre est-elle mise au service des pouvoirs ? Quel statut revêt la langue de l'occupant ? C'est une question qui se pose dans l'Europe napoléonienne et post napoléonienne, mais qui se pose encore au XX<sup>e</sup> siècle dans le monde de la Francophonie. Noël Caruana-Dingli et Anthony Aquilina (Junior College, Université de Malte) montrent l'évolution de *La langue française à l'époque des Chevaliers et pendant la domination napoléonienne, à Malte dans les années 1780-1800* et Filomena Vitale (Seconda Università di Napoli) analyse *Le rayonnement du français dans le Royaume de Naples de 1799 à 1860*. De son côté, Juan García-Bascuñana (Universitat Rovira i Virgili, Tarragona) montre dans *Politique linguistique et enseignement des langues étrangères en Espagne pendant le Triennat libéral (1820-1823) : à propos de l' Academia Civica de Barcelone*, comment ouverture politique et ouverture linguistique sont liées, une réalité qui se retrouve dans d'autres pays et à d'autres époques.

Toujours dans ces mêmes périodes modernes de la fin du XIX<sup>e</sup> et du début du XX<sup>e</sup> siècle, la langue française comme langue de pouvoir de l'étranger est aussi mise au service de l'émancipation culturelle ; objet d'institution politique, elle est soutenue par un dispositif très sophistiqué mis en place entre autres par la politique extérieure de la France. Valérie Spaëth (Université de Bar Ilan, Tel Aviv) le démontre pour *La création de l'Alliance Israélite Universelle ou la diffusion de la langue française dans le Bassin méditerranéen*. La figure de *Jean Marx (1884-1972) entre-deux-guerres* (André Reboullet, Paris) et les modes de *Diffusion du français en Europe de l'Est: 1920-1939* (Jean-Claude Chevalier, Université de Paris VIII) illustrent bien les effets du système construit par le politique au profit de la langue.

Un autre aspect traité pendant le colloque, et qui élargit le champ d'analyse, est celui de la rivalité qui se développe entre la langue maternelle et les langues étrangères dont le français. Quelle place a-t-on attribuée au français parmi les langues étrangères dans l'éducation ? Si, dans le cadre de la *S.I.H.F.L.E.S.*, c'est surtout l'étude de l'histoire du français langue étrangère qui domine, plusieurs études portent néanmoins sur le statut comparé de diverses langues, comme dans le cas de la Suède: *L'essor et le déclin du français, de l'allemand et de l'anglais en Suède 1807-1946* (Elisabet Hammar, Université de Lin-köping), ou du Luxembourg : *La moitié perdue : changements politi-ques et francophonie au Luxembourg, 1780-1945* (Bernard Esmein, Ambassade de France aux Pays-Bas), ou encore en Espagne, à l'*Academia Civica* de Barcelone (*cf.* l'étude de Juan Garcia-Bascuñana citée plus haut).

La contribution de Denise Egéa-Kuehne nous ramène vers des données plus générales sur l'importance de la relation entre le politi-que et le culturel. Les individus intériorisent en effet les normes valo-risées parce que jugées valorisantes. Dans son étude sur le vécu lin-guistique d'écrivains de la Francophonie, Denise Egéa-Kuehne (Loui-siana State University) teste *La langue de l'autre au croisement des cultures: Derrida et "Le monolinguisme de l'autre"*.

Les sept contributions suivantes qui concernent la seconde moitié du XIXe siècle et la première moitié du XXe siècle, ont toutes en commun l'analyse idéologique d'une unité politique vue à travers des manuels et des méthodes, dans des pays aussi divers que l'Italie, le Portugal, l'Espagne ou la Belgique. Institutions et méthodes peuvent être façonnées au profit d'un idéal national : les manuels qui y corres-pondent reflètent en partie les mutations idéologiques et culturelles issues des changements politiques. C'est le cas dans l'Espagne du XIXe siècle, comme le montre Carmen Roig (Universidad de Canta-bria, Santander) avec *Le discours idéologique véhiculé par les ma-nuels de français en Espagne au XIXe siècle : quelques repères*. C'est aussi le cas dans l'Italie unifiée où les manuels servent à transmettre savoirs et normes tout en faisant naître un sentiment identitaire d'appartenance : *"L'Italie est faite, il faut faire les Italiens" : la cons-truction de l'identité nationale dans les manuels scolaires* que dé-montre Rosalia Bivona (Université de Palerme). La querelle linguisti-que prend une dimension nationale dans la Belgique de la fin du XIXe siècle: *Le français à l'école primaire en Flandre vers 1880-1890 : identités nationales et techniques d'enseignement* (Michel Berré, Vrije Universiteit Brussel). Au Portugal, l'enseignement du français s'adapte sans trop de problèmes aux changements politiques, comme en témoignent les analyses de Maria José Salema (Universidade do Minho) : *De la Monarchie à la Première République, l'évolution dans la continuité: l'enseignement du français au Portugal de 1894 à 1926.* L'évolution des conceptions linguistiques peut refléter des transformations causées par des luttes d'ordre politique et idéologique qui aboutissent à la mise en place de nouveaux systèmes. Brigitte Lépinette (Universitat de València) recherche la corrélation entre système politique et système d'apprentissage de la langue à partir d'une grammaire utilisée en Espagne: *Contexte administratif et scientifique d'une grammaire pour l'enseignement du français en Espagne (1907).* Maria Hermínia Amado Laurel (Universidade de Aveiro) fait de même pour le Portugal, à partir de l'utilisation d'œuvres littéraires : *L'enseignement de la langue et de la littérature françaises au Portugal entre 1910-1936 : aspects idéologiques et institutionnels.* Les connotations culturelles des manuels d'enseignement sont révélatrices des contraintes idéologiques apportées par les changements politiques, comme le montre Manuel Bruña Cuevas (Universidad de Sevilla) dans son étude sur l'Espagne franquiste: *L'enseignement du français mis au service du régime de Franco (1936-1940).*

La dernière contribution, celle de Pierre Swiggers (Katholieke Universiteit Leuven), *L'antagonisme linguistique en Belgique 1830 - 1850 : tensions et conflits politico-linguistiques*, aborde la même thématique et analyse, au-delà des textes, la complexité d'une période restreinte, dans un espace limité, la Belgique du milieu du XIX$^e$ siècle. Cette étude de cas exemplaire offre une réflexion approfondie sur l'interaction entre langue et politique.

Enfin dans *Questions Ouvertes* qui reprend le débat de la fin du colloque, Willem Frijhoff (Vrije Universiteit Amsterdam) permet de dégager les grandes lignes de récurrence et de préciser les questions systémiques à exploiter dans le futur.

En abordant cette thématique nous avons pu constater qu'à côté des textes officiels, des instructions et des programmes, à côté des manuels et méthodes d'apprentissage, les individus, qu'ils soient éducateurs ou politiques, se révèlent essentiels dans la mesure où ils sont porteurs et représentants des idéologies auxquelles les institutions sont soumises.

Avant de clore cette introduction nous voulons honorer la mémoire de Pieter Loonen, angliciste de l'Université de Groningue, collègue dynamique et chaleureux et membre de la Peter Heijnsgenootschap, association qui s'intéresse à l'histoire de l'enseignement des langues et littératures dans les Pays-Bas du Nord et du Sud, décédé soudainement alors qu'il venait de fêter ses 60 ans et était en dialogue avec nous pour définir le sujet de son intervention.

Nous tenons à remercier Christien Bok dont le soutien logistique nous a été précieux ainsi que toutes les instances qui ont rendu possible la tenue du colloque de la *S.I.H.F.L.E.S.* à l'Université d'Utrecht du 9 au 11 décembre 1999 et la publication de ce recueil : l'Université d'Utrecht, les Instituts de Recherche de cette Université, OGC et Uil-OTS, l'Institut Huizinga, École Nationale de Recherche en Histoire Culturelle, l'Académie Royale des Sciences aux Pay-Bas (K.N.A.W.), le Centre Néerlandais de la Recherche Scientifique (N.W.O.), et l'Ambassade de France aux Pays-Bas.

# LA DISCUSSION SUR L'UNIVERSALITÉ DE LA LANGUE FRANÇAISE ET LA COMPARAISON DES LANGUES : UNE RUPTURE ÉPISTÉMOLOGIQUE

Gerda Haßler
Universität Potsdam

## L'EMPLOI ORNEMENTAL DU DISCOURS DE RIVAROL

Il est peu de textes sur des questions linguistiques qui soient cités aussi souvent dans des contextes non-linguistiques que *Le discours sur l'universalité de la langue française* (1784) de Rivarol. Pour montrer quelques emplois idéologiques de ce texte, en cette fin de siècle que nous vivons, je me limiterai à deux citations. Dans son livre *L'ingratitude. Conversation sur notre temps* (1999), Alain Finkielkraut écrit:

"L'idée ni claire ni distincte de génie de la langue porte la trace du combat mené par ce que Dante appelle l'"éloquence vulgaire" pour détrôner le latin. Parler dans sa langue : voilà qui n'est pas allé de soi dans l'Europe chrétienne et romaine. Il a fallu ennoblir le vernaculaire, montrer qu'il pouvait efficacement rivaliser avec la langue de l'Empire et de l'étude. Toujours prête à se résigner à son immensité, la France n'a pas voulu en rester là. Elle s'est portée candidate à la succession du latin. 'Sûre, sociable, raisonnable, ce n'est pas la langue française, c'est la langue humaine', écrivait Rivarol avec une mâle assurance à la fin du XVIII$^e$ siècle" (Finkielkraut 1999 : 128/9).

Ajoutons à cela les premières lignes du livre de Claude Hagège sur *Le français et les siècles* :

"C'est en 1783 [sic!] que le célèbre *Discours sur l'universalité de la langue française* valut à Rivarol le prix de l'Académie des sciences et lettres de Berlin. Cela fait deux cents ans, donc ou quasiment. [...] Mais les temps ont changé. Aujourd'hui, il faudrait, selon bien des apparences, remplacer 'française' par 'anglaise' et 'de l'Europe' par 'du monde'. Et le texte de Berlin, ainsi ravaudé, constituerait le sujet d'un concours plus disputé encore que celui qui proposait aux contemporains de Rivarol cette triple interrogation : 'Qu'est-ce qui a fait de la langue française la langue universelle de l'Europe ? Par où mérite-t-elle cette prérogative ? Peut-on présumer qu'elle la conserve?'" (Hagège 1987 : 9).

L'utilisation d'un grand texte de l'histoire de la linguistique dans les débats actuels n'est pas un cas singulier. Il est tout de même très étonnant qu'un texte qui n'apportait pas d'idées nouvelles à la question débattue et qui se bornait à résumer des arguments parfois contradictoires, soit devenu aussi célèbre. Le renvoi au texte de Rivarol qui s'inscrit aujourd'hui dans un discours sur la langue française menacée dans la communication internationale, se limite souvent à sa mention ornementale, il reste envisagé seul et non comme situé à l'intérieur d'une série. Or, cette série est, dans ce cas, particulièrement importante.

## LA QUESTION DE L'UNIVERSALITÉ DE LA LANGUE FRANÇOISE POSÉE A BERLIN EN 1782 : PRÉHISTOIRE ET SITUATION POLITIQUE

Dans son Assemblée du 30 mai 1782, la Classe de Belles-Lettres de l'Académie de Berlin avait invité à répondre à la question de l'universalité de la langue Françoise. On était à quatre ans de la mort de Frédéric II qui préférait nettement le français et venait d'exprimer clairement son mépris tant pour la langue allemande que pour le travail intellectuel qui se développait dans la capitale de son royaume comme partout en Allemagne. Dans son livre de 1994, Jürgen Storost a étudié les débats politiques qui avaient mené à cette décision de mettre en question la francophonie de l'Académie en particulier, et des sciences et lettres en général.

Mais les débats sur l'emploi de la langue française en Allemagne ne naissent pas seulement du conflit entre la cour de Prusse, franco-phone, et la ville de plus en plus éclairée qui s'exprime en allemand. Dès 1713, un étudiant de l'université de Jena, Johann Friedrich Westenholz, propose une Dissertation académique sur l'*Usage de la langue françoise en Allemagne*. Selon Westenholz :

"Nous ne voyons pas d'abord notre propre langue capable d'exprimer les choses dont ces Sciences traitent. - Et en considérant de quelle manière la Langue Françoise s'introduit insensiblement, peût-être sera-il permis d'auguer avec plusieurs Sçavans qu'elle succédera à la Latine. [...] la Langue des François [...] s'est introduite & s'introduit encore par sa douceur, par sa beauté, par son utilité, & par sa nécessité" (Westenholz 1713, *in* Storost 1994 : 5).

Ce n'est qu'un des nombreux exemples qui montrent que les débats au cours du dix-huitième siècle, ainsi que ceux du seizième et dix-septième, avaient avancé des raisons pour prouver l'universalité du français. Cette question se posa dans un autre contexte quand les progrès des Lumières en Allemagne et les changements dans l'enseignement en Prusse se heurtèrent à l'attitude d'une cour presque entièrement francisée. Ainsi, le directeur de la Classe de Belles-Lettres, Merian, avait proposé, en 1778 déjà, de poser la question des avantages de la langue française et des perspectives de son usage, ainsi:

"I) En quoi consistent les prérogatives ou les avantages extérieurs, dont la Langue Françoise jouit actuellement par-dessus toutes les autres Langues de l'Europe, tant anciennes que modernes ? On demande que ces avantages soient exactement dénombrés, et déterminés, tant en général que par voie de comparaison.
II) Quelles sont les causes physiques ou morales ou mixtes, qui ont fait prendre cet ascendant à la Langue françoise ? Comment se sont-elles subordonnées les unes aux autres ? Jusqu'où chacune de ces causes a-t-elle concouru à la production de l'effet total ? Et comment cet effet a-t-il résulté de leur combinaison ? C'est ce qu'il s'agit de développer de la manière la plus lumineuse, et la plus propre à expliquer le phénomène.
III) Dans cette grande vicissitude des choses humaines, est-il à croire que la Langue Françoise conserve à jamais les prérogatives dont elle est aujourd'hui en possession ? Combien de durée peut-on raisonnablement lui promettre à cet égard ? Quels sont les événemens ou les causes qui pourroient lui faire perdre ces avantages ? Enfin, cette révolution supposée, quelles en seront les suites ? Y aura-t-il quelque autre Langue qui prendra la place de la Langue Françoise ? Et quelle sera cette Langue selon la conjecture la plus vraisemblable ?" Merian, 15 Mai 1778 (*in* Storost 1994 : 15).

La proposition de Merian ne fut pas acceptée, mais le sujet prit une actualité toute particulière avec la publication de l'ouvrage de Frédéric II intitulé *De la Littérature allemande, des défauts qu'on peut lui reprocher, quelles en sont les causes, & par quels moyens on peut les corriger* qui parut à Berlin chez Decker en 1780 et fut immédiatement largement diffusé. On peut juger du mécontentement qu'il provoqua parmi les intellectuels en relisant une lettre qu'envoie Jacques Louis (Jakob Ludwig) Desca (1735-1816), prêtre à Magdebourg, au secrétaire perpétuel de l'Académie de Berlin, Jean Henri Samuel Formey (1711-1797) :

> "Monsieur et très honoré Père!
> [...] Les Allemands ne sont pas fort contents de l'Écrit du Roi Sur la littérature allemande, et ils n'ont pas sujet de l'être. Il ne leur rend pas toute la justice qui leur est due et les mets beaucoup trop au rabais. C'est un effet de la prévention qu'il a connue dans Sa jeunesse contre les Allemands; le tableau qu'il en trace pouvoit leur convenir alors, mais il ne leur convient plus à présent. D'ailleurs il paroit par l'ouvrage même que le Roi n'a pas assez de connoissance ni de la langue ni de la littérature allemande pour en juger pertinemment" (Jakob Ludwig Desca à Johann Heinrich Samuel Formey, 20.12.1780, *in* Storost 1994 : 37).

Après ces débats, Merian pouvait renouveler la proposition avancée en 1778, avec, cette fois, plus de chance d'aboutir. Le 12 avril 1782, il s'adressa aux membres de sa classe et fit circuler les transactions de l'année 1778, où

> "il se trouve encore plusieurs problèmes de prix dont peut-être on voudra faire usage. Pour moi je m'en tiens à celui que j'ai alors proposé sur la langue françoise, qui est celle de l'Académie, problème qui me paroît curieux et intéressant, et qu'en mon particulier je souhaiterois de voir résolu" (Merian 12 avril 1782, *in* Storost 1994 : 53).

Il y a plusieurs réponses manifestant une certaine répugnance à traiter le sujet ; parmi celles-ci, celle de Dieudonné Thiébault, particulièrement prudente. Il écrit :

> "Dans la question proposée par Monsieur Merian [...] on trouve deux questions : La premiere a trois branches, 1°. Le *Jusqu'à quel point,*

qui est plutôt Le Sujet d'un tableau oratoire, que d'une discussion littéraire : je ne vois dans ce tableau qu'une difficulté, celle de ne pas
tomber dans la déclamation, par trop d'Enthousiasme ou d'injustice,
en un mot de partialité.
2°. Et 3°. *Le comment*, Et *Le pourquoi*, qui exigent des discussions
historiques, politiques, philosophiques, Et grammaticales; discussions qui, pour mériter quelque attention, demandent des Connois-
sances bien détaillées Et des principes bien Solides et bien appro-
fondis Sur le génie de La Langue Et de la nation françoise : j'avoue
que je vois beaucoup de raisons de Craindre qu'on ne nous dise rien
de neuf Et de Satisfaisant sur tout cela. [...]" (Thiébault 15 avril
1782, *in* Storost 1994 : 55).

Si l'Assemblée de la Classe de Belles-Lettres se décida finalement, le
30 mai 1782, en faveur de la question discutée avec tant d'ardeur, cela
est dû à l'insistance de Merian et surtout à l'impact de l'ouvrage de
Frédéric qui appelait une réponse. Ce dernier aspect apparaît nettement dans l'avis donné par Moulines, membre de la Classe de Belles-
Lettres:

"Je me décide pour la question de Mr. l'abbé Pernety telle qu'il l'a
proposée; 1°. parce qu'elle convient à notre Classe et 2°. surtout, vu
les circonstances et les faux jugements que nombre de petits Littéra-
teurs allemands portent sur cette langue et répandent avec un succès
qui ne sauroit échapper à un oeil un peu observateur" (Moulines, *in*
Storost 1994 : 62).

Ce n'était pas la première fois que l'Académie de Berlin invitait à
discuter d'une question linguistique. Dans la deuxième moitié du
XVIII$^e$ siècle, cinq questions de l'Académie ont été consacrées aux
problèmes du langage. Nous en examinerons quatre (1759, 1771,
1784, 1792). La cinquième, que je n'évoquerai pas ici, fut proposée
en 1793 par la classe de Belles-Lettres et portait sur l'illustration de la
langue allemande. Dans ces débats académiques, il ne s'agissait pas
d'une simple discussion sur les avantages d'une langue dans le domaine de la communication, mais de la solution philosophique de
problèmes liés à la nature de l'homme.
Le premier débat remonte à 1759 et, déjà, la formulation de la
question montre qu'on vise à un but bien précis :

"Quelle est l'influence réciproque des opinions du peuple sur le langage et du langage sur les opinions ? (après avoir rendu sensible, comment un tour d'esprit produit une Langue, laquelle Langue donne ensuite à l'esprit un tour plus ou moins favorable aux idées vraies, on pourroit rechercher les moyens les plus pratiquables de remédier aux inconvéniens des Langues)".

On envisageait, bien sûr, les avantages et les désavantages d'une langue en tant que moyen de communication, mais ce qui était plus important, c'était son rôle pour la pensée, les opinions, le développement des sciences, bref pour le développement des capacités cognitives de l'homme. La question proposée avait cependant aussi une dimension historique. Tout d'abord c'étaient certaines opinions, certaines manières de penser qui s'exprimaient dans les langues. Celles-ci contribuaient à stabiliser les opinions qui, de cette manière, pouvaient devenir des préjugés. Cette hypothèse n'était pas nouvelle, elle faisait partie de la discussion sur les problèmes linguistiques depuis l'*Essai sur l'entendement humain* de John Locke, et, Condillac, Du Marsais, Diderot, pour ne citer que les penseurs les plus importants, y avaient apporté leur contribution. Cette relation entre le langage et la pensée était donc presque un lieu commun au milieu du XVIII$^e$ siècle et l'Académie de Berlin ne voulait pas la mettre en question.

L'auteur du mémoire couronné en 1759, Michaelis, a emprunté à la discussion française un terme qui n'était pas courant dans la discussion allemande : le *génie de la langue*. C'est le caractère particulier de la langue qu'il a en vue, caractère constitué par les règles grammaticales et par un vocabulaire. Ce terme était courant en France depuis la fin du XVII$^e$ siècle, et des auteurs comme Condillac et Diderot avaient déjà constaté un lien entre ce génie de la langue et le génie du peuple qui la parle. Michaelis poursuit cette discussion, tout en lui donnant un aspect plus philologique. Il utilise des exemples venant de langues orientales et fait preuve de connaissance, que, sans doute, ses concurrents n'avaient pas.

A la fin de son mémoire, Michaelis avait proposé à l'Académie de poser une autre question, qui, de fait, allait devenir le sujet du concours de 1771 : comment une langue pourrait-elle naître parmi des hommes qui n'en avaient pas auparavant; et comment pourrait-elle atteindre sa perfection et son élaboration actuelles ? La question posée alors était :

"En supposant les hommes abandonnés à leurs facultés naturelles, sont-ils en état d'inventer le langage? Et par quels moyens parviendront-ils d'eux-mêmes à cette invention? On demanderoit une hypothèse qui expliquât la chose clairement, et qui satisfît à toutes les difficultés".

Le texte qui invite à traiter le sujet met l'accent sur les relations entre le langage et la nature de l'homme. Ce n'est donc plus la perspective philologique de Michaelis, mais un point de vue nettement anthropologique qui domine cette question. Il y eut 31 réponses à cette question et ce fut le mémoire de Johann Gottfried Herder qui fut couronné. 24 de ces manuscrits se trouvent encore dans les Archives de l'Académie, quelques autres ont été réclamés par leurs auteurs, parfois publiés, parfois conservés dans des archives privées. C'est le cas d'un manuscrit de Michaelis, qui cette fois aussi avait présenté un texte, mais sans avoir été couronné.

Dans les manuscrits soumis à l'appréciation de l'Académie, on peut constater une nette tendance à accumuler des faits empiriques corroborant les hypothèses communément admises. Nous sommes en pleine époque de l'empirisme naissant en Europe, et la réflexion linguistique à l'Académie de Berlin ne pouvait pas échapper à l'esprit du temps. Il y avait plusieurs approches de l'origine du langage qui se disaient empiriques, par exemple la recherche des vestiges de l'origine du langage dans les langues anciennes :

"On voit des vestiges de ce que j'avance, dans la langue hébraïque qui par son antiquité peut être regardée comme un exemple d'une langue primitive. Les personnes y sont exprimées par des lettres ajoutées au commencement ou à la fin du mot radical et qui paroissent un vestige du pronom personnel joint au verbe" (Manuscript I-671 : 8).

D'autres auteurs se réfèrent à des langues exotiques pour en déduire des traits généraux propres à toutes les langues. Dans le cas cité, il s'agit de leur caractère régulier et analogique. Les langues ne sont pas de simples imitations, même au Groenland, au Japon, chez les Hottentots, les Indiens de l'Orénoque, les Tartares, les Caraïbes, tout le monde parle une langue régulière et analogique :

> "Une langue qui ne consisteroit qu'en imitations, seroit un vrai monstre, un amas informe de bêlements, d'abboyements, de mugissements, de hurlements, de rugissements, de croassements, de sifflements & de bourdonnements, de sons graves, aigus : brefs & longs. Quel cahos! est-il possible d'y supposer des règles & de l'ordre. Y a-t-il au monde quelque langage qui ressemble à ce portrait? En Groenlande, au Japon, chez les Hottentots, les Oronocs, les Tartares, les Caraïbes, tout parle une langue régulière & analogique" (Manuscript I 665 : 57/58).

Un auteur qui a reçu un accessit de l'Académie, l'Italien Francesco Soave, reprend une hypothèse déjà connue, mais il l'élabore d'une façon plus cohérente. Il suppose que deux enfants qui grandissent en dehors de la société se créent une langue. Le point de départ de cette langue serait l'imitation des sons émis par les animaux qui servirait de dénominations pour ceux-ci. Cette expérience hypothétique lui permet de conclure à un enchaînement naturel dans le développement des pensées et du langage :

> "Pleraque nomina apud nos universalia sunt; pleraque enim non res individuas, sed rerum aut genera, aut species exprimunt, veluti *animal, canis, equus, arbor, quercus, pinus, fructus, uva, ficus*, etc. A Pueri cum primum animal, quocum colludunt, *felem, canemve* appelari audiunt, nomen hosce profecto individui illius tantummodo proprium esse arbitrantur. Jam dumtaxat felem, canemque universalia esse nomina intelligunt, cum ea audiunt pluribus aliis eorum similibus individuis promiscué tribui. Haec igitur nomina penes pueros initio particularia sunt; universalia deinde evadunt. Idemne Silvestribus quoque nostris continget ? Principio quidem cum animalis alicujus vocem imitabuntur, non alia ipsis, quam peculiaris illius individui designandi, mens erit. Deinde autem quia plura diversae speciei animalia eandem propemodum vocem emittunt, ad quodlibet harum specierum animal indicandum eadem ipsi utentur voce. Postremo cum vocum diversitatem diligentius observaverint, ad diversas species significandas, diversas et ipsi voces effundent. Animalium igitur nomina primo particularia erunt, tum nimis universalia, quin plures simul species complectentur, postremo universalia minus, at magis determinata, quia unumquodque nomen unam tantummodo animalium speciem designabit. Idem propemodum de reliquis etiam nominibus dicendum est" (Manuscript I-M 666 [Francesco Soave] : 37 ).

Par ailleurs, Soave revient à la question déjà posée en 1759 quand il reprend l'idée d'une relation entre le vocabulaire et les opinions du peuple. Le fait que les peuples sauvages n'aient pas de mots propres qui correspondent à ceux de *vertu, justice, liberté, reconnaissance, ingratitude*, n'est pas important en soi, mais il renvoie à l'absence des notions correspondantes. C'est une réalité culturelle et anthropologique qui se déduit des faits linguistiques donnés et qui, pour les auteurs de certains mémoires, devient plus importante que la question de l'origine elle-même.

## UNITÉ ET DIVERSITÉ DES RÉPONSES À LA QUESTION DE L'UNIVERSALITÉ DU FRANÇAIS

On est donc revenu, même dans un contexte anthropologique, à la diversité des langues qui correspond à une diversité de pensées et de cultures. L'Académie de Berlin s'occupe de cette question sous un aspect très particulier, celui de l'universalité de la langue française. C'est ce qu'on oublie facilement quand on prend le nom de Rivarol comme étiquette d'une discussion liée au rôle du français dans la communication internationale. Les opinions de Rivarol sur le génie de la langue montrent qu'il ne s'agit pas d'une innovation, mais d'une reprise des idées et des jugements qu'on avait portés depuis long-temps sur les langues des voisins et sur sa propre langue :

> "C'est donc le génie clair et méthodique de ce jargon et sa pronon-ciation un peu sourde, qui dominent aujourd'hui dans la langue fran-çaise" (Rivarol 1784 : 4). "Dans ce rapide tableau des nations, on voit le caractère des peuples et le génie de leur langue marcher d'un pas égal, et l'un est toujours garant de l'autre" (Rivarol 1784 : 17/18). "Après avoir expliqué la diversité des langues par la nature même des choses, et fondé l'union du caractère d'un peuple et du génie de sa langue sur l'éternelle alliance de la parole et de la pen-sée, il est tems d'arriver aux deux peuples qui nous attendent, et qui doivent fermer cette lice des nations : peuples chez qui tout diffère, climat, langage, gouvernement, vices et vertus : peuples voisins et ri-vaux, qui après avoir disputé trois cents ans, non à qui auroit l'empire, mais à qui existeroit, se disputent encore la gloire des let-tres et se partagent depuis un siècle les regards de l'univers" (Rivarol 1784 : 20/21). "Mais la langue française ayant la clarté par excel-lence, a dû chercher toute son élégance et sa force dans l'ordre di-

rect" (Rivarol 1784 : 52/53). "C'est de là que résulte cette admirable clarté, base éternelle de notre langue : ce qui n'est pas clair n'est pas français" (Rivarol 1784 : 49).

L'Académie avait reçu 22 réponses dont deux se partagèrent le prix : le mémoire de Rivarol et celui d'un auteur beaucoup moins souvent cité Johann Christoph Schwab (1743-1821), un philosophe de Stuttgart qui avait enseigné 11 ans comme instituteur privé en Suisse avant de devenir professeur de philosophie et de mathématiques à l'école Hohe Karlsschule en 1778. Schwab a remporté trois prix de l'Académie de Berlin; dans le concours qui nous intéresse, il avait présenté un mémoire en allemand qui prévoyait un maintien du français en tant que langue universelle de la communication internationale. Ce mémoire est même plus cohérent et moins contradictoire dans son argumentation que celui de Rivarol. Alors que le texte de Rivarol est fondé sur un patriotisme émotionnel qui ordonne les stéréotypes de la discussion linguistique menée pendant deux siècles en partant du point de vue de la question de l'universalité, Schwab s'appuie surtout sur la stabilité acquise par la langue française au cours de son développement. Il met l'accent sur les causes extrinsèques de l'universalité. Ce sont en réalité la littérature écrite en français, la politique et la diplomatie françaises qui font que cette langue est universelle, tandis que les avantages qu'une langue a grâce à son génie sont toujours relatifs.

Les autres mémoires qui répondaient à la question de l'universalité étaient de provenances diverses et leurs auteurs étaient des personnages aussi différents que l'écrivain Johann Carl Wezel (1747-1819), le philosophe Johann August Eberhard (1739-1809), le professeur de littérature grecque Johann Michael Afsprung (1748-1808), Carl Euler (1707-1783), le fils du grand mathématicien, un médiateur aussi important entre les cultures européennes que Friedrich Melchior Grimm (1723-1807) ou bien le Français Jean-Charles Thibaut de la Veaux (1749-1827) enseignant sa langue à l'étranger et protégé par Frédéric II.

Parmi les auteurs, on trouve des personnalités qui n'avaient pas de relations professionnelles aux questions linguistiques. Ainsi, un certain Etienne Mayet, né à Lyon, fils d'un marchand de tissu et ayant succédé à son oncle en tant que directeur des manufactures de soie en Prusse, avait envoyé un mémoire dans lequel d'ailleurs la comparaison qu'il effectue entre la langue française et les langues anciennes et modernes n'est guère en faveur du français :

"La Langue Françoise par exemple, n'a pas encore osé se parer des formes propres à exprimer les différents rapports métaphisiques que la langue Latine indiquoit avec tant de précision par les différentes terminaisons de ses cas. Elle n'a osé s'aproprier le système ingénieux de nuances, qui par de simples terminaisons caractérise tous les temps des verbes latins *amavi, amaveram*. Elle ne s'est pas encore permis de soustraire dans les propositions les sujets *pronominaux* pour ne les annoncer que par la livrée seule du verbe concordant, *amo, amas, amamus, amatis*. Elle ne s'est pas encore efforcée d'individualiser le nom par l'Ellipse de l'article, *tempus clarescit*, Le temps s'éclaircit. Elle ne s'est pas encore avisée d'indiquer par un cas du participe le verbe subordonné à une phrase principale, *Creo eum venturum*, je crois qu'il viendra; Elle ne s'est pas encore arrogé le droit d'invertir l'ordre analytique de sa construction pour placer librement et selon les règles de l'harmonie seulement, les différentes parties constitutives d'une proposition, *Césarem occidit Brutus*, Brutus a tué César. Si nous la comparons à ses sœurs, elle ne sauroit entrer en parallèle, pour la majesté, avec la Langue espagnole; elle ne sauroit disputer à la Langue portugaise sa supériorité pour la force de la diction; elle ne sauroit luter avec la Langue italienne pour l'aménité et le Chant"[1].

L'exemple de Mayet, un bourgeois qui, par les circonstances de sa vie, est incité à apprendre la langue des voisins et à porter un jugement sur les qualités de sa langue maternelle, n'est certainement pas courant au XVIIIe siècle. Mais sa contribution au concours de l'Académie est plutôt représentative par son caractère non-professionnel. Les concours académiques du XVIIIe siècle avaient un avantage important : ils étaient anonymes, ce qui renforce le caractère sériel des réponses dont les auteurs sont souvent inconnus ou dont les textes sont reconstruits par la recherche textuelle et historique. On

---

[1] Manuscript I-M 799 : 23; les manuscrits des concours cités sont conservés dans les Archives de la Berlin-Brandenburgische Akademie der Wissenschaften. Nous les citons par les cotes des Archives. Sur le manuscrit cité, *cf.* Storost, Jürgen. *Langue française-langue universelle? Die Diskussion über die Universalität des Französischen an der Berliner Akademie der Wissenschaften. Zum Geltungsanspruch des Deutschen und Französischen im 18. Jahrhundert.* (Bonn : Romanistischer Verlag, 1994 : 292/3).

présentait son mémoire avec une devise en exergue et cette devise figurait également dans une enveloppe cachetée. Ce n'était que dans celle-ci que le nom de l'auteur était mentionné. Ainsi, après l'attribution du prix par un jury constitué de plusieurs académiciens, on ne connaissait que les noms des vainqueurs et des mémoires mentionnés honorablement, les autres enveloppes étaient brûlées. Souvent, des auteurs présentaient des mémoires sur plusieurs questions et dans plusieurs académies. Le marchand de soie mentionné, avait déjà présenté un mémoire, à l'âge de 19 ans, lors du concours sur la question de l'origine des langues finalement remporté par Herder. Mayet ne se lassait pas d'écrire d'autres mémoires, il concourut même sur la question importante *Est-il utile de tromper le peuple ? Concours de la classe de philosophie spéculative de l'Académie des Sciences et des Belles-Lettres de Berlin pour l'année 1780*. Peu après, il s'occupa du sujet proposé par *Académie des sciences, belles lettres et des arts de Lyon* en 1780 et reconduit en 1782, ce en quoi l'Académie de sa ville natale avait suivi un conseil de l'abbé Raynal : "Quels ont été les principes qui ont fait prospérer les manufactures qui distinguent la ville de Lyon ? Quels sont les faits qui peuvent leur nuire ? Quels sont les moyens d'en maintenir et d'en assurer la prospérité ?" Le but pratique de ce concours qui avait valu un accessit à Mayet, était beaucoup plus représentatif des Académies européennes que les questions linguistiques auxquelles il avait répondu à Berlin. L'Académie de Berlin avait la particularité d'avoir une classe spéculative à côté de celles de mathématiques et physique, d'histoire et de philologie classique et de belles-lettres. On posait chaque année une question, et les différentes classes avaient le droit de les proposer à leur tour.

Les textes correspondent de façon idéale à ce qu'on pourrait appeler une série : ils répondaient tous à la même question, dans des conditions comparables (c'est-à-dire en étant à une certaine distance à l'Académie et soumis à son jugement), et plusieurs auteurs étaient bien conscients qu'il s'agissait de la conclusion d'une discussion qui durait depuis longtemps et dont les arguments étaient à examiner et à regrouper. Dans les textes présentés au concours sur l'universalité du français, on peut discerner trois lignes d'argumentation qui s'accentuent différemment selon les auteurs, mais qui apparaissent simultanément dans presque tous les textes : 1) les avantages de la langue française en soi, son génie qui s'exprime dans des traits tels que l'ordre naturel, la richesse et en même temps la clarté dans le vocabulaire, l'analogie et le caractère des sons, 2) la culture française dont la langue est porteuse, 3) l'influence politique de la France. Limitons-nous pour donner une impression du caractère sériel à quelques citations qui mettent l'accent sur les avantages de la langue française en relation avec le problème du génie d'une langue:

> "Universalité de la langue française
> Wenn der Vorrath von Ideen, welche den Gedankenschatz einer Nation ausmachen, allemahl mit dem Vorrathe der Wörter in ihrer Sprache im Verhältniß stehen muß : so läßt es sich nicht denken, daß eine sehr gebildete Nation eine arme Sprache haben könne. [...] Selbst de französische Sprache, der man diese natürliche Wortfolge beynahe ausschließlich beylegt, ist daher weit entfernt, durch ihre eigenen Gesetze ganz allein daran gebunden zu seyn. Aber sie weicht weniger davon ab, als andere neuere Sprachen, und noch weniger als die beyden gelehrtesten Sprachen des Alterthums. Ihre ganze Organisation, wenigstens so wie sie jetzt in ihren besten Schriftstellern ist, zielt mehr darauf ab, die Deutlichkeit zu befördern" (M 812, Über die Ursachen der allgemeinen Ausbreitung der französischen Sprache in Europa : 189/197).
> "[...] chaque pays, chaque Peuple en se servant de son idiome se fait entendre, et n'a besoin, en aucune manière de notre langue, pour remplir cet objet, mais si nous envisageons la langue Françoise conjointement avec les mœurs de la nation, nous verrons que les bienséances du langage et celle des mœurs ont un tel rapport et une telle affinité, qu'elles se donnent pour ainsi dire la main, c'est ce qu'on remarque soit bien dans les endroits, où les sciences n'ont point encore pénétré, un langage grossier, des mœurs encore plus grossières; point d'affabilité, par défaut de commerce du monde; point de simplicité, point de politesse parce que l'esprit est sans culture, tout s'y ressent de la Barbarie [...] la plus marquée"(M 802 [Friedrich Melchior Grimm] : 79).

## LA TRANSITION À LA COMPARAISON PHILOSOPHIQUE DES LANGUES : LA RÉPONSE DE JOHANN AUGUST EBERHARD

Le scepticisme de Thiébault en ce qui concerne la possibilité de contribuer par de nouvelles idées à la question posée se trouve confirmée par l'examen des mémoires que l'Académie avait reçus. Il y a cependant quelques textes qui, bien qu'il ne répondent pas suffisamment à la question posée, semblent indiquer une nouvelle voie : la comparaison impartiale des langues. C'est surtout le cas de celui de Johann August Eberhard, ancien prêtre berlinois et professeur de philosophie à l'université de Halle.

Eberhard souligne d'emblée que sa méthode est fondée sur l'impartialité (*Unpartheylichkeit*), une impartialité dont un philosophe doit faire preuve dans toute comparaison. Il commence par discuter l'hypothèse que l'emploi du français en Allemagne serait à expliquer par la révocation de l'Édit de Nantes qui avait entraîné une affluence de protestants français. Mais il n'évoque cette hypothèse que pour la rejeter : les colons français étaient relativement peu nombreux par rapport à la population allemande et ils n'auraient jamais pu imposer leur langue à leurs concitoyens. Même dans les villages presque entièrement français, on avait fini par adopter la langue du pays, tout en y intégrant quelques éléments français. Au bout de quelques années, on avait oublié l'origine française de ces mots et on commença à établir des correspondances erronées avec des mots allemands en inventant de fausses étymologies. Ainsi, en agriculture, *Kutschen* dérivé du français *couches* se met en relation avec la dénomination allemande du carrosse, le nom d'un village qui était *Beauregard* se transforme en *Burengarten* 'jardin des paysans'.

"Es gibt in der Churmark einige Dörfer, die ganz mit Kolonisten aus dem Païs de Vaud besetzt worden sind, und deren Einwohner ihre französische Muttersprache bereits in dem ersten Geschlechte gegen die Landessprache vertauscht haben. Sie haben zwar aus der Ersten verschiedene Wörter in ihr Deutsches gemischt, aber so, daß sie den französischen Ursprung dieser Wörter längst vergessen haben, und sie, so gut als ihre deutschen Nachbarn, aus dem Deutschen herleiten. So nennen sie ihre Mistbeete *Kutschen* und denken dabey blos an die Aehnlichkeit dieses Wortes mit dem Namen, den die Karossen im Deutschen haben, ohne sich die Ableitung von dem französischen *Couches* einfallen zu lassen. Sie haben den Namen ihrer Dörfer *Beauregard* längst in *Burengaren* (*Baurengarten*), und *Vevai* in *Wehe! Wehe!* verwandelt, für die sie in der deutschen Sprache eine so leichte und natürliche Ableitung finden" (Eberhard 1784 : 35).

En ce qui concerne les raisons de l'universalité de la langue française, Eberhard mentionne les arguments qu'on trouve dans la majorité des mémoires, mais il les discute sur un plan général. Il y a trois raisons qui peuvent expliquer l'usage universel d'une langue : l'excellence de son génie, la culture du peuple qui la parle et son influence politique. C'est l'ensemble de ces conditions qui ont rendu général l'usage du français en Europe:

> "Ich weiß nicht, ob man noch mehr, als drey andere Ursachen wird finden können, warum eine fremde Sprache außer den Gränzen ihres Landes aufgenommen wird. I. Ihr Vortrefflichkeit. II. Die größere Kultur derselben, und die größere Kultur des Volkes, dessen Muttersprache sie ist, und III. der politische Einfluß dieses Volks auf diejenigen, die seine Sprache annehmen. Alle diese Ursachen sind zusammen gekommen, die französische Sprache zu der Allgemeinheit zu verhelfen, der sie genießt; und sie mußten alle zusammen kommen, wenn sie die allgemeine Sprache von Europa werden sollte" (Eberhard 1784 : 35).

Eberhard sait bien que la perfection d'une langue s'exprime de diverses manières et que les avantages d'une langue sont toujours relatifs:

> "Die Elemente der Vollkommenheit, deren eine Sprache fähig ist, sind so mannigfaltig und oft einander so entgegengesetzt, daß es schwerlich ein Paradox seyn kann, wenn man behauptet, daß es keine vollkommne Sprache gebe. Wenn wir also eine Sprache der andern vorziehen : so erklären wir bloß, daß wir an ihr mehrere Vorzüge, als an anderen, oder gerade die Vorzüge bemerken, die uns die schätzbarsten sind" (Eberhard 1784 : 36).

C'est sa richesse, correspondant à une culture diversifiée et à une civilisation développée, qui a donné au français la base de son universalité:

> "Wenn der Vorrath von Ideen, welche den Gedankenschatz einer Nation ausmachen, allemahl mit dem Vorrathe der Wörter in ihrer Sprache im Verhältnis stehen muß; so läßt es sich nicht denken, daß eine sehr gebildete Nation eine arme Sprache haben könne. Hat sie viele Bedürfnisse, so muß sie diese Bedürfnisse benennen können, haben ihre Geschäfte und Umgang viele Gelegenheit zu Beobachtungen gegeben, haben sie diese Beobachtungen veranlaßt, Ideen zu unterscheiden und also neue Ideen zu bemerken, sind die Wissenschaften bey ihr zu einem hohen Grade der Vollkommenheit

gestiegen; so muß ihr Wörterbuch mit einer großen Menge von Ausdrücken bereichert seyn, womit sie die Ideen denkt und mittheilt, wozu ihr Beobachtung und Wissenschaft verholfen haben" (Eberhard 1784 : 37).

Un autre avantage important est la précision (*Deutlichkeit*) de la langue française. Cette précision s'exprime d'une part dans la distinction des synonymes à laquelle les écrivains et les grammairiens français ont beaucoup contribué, d'autre part dans l'ordre des mots:

> "Die Deutlichkeit hängt von der Bestimmtheit der Bedeutungen der einzelnen Worte und von ihrer Folge im Zusammenhange der Rede ab. Undeutlichkeit entsteht sowohl aus der Ungewißheit der Verbindung und der Beziehung der Worte auf einander, als von der Vieldeutigkeit derselben [...]. Daß die Wörter durch den schriftlichen und mündlichen Gebrauch unter aufgeklärten und geistreichen Personen an Bestimmtheit gewinnen müssen, giebt die Natur der Sache selbst, und die Erfahrung bestätigt es. Was der aufgeklärte Gesellschafter und der klassische Schriftsteller durch das Gefühl unterscheidet, wird mit der Zeit dem philosophischen Grammatiker Gelegenheit geben, die feinsten Unterschiede der Ausdrücke, die auf den ersten Anblick gleichbedeutend scheinen, auf deutliche Begriffe zurückzubringen, er wird die *Synonymen* seiner Sprache sammlen und die feinen Schattirungen ihrer Bedeutungen richtig und deutlich anzugeben finden. Daß dieses zuerst am glücklichsten und vollständigsten an der französischen Sprache versucht worden, ist einem jeden, der die schätzbaren Arbeiten von Girard, La Bauzee [sic] und der Encyclopädie in diesem Fache kennt, hinreichend bekannt" (Eberhard 1784 : 46/47).

Il est naturel que Eberhard qui s'était engagé à élaborer un dictionnaire des synonymes allemands, soit très attentif à l'exemple que des auteurs tels que Girard et Beauzée avaient donné. Mais il s'engage aussi dans la discussion sur l'ordre des mots. Tandis que Rivarol répète les idées sur l'ordre naturel qu'on trouve dans les grammaires rationalistes depuis deux siècles, Eberhard résume la discussion en lui donnant plus d'objectivité. Ce qu'on considère comme naturel dans l'ordre des mots dépend des habitudes acquises par la grammaire de la langue maternelle, et en même temps, l'intention du locuteur peut modifier cet ordre des mots et le rendre d'autant plus naturel dans un sens communicatif :

"Mit eben so vielem Rechte kann sich auch die Sprache ein Verdienst um die Deutlichkeit zueignen, wenn ihre Wortfolge dieser Vollkommenheit günstig ist. Welche Folge der Worte wird dieses seyn ? Diese Frage ist schwerer zu beantworten, als es scheint. Man glaubt sie beantwortet zu haben, wenn man sagt, die Wortfolge sey der Deutlichkeit am günstigsten, die die natürliche ist. Allein, welche ist die natürlichste ? Wer an die Verbindung der Worte in den neuern europäischen Sprachen gewohnt ist, erklärt nicht selten die Wortfügungen der schönsten Perioden eines griechischen oder römischen Schriftstellers für unnatürlich, die doch gewiß ihren Landsleuten sehr natürlich scheinen mußten, weil sie sie für schön hielten. Es muß hier eine Zeydeutigkeit in dem Worte natürlich, liegen, welches freylich eines der vieldeutigsten ist. Wenn die Absicht einer Rede ist, seine Gedanken bloß auf die leichteste und deutlichste Art mitzutheilen : so werden allerdings die Worte so nach einander gestellt werden müssen, daß immer das nachfolgende das vorhergehende näher bestimmt. In diesem Sinne ist denn die Wortfolge des Satzes : *Demosthene est plus eloquent que Ciceron,* und : *Demosthenes ist beredter als Cicero, Demosthenes eloquentior est Cicerone,* natürlicher, als wenn die nemlichen Worte so geordnet werden : *Cicerone eloquentior est Demosthenes.* Diese letztere Stellung derselben ist in der lateinischen Sprache erlaubt, aber nicht in der französischen und deutschen. Allein ist die andere, die die lateinische Sprache auch zuläßt darum unnatürlich ? Wenn wir annehmen, daß die Deutlichkeit nicht die einzige Absicht einer Rede seyn kann, daß also noch andere Gründe auf die Bestimmung der Wortfolge einen Einfluß haben müssen, daß die Worte auch nach der Absicht können gestellet werden, wie durch ihre Folge ein gewisser Affekt am fühlbarsten ausgedruckt, die Aufmerksamkeit auf einen gewissen Begriff am meisten hingezogen und am längsten festgehalten oder der Wohlklang am besten befördert werde : so kann es mehrere natürliche Wortstellungen geben, die von der ersten natürlichen Wortstellunng, die bloß durch den höchsten Grad der Deutlichkeit bestimmt wird, abweichen können" (Eberhard 1784 : 47/48).

Tous les avantages qu'on pourrait énumérer pour une langue ne suffiraient pas, selon Eberhard, pour expliquer son usage général, s'il ne s'y ajoutait les relations culturelles et politiques. La lecture de Corneille, Racine, La Bruyère, Rousseau et Voltaire ainsi que les voyages éducatifs en France faisaient partie de l'instruction des jeunes nobles en Allemagne. De cette manière, les jeunes gens ne pouvaient que devenir partisans d'une langue qui transportait toutes ces valeurs:

> "Wie sollte er nicht für ihre Sprache partheyisch werden, wie diese Partheylichkeit nicht allen, die ihn sahen und hörten, bey seiner Rückkunft in sein Vaterland mitteilen ?" (Eberhard 1784 : 53).

C'est juste le contraire de l'impartialité dans la comparaison des langues que Eberhard avait revendiquée pour une étude philosophique. Si seules les qualités internes de la langue comptaient, l'italien, l'espagnol ou l'anglais auraient pu accéder à la place occupée par le français. Le fait que ce soit la langue française qui se trouve à la première place s'explique surtout par le rôle de Louis XIV en Europe (Eberhard 1784 : 70). Cette prépondérance est la conséquence de l'histoire, elle correspond à la recherche d'une langue commune pour les entretiens et les rencontres en Europe. Mais Eberhard ne se limite pas à cette conclusion qui pourrait être considérée comme le point d'aboutissement de sa réflexion sur la question posée par l'Académie. Il y ajoute des observations sur l'usage de la langue maternelle d'un peuple en général et de l'allemand en particulier. Selon Eberhard, les idées et les sensations ne seront jamais claires et fortes si on ne les exprime pas dans sa langue maternelle :

> "Unsere eigenen Ideen und Empfindungen werden nicht das Anschauen, nicht die Wahrheit, nicht die Fülle erhalten, die sie haben müssen, wenn sie unsere ganze Seele erregen, hervorbrechen und sich dem Auge in ihrer vollen Kraft darstellen sollen. Die Ideen werden abgezogen, ihre Umrisse schwankend, ihre Farben verblichen seyn. Die Empfindungen werden karftlos bleiben und nur den Grad des Feuers und der Wärme haben, den das Sonnenfeuer hat, wenn es von dem beleuchteten Planeten zurückgeworfen wird" (Eberhard 1784 : 80).

De la même manière que le français doit beaucoup au latin, l'allemand pourrait suivre le chemin tracé par le français et devenir une langue nationale. Eberhard consacre les dernières pages de son mémoire à l'exposé de conseils visant à perfectionner la langue allemande à l'exemple du français. Après avoir décrit *ce qui a fait de la langue française la langue universelle de l'Europe* et *par où elle mérite cette prérogative*, Eberhard refuse la réponse à la troisième partie de la question : *Peut-on présumer qu'elle la conserve*. Au lieu d'élaborer une réponse, Eberhard s'interroge à la fin de son mémoire sur le développement des langues en général et le perfectionnement de sa langue maternelle en particulier. On voit ainsi une question politique se transformer en une réflexion linguistique à la fois spéculative et pratique.

## LA COMPARAISON HYPOTHÉTIQUE DES LANGUES : UN PARADIGME À LA VIE BRÈVE

Pour l'Académie de Berlin, il y eut un épilogue à cette discussion, épilogue beaucoup moins connu que le débat sur l'universalité. Si la comparaison des langues dans le débat sur l'universalité de la langue française avait un but bien déterminé, on pouvait prévoir, à la fin du XVIII$^e$ siècle, une comparaison impartiale des langues. C'est ce que l'Académie avait proposé pour 1792 en invitant à une comparaison des principales langues de l'Europe. Il n'y eut que trois réponses, dont le mémoire d'un prêtre berlinois, Daniel Jenisch, qui remporta le prix. Du point de vue pratique, il est peut-être intéressant que l'annonce de ce concours n'ait plus eu lieu en français. On ne renonce pas, cependant, à la recherche d'une langue parfaite et l'on veut une comparaison impartiale pour laquelle on reprend les critères connus depuis la discussion sur les problèmes du langage à l'époque de la Renaissance: la richesse (*Reichthum*), l'analogie (*Regelmäßigkeit*), la force (*Kraft*) et l'harmonie (*Harmonie*):

"Vergleichung der Hauptsprachen Europas, lebender und todter, in Bezug auf Reichthum, Regelmäßigkeit, Kraft, Harmonie und andere Vorzüge; in welchen Beziehungen ist die eine der anderen überlegen, welche kommen der Vollkommenheit menschlicher Sprache am nächsten ?"

Jenisch sait bien que le temps d'une comparaison hypothétique des langues est terminé. Il en est quand même un des derniers représentants.

"Eben so wenig aber glaube ich das Hypothetische mancher Behauptungen in dieser Abhandlung, z.B. über den Gebrauch des Griechischen Artikels, über die Entstehung des Artikels überhaupt, und in den Lateinischen Tochtersprachen insbesondere, entschuldigen zu müssen. Mögen gelehrtere und scharfsinnigere Männer da *durchdringen*, wo ich *anbrach*" (Jenisch 1796 : VI).

Un regard sur le texte de Jenisch montre que la comparaison impartiale, exigée cette fois par l'Académie, ne peut pas aboutir puisqu'il n'existe pas encore de méthodologie suffisante dans le domaine linguistique. Ce sont des critères en fait extérieurs à la langue, notamment l'existence de la liberté de la presse et les contributions des grands philosophes et écrivains qui conduisent Jenisch à constater que l'anglais est supérieur à toutes les autres langues européennes. Les langues romanes arrivent immédiatement après, grâce à la grandeur de leurs nations, mais il est impossible d'établir entre elles une hiérarchie, exception faite du portugais que Jenisch semble totalement méconnaître:

"Alles dieses zusammengenommen, welches sich bei keiner Nation jemals vereiniget hat, noch jetzt vereiniget, - verbunden mit dem Geist der Nation, welcher Schnell- und Tiefgefühl, Phantasie und Urtheilskraft, Talent und Gelehrsamkeit, in einem ungewöhnlichen Grade vereiniget, - möchte ich fast behaupten, (so viel Anmassung auch eine solche Behauptung vorauszusetzen scheint) daß die Englische Sprache unter allen Europäischen Sprachen, d.h. unter allen Sprachen der Welt, den größten extensiven Reichthum hat. Die Italienische, Spanische und Französische Sprache sind, (wenn es vielleicht auch zweifelhaft seyn dürfte, welcher von ihnen, untereinander verglichen, der Vorzug gehöre), durch die Größe und alte Berühmtheit der Nationen, deren geistiges Mittheilungs-Organ sie sind, durch die unbestreitbare Wichtigkeit einer jeden dieser Nationen für die Bildung des ganzen Europas, und durch ihre frühe und glückliche wissenschaftliche Bearbeitung - berechtiget, sogleich nach der Englischen die Stelle einzunehmen. Die Portugiesin kann sich wegen der fast immerdauernden Ruhmlosigkeit der Nation wegen der Eingeschränktheit ihres Gebrauchs, wegen des geringen Interesses dieser Nation für die Cultur des Geistes, und wegen der in allen diesen Ursachen gegründeten geringen Anzahl von Schriftstellern, keiner ihrer Lateinischen Schwestern an die Seite stellen" (Jenisch 1796 : 62/63).

On trouve ensuite une énumération des avantages de la langue allemande (Jenisch 1796 : 63).

L'empirisme de ce genre de travaux est marqué par une intention très claire : l'évaluation des langues à partir de critères souvent politiques et économiques. C'est dans ce sens que Jenisch avait reformulé la question de l'Académie:

> "Das Ideal einer vollkommenen Sprache zu entwerfen : die berühmtesten ältern und neuern Sprachen Europens diesem Ideal gemäß zu prüfen; und zu zeigen, welche dieser Sprachen sich demselben am meisten näheren ?" (Jenisch 1796 : III).

Il s'agit d'une comparaison évaluative dont les critères se déterminent a priori à partir de l'image idéale d'une langue parfaite. L'empirisme évaluatif de Jenisch dépasse cependant l'empirisme hypothétique du XVIII<sup>e</sup> siècle sur le plan polémique. Il s'oppose à une sous-estimation de la diversité des langues, en les supposant comparables dans leurs avantages et leurs désavantages, sans se prononcer pour une langue qui soit la mesure de toutes les autres. Sur le plan théorique, Jenisch s'oppose aux catégories kantiennes en insistant sur l'observation des langues:

> "Eine einzige neue oder scharfsinnige, vielleicht nur wie zur Seite hingeworfene Bemerkung, gilt hier dem Forscher mehr, als - nach den vollständigsten Categorientabellen registrierte Alltäglichkeiten : denn die Kantischen Categorien selbst, hoffe ich, einst anderswo, für die Philosophie der Sprache fruchtbar zu benützen" (Jenisch 1796 : VI).

Le seul manuscrit conservé qui ait concouru sur la même question porte un jugement beaucoup plus tranchant. Pour l'auteur de ce manuscrit, c'est la langue grecque qui mérite d'être rétablie dans son usage et qui faciliterait la communication entre tous les peuples européens:

> "Diese Vollkommenheit erhielt die griechische Sprache durch die Philosophie und durch die Bemühung derer, die sich mit derselben beschäftigten. Denn ist sie es nicht, wodurch der Mensch richtig und bestimmt denken und folglich auch richtig und bestimmt reden lernt. Die Philosophen trugen auch dadurch sehr viel bey, diese Sprache zur vorzüglichsten zu machen, weil sie in ihren Schulen dieselbe gebrauchten, um ihre Schüler zu unterrichten, weil sie die wichtigsten Sachen und erhabensten" (Manuscript I-M 934 : 102).

On retrouve la même tendance évaluative dans la *Clef des langues* de Carlo Denina, un autre personnage lié à l'Académie de Berlin, qui reprend les arguments du président de Brosses en insistant sur les différences des climats et leur influence sur les différences des langues.

"En considérant la résistance qu'éprouvent certains peuples à articuler les lettres, consonnes ou voyelles, en certaines positions, ou l'habitude qu'ils ont contractée, de donner aux élémens de la parole une expression, ou une valeur différente de celle qu'ils avoient ailleurs, on devine pour ainsi dire la signification du mot qui se présente. C'est donc de là que commencent mes observations; et partant des idiomes reconnus pour pères de la plûpart des autres qu'on parle ou qu'on étudie, je fais voir comment ils sont nés, et se sont formés; en quoi ils s'éloignent les uns des autres, et en quoi ils se ressemblent et se rapprochent réciproquement. Je prouve en même temps que la cause principale de leur différence consiste dans la variété de l'accent, effet indubitable d'une différence insensible d'organisation. J'observe ensuite que la cause secondaire de la différence des langues, je veux dire la facilité de donner aux mots une signification différente de celle qu'ils avoient dans l'idiome d'où ils sont sortis, est une suite nécessaire de la première, bien plus qu'un effet du caprice ou de la réflexion, comme on pourroit le croire" (Denina, Préface à *La clef des langues* [1804] : 128).

Mais quittons les textes sériels pour examiner le courant européen qui menait à l'élaboration d'un inventaire des langues et dans lequel ils s'inscrivent. Catherine de Russie avait demandé à Peter Simon Pallas de réaliser un tel recensement, plus tard les notes des missionnaires jésuites réfugiés à Rome avaient fourni la base d'un grand catalogue des langues du monde[2]. On sait que la plus importante contribution à ce catalogue, celle de Lorenzo Hervás y Panduro, concerne les langues amérindiennes, mais il n'est pas inutile d'examiner ce qu'il avait dit sur les langues des peuples voisins en Europe, notamment sur les relations entre les langues romanes. Dans l'introduction à son *Catalogue*, il examine les différents moyens auxquels les savants ont recouru

---

[2] Hervás y Panduro, Lorenzo : *Catalogo de las lenguas de las naciones conocidas, y numeración, división, y clases de estas, según la diversidad de sus idiomas y dialectos*, Madrid : Administración del Real Arbitrio de la Beneficencia, 1800-1805, 6 vol.

jusque-là pour fonder leurs classifications des peuples et il en vient à la conclusion que les langues sont le caractère distinctif le plus clair et le mieux approprié. Pour la comparaison des langues, Hervás se sert de trois traits distinctifs : les mots, l'arrangement grammatical (*artificio gramatical*) et la prononciation (Hervás 1800-1805, I : 11). Tandis que les mots passent d'une langue à l'autre et varient dans leur forme et leur contenu, l'arrangement grammatical reste plus constant. Une nation qui parle et pense à un moment donné d'après un certain arrangement grammatical ne changera jamais celui-ci, elle sera tout au plus amenée à le perfectionner, et ce degré de perfectionnement distinguera les dialectes issus d'une même langue-mère.

"El artificio particular con que en cada lengua se ordenan las palabras, no depende de la invencion humana, y menos del capricho : Él es propio de cada lengua, de la que forma el fondo. Las naciones con la civilidad y con las ciencias salen del estado de barbarie, y se hacen mas ó menos civiles y sabias : mas nunca mudan el fondo del artificio gramatical de sus respectivas lenguas" (Hervás y Panduro 1800-1805, I : 23).

Cet arrangement grammatical lui servait à rapprocher des peuples qui n'étaient plus voisins, mais avaient la même langue d'origine. De cette manière, Hervás voulait découvrir les traces de l'histoire dans les langues.

Cependant, ce critère de l'arrangement grammatical posait des problèmes lorsqu'il s'agissait des langues romanes. Dans la latinisation des peuples assujettis par les Romains, le passage du stade de l'emprunt de mots latins à celui de l'assimilation de l'arrangement grammatical de la langue latine représente une étape importante à partir de laquelle les peuples eux-mêmes deviennent romans (Hervás 1800-1805, I : 16). Conformément à son dessein de classifier les nations sur la base des affinités et des dissemblances de leurs langues, Hervás aurait dû réunir les peuples romans dans la même famille. Pour éviter cette conclusion, il insiste sur les langues parlées par ces peuples avant la latinisation et sur la stabilité de ce substrat. Une observation plus approfondie du français et de l'espagnol nous montrerait, selon Hervás, que l'une de ces langues a hérité de beaucoup de mots du celtique et l'autre du basque qu'il prend pour la langue parlée dans toute la péninsule ibérique avant la latinisation :

"El francés, que antiguamente hablaba el céltico, y el español, que antiguamente hablaba el cántabro o bascongado, actualmente hablan lenguas que son dialectos de la latina; mas quien atentamente las analice y coteje con la céltica y con la cántabra, fácilmente observará que el francés en su dialecto usa no pocos idiotismos célticos y que del mismo modo el español en su dialecto latino usa muchos idiotismos cántabros : que tanto el francés como el español, conservan muchas palabras de sus antiguos y respectivos lenguages; y que según el genio gramatical de estos, han dado terminaciones á muchas palabras latinas" (Hervás y Panduro 1800-1805, I : 17).

L'utilisation des faits linguistiques dans une classification des peuples dépend nettement du but assigné à cette classification avant que ne s'engage la recherche empirique. L'exemple de Hervás montre aussi bien que celui de Jenisch qu'on est loin des méthodes d'une linguistique historico-comparative. Les jugements sur les langues et les explications de leurs différences n'étaient pas libres de stéréotypes et ces derniers ont une stabilité remarquable.

## BIBLIOGRAPHIE

CHRISTMANN, H. H. (1978) : "Antoine de Rivarol und Johann Christoph Schwab pari passu, Zwei Stellungnahmen zur Universalität der französischen Sprache", in *Studia neolatina. Festschrift für Peter M. Schon*, Aachen : hrsg. von Johannes Thomas : 24-37
DENINA, C. (1804) : *La clef des langues ou observations sur l'origine et la formation des principales langues qu'on parle et qu'on écrit en Europe*, Berlin : Mettra, Umlang, Quien
EBERHARD, J.A. (1784) : "Über die Allgemeinheit der französischen Sprache". *Vermischte Schriften*, I, Halle : Johann Jacob Gebauer : 31-90
FINKIELKRAUT, A. (1999) : *L'ingratitude. Conversation sur notre temps*, Paris : Gallimard
JENISCH, D. (1796) : *Philosophisch-kritische Vergleichung und Würdigung von vierzehn ältern und neuern Sprachen Europens, namentlich : der Griechischen, Lateinischen; Italienischen, Spanischen, Portugiesischen, Französischen; Englischen, Deutschen, Holländischen, Dänischen, Schwedischen; Polnischen, Russischen, Litthauischen. Eine von der Königl. Preuss. Akademie der Wissenschaften gekrönte Preisschrift des Herrn D. Jenisch, Prediger in Berlin*, Berlin : Friedrich Maurer
MICHAELIS, J.D. et al. (1760) : *Dissertation qui a remporté le prix proposé par l'Académie Royale des sciences et belles lettres de Prusse, sur*

*l'influence réciproque du langage sur les opinions, et des opinions sur le langage, avec les pièces qui ont concouru,* Berlin : Haude et Spener

MICHAELIS, J.D. 1974 (1762) : *De l'influence des opinions sur le langage et du langage sur les opinions.* Nouvelle impression en facsimilé de l'édition 1762 avec un commentaire par Helga Manke et une préface par Herbert E. Brekle, Stuttgart - Bad Cannstatt : Friedrich Frommann Verlag (Günther Holzboog)

PENISSON, P. (1995) : *Académie de Berlin. De l'universalité européenne de la langue française. 1784,* Paris : Fayard

PIEDMONT, R. (1984) : *Beiträge zum französischen Sprachbewußtsein im 18. Jahrhundert,* Tübingen : Gunter Narr Verlag [Lingua et Traditio, Band 7]

RIVAROL, A. (1784) : *De l'Universalité de la langue françoise,* Paris : Bailly & Dessenne

SCHLIEBEN-LANGE, B. et WEYDT, H. (1988) : "Die Antwort Daniel Jenischs auf die Preisfrage der Berliner Akademie zur 'Vergleichung der Hauptsprachen Europas'" von 1794, in *Beiträge zur Geschichte der romanischen Philologie in Berlin,* Berlin : 1-26

SCHWAB, J. C. (1785) : *Von den Ursachen der Allgemeinheit der Französischen Sprache, und der wahrscheinlichen Dauer ihrer Herrschaft.* Eine Preisschrift von Johann Christoph Schwab, Professor der Philosophie an der Herzoglichen Hohen Carlsschule zu Stuttgart, welche von der Königlichen Akademie der Wissenschaften zu Berlin den 3 Jun. 1784 ist gekrönt worden. Neue, vermehrte und verbesserte Ausgabe, Stuttgart

STOROST, J. (1994) : *Langue française-langue universelle? Die Diskussion über die Universalität des Französischen an der Berliner Akademie der Wissenschaften. Zum Geltungsanspruch des Deutschen und Französischen im 18. Jahrhundert,* Romanistischer Verlag, Bonn

TRABANT, J. (1995) : *Die Herausforderung durch die fremde Sprache. Das Beispiel der Verteidigung des Französischen,* herausgegeben von Jürgen Trabant unter Mitarbeit von Dirk Naguschewski, Berlin : Akademie Verlag

# LE STATUT DU FRANÇAIS, LANGUE SECONDE SELON ISABELLE DE CHARRIÈRE : LANGUE DE CULTURE, LANGUE UTILITAIRE ?

Madeleine van Strien-Chardonneau
Universiteit Leiden

L'aristocrate Belle de Zuylen, devenue Isabelle de Charrière par son mariage en 1771 avec l'ancien précepteur suisse de ses frères, constitue un cas particulier à la fois exceptionnel et représentatif du statut du français comme langue seconde des élites cultivées de la Hollande du XVIII$^e$ siècle. Cas exceptionnel du fait de la qualité de son oeuvre, toute rédigée en français (romans, théâtre, essais) et de ses dons d'épistolière. Cas représentatif également, d'une part parce que les nombreuses lettres de ses parents et amis néerlandais nous renseignent sur la position du français dans son milieu d'origine, d'autre part parce qu'Isabelle de Charrière joint à la pratique active du français une réflexion sur le statut de cette langue.

Après avoir rappelé la position du français en Hollande au XVIII$^e$ siècle et son utilisation dans les milieux cultivés, je voudrais signaler quelques facettes de la réflexion d'Isabelle de Charrière sur la langue française : en particulier la maîtrise du français comme un signe distinctif d'une classe sociale, mais aussi l'affirmation d'une identité néerlandaise, la dimension politique de la langue, enfin l'apprentissage du français conçu comme exercice intellectuel indispensable dans le programme d'éducation qu'elle propose pour donner à l'aristocratie néerlandaise les moyens de survivre dans une société bouleversée par les révolutions.

Le français était fortement établi dans les provinces de Hollande et d'Utrecht au XVII$^e$ siècle et au début du XVIII$^e$ siècle du fait de l'influence des réfugiés huguenots et de la force d'expansion de la culture française[1]. De plus, il existait une presse périodique en français florissante et de nombreuses publications de livres français favorisées par la plus grande liberté de presse.

Au XVIIIe siècle, le français reste la langue diplomatique utilisée dans les traités et les négociations et ce, jusqu'à la fin du siècle. Le français est également très utilisé à la cour stathoudérienne, ce qui n'exclut d'ailleurs nullement l'usage du néerlandais : ainsi Guillaume V, le dernier stathouder de la République des Sept Provinces Unies utilise les deux langues, mais le plus souvent le français dans sa correspondance.

L'aristocratie néerlandaise, celle surtout que l'on trouve à La Haye, ville de résidence de la cour stathoudérienne et du corps diplomatique et dans la province d'Utrecht, autre centre de l'aristocratie, utilise le français comme langue seconde. Par contre, le français était moins pratiqué par le patriciat d'Amsterdam et par la bourgeoisie, mais était considéré cependant comme l'une des composantes indispensables à une bonne éducation[2].

Si l'on examine le modèle éducatif des jeunes aristocrates néerlandais, on voit qu'à côté du latin, indispensable pour des études universitaires, le français fait obligatoirement partie du programme d'études et on l'apprend soit en prenant des leçons particulières, soit en faisant des séjours dans des pensions tenues par des réfugiés huguenots, mais le plus souvent sous la houlette d'un précepteur francophone; au milieu du XVIIIe siècle les précepteurs suisses tendent à supplanter les précepteurs français[3]. Un voyage en France, à Paris, en particulier doit donner aux jeunes gens l'occasion non seulement de perfectionner la langue, mais aussi d'acquérir les bonnes manières propres à l'homme du monde[4]. En effet, si l'apprentissage du français est considéré comme important, ce n'est pas, comme dans le cas du latin, parce qu'il est la clé indispensa-

[1] FRIJHOFF, W. (1996) : "Le français en Hollande après la paix de Westphalie: langue d'immigrés, langue d'envahisseurs ou langue universelle?", *in Documents pour l'histoire du français langue étrangère ou seconde* n° 18, décembre 1996 : 329-350.
[2] BRUNOT, F. (1934) : *Histoire de la langue française des origines à 1900*, vol. VIII, Le français hors de France au XVIIIe siècle, 1909.
[3] FRIJHOFF, W. (1983) : "Van onderwijs naar opvoedend onderwijs", *in* W. Frijhoff, (1983): *Onderwijs & Opvoeding in de Achttiende Eeuw*, Amsterdam/Maarsen, APA-Holland University Press : 14-15.
[4] AALBERS, J. (1982): "Reinier van Reede van Ginckel en Frederik Willem van Reede van Athlone. Kanttekeningen bij de levenssfeer van een adellijke familie, voornamelijk gedurende de jaren 1722-1742" *in Jaarboek Oud Utrecht* : 117-123.

ble d'une formation intellectuelle de haut niveau, Isabelle de Charrière a
sur ce point des idées différentes, mais parce que cette langue est le
mode d'expression du cosmopolitisme qui a adopté le langage du sa-
voir-vivre, du modèle culturel français qui prédomine en Europe depuis
la fin du XVII<sup>e</sup> siècle[5].

C'est ce type d'éducation qu'ont connu au milieu du siècle les frères
de Belle et à la fin du siècle ses neveux, entre autres Willem-René van
Tuyll van Serooskerken, le fils de son frère cadet Vincent, sur lequel
nous sommes assez bien renseignés du fait de l'important corpus de
lettres adressées au jeune homme et à ses parents.

Quant aux jeunes filles, leur formation était nettement moins poussée que celle des garçons : la culture exceptionnelle d'Isabelle de Charrière tient d'une part à l'ouverture d'esprit de ses parents qui lui permi-
rent de profiter des leçons dispensées à ses frères, l'autorisèrent aussi à
prendre des leçons particulières auprès de professeurs de l'Université
d'Utrecht, et d'autre part à l'exceptionnelle intelligence et appétit de
savoir de la jeune fille dont la culture est comme beaucoup de femmes
éclairées de son époque, en partie une culture d'autodidacte. Le français
cependant occupait une place importante dans la formation des filles,
plus importante même que pour les garçons qui devaient apprendre
d'autres matières dont le latin déjà cité[6]. La première formation de Belle
de Zuylen lui fut dispensée par des gouvernantes suisses : à l'âge de 10
ans, elle fit un séjour prolongé à Genève, pendant lequel, elle avait,
écrit-elle beaucoup plus tard à l'un de ses correspondants, presque oublié sa langue maternelle[7]. Si sa maîtrise du français est exceptionnelle,
elle s'enracine cependant dans un terreau favorable, l'ouverture à la
langue et à la culture françaises de son milieu d'origine.

Dans sa propre famille, on attachait de l'importance à la bonne
connaissance du français. Elle rappelle à son neveu Willem-René que
son père obligeait ses frères dont le père de Willem-René à traduire
quotidiennement du français en hollandais et du hollandais en français.
La pratique du français était répandue dans les milieux cultivés

---

[5] FRIJHOFF, W. (1997): "Le Paris vécu des Néerlandais: de l'Ancien Régime à la
Restauration" *in* Kok Escalle (1997) : *Paris : De l'image à la mémoire. Représentations artistiques, littéraires, socio-politiques,* Amsterdam : Rodopi : 28.
[6] BRUNOT, F. *op. cit.* : 212.
[7] Lettre 694 à Jean-Pierre de Chambrier d'Oleyres, 19-20 février 1790, *O. C.,* III :
186. (Les références à l'œuvre et à la correspondance d'Isabelle de Charrière ren-
voient aux *Oeuvres complètes,* Amsterdam, G. A. van Oorschot, 1979-1984, 10 vol.).

d'Utrecht comme en témoigne James Boswell, le biographe de Samuel Johnson et ami de Belle de Zuylen qui a utilisé son séjour en Hollande pour, entre autres, améliorer son français, par intérêt linguistique, mais aussi parce qu'il lui était nécessaire de posséder cette langue pour fréquenter les milieux de l'aristocratie[8]. Il désirait apprendre aussi le néerlandais et il déplore l'usage trop fréquent du français dans les milieux aristocratiques, ceux de La Haye en particulier. Lui-même écrit dans l'une de ses compositions en néerlandais:

> "Het is een schandelyke zaak dat Die frai voolken daar bin verontaardigen alledaag van de nugteren Kragten van zyn eerbidigheyden vorouders"[9].

D'après le témoignage de Boswell, on peut certes déduire que le français était largement pratiqué parmi les élites, mais souvent dans des circonstances spécifiques, comme celle des sociétés littéraires d'Utrecht fréquentées par Boswell et composées d'un public international.

Quelle était la qualité de ce français? Variable, probablement si l'on en croit les allusions caustiques d'Isabelle de Charrière au mauvais français de certains de ses parents et amis néerlandais. Pourtant les témoignages de voyageurs français confirment que les Néerlandais des classes supérieures pouvaient s'exprimer dans un français sinon parfait, du moins avec beaucoup d'aisance avec leurs hôtes étrangers. Et à l'instar de Boswell, de nombreux Britanniques sont venus exercer leur français en Hollande avant de le perfectionner dans leur Grand Tour ultérieur[10].

Mais on peut supposer que dans l'intimité familiale on a utilisé le néerlandais. C'est ce qu'on pourrait déduire des propos de l'aristocrate frisonne Carolina van Haren, confiant à son fils dans les années soixante-dix que sa langue maternelle est en fait triple, à savoir le latin, la langue savante, la langue des livres, le français, la langue de la correspondance, le néerlandais, la langue parlée, la langue de la conver-

---

[8] BARFOOT, C.C., BOSTOEN, K.J. (1994) : *"Een Beytie Hollansche" James Boswell's Dutch Compositions*, Leiden : Academic Press : xx.

[9] *Ibid.*: 6 : traduction anglaise :"It is scandalous that there fine folk daily deteriorate from the sober strength of their worthy ancestors".

[10] Van STRIEN, C.D. (1993) : *British travellers in Holland during the Stuart period*, Leiden : Brill.

sation[11]. Et l'emploi qu'Isabelle de Charrière fait elle-même du néerlandais dans sa correspondance avec sa famille et, en particulier dans la seconde moitié de sa vie avec son neveu, montre bien qu'elle a pratiqué sa langue maternelle et qu'elle ne l'a pas oubliée.

Très jeune, elle a entamé une correspondance en français qu'elle a poursuivie jusqu'à la fin de sa vie avec les milieux éclairés européens. Cette pratique du français écrit était courante en Hollande et pas seulement dans les milieux aristocratiques : elle ne se bornait pas d'ailleurs à la correspondance mais s'étendait aussi à la rédaction de journaux intimes, de mémoires, de journaux de voyage[12]. Isabelle de Charrière est donc bien représentatrice de son milieu d'origine lorsqu'elle rédige sa correspondance en français.

Les débuts n'en furent peut-être pas si aisés si l'on en juge par les lettres de sa gouvernante suisse qui dans les années 1753-1754 corrige l'orthographe et les constructions fautives de son ancienne élève. Mais cette dernière est douée car à partir de 1756 (la jeune fille a alors 16 ans) ce ne sont plus qu'éloges sur le style de la jeune épistolière, d'une simplicité charmante. C'est ce que confirme quelques années plus tard l'un de ses correspondants, Constant d'Hermenches qui n'hésite pas à comparer le style de sa jeune amie à celui de Mme de Sévigné et de Voltaire[13]. Flatterie peut-être, cependant Constant d'Hermenches fait aussi preuve d'un jugement pertinent et prémonitoire lorsqu'il ajoute que les lettres de la jeune fille méritent de passer à la postérité, ce qui n'est sans doute pas le cas de la majorité des correspondances ou autres écrits intimes si intéressants soient-ils d'un point de vue documentaire, que l'on a conservés de Néerlandais ayant écrit en français.

Belle de Zuylen se distingue également de ses compatriotes prati-

---

[11] FRIJHOFF, W. (1989) : "Verfransing? Franse taal en Nederlandse cultuur tot in de revolutietijd", *in Bijdragen en mededelingen betreffende geschiedenis der Nederlanden* 104 : 605, n. 54.

[12] *Egodocumenten van Noord-Nederlanders uit de zestiende tot begin negentiende eeuw. Een chronologische lijst*, 1993, samengesteld door LINDEMAN, R., SCHERF, Y., DEKKER, R., Rotterdam; DEKKER, R.M. : 630 journaux intimes et mémoires dont 83 rédigés complètement ou partiellement en français; *Reisverslagen van Noord-Nederlanders uit de zestiende tot begin negentiende eeuw. Een chronologische lijst*, 1994, samengesteld door LINDEMAN, R., SCHERF, Y., DEKKER, R., Rotterdam ; DEKKER, R.M. : 497 journaux de voyage dont 91 rédigés complètement ou partiellement en français.

[13] Lettre 63 du 7 août 1762, *O. C.*, I : 124.

quant le français de ce qu'elle a écrit son oeuvre littéraire en français (le fait qu'elle ait vécu en Suisse francophone dans la seconde moitié de sa vie en est bien entendu une raison évidente, mais elle a écrit aussi en français sa première oeuvre, *Le Noble*, 1762) ainsi que par sa très bonne connaissance de la littérature française, celle des grands classiques français du XVII$^e$ siècle pour lesquels elle affiche ses préférences, mais aussi, bien qu'elle s'en défende parfois, de la littérature de son siècle. Tout au long de sa correspondance elle dispense des conseils de lecture, à ses frères par exemple, qu'elle regrette de voir plus passionnés de chasse que de livres. C'est ainsi qu'en 1766 elle recommande à son frère Vincent, elle craint en effet qu'il n'oublie "l'usage de ces petits caractères noirs, imprimés sur du papier blanc"[14], de lire Mme de Sévigné et l'Economie Royale de Sully. Plus tard, ce seront Racine, Voltaire, les contes de Marmontel qu'il pourrait se faire lire en se faisant coiffer![15] Jusqu'à la fin de sa vie, elle suit de près la production littéraire française, au sens large du terme (ouvrages littéraires, mais aussi historiques, philosophiques, écrits de théorie littéraire, écrits pédagogiques) et elle en informe régulièrement ses parents et amis néerlandais, recommandant et envoyant des livres français en Hollande.

Outre ce désir de faire partager à ses proches sa passion personnelle pour la langue et la littérature françaises, on constate que, pour Isabelle de Charrière, la maîtrise du français par les gens de son milieu est, à l'évidence, une marque distinctive de ce groupe social. Cet aspect ressort particulièrement dans la correspondance pédagogique qu'elle a entretenue avec son neveu Willem-René et les parents de ce dernier. L'enfant a à peine 4 ans lorsqu'elle conseille à ses parents d'engager un domestique français ou de trouver à Utrecht un Français "fut-il perruquier pour faire lire 1 ou 2 heures le petit garçon en vrai français avec le vrai accent"[16]. Lorsque le jeune garçon, plus âgé, commence à correspondre en français avec sa tante, elle lui propose divers exercices pour améliorer son français et lui élabore un programme de lectures : Racine, Corneille, Molière, La Fontaine, l'Art Poétique de Boileau qu'il faut apprendre par cœur ainsi que Voltaire, Buffon et Rousseau, les ouvrages théoriques de Batteux et plus tard de La Harpe, ces derniers d'ailleurs pour le profit de toute la famille et non seulement du jeune

---

[14] lettre 479 du 20 juin 1760, *O. C.*, I : 481.
[15] Lettre 321 du 13 octobre 1768, *O. C.*, II : 123.
[16] Lettre 552 du 21 février 1785, *O. C.*, II : 458.

homme.

Les parents ne mettent jamais en doute le bien-fondé de cet apprentissage, pour Vincent, le frère d'Isabelle, il va de soi qu'un "Hollandais doit ou devrait connaître également sa propre langue et la française"[17] et il est reconnaissant de l'intérêt que sa sœur porte à cet aspect de la formation de son fils. La tante continue jusqu'à la fin de sa vie à correspondre avec son neveu, corrigeant systématiquement ses "batavismes", lui établissant un programme pour un séjour à Paris. Si ce séjour, selon elle, ne doit pas excéder la semaine, pour éviter l'influence pernicieuse de la grande ville, Paris lui semble encore en 1800, le lieu de séjour obligé pour un jeune homme de bonne famille, désireux de parachever son éducation et pour qui il est socialement utile de se frotter au monde parisien du théâtre, de la littérature et de la politique.

Mais parallèlement à cette importance accordée à une maîtrise aussi parfaite que possible du français parlé et écrit, Isabelle de Charrière insiste également sur la nécessité de posséder à fond la langue néerlandaise. C'est ainsi qu'elle recommande à la mère de l'enfant:

> "Enseignez-lui donc vous-même avec soin le hollandais, qu'il le lise, le parle, l'écrive correctement et avec grâce, que le français ne gâte point son hollandais, qu'il ne le mêle point, qu'il ne francise point sa propre langue"[18].

Si elle demande qu'on habitue l'enfant à entendre, très jeune, du bon français, elle repousse la pratique active de la langue jusqu'à l'adolescence, moment auquel un séjour en France serait le plus profitable. En fait comme son père et ses oncles, Willem-René aura des précepteurs suisses qui ne lui inculqueront pas toujours un français correct, comme on peut le constater aux commentaires de sa tante sur la qualité de son français au début de leur échange épistolaire.

Au jeune homme plus âgé elle recommande avec insistance la lecture de la Vaderlandsche Historie [Histoire nationale] du grand historien néerlandais du XVIII<sup>e</sup> siècle, Jan Wagenaar, lecture qui sera à la fois exercice linguistique (elle demande la traduction de certains passages en français), étude de style (du néerlandais de l'auteur) et apprentissage de l'histoire nationale.

---

[17] Lettre 827 du 30 juin 1792, *O. C.*, III : 377.
[18] Lettre 552 du 21 février 1785, *O. C.*, II : 459

Elle-même d'ailleurs est toujours restée attachée au néerlandais[19] et sa maîtrise de la langue française (supérieure à l'évidence à celle du néerlandais) n'a jamais été accompagnée de dédain pour sa langue maternelle.

Par ailleurs, Isabelle de Charrière est un bon exemple de l'ambiguïté des relations franco-hollandaises soulignées par W. Frijhoff[20]. L'adoption de la langue française, la connaissance approfondie de la littérature française n'impliquent nullement l'adhésion au modèle social et culturel français, à la différence de certains de ses compatriotes engoués des modes françaises, comme le fait remarquer l'un de ses correspondants de jeunesse, Constant d'Hermenches, évoquant les jeunes amies de Belle qui font venir de Paris "leurs bonnets, leur coiffure, leur bonne grâce, leurs romans, leur musique, leur cuisinier, leurs pièces de théâtre"[21]. Les publicistes néerlandais, tels Justus van Effen (1684-1735), critiquent cette francisation des mœurs qui a entraîné, estiment-ils, l'oubli des vertus nationales et partant la décadence de la nation[22].

Certes, Isabelle de Charrière affirme à diverses reprises son attachement à la France, par exemple dans une lettre à son frère en 1788 dans laquelle elle mélange le français et le néerlandais:

> "je suis prévenue pour la France. Ic wil haar defecten wel weeten, en ik weet ze wel en de natie haar swakken en ondeugden weet ik ook wel[23] et malgré cela, j'avoue ma partialité. C'est leur langue que je parle le mieux, c'est leurs livres que je connais le mieux, c'est avec

---

[19] C'est ainsi qu'elle écrit à son frère: "Ces proverbes néerlandais me font un certain plaisir que je ne saurais rendre" (lettre 640 du 9 janvier 1789, *O. C.*, III : 119).

[20] *Op. cit.* : 1996 : 341.

[21] Lettre 327 du 25 novembre 1768, *O. C.*, II : 134.

[22] *Cf.* aussi plus tard dans le siècle, Elie Luzac le jeune, lui-même issu d'une famille de réfugiés huguenots, qui dans son ouvrage, *Hollands Rijkdom* (IV, Leyde 1783 : 272-273), impute aux réfugiés français la décadence de la République: ils ont corrompu les mœurs néerlandaises par leur comportement aristocratisant et leur mentalité anti-commerciale (*cf* : FRIJHOFF, W., 1986, "Modèles éducatifs et circulation des hommes : les ambiguïtés du second refuge", *in La Révocation de l'Edit de Nantes et les Provinces-Unies 1685*,. BOTS, J. A . H., POSTHUMUS MEYJES, G. H. M., Amsterdam Maarssen : Holland University Press : 73 + n. 95).

[23] Lettre 621 du 28 juin 1788, *O. C.*, III : 92 : "Je veux bien savoir ses défauts, et je les connais, et ses faiblesses et ses vices, je les connais aussi".

eux que je suis le plus à mon aise; c'est leur héroïsme quand ils en ont qui me séduit le plus".

Mais on peut se demander si elle fait allusion à des Français en chair et en os ou à ceux dont elle s'est formé une image idéale à travers les livres et en particulier dans les tragédies classiques, comme on pourrait le supposer en lisant le début d'une élégie composée sans doute en 1789:

> "Si dans mes premiers ans, au matin de ma vie,
> Mon cœur rendit hommage au talent, au génie,
> A la vertu sublime, aux aimables vertus,
> C'est à vous, ô Français, à vous que je le dois.
> Ton Eliacin eut mes premières larmes..."[24].

Et si elle a confié, jeune fille, à Constant d'Hermenches, "c'est en vérité une chose étonnante que je m'appelle Hollandaise et Tuyll", elle récuse dans les lettres ultérieures à ce même d'Hermenches, l'éloge du beau monde parisien qu'il ne cesse de lui vanter. Les bonnes manières, la politesse raffinée, l'art de la conversation, spirituelle et brillante qui sont les ingrédients du modèle de civilité que l'on veut inculquer aux membres de la bonne société et qui est perçu comme aristocratisant et français ne lui plaisent guère. Elle en dénonce la contrepartie, à savoir la vanité, la légèreté et la futilité, le manque de naturel[25].

On la voit défendre, dans la ligne par exemple d'un Justus van Effen, les vertus considérées comme nationales, simplicité, naturel, solidité et sérieux. Aussi s'irrite-t-elle dans sa jeunesse de ses compatriotes francisés qui méprisent leur pays et dans son âge mûr, elle se moque avec son neveu des prétentions de l'une de leurs parentes qui "veut à toute force monter Utrecht sur le ton de Paris"[26]. Ce n'est pas tant le modèle de sociabilité française qu'elle rejette que son implantation dans le milieu néerlandais auquel, d'après elle, il ne convient pas[27]. Aussi s'efforce-t-

---

[24] *O. C.*, X : 369.

[25] Lettre 225 du 26-28 janvier 1766, *O. C.*, I : 454.

[26] Lettre 2011 du 11 mars 1799, *O. C.*, V : 559.

[27] Lettre 2016 du 26 mars 1799, *O. C.*, V : 558-560 : "Je déplorerais pour ma ville [Utrecht] la folie de Me de Hees à vouloir transporter les mœurs de la France [...] qui sont dégoûtantes dans un pays où l'on n'a pas la légèreté ni la gentillesse d'esprit qui distingue les Français. J'ai vu cela en Hollande, mais on avait beau se rassembler sans cesse, à la française, on était fait à la hollandaise et on avait peu de choses à se dire, le

elle de convaincre son neveu qu'il ne vaut pas la peine de perdre son temps à essayer d'acquérir les talents de société à la française, c'est-à-dire, entre autres, disserter spirituellement et aimablement sur des riens: pour ce faire, un Hollandais devra se donner beaucoup de mal sans résultats probants, il vaut mieux se consacrer à des études sérieuses et devenir "un homme éclairé, solide, utile"[28].

Mais si Isabelle de Charrière rejette pour son neveu le modèle de civilité français et lui propose un programme d'études susceptible de cultiver ces qualités propres au génie néerlandais, l'étude du français n'en occupe pas moins une place de choix dans ce programme. Bien qu'elle n'exclue pas l'étude de l'anglais ou de l'allemand, le français reste cependant la langue seconde de prédilection.

La dimension politique de ce choix s'affiche très clairement lorsqu'elle écrit à son frère en 1788:

> "Si je voulais que mon fils fut hollandais en ce moment-ci, je le ferais un peu allemand ou anglais. Il serait à l'unisson du parti qui domine[29]. Si ce parti me déplaisait trop, je le ferais français afin qu'il put l'être un jour tout à fait. Il est bien sûr que chez nous la liberté est sur le soir, et qu'en France elle est à son aurore"[30].

Tenant compte de la position de sa famille, liée au parti orangiste, elle envisage donc pour son neveu la possibilité d'étudier l'anglais ou l'allemand. Mais sensible elle-même aux idées nouvelles auxquelles elle a été confrontée lors de son séjour à Paris en 1786-1787, elle affiche sa préférence pour le français, porteur, selon elle, d'idéaux susceptibles de régénérer la société. Si les excès de la Terreur la font déchanter, elle est tout à fait consciente de la force d'expansion de la Révolution française puisqu'elle écrit à son neveu en 1793 : "Sachez aussi le français et cela très parfaitement parce que c'est dans ce moment la langue universelle [...]", et elle pense à la fois à la position sociale du

---

babil insignifiant, les calembours, les petits mots flatteurs et galants, le persiflage manquaient!".

[28] Lettre de novembre 1799, *O. C.*, V : 638.

[29] Il s'agit du parti du stathouder Guillaume V qui a réprimé la révolte des patriotes, mouvement à tendance démocratique, en 1787, avec l'aide des troupes du roi de Prusse.

[30] Lettre 633 du 5 ou 12 novembre 1788, *O. C.*, III : 110.

jeune homme, il doit pouvoir s'exprimer avec aisance, sans gaucherie, pour ne pas avoir l'air d'un sot, mais aussi au contexte révolutionnaire proprement dit, dans lequel on doit maîtriser l'art du langage écrit et parlé, si l'on veut y jouer un rôle. C'est que "les révolutions doublent l'utilité, la nécessité de l'éloquence, il faut écrire et parler, qu'on sache donc écrire et parler"[31].

Lorsque le succès des armées révolutionnaires se confirme et que la création de républiques satellites en Hollande, en Italie, en Suisse, a assuré la domination française en Europe, la parfaite maîtrise du français s'impose, si l'on veut exercer une fonction publique : pour son neveu, elle envisage un poste dans le gouvernement ou dans la diplomatie. Elle l'incite, une fois de plus, à perfectionner son français, destiné, selon elle, à devenir la langue unique, entendons la langue des classes dirigeantes. Dans un texte de 1798, *De l'Esprit et des Rois,* où elle s'interroge sur l'éducation du prince, on trouve un conseil qui s'inscrit dans la même ligne de pensée : si le prince doit comprendre un grand nombre de langues, il ne doit en parler et écrire qu'une seule et cette langue doit être le français, "celle que l'on entend partout", ici en l'occurrence la langue de l'envahisseur, celle que les élites politiques européennes se doivent de posséder surtout lorsque Napoléon aura étendu son emprise sur l'Europe.

Outre cette nécessité d'ordre politique, l'apprentissage du français tel que le conçoit Isabelle de Charrière, s'il en tient compte assurément, le dépasse. L'épistolière accorde, en effet, une fonction primordiale, dans le processus de la formation intellectuelle, à l'étude des langues étrangères en général et à celle du français en particulier[32], car l'étude des langues, écrit-elle, lui semble moins précieuse encore par le *but* qu'on atteint que par le *chemin* qui y mène. Traduire des mots apprend à en bien saisir la signification, la valeur, la nuance de cette valeur. Faire des phrases nous force à éclaircir nos idées. Sa didactique du français langue étrangère s'accompagne d'une réflexion sur l'interaction entre le langage et la pensée qui fait écho aux débats sur les langues et le langage illustrés entre autres par Beauzée, Dumarsais, Condillac.

---

[31] Lettre 1766 du 15 janvier 1797, *O. C.,* V: 282-285.
[32] Dans le contexte familial néerlandais qui l'intéresse, le français reste la langue seconde privilégiée, dans son contexte personnel, c'est la langue qu'elle possède le mieux et qu'elle peut donc le mieux enseigner.

Elle est certes consciente des problèmes posés par le bilinguisme pratiqué dans son milieu d'origine puisqu'elle écrit à sa belle-sœur en 1797:

"Nos deux langages [néerlandais/français] allant de front dès l'enfance se nuisent beaucoup, nuisent au parler, nuisent à l'écrire"[33]

mais elle voit aussi dans ce bilinguisme l'occasion d'un exercice intellectuel des plus formateurs en ce qu'il oblige à une comparaison entre les deux langues et donc à une réflexion sur les différents systèmes linguistiques et sur le langage en général. Ce faisant, l'élève devra apprendre à catégoriser, à systématiser ses connaissances, à se forger une méthode de travail, c'est-à-dire "apprendre à apprendre, la plus belle des sciences parce qu'elle ouvre la porte de notre entendement"[34].

Au cours des années 1797-1800, Isabelle de Charrière s'interroge dans ses essais *De l'Esprit et des Rois*, ses textes de fiction, *Les Finch, Asychis*, dans sa correspondance, sur l'éducation et en particulier sur l'éducation considérée comme un moyen de régénérer l'aristocratie. Elle est très claire sur ce point dans les lettres adressées à Willem-René : la naissance, le nom, les titres ne sont plus le garant d'une position assurée, ce sont les capacités intellectuelles qui justifieront l'appartenance aux nouvelles élites. Le programme éducatif qu'elle propose à l'élite néerlandaise en la personne de son neveu accorde une place de choix au français : pour des raisons qui relèvent certes de la tradition, qui tiennent également au contexte politique contemporain, mais aussi parce que l'étude de cette langue associée à celle de la langue maternelle constitue, à ses yeux, un instrument privilégié pour la formation de l'intellect.

---

[33] Lettre 1766 du 13 janvier 1797, *O. C.*, V : 284.
[34] Lettre 2048 à Willem-René, été 1799, *O. C.*, V : 592.

# LA LANGUE FRANÇAISE À L'ÉPOQUE DES CHEVALIERS ET PENDANT LA DOMINATION NAPOLÉONIENNE : LES ANNÉES 1780-1800

Noël Caruana-Dingli, Anthony Aquilina
Junior College, Université de Malte

Trois états politiques différents se succédèrent à Malte pendant les deux dernières décennies du XVIIIᵉ siècle : la fin du règne des Chevaliers (1530-1798), l'*interlude* français (1798-1800) et le début de la colonisation britannique (1800-1964). De plus, l'élection du Grand Maître de Rohan en 1775, c'est-à-dire cinq ans avant la période qui nous intéresse ici, représentait déjà une rupture car il s'agissait du premier Grand Maître français à régner sur Malte depuis la mort d'Adrien de Wignacourt en 1697. L'objectif de cette recherche consiste à déterminer à quel point les conditions d'existence du français, ses fonctions, son enseignement / apprentissage et les contenus véhiculés par la littérature française dans le contexte maltais furent modifiés par les changements politiques (et les effets socio-économiques qu'ils entraînèrent) pendant cette période très mouvementée de l'histoire maltaise.

## CONDITIONS D'EXISTENCE DU FRANÇAIS À MALTE

*Les années 1780-1798*
En 1786, un mémoire envoyé au Ministre des Affaires Etrangères français exposait que "Malte rend à la France plus de services que si elle était une colonie et coûte moins cher à garder" (Godechot 1981 : 56) Le Grand Maître de Rohan contribua aussi à créer une ambiance française dans la capitale maltaise en levant un *Régiment de Malte* en 1777. On organisa une campagne de recrutement en France et les effectifs français étaient toujours prépondérants dans ce corps, car Louis XVI avait autorisé le Grand Maître à recruter jusqu'à 200, et même

300 soldats de son royaume[1]. En réalité, comme le montre l'extrait ci-dessous, tiré du récit d'un voyageur français, J.-M. Roland de La Platière, la présence de soldats français dans les rues de La Valette se faisait déjà remarquer en 1776 :

> "Les soldats, parmi lesquels il y a des gens de toutes nations, mais principalement des Français, participent au ton honnête des Chevaliers : tous saluent dans les rues ; presque toutes les sentinelles nous ont fait le salut des armes" (Roland de La Platière 1780 : 54).

Des citadins maltais n'hésitaient pas non plus à avoir des contacts avec des soldats français afin de perfectionner leur connaissance de la langue française. A cette époque, à Malte, l'influence française se faisait sentir dans des domaines comme la mode et la cuisine. La noblesse et la bourgeoisie maltaises appréciaient également la littérature, l'art et les meubles français (Roland de la Platière 1780 : 73, 92, 94-95; Montalto 1979 : 339). Pendant la seconde moitié du XVII$^e$ siècle, une communauté française s'était constituée sur le pourtour du Grand Port. À la fin du XVII$^e$ siècle, elle comprenait des négociants, des cabaretiers, des artisans divers, etc. Des négociants français habitaient (et avaient leurs entrepôts) à proximité des quais mais il ne semble pas que la communauté française de Malte se fût établie dans un quartier précis.

Les contacts franco-maltais les plus importants étaient ceux qui concernaient le Midi de la France et la plupart des membres de cette communauté française étaient d'origine méridionale. Le volume du trafic maritime français à Malte était très important au XVIII$^e$ siècle. En 1775, par exemple, 62% des bâtiments qui abordèrent à Malte étaient français. Ce trafic atteignit 65% en 1780. Il diminua un peu vers 1785 avant de se relever à la veille de la Révolution. En 1788, la proportion des navires français était de 43% (Godechot 1981 : 55). Le plurilinguisme ne manquait pas de jouer un rôle important dans ce contexte. Ainsi, en descendant à terre (à la *Barrière de la Quarantaine*), les patrons français faisaient leurs déclarations devant le Consul de France en provençal. Celui-ci les transcrivait en français alors qu'un fonctionnaire de l'administration locale rédigeait une version italienne. Dans de telles circonstances, le français n'était pas la

---

[1] Archives Nationales (Paris), M994 : *Dossier contenant les objets relatifs à la levée en France de 200 hommes de troupes...* pièces 11 à 90.

langue dominante à Malte. La langue de culture de la ville était surtout l'italien, comme le confirment beaucoup de voyageurs qui séjournèrent à Malte aux XVII$^e$ et XVIII$^e$ siècles.

Les Chevaliers de Malte qui venaient de plusieurs pays différents dont l'Italie, la France, l'Espagne, le Portugal et l'Allemagne avaient choisi l'italien comme langue véhiculaire ou utilitaire. Cet usage de l'italien s'était tellement répandu que beaucoup de Chevaliers étaient devenus bilingues. Les Chevaliers français qui résidaient à Malte n'étaient pas une exception à cet égard et certains (surtout ceux qui y avaient passé une partie de leur jeunesse) connaissaient même la langue locale, le maltais.

Sous le Grand Maître de Rohan, trois autres facteurs ont permis à l'influence française de s'accroître. D'une part, le Grand Maître accueillit à bras ouverts des émigrés français qui avaient fui les troubles de la Révolution; d'autre part, la franc-maçonnerie s'était infiltrée à Malte et il y eut un procès éclatant où étaient impliqués beaucoup de francs-maçons (Archives de l'Inquisition de Malte, Ms. *Processo Lante*). Des travaux de recherche qui traitent de cette société secrète ont révélé à quel point la Maçonnerie à Malte était dominée par des Français (y compris des Chevaliers). La Loge maltaise, appelée *Les Parfaites Harmonies*, était affiliée à la Grande Loge de France (Montalto (1979): 339-348 ; Agius (1998). Enfin, à cette époque fut inauguré un *Club des Jacobins* au village de Lija où des Chevaliers et des nobles maltais avaient leurs résidences d'été. Des idées françaises circulaient dans ce milieu où il était également possible d'entendre parler et d'utiliser la Langue de la Liberté (Galea 1948). Il n'est donc pas étonnant que l'un des principaux membres de ce club, le grammairien et lexicologue maltais Michel Antoine Vassalli, se propose de donner des cours de français à Malte à son retour de l'exil en 1820 (*Journal Officiel de Malte* n° 1635, 1$^{er}$ nov. 1820 : 2421).

En 1798, il y avait de 300 à 400 membres français de l'Ordre de Saint-Jean à Malte (Testa 1997 : 163, Sammut 1997 : 79). Cependant, il serait faux de croire que le français concernait uniquement des résidents français. Des religieux, des nobles, des commerçants, des marins, des notaires, des avocats, des soldats, des médecins, des artisans, des cabaretiers connaissaient plus ou moins bien le français et l'utilisaient.

*Les années 1798-1800*

Il est clair que lorsque le général Bonaparte s'empara de Malte en juin 1798, son armée n'entra pas dans un vide linguistique. Bien au contraire, des habitants de La Valette étaient déjà habitués à utiliser et/ou à entendre parler la langue française. Voilà pourquoi, dans la correspondance française de l'époque, il est fait mention des "Maltais qui entendent les deux langues", l'italien et le français (Scicluna 1923 : 67)[2].

L'arrivée des Français en 1798 fut suivie par l'expulsion définitive des Chevaliers de Saint-Jean. Avant de poursuivre son voyage vers l'Egypte, Napoléon laissa une garnison de 4.000 à 5.000 hommes à Malte. Cette décision provoqua un changement à la fois quantitatif et qualitatif. A quelques centaines d'aristocrates français (c'est-à-dire des Chevaliers de Malte français) se substituèrent des milliers de soldats de la France révolutionnaire. Le potentiel linguistique virtuel de ce capital francophone était considérable mais les effets linguistiques réels de ce "réservoir francophone" furent dilués quand, moins de trois mois plus tard, les Maltais de la campagne se révoltèrent contre la France et tout le pays se transforma en un terrain de guerre profondément agité.

Dans une telle situation, il y avait des priorités bien plus importantes que la diffusion du français, d'autant que le blocus assuré par des navires anglais, portugais et napolitains obligeait les citadins et les troupes françaises à supporter beaucoup de privations. Les effets linguistiques de l'ambiance francophone qui existait dans les villes du pourtour du Grand Port laissaient parfois à désirer. L'extrait ci-dessous, tiré des archives de l'époque, est assez révélateur à cet égard :

"Une petite maison située dans la rue appelée couramment 'la rue des Puits' fait partie de l'héritage de feu mon mari. Il y a trois mois, elle était toujours louée à une certaine Rosa. Cependant, celle-ci m'a rendu les clefs il y a trois mois. Trois jours après son départ de cette maison, trois soldats [français] dont j'ignore toujours les noms se sont présentés à ma porte. Ils m'ont demandé les clefs de la maison afin de pouvoir la visiter et la louer si elle leur plaisait. Je leur ai donné les clefs tout de suite et depuis je ne les ai plus revus. Je n'ai eu ni le courage d'aller les chercher ni d'obtenir des renseignements

---

[2] Lettre de la Commission de Gouvernement au Citoyen La Coretterie en date du 28 messidor au VI.

sur l'état de la maison de peur d'être mal reçue"[trad. N.C-D., A.A.][3].

Une autre femme maltaise dut déménager parce qu'elle ne pouvait plus supporter les vexations et les insultes des soldats français qui habitaient une maison voisine (*ibidem*). Malgré de tels incidents il y eut quand même des contacts franco-maltais. Des Maltais se lièrent d'amitié avec des collègues français et ces contacts n'étaient pas limités à certaines catégories socio-professionnelles. Ainsi, un Français qui s'appelait Geoffroi était le "commensal" de Simon Balzan, gardien de l'Hôpital militaire de La Valette (*ibidem*)[4]. Egalement, des femmes maltaises travaillaient comme lavandières pour les soldats français et certaines n'hésitaient pas à avoir un (ou même plusieurs!) amant français. Cela était, en fin de compte, assez prévisible car, en temps de guerre, même de simples soldats étrangers (et leur langue) peuvent incarner la puissance du pays colonisateur aux yeux des habitants qui espèrent obtenir quelques avantages.

Avant ou pendant la période française, des membres de l'Ordre de Malte et d'autres individus qui occupaient des postes importants au sein de son administration se convertirent à la cause révolutionnaire. Certains d'entre eux parlaient déjà français et / ou étaient de souche française. La prise de Malte par la France leur permettait sans doute de profiter de leur connaissance de la langue française. Cependant, ils ne s'arrêtèrent pas d'écrire en italien du jour au lendemain. Il arrivait à Jean Bosredon-Ransijat, ancien secrétaire de la Trésorerie de l'Ordre, d'écrire non seulement en français mais aussi en italien après avoir été nommé Président de la Commission de Gouvernement en 1798[5]. D'autres acteurs tels que Louis Doublet, ancien secrétaire de la langue française du Grand Maître, puis Secrétaire de la Commission de Gouvernement et, enfin, Commissaire français à l'époque napoléonienne (Blondy 1992 / 1993, vol. 1 : 294 note 25), Stefano Libreri et David Beaulieu, tous les deux anciens prêtres conventuels de l'Ordre de Malte, continuèrent à utiliser leur connaissance du français mais sous un autre type de Gouvernement et dans des conditions différentes.

---

[3] Archives Nationales de Malte, NAM 92/04 (1798), carton 607, témoignage de Rosalie Micallef à la séance du tribunal du 26 ventôse an VI.

[4] Témoignage de Simon Balzan au tribunal (séance du 6 Fructidor an VI).

[5] *Cf.* Archives Nationales de Malte, *Epoca Gallica Tribunale Civile 1ᵃ Istanza: Atti Originali*; vol. 4 (1799 – 1800), ff. 243r, 267r, 317.

## CHANGEMENTS POLITIQUES ET FONCTIONS DE LA LANGUE FRANÇAISE

*Les dernières années de l'Ordre à Malte (1780-1798)*

Pour tous les Chevaliers de Malte français, la langue française était la langue de leur pays d'origine, la langue officielle du Royaume de France. Les minutes des *Délibérations des trois Langues* françaises de l'Ordre (France, Auvergne et Provence) étaient rédigées entièrement en français[6]. Ces *Langues* avaient également leurs secrétaires de la langue française. Les gazettes et d'autres documents écrits en français circulaient dans les *Auberges* où certains membres de l'Ordre avaient leur appartement. Lors de réunions de chaque *Langue*, on y lisait également à haute voix les lettres qui avaient été reçues de Versailles, de Fontainebleau, etc.[7] Même le Grand Maître avait son secrétaire de la langue française. Plus précisément, le secrétariat de *Son Altesse Sérénissime* comprenait trois secrétaires: un pour la correspondance en français et en latin et deux autres pour la correspondance en italien et en espagnol (Testa 1989: 43, Engel 1968: 225).

Au XVIII$^e$ siècle, à une époque où le français était encore la langue internationale de la culture et de la diplomatie, la correspondance française du Grand Maître de Malte concernait non seulement la France mais aussi d'autres pays comme l'Autriche, la Bavière, les Pays-Bas, la Pologne, la Prusse, la Russie, la Turquie, les Régences nord-africaines, l'Angleterre et même une partie de l'Italie (Ryan 1930: 68). Pour ce qui est de l'Allemagne, le dernier Grand Maître qui régna sur Malte, Ferdinand von Hompesch, tout en étant allemand, parlait couramment français car il avait été élevé par une gouvernante française. Cet aristocrate francophile écrivait parfois aussi une partie de sa correspondance privée en français (Cachia 1997: 41).

Dans une perspective plus matérialiste, le français permettait d'atteindre des objectifs pécuniaires. A la fin du XVIII$^e$ siècle, des négociants maltais appartenant aux familles Isouard-Xuereb, Poussielgue, Habela, Caruson, etc. utilisaient le français à des fins commerciales. Il était même devenu une habitude chez de telles familles d'envoyer leurs enfants faire un séjour de deux ans en France (à Marseille, Lyon, etc.). De cette façon, les apprentis-commerçants s'initiaient aux techniques du commerce et de la comptabilité tout en

---

[6] Archives de l'Ordre de Malte, ARCH. 2085-1089 ; 2097-2098 ; 2111-2119.
[7] Archives de l'Ordre de Malte, ARCH. 2112, f. 40.

se familiarisant avec le français et l'occitan. Le français n'était pas encore considéré comme une discipline académique, certes, mais il constituait incontestablement un atout et un "investissement" qui pouvait rapporter. La plupart des étudiants en médecine qui firent des études en France (à Aix, à Bordeaux mais surtout à Paris et à Montpellier) firent carrière et occupèrent des positions importantes dans la hiérarchie médicale après leur retour à Malte (Caruana-Dingli 1998: 50-51). De même, le jeune Pierre Paul Grech, qui avait fait des études au Collège Louis-le-Grand et à la Faculté de Droit de Paris, devint Abbé à Malte où il obtint la "place très importante" de sous-secrétaire à la Trésorerie de l'Ordre de Malte[8].

Ce dernier exemple nous rappelle une autre "fonction" qui était étroitement liée au cas que nous venons d'évoquer. Etant donné que la *Langue de France* était la plus riche des huit *Langues* de l'Ordre, des parents influents et ambitieux comme l'avocat Fabrizio Grech, *uditore* du Grand Maître, tenaient à y faire admettre leurs enfants. A cette fin, des Maltais rusés avaient trouvé une astuce efficace : obtenir la naturalisation française pour leurs enfants avant de faire une telle demande d'admission. Cependant, l'obligation de résider dans le Royaume de France était une condition imposée à tous ces citoyens naturalisés. Par conséquent, des jeunes Maltais comme P. P. Grech, bénéficiant de la protection personnelle de l'Ambassadeur de Malte auprès du Roi de France, pouvaient faire un séjour en France (et même des études), en attendant le moment de demander l'autorisation royale de rentrer dans leur pays natal, sans évidemment perdre leurs privilèges! (Blondy 1991: 175-186).

L'établissement définitif de l'imprimerie à Malte fut retardé jusqu'en 1756 à cause des querelles d'*imprimatur* et des luttes de pouvoir qui opposaient le Grand Maître, l'Inquisiteur et l'Evêque de Malte (Grima 1991). Dans de telles conditions, le rôle "médiatique" du français à Malte était nécessairement limité. La plupart des registres de l'Imprimerie du Grand Maître ont été conservés et on s'aperçoit, en les examinant, que le plus grand nombre de commandes (un livre, des décrets, une oraison funèbre...) exécutées entièrement ou partiellement en langue française datent des années 1780-1791[9].

---

[8] Archives Nationales (Paris), M902 pièce 398.
[9] Archives de l'Ordre de Malte, *Giornali della Stamperia*, vol. 2038-2065.

*Les fonctions du français pendant la courte période napoléonienne
(1798-1800)*

Le statut et l'importance du français changèrent radicalement après
l'expulsion des Chevaliers de Malte par Bonaparte. Bien que l'on ait
tort de le considérer comme *la* langue dominante, il n'en est pas moins
vrai que le français devint, tout à coup, la langue des dominants à
Malte. C'était aussi la langue de la Liberté et de la République. Certes,
quelques fonctions du français restèrent inchangées même pendant ces
deux ans de présence française. En fait, tout en étant identifiée à la
langue nationale d'un des pays belligérants pendant les Guerres Napoléoniennes, le français conserva sa fonction de véhiculaire culturel et
de langue diplomatique. Un tel emploi de la langue se situait à un
niveau supérieur à n'importe quel conflit militaire. Cela explique
pourquoi des Maltais, y compris des agriculteurs qui ne connaissaient
évidemment pas le français et qui avaient sans doute demandé à quelqu'un d'écrire en leur nom[10], n'hésitaient pas à adresser des pétitions
*en français* au commandant des forces navales britanniques à Malte, le
Capitaine Alexander Ball. Même s'il combattait contre la France, celui-ci écrivait, à son tour, des lettres en français à Vincenzo Borg, l'un
des chefs des insurgés maltais qui s'étaient révoltés contre la France![11]
De même, il n'y a pas de doute que le français fut utilisé pendant les
nombreuses rencontres qui eurent lieu entre officiers français et britanniques[12]. C'était donc comme si, dans ces circonstances, le français
cessait d'être la langue de l'ennemi pour devenir une sorte de patri-
moine international dont le rayonnement transcendait les conflits militaires et qu'il fallait employer et conserver avec soin. Puisque la composante "latine" (français et / ou latin et / ou italien) prédominait dans
le capital linguistique de la classe cultivée à Malte, il était plus facile
de trouver quelqu'un qui connaissait le français plutôt que l'anglais.
Cette dernière langue se diffusa lentement à Malte même pendant la
période de la colonisation britannique. Les Anglais eux-mêmes comprenaient d'ailleurs plus facilement le français que l'italien...

Le français pouvait aussi avoir une fonction de langue de contacts
entre les soldats de la garnison française et les citadins maltais qui se
trouvèrent assiégés avec eux derrière les fortifications de La Valette et

---

[10] Le dépouillement de plusieurs pétitions qui ont été conservées nous a permis
d'identifier l'auteur de beaucoup de ces documents comme l'avocat Dr. Francesco
Roquer.
[11] Musée National des Beaux-Arts (Malte), manuscrits de la "Gollcher Foundation".
[12] *Ibid.,* entrées diverses dans le journal anonyme qui fait partie de cette collection.

des Trois Cités après le soulèvement de leurs compatriotes de la campagne. Précisons d'emblée que le français avait une importance négligeable en tant que langue de contacts à la campagne car, en général, les contacts n'y étaient possibles qu'avec des soldats britanniques ou leurs alliés napolitains[13]. Mais, même dans les villes assiégées, le français ne pouvait remplir pleinement sa fonction communicative que lorsque des interlocuteurs maltais avaient une bonne connaissance de cette langue, ce qui ne semble pas avoir été le cas général. Pendant le blocus, malgré les ordres formels de leur Commandant en chef, des soldats français parcouraient les rues des villes en essayant d'acheter des animaux à manger (des mulets, des ânes, etc.)[14] ou de vendre des articles divers (du bois, des matelas, des bijoux et de l'argenterie) dont certains étaient de provenance douteuse[15]. Quand survenait un problème de communication entre Maltais et Français, on allait souvent chercher quelqu'un qui pouvait jouer le rôle d'interprète : un employé, un secrétaire, un marin, un commerçant, un Maltais d'origine française ou, surtout, un cabaretier ou un marchand[16]. La citation ci-dessous est un extrait du témoignage d'un certain Joseph Muntosin, Maltais, qui fut accusé au tribunal d'avoir acheté des matelas à deux soldats français. De telles transactions avaient été interdites par la proclamation du 6 Messidor an VII[17]. L'on notera, de notre point de vue, que Muntosin ne parlait pas français; ce qui n'est pas étonnant car la langue officielle de la marine des Chevaliers de Malte avait été l'italien. Par contre, son ami Caruana, *bottegaio* et ancien employé, était bien placé pour connaître la langue française. Cela est confirmé par Muntosin lui-même :

"J'ai soixante ans environ et je suis de l'ex-Vittoriosa. Actuellement, je ne travaille pas mais, avant, j'étais un des gardiens de la galère *La Justice* qui appartient maintenant à la République française [...] Il y a 4 mois environ, j'étais dans l'entrepôt du Citoyen Gaetano Caruana, qui se trouve à l'Est, c'est-à-dire à l'ex-Vittoriosa, près de la Porte

---

[13] NAM 92/04 (1800) carton 625 : "Pro Ignazio Debono Vella 1800".
[14] NAM 92/04 (1798), carton 606, témoignage d'Ingazio Gerada en date du 12 Thermidor an VIII.
[15] NAM 92/04 (1799), carton 615, f. 7 ; NA92/04 (1798), carton 607 (documents divers).
[16] NAM 92/04 (1798), carton 609, *Processus Civilis a Catharina Ciantar*, f. 2r.
[17] NAM 92/04 (1799), carton 612, lettre du Général VAUBOIS au citoyen Perez, accusateur public, en date du 3 Thermidor an VIII ; *cf.* aussi le journal anonyme conservé au Musée National des Beaux-Arts (entrée du 23 juin 1799).

de la Marine de la dite ville, quand 2 soldats avec 3 matelas s'y sont présentés [...] Après leur avoir brièvement parlé, Caruana m'a dit que ces matelas étaient à vendre [...] Ils avaient appartenu à une dame qui connaissait les soldats. Ceux-ci l'avaient aidée pendant que son mari était à la campagne et elle les leur avait laissés pour les récompenser avant de partir à son tour. C'est Caruana, qui comprend bien le français, qui m'a dit tout ça, tandis que moi, je ne connais pas du tout cette langue"[18].

On aurait tort de considérer le français comme la seule langue officielle à Malte en 1798-1800. Restant fidèle à la politique linguistique qu'il avait déjà adoptée en Italie, Bonaparte ordonna au Général Reynier de faire traduire en italien la première proclamation destinée à la population maltaise. Cette pratique devint une habitude quasi constante pendant l'occupation française de Malte et des expressions comme "le présent Arrêté sera publié dans les deux langues", "pour la faire imprimer dans les deux langues" (Scicluna 1923 : 33-34, 53), l'italien et le français figurent régulièrement dans les archives françaises de l'époque. Par conséquent, il serait plus exact de dire que l'italien et le français étaient tous les deux utilisés comme langues officielles. La plupart des institutions, les tribunaux, la *Commission Administrative des Biens Nationaux*, les Municipalités et même la Commune ou *Universitas* maltaise durent s'habituer à envoyer et / ou au moins à recevoir une partie de leur correspondance en français. Etant donné que beaucoup des acteurs qui occupaient des postes importants étaient des Français ou des Maltais (y compris des Maltais d'origine française) qui connaissaient le français, cela ne posait pas de difficultés d'ordre linguistique. L'emploi du français était privilégié par la *Commission de Gouvernement* dont les registres des *Délibérations* sont en français[19]. Par contre, on continua à rédiger les *Actes* des tribunaux en italien[20]. D'une manière générale, dans la correspondance officielle de cette époque, l'emploi du français ou de l'italien dépendait des objectifs visés, des organismes, des destinateurs et des destinataires concernés.

---

[18] NAM 92/04 (1799), carton 614: *Processo compilato contro il Citt. Giuseppe Montusin...*, ff. 3-4r. (3 Floréal an VII / 22 avril 1799).
[19] Archives de l'Ordre de Malte, ARCH. 6523 à 6523E.
[20] NAM, volumes des *Atti Originali* des tribunaux civil et criminel.

Enfin, c'est aux Français que revient le mérite d'avoir lancé le premier journal à Malte : le *Journal de Malte*[21]. Il semble qu'on pensât d'abord publier un journal en italien; c'est, du moins, ce que laisse supposer un manifeste de journal intitulé *Malta Libera*, conservé à la Bibliothèque Nationale de La Valette[22] Quoi qu'il en soit, aucun exemplaire d'un tel journal italien n'a été retrouvé et c'est le *Journal de Malte* qui sortit en août 1798. Il devait avoir un tirage de cinq cents exemplaires mais sa publication fut probablement interrompue peu après la révolte maltaise (Grima 1991 : 46-47).

## L'ENSEIGNEMENT DU FRANÇAIS À MALTE À LA FIN DU XVIIIe SIÈCLE

*L'enseignement du français de 1780 à 1798*

Les archives maltaises nous fournissent des noms français d'enseignants tels que Gheimart, Ciarlet, Cascin, Busset, Alferan, Picau, Arnaud, Belan, etc. (Borg 1974 : 215-254). Ceux-ci avaient obtenu l'autorisation d'enseigner, mais, dans la quasi-totalité des cas relevés, il s'agit de maîtres qui enseignaient des matières autres que le français. La collection de pétitions envoyées à l'Archevêché afin d'obtenir cette autorisation semble assez complète mais les demandes qui concernaient le français s'y font remarquer par leur extrême rareté pendant tout le XVIIIe siècle (Borg 1974)[23]. Cela ne veut pas dire qu'il n'y avait pas d'enseignants de français à l'époque des Chevaliers. En fait, l'inverse est vrai. Nous croyons qu'il est très probable que la plupart des personnes intéressées à n'enseigner que le français (ou même une autre langue vivante, comme l'italien car les pétitions qui concernait uniquement cette langue sont tout aussi rares...) ne se donnaient pas normalement la peine de soumettre une pétition aux autorités compétentes, passer un examen et faire une déclaration de catholicité à l'Archevêché!

À une époque où les langues vivantes étaient toujours considérées comme un art et non pas comme une discipline académique (Pellandra 1990 : 80), l'acquisition du français à Malte se faisait plutôt en suivant des cours informels ou bien grâce à des contacts de toutes sortes : en travaillant dans un atelier ou une boutique où il y avait des Français,

---

[21] Bibliothèque Nationale de Malte, legs du Dr. Parnis, n° 950.

[22] *Ibid.*, BO. 4.42, f. 13.

[23] Archives de l'Archevêché de Malte, *Suppliche* (1769 – 1800).

etc. À titre d'exemple, l'éminent chirurgien maltais Michel Angiolo Grima acquit probablement les bases de la langue française quand, encore étudiant, il travaillait à Malte sous la direction d'un chirurgien français, J.-B. Lhoste (Caruana-Dingli 1998 : 50-51). En fait, même avant de poursuivre ses études de médecine à Paris, Grima se souvient avec nostalgie de son ancien maître qu'il appelle "Monsieù Lots" dans sa correspondance privée, écrite en italien[24].

Le rôle des Jésuites en ce qui concerne l'enseignement du français à Malte reste encore une énigme. Des historiens de l'éducation ont affirmé, sans donner de preuves, qu'une classe de français fut créée au sein du collège de Jésuites de La Valette pendant la première moitié du XVIIe siècle. Les recherches approfondies que nous avons faites ne nous permettent pas de valider une telle affirmation. Il a pourtant été possible de prouver l'existence d'un legs destiné à financer la présence d'au moins un Jésuite français qui devait s'occuper des besoins (spirituels et linguistiques?) de la communauté française de Malte[25]. De plus, il est certain qu'il existait encore au début du XVIIIe siècle une "Congrégation des Français" qui se réunissait dans l'Oratoire de l'église des Jésuites (Pecchiai 1938 : 305). À la fin du siècle, cette congrégation avait cessé d'exister[26]. Enfin, des grammaires et des dictionnaires de la langue française furent retrouvés chez les Pères au moment de leur expulsion en 1768[27]. La documentation disponible ne nous permet pas d'aller plus loin sur ce point, même si l'existence d'une telle classe nous paraît assez plausible et probable. Compte tenu de ce que l'on sait de la tradition pédagogique des Jésuites, il ne pouvait être question, dans le meilleur des cas, que de cours facultatifs (Pellandra 1988 : 58-62). Après le départ des Jésuites, le Grand Maître portugais Emmanuel Pinto (1741-1773) transforma l'ancien collège en Université en 1769 mais le français ne figurait pas au programme de cet établissement[28]. Le successeur de Pinto, le Grand Maître espagnol Ximenes (1773-1775) et même Emmanuel de Rohan (1775-1797) ne semblent pas avoir encouragé, du moins officiellement, l'enseignement du français à Malte. Au contraire, ce dernier s'intéressa à une

---

[24] Bibliothèque Nationale (Malte), LIBR. 146, vol. 1, f. 176v.

[25] Archives de l'Ordre de Malte, TREAS "114", f. 13v-14r, TREAS "A" 115, ff. 4v-5r; ms LIBR 636 (f. 29 OV) de la Bibliothèque Nationale de Malte.

[26] Archives de l'Ordre de Malte, ARCH. 1198 (*Suppliche* 1795 – 1798), pièce n° 93, ff. 263v-264r.

[27] Archives de l'Ordre de Malte, ARCH. 1993, ff. 139-268.

[28] Archives de l'Ordre de Malte, ARCH. 575 (*Liber Bullarum*, 1771), ff. 459v-504r.

autre langue et fonda une classe d'arabe le 20 novembre 1795!

Si nous ignorons presque tout des professeurs et des étudiants de français à Malte à la fin du XVIII$^e$ siècle, nous sommes mieux informés sur les méthodes utilisées. Les archives locales nous fournissent des renseignements méthodologiques précieux et des exemplaires de certains manuels ont même été conservés. Vu que l'imprimerie fut introduite (de façon permanente) très tardivement à La Valette, il s'agissait uniquement de manuels *étrangers* rédigés entièrement ou partiellement en italien / espagnol / latin / français / allemand, etc. (ou en plus d'une seule langue dans le cas d'ouvrages plurilingues). La majorité de ces manuels semblent avoir été en italien, langue de la ville et langue de culture à Malte. Parmi les auteurs les mieux connus, on peut citer, pour le XVIII$^e$ siècle, Ludovico Goudar, Michele Berti, Michel Feri de la Salle et, surtout, Jean Vigneron (mieux connu comme Giovanni Veneroni)[29].

De tels ouvrages pouvaient intéresser des Chevaliers de Malte, des nobles maltais, des négociants, des employés et des secrétaires divers, des navigateurs etc. ainsi que des Maltais d'origine française. Aux XVII$^e$ et XVIII$^e$ siècles, une pratique courante, surtout dans certaines familles consistait à envoyer des enfants de 13 ans en France afin d'y faire leurs études secondaires[30]. La communauté française de Malte accordait beaucoup d'importance à cultiver la langue française : dans la famille Prepaud, par exemple, on entretenait des relations commerciales avec des Français, on épousait des Françaises, on avait une domestique française et la langue française était transmise d'une génération à l'autre (Claeys, Mercieca 1998).

*Les réformes éducatives de Napoléon Bonaparte (1798-1800)*

Le dernier Grand Maître de Malte, Ferdinand von Hompesch (1797-1800), n'eut pas le temps de favoriser l'enseignement du français. Toutefois, le français était connu, apprécié et parlé par certains habitants *avant* la période française. Le Général Bonaparte tenait à favoriser encore plus et à légitimer l'enseignement de cette langue grâce à des mesures éducatives audacieuses. Selon les réformes envisagées, le français allait devenir une matière scolaire à part entière. Dès son arrivée à Malte, Bonaparte décréta l'ouverture de 15 écoles

---

[29] *Cf.* Mormile (1989), et Minerva, Pellandra (1997).
[30] Archives Nationales (Paris), Aff. Et. B$^1$ 824, ff. 75v, 100r, Archives de l'Inquisition (Malte), *Porcessi* 104B, pièce 211, f. 339, Archives de l'Ordre de Malte, ARCH 6524c, pétition 1427.

primaires où "les instituteurs des écoles enseigneront aux élèves à lire et à écrire en français, les éléments du calcul et du pilotage, et les principes de la morale et de la constitution française"[31]. Ce programme n'est guère différent de ce qui avait déjà été prévu pour l'enseignement primaire en France. Après le départ de la flotte française pour l'Egypte et le début des hostilités franco-maltaises le 2 septembre 1798, ces réformes furent aussitôt abandonnées. Après le XVIIIe siècle, il faudra attendre longtemps avant qu'on ne se proposât d'instituer un enseignement précoce du français au Lycée de La Valette ou dans les établissements scolaires dirigés par des congrégations françaises.

Napoléon supprima l'Université de Malte qui devait être remplacée par une Ecole Centrale. Quand on compare les matières qu'on allait y enseigner au plan type des Ecoles Centrales en France[32], on s'aperçoit que ce que Bonaparte proposa pour Malte n'était pas une Ecole Centrale comme les autres mais plutôt une adaptation de celle-ci, un amalgame d'une Ecole Centrale et d'une Ecole Spéciale. Des matières telles que la littérature, l'histoire et le droit ne figuraient pas au programme de l'Ecole maltaise. Signalons aussi que l'enseignement des "langues orientales" devait se substituer à la grammaire générale (Delesalle, Chevalier 1986 : 137-138). En insistant aussi sur d'autres matières comme la stéréométrie, la mécanique, l'astronomie et la navigation, Bonaparte voulait privilégier les connaissances qu'il considérait comme les plus utiles dans un pays maritime situé au carrefour de la Méditerranée.

Ces réformes ne furent jamais mises en pratique car les locaux qui devaient abriter la nouvelle école étaient particulièrement exposés aux bombardements pendant le blocus et les enseignants durent se réfugier à la campagne[33]. Malgré cet échec éclatant, certaines familles maltaises s'aperçurent vite de l'importance que pourrait représenter la connaissance du français, langue considérée comme un bon "investissement". En attendant la fin des hostilités, des familles prévoyantes engagèrent des soldats français comme maîtres de langue[34], se rappelant peut-être ce qui s'était déjà passé en Italie où, à l'époque napoléo-

---

[31] *Correspondance de Napoléon 1er*, pièces 2669 (arrêté du 30 prairial an VI / 18 juin 1798).
[32] Décret Daunou du 3 brumaire an IV (24 oct. 1795), reproduit dans Chevallier, Grosperrin 1971: 31-34.
[33] Archives de l'Ordre de Malte, ARCH. 6524, pp. 296-297.
[34] NAM 92/04, carton 604.

nienne, il était devenu nécessaire de connaître le français pour pouvoir être fonctionnaire, juge de paix, etc. ou être autorisé à exercer l'activité de notaire (Mormile 1989 : 173-174, Pellandra 1996 : 137-149).

## LA LITTÉRATURE FRANÇAISE À LA FIN DU XVIIIᵉ SIÈCLE

*Imprimerie et bibliothèques*
La tentative d'établir une presse pendant la première moitié du XVIIᵉ siècle ne fut pas couronnée de succès et il fallut attendre jusqu'à 1756 l'introduction de l'imprimerie à Malte (Grima 1991). Avant cette date, on ne peut donc pas parler de la publication d'ouvrages littéraires en langue française à Malte. La production "française" de cette presse maltaise se réduisait à la préparation de passeports, cartes de visite, textes officiels, livres de dévotion, etc. Cela était possible car il y avait au moins un membre du personnel (Francesco Arniaud ou Arnaud) qui était français ou d'origine française[35]. Le nombre d'ouvrages littéraires en français, publiés à Malte, est négligeable. Les deux seuls exemplaires qui existent et qui remontent au XVIIIᵉ siècle sont l'œuvre d'un Chevalier de Malte français, le Commandeur Charles de Saint-Priest. Le premier ouvrage, *Malte par un voyageur français,* fut publié anonymement en 1791. Le deuxième, toujours par le même auteur, est une adaptation française et italienne de la tragédie *Philoctète* de La Harpe. La pièce fut représentée au Théâtre Public de La Valette pendant le carême de la même année[36]. L'auteur lui-même et d'autres Chevaliers comme le Prince Camille de Rohan, neveu du Grand Maître, interprétèrent les rôles principaux de ce drame où les personnages féminins se font remarquer par leur absence totale. Avant cette date, des Chevaliers de Malte avaient déjà représenté plusieurs pièces françaises au Théâtre de La Valette. Ils n'hésitaient pas non plus à monter sur scène et même à interpréter des rôles féminins. Il existait aussi une rivalité intense entre les Chevaliers français et italiens qui avaient formé des troupes d'amateurs[37].
À cause de l'introduction très tardive de l'imprimerie, pendant de très longues années, les idées véhiculées par la littérature française à Malte ne pouvaient être que celles qu'on trouvait chez les grands au-

---

[35] Archives de l'Ordre de Malte, ARCH. 2038-2065.
[36] Bibliothèque Nationale (Malte), *Miscellanea* 274, ext. 2-3.
[37] *Ibid.,* LIBR. 137, ff. 16r, 20v, 26v, 30r, 194v-197r, 208r (journal de l'abbé Boyer); Roland de La Platière 1780: 78-79; de Borch 1782, vol. 2: 200.

teurs français. Dans le contexte maltais, la "librairie française" (Furet 1982 : 129-163) était presque entièrement d'origine étrangère. Des ouvrages français bien connus figuraient dans les bibliothèques privées de nobles, avocats, notaires, médecins, religieux, etc. En plus de la littérature proprement dite, des hommes de métier pouvaient posséder des livres spécialisés qui concernaient leur activité professionnelle. Ainsi, en 1798, la bibliothèque du chirurgien maltais Michel'Angelo Grima comprenait une centaine de volumes en français, dont de très nombreux traités de médecine[38]. De même, dans la famille Azzopardi, il y avait une autre bibliothèque médicale qui comprenait 119 volumes en français en 1799. A sa mort en 1798, le Baron Lazare Fournier laissa une collection de livres dont certains étaient en français[39]. A la même époque, le prêtre maltais Don Michel Xerri, qui fut fusillé pour trahison par les Français, possédait aussi des livres français (Cachia 1999 : 32-33).

La Bibliothèque Nationale de Malte, héritière de la Bibliothèque Publique fondée à La Valette en 1776, doit aussi ses origines à l'ancienne bibliothèque des Chevaliers de Malte. Celle-ci était enrichie des legs des Chevaliers défunts et de collections provenant d'autres bibliothèques qui y furent également intégrées (Abela 1999 : 25-30). Il n'y a pas de doute qu'il s'agissait donc de la plus grande collection de livres français à Malte.

L'importation de livres français était possible grâce à la présence de libraires à Malte[40] et la circulation de catalogues où figuraient des listes de livres qui faisaient partie des collections privées de personnalités françaises (ex. le Roi de France et sa cour). En plus des ouvrages littéraires proprement dits, circulaient des *Mercures* et des *Gazettes* qu'on lisait non seulement au Palais du Grand Maître mais aussi dans les *Auberges* des Chevaliers et ailleurs.

*Diffusion d'idées à Malte pendant la période française*
Même si certains moyens de diffusion du français continuèrent à fonctionner à l'époque napoléonienne, les idées transmises étaient souvent très différentes après le changement politique et les événements des années 1798-1800. Le discours prononcé par le Général Vaubois, Commandant en chef de la garnison française et la procla-

---

[38] Archives Nationales (Malte), *Epoca Gallica, Giudice di Pace, Atti Originali* vol. 2 (1798), ff. 122-141.
[39] Archives notariales (Malte), étude du Dr. C. Frendo, 8/840, ff. 268-278v.
[40] Archives de l'Ordre de Malte, ARCH. 902, f. 26 et ARCH. 1066.

mation de la Commission de Gouvernement, à l'occasion des festivités du Quatorze Juillet 1798, donnait déjà le ton à la propagande révolutionnaire à Malte. Pendant le blocus de Malte, Jean Bosredon-Ransijat, Président de la Commission de Gouvernement, se plaignait de ne plus recevoir régulièrement *Le Moniteur Universel* (Bosredon-Ransijat 1802 : 59-60). Même dans ces conditions difficiles, des gazettes arrivaient à Malte grâce à quelques navires qui réussissaient à passer, malgré le blocus, et à entrer dans le port. Les Anglais n'hésitaient pas non plus à remettre les gazettes aux Français lors de pourparlers, surtout lorsqu'elles contenaient des nouvelles sur des revers militaires de Bonaparte! Il est intéressant de noter qu'un journal anonyme de l'époque, conservé au Musée National des Beaux-Arts de La Valette, contient des extraits (copiés en français) tirés de ces gazettes[41].

Dans la capitale maltaise, le théâtre finit par devenir la seule distraction possible pour les résidents et les troupes françaises assiégées. Quand la troupe italienne qui avait été engagée avant la révolte maltaise obtint la permission de se réfugier à la campagne, des amateurs maltais prirent la relève en présentant des comédies qui eurent beaucoup de succès (Bosredon-Ransijat 1802 : 229-230). Nous ne pouvons qu'imaginer leur contenu mais la propagande y jouait probablement un rôle important. Même le Commandant des fortifications, le Général Chanez, composa une pièce "patriotique" qui fut représentée au Théâtre Public! (Testa 1997 : 782).

Il est ici important d'évoquer encore une fois le lancement par les Français du premier journal à Malte : le *Journal de Malte*[42]. L'objectif de ce journal bilingue (français / italien) était surtout de diffuser la propagande révolutionnaire et de faire l'éloge des exploits du Général Bonaparte (célébrer ses "glorieuses entreprises et éclairer le peuple maltais sur les avantages de sa réunion à la France")[43]. De telles idées, transmises oralement et par écrit étaient normalement bien reçues par des républicains maltais. D'autres, moins sincères, faisaient semblant de les apprécier. Enfin, pour les Maltais qui s'étaient révoltés contre la

---

[41] Journal anonyme conservé au Musée National des Beaux-Arts, Malte (Fondation Gollcher).
[42] La Bibliothèque Nationale possède les numéros 1, 3, 4 et 10.
[43] Lettre du Président de la Commission de Gouvernement de Malte au Général Bonaparte (Grima 1978: 212).

France, ce pays et ses idées révolutionnaires ne représentaient qu'un
ennemi acharné et un régime oppresseur[44].

CONCLUSION

Il est clair que les changements politiques qui marquèrent les années 1798-1800 changèrent rapidement les conditions d'existence et
d'emploi de la langue française à Malte. Il est beaucoup plus difficile
de tirer des conclusions sur les changements politiques et les fonctions
de la langue. Certaines fonctions du français devinrent insignifiantes
ou continuèrent à exister dans des conditions différentes. A titre
d'exemple, aux Délibérations des Auberges françaises des Chevaliers,
tenues en français, se substituèrent les délibérations, également en
français, de la Commission de Gouvernement de l'époque française.
Des fonctions nouvelles apparurent également du jour au lendemain.
Par conséquent, de notre point de vue, les ruptures politiques de la fin
du XVIIIe siècle se traduisirent à la fois par la continuité et la rupture
fonctionnelle de l'utilisation du français à Malte.

En matière d'enseignement, une caractéristique des années dont il a
été question (et il n'en va pas autrement même de nos jours), c'est
l'emploi de manuels français importés. Par contre, les réformes éducatives de 1798, si elles avaient abouti, auraient apporté un changement
radical au statut du français au sein du système éducatif et de la société à Malte en général. Enfin, les ruptures politiques qui ont été étudiées ici ne diminuèrent pas l'importance, dans le contexte maltais,
des oeuvres littéraires françaises importées de France.

BIBLIOGRAPHIE

ABELA, A.E. (1999) : "The National Library. 'Out of breath among so many
    treasures'", in Treasures of Malta V (3)' : 25-30
AGIUS, A.J. (1998) : History of Freemasonary in Malta, Malte : Stiges Ltd.
    Publications
ARCHIVES DE L'INQUISITION DE MALTE, Processi 104 B, ms Proces-
so Lante

---

[44] Comme nous l'avons déjà souligné, la langue française constitue une exception à
cet égard. Le secrétaire du Gouverneur Ball, l'Abbé Savoye, était d'origine française
et il recevait des pétitions en français de la part des Maltais pendant les hostilités.

ARCHIVES NATIONALES (Malte), *Epoca Gallica* : *Atti Criminali (1798-1800); Giudice di Pace, Atti Originali*, vol. 2 (1798); *Tribunale Civile 1a Istanza. Atti Originali* vol. 4 (1799-1800); NA 92/04, cartons 604-629

ARCHIVES NATIONALES (Paris), Aff. Etr. B[l] 824, M 902, M 994

ARCHIVES NOTARIALES (Malte), étude C. FRENDO 8/840

ARCHIVES DE L'ORDRE DE MALTE, ARCH. TREAS. 114, TREAS. A 115, 575, 902, 1066, 1193, 1993, 2038-2065, 2085-2089, 2097-2098, 2111-2119, 6523-6523E, 6524, 6524C

BIBLIOTHEQUE NATIONALE (Malte), LIBR. 137, LIBR. 146 vol. 1, LIBR. 636, Misc. 274

BLONDY, A. (1991) : "La France et Malte au XVIIIe siècle : Le problème de la double nationalité", *in* STANLEY FIORINI, VICTOR MALLIA-MILANES : *Malta. A Case Study in International Cross-Currents*, Malte: Malta University Publications / Malta Historical Society, Foundation for Studies : 175-186

BLONDY, A. (1992 / 1993): *Malte et l'Ordre de Malte à l'épreuve des idées nouvelles (1740-1820)*, thèse de doctorat d'Etat, Université de Paris IV (Paris-Sorbonne), 3 vol.

BOFFA, C.J. (1998) : *The Saga of the French Occupation, Malta 1798-1800*, Malte : Progress Press

BORG, V. (1974) : "Developments in education outside the Jesuit Collegium Melintense", *Melita Historica* VI(3) : 215-254

BOSREDON-RANSIJAT, J. de (1802) : *Journal du Siège et blocus de Malte...*, Paris : Impr. Valade

CACHIA, F. (1997) : "The Hompesch heritage-3. Revolutionary rumblings", *in The Sunday Times*, Malte, 29 juin : 41

CACHIA, F. (1999) : "X'kien jaqra Dun Mikiel Xerri", *in Dun Mikiel Xerri 1737 – 1799*, Conseil Municipal de Zebbug, Malte

CARUANA-DINGLI, N. (1998) : "La langue française à Malte à travers les siècles", *in Documents pour l'histoire du français langue étrangère ou seconde* n° 21 : 99-100

CARUANA-DINGLI, N., GRIMA, M. (1998) : "The linguistic consequences of Franco-Maltese medical relations", *The Sunday Times*, 2 août 1998 : 50-51

CARUANA-DINGLI, N. (1999) : "The French language in Malta 1798-1800", *Proceedings of History Week*, 19-23 janvier 1999 (à paraître)

CARUANA-DINGLI, N. : "The French language in Malta. A comparative historical study with particular reference to the Napoleonic period", Malte (à paraître)

CARUANA-DINGLI, N., AQUILINA, A. (1999) : "Evolution et caractéristiques de l'institutionnalisation du français en milieu scolaire maltais entre 1850 et 1900", *in Documents pour l'histoire du français langue étrangère ou seconde* n° 23, juin 1999 : 65-81

CHERVEL, A. (1992) : *L'enseignement du français à l'école primaire. Textes officiels.* Tome 1 : 1791 – 1879, Paris : INRP / Economica

CHEVALLIER, P., GROSPERRIN, B. (1971) : *L'enseignement français de la Révolution à nos jours*, 2 tomes, Paris/ La Haye : Mouton

CLAEYS, T., MERCIECA, S.: "The French financier Simone Prépaud. A case study in 18$^{th}$ century Maltese-French commercial relations", colloque international "Consolati di Mare & Chambers of Commerce", 7-9 mai 1998, Malte (à paraître)

CREMONA, A. (1953 – 1955) : "L'antica fondazione della scuola di lingua Araba a Malta", *Melita Historica* 1(2) : 87-103 ; 1(3) : 141-149; 1(4) : 207-220

DELESALLE, S., CHEVALIER, J.C. (1986) : *La linguistique, la grammaire et l'école 1750-1914*, Paris : Armand Colin

ENGEL, C.E. (1968) : *Histoire de l'Ordre de Malte*, Genève : Nagel

FURET, F. (1982) : *L'atelier de l'histoire*, Paris : Flammarion

GALEA, J. (1948) : *Il-Hakma Franciza f'Malta migbura mid-Dokumenti*, Malte : Giov. Muscat

GALEA, M. (1996) : *Grand Master Emanuel De Rohan 1775-1797*, Conseil Municipal de Zebbug, Malte

*Giornale di Malta / Gazzetta del Governo di Malta*, années 1812-1815

GODECHOT, J. (1981) : *Histoire de Malte*, 3$^e$ éd., Paris : P.U.F.

GRIMA, J.F. (1991) : *Printing and Censorship in Malta 1642-1839. A general survey*, Malte : Valletta Publishing Co. Ltd.

HULL, G. (1993) : *The Maltese Language Question. A Case Study in Cultural Imperialism*, Malte : Said International

*Journal de Malte*, 1798, numéros 1, 3, 4, 10, Imprimerie Nationale, Malte

LEOPARDI, E.R. (1966) : "Coffee shops in Valletta", *The Times of Malta*, numéro spécial, 28 mars, 1966 : 23

Musée National des Beaux-Arts (Malte), collection de manuscrits de la "Fondation GOLLCHER"

*L'Ordre de Malte et la France de 1530 à nos jours*, (1989) : Musée National de la Légion d'Honneur et des Ordres de Chevalerie, Paris

MINERVA, N. (1996) : "L'Italie, Napoléon et la langue française", *in Documents pour l'histoire du français langue étrangère ou seconde* n° 18, décembre 1996 : 137-149

MONTALTO, J. (1979) : *The Nobles of Malta 1530-1800*, Malte : Midsea Books Ltd.

MORMILE, M. (1989) : *L'Italiano in Francia. Il Francese in Italia*, Turin : Albert Meynier

PECCHIAI, R. (1938) : "Il collegio dei Gesuiti in Malta", *Archivio storico di Malta* nouv. série I X(2) : 129-202; IX (3) : 273-325

PELLANDRA, C. (1988) : "Enseigner le français en Italie au XVII$^e$ et XVIII$^e$ siècles", *in Le français dans le monde* 218 : 58-62

PELLANDRA, C. (1996) : "Les autres et nous : les statuts du français en Italie de 1796 à 1814", *in Documents pour l'histoire du français langue étrangère ou seconde* n° 18, décembre 1996 : 125-135

[ROLAND DE LA PLATIERE, J-M.] (1780) : *Lettres écrites de Suisse, d'Italie, de Sicile et de Malte...*, Amsterdam, 6 vols.

SCICLUNA, H.P. (1923) : *Actes et documents pour servir à l'histoire de l'occupation française de Malte pendant les années 1798-1800*, Malte : Empire Press

SHAW, C. (1875) : *Malta "sixty years ago"*, London : S. Tinsley

TESTA, C. (1989) : *The life and times of Grand Master Pinto 1746-1773*, Malte : Midsea Books Ltd.

TESTA, C. (1997) : *The French in Malta 1798-1800*, Malte : Midsea Books Ltd.

VADALA, R.P.M. (1911) : *Les Maltais hors de Malte : étude sur l'émigration maltaise*, Paris : A. Rousseau

# LE RAYONNEMENT DU FRANÇAIS
# DANS LE ROYAUME DE NAPLES DE 1799 À 1860

Filomena Vitale
Seconda Università di Napoli

Cette étude se propose d'analyser la présence et la diffusion de la langue française dans le Royaume de Naples à partir de la Révolution jacobine de 1799 jusqu'à son annexion à l'Italie devenue nation. Pour ce faire, elle se base, d'un côté, sur l'observation des modifications de la législation en matière d'instruction publique, et de l'autre sur des témoignages épars recueillis dans la presse locale. Il s'agit évidemment de deux canaux "publics" et en quelque sorte officiels, qui ne traduisent pas nécessairement la réelle diffusion de la langue française dans les provinces napolitaines (l'écart entre une loi et son application pouvant être énorme), mais qui permettent de suivre les politiques linguistiques adoptées par les différents gouvernements.

Il convient de rappeler brièvement que sous la domination éclairée de Charles III de Bourbon (1734-1759) le Royaume de Naples avait respiré l'air des Lumières et cultivé des espoirs de renouvellement civil et culturel. Cette fermentation s'interrompit sous le règne de son fils Ferdinand IV, un roi dont l'ignorance est devenue proverbiale. Quant à la république parthénopéenne de 1799, malgré la courte durée qu'elle eut, elle est à considérer comme un point incontournable d'observation des positions adoptées par les gouvernements qui se sont depuis succédé dans le royaume face à la France, tour à tour objet d'attraction et de répulsion. Certes, dans ses six mois de vie, on ne peut pas dire que la république ait pris soin de réorganiser l'instruction publique et de relancer les lettres, l'objectif le plus urgent du gouvernement provisoire constitutionnel étant l'assainissement des finances. Mais en analysant la presse de l'époque, l'on constate que les journaux les plus diffusés, le *Giornale patriotico della repubblica napoletana*, le *Monitore napolitano*, célèbre publication rédigée par Eleonora Pimentel Fonseca, *le Corriere di Napoli e di Sicilia* étaient presque tous rédigés dans les deux langues.

Dans le *Giornale patriotico* on trouve de nombreux actes, proclamations, appels, allocutions du général en chef Championnet au peuple napolitain, écrits en français avec traduction italienne en regard. Les articles du *Corriere di Napoli e di Sicilia,* bilingue aussi, apparaissaient souvent sous forme de lettres envoyées de Paris à Naples et vice-versa. Dans une note de la dernière page du premier numéro, il apparaît clairement que le français et l'italien sont traités sur un pied de parfaite égalité :

> "Ce Journal, qu'on aura soin d'écrire correctement, sera traduit avec la même diligence. On espère qu'il pourra être de quelque avantage aux lecteurs qui connaissent une seule des deux langues et désirent apprendre l'autre".

Ce processus 'légalisé' de diffusion de la langue française se heurta cependant à un obstacle : le retour des Bourbons entraîna une période de répression violente de toute manifestation de la culture française, répression opérée essentiellement par trois moyens : 1. les procès, les exécutions et l'exil des esprits les plus éclairés, de tous ceux qui avaient diffusé ou contribué à diffuser des publications philo-françaises ; 2. la suppression des feuilles politiques et la distribution uniquement de la *Gazzetta universale di Napoli,* organe du gouvernement restauré dont la partie littéraire se bornait à quelques poésies patriotiques anti-françaises; 3. le retour du clergé à la direction de l'instruction. Le roi Ferdinand IV, qui avait déjà chassé les Jésuites du Royaume (D.R. du 25 octobre 1767), essaya en fait d'arrêter la vague révolutionnaire en faisant paradoxalement appel aux ordres religieux, dont les représentants inspiraient, aussi bien dans les écoles que depuis la chaire, une haine pour la France et jetaient la suspicion sur les enseignants laïques, contrôlés par les autorités politiques.

Cette situation se prolongea jusqu'en janvier 1806, lorsque les conquêtes de Napoléon bouleversèrent les équilibres politiques de l'Europe tout entière. Les Bourbons furent chassés de Naples et laissèrent le trône à Joseph Bonaparte, qui, deux ans plus tard, le confia à Joachim Murat pour aller occuper celui d'Espagne. C'est pendant la décennie française, sous le régime napoléonien, car au fond Joseph et Joachim adoptèrent et adaptèrent la charte constitutionnelle napoléonienne, que deux innovations très importantes en matière d'instruction furent réalisées : en premier lieu, la réglementation des études supérieures, exigence dictée par le besoin de former les fonctionnaires du régime et la volonté d'attirer une partie toujours plus importante de la riche bourgeoisie napolitaine dans la sphère française (action qualitative); en deuxième lieu, l'institution de l'instruction primaire gratuite et obligatoire pour les deux sexes par le décret du 15 août 1806 (action quantitative). Au gouvernement français l'on doit ainsi les principes et les bases des ordonnances et réformes scolaires qui, appliquées et perfectionnées jusqu'en 1814, s'enracinèrent si profondément que, même après la chute de Murat et la restauration des Bourbons, leur effet ne s'arrêtera pas et aura des répercussions jusqu'après l'unification de l'Italie.

Par décret du 31 mars 1806 Joseph instituait un Ministère de l'Intérieur auquel il confiait, entre autres, l'instruction des écoles publiques et de l'Université. Par un autre décret, publié le 28 février 1807 sur le *Corriere di Napoli*, il essayait d'uniformiser les études secondaires en proposant une sélection et un contrôle stricts des livres adoptés dans les écoles afin de réglementer l'enseignement privé[1]. Joseph poursuivit son objectif par la création de brevets d'aptitude professionnelle pour les enseignants privés et par l'institution, le 30 mai 1807, des Collèges-Lycées Royaux, publics, deux pour la province de Naples et un pour chacune des treize provinces du royaume. En renforçant ainsi l'instruction publique et laïque, il entravait l'instruction privée et catholique, dont la diffusion était très large dans les provinces du Midi. Murat n'interrompit aucunement l'œuvre de son prédécesseur et continua à s'entourer d'esprits très brillants tels que Vincenzo Cuoco, qui, à la tête d'une Commission extraordinaire, rédigea, en 1811, un *Rapporto al Re G. Murat e Progetto di Decreto per l'ordinamento della Istruzione Pubblica nel Regno di Napoli*. Ce rapport se prononçait vigoureusement en faveur d'une instruction publique et unitaire, donc contre l'enseignement libre. Dans le décret définitif du 29 novembre 1811, établissant les matières d'enseignement, on ajoutait, à côté de l'italien, du latin et du grec, l'étude des principales langues vivantes, "surtout du français".

À l'époque, les milieux intellectuels du royaume s'interrogeaient avec un intérêt croissant sur leur identité et sur la question toujours

---

[1] Les deux premiers articles de ce décret insistent, en fait, sur ce contrôle: Art.1. L'on ne pourra imprimer, introduire ni publier dans le Royaume aucun livre sans la permission du Ministre de la Police; Art.2. L'on ne pourra utiliser, pour l'enseignement public, aucun livre qui n'ait pas été autorisé par le Ministre de l'Intérieur.

actuelle de l'opportunité d'adopter comme modèle les langues et les cultures étrangères. Les voix des intellectuels sont nombreuses qui s'élevèrent contre la présence massive de la culture et de la langue françaises dans le royaume, et dans l'Italie entière. Calà Ulloa (1858 : 180-181), homme de lettres et magistrat philo-bourbonien, décrit par exemple la décennie française en ces termes peu élogieux:

"Il y avait à Naples une telle folie d'imitation que tout y devait être jeté dans le même moule qu'à Paris. Cette fureur de démolir le passé, qui se glissait dans les salons, exprimait l'épuisement de la société. C'était une réaction stérile vers les dissipations, on était avide de tout ce qui remue la vie. L'activité violente et fébrile à laquelle les Français sont accoutumés, avait gagné les esprits. Tout était devenu un reflet de leurs habitudes élégantes, enjouées et légères. [...] On croyait ne pouvoir trop se rapprocher de Paris, *on parlait français partout*, le goût et l'imitation de la France semblaient un gage de fidélité au gouvernement, une marque de compromission politique. Mais ce n'était plus le temps où la France avait joui d'une juste célébrité par l'art de plaire, et de vivre en société. Ne pouvant nous communiquer cette vieille grâce de conversation qui suppose l'éducation la plus distinguée, on nous inoculait une avilissante gaieté".

Mais les débats sur ce thème étaient fréquents dans les journaux et, à côté des détracteurs, on comptait également des esprits éclairés, favorables aux interférences culturelles et linguistiques. Dans le *Corriere di Napoli* du 16 août 1806 on lisait par exemple:

"Or, cette comparaison nécessaire, qu'aujourd'hui tous les lecteurs font entre ce qui a été et ce qui est, entre ce qui nous appartient et ce qui est étranger, constituera le but principal de ce journal. [...] En comparant ses propres choses aux choses étrangères, une nation apprend à perfectionner les premières, et juger sainement des secondes; nous estimons que l'imitation raisonnable des choses étrangères, l'évaluation impartiale des nôtres [...] constitue le premier élément de cet esprit public qui doit nourrir tout écrivain désirant être véritablement utile. [...] L'une des fautes les plus funestes du gouvernement précédent fut sans aucun doute d'avoir gardé notre nation dans l'isolement par rapport à tout le reste de l'Europe, dans l'ignorance complète d'elle-même et presque complètement ignorée de toutes les autres nations" [Trad. F.V.].

Durant ces années, il est à remarquer en outre une floraison de traductions de romans étrangers, français surtout. Dans le numéro du 3
juin 1807 du *Corriere* on annonce une collection des meilleurs romans étrangers, la Biblioteca Piacevole ed Istruttiva, prévoyait, pour
la partie française, Bernardin de Saint-Pierre, La Fontaine, Florian,
Mme de Genlis et Marmontel. De nombreuses annonces privées de
cuisiniers et maîtres français étaient insérées dans les principaux
journaux de la période et témoignaient de la situation de bilinguisme
que la présence massive de Français débarqués dans le royaume avec
Joseph avait déterminé à Naples (*cf.* De Gregorio Cirillo 1996 : 151-
162). Nombreux sont aussi les compte rendus de manuels de langue
française[2]. Outre que par l'intensification de la production locale de
textes (romans et manuels pour l'apprentissage des langues), la diffusion de la langue française dans cette période fut favorisée notamment
par le décret du 29 novembre 1810, que le roi, "désirant contribuer
par tout moyen à la diffusion des lumières chez [ses] peuples", édicta.
Ce décret établissait, dans les deux premiers articles, que "les livres
imprimés à l'étranger, en langue étrangère et importés dans [le]
royaume [seraient] exemptés de tout droit de douane" et que "les livres imprimés en italien ou en latin [seraient] taxés de 6% de leur
valeur" [à l'importation]. De tels avantages pour les écrits français
furent en grande partie perdus lorsque le décret du 11 janvier 1820
imposa une taxe sur les périodiques étrangers; ils furent définitivement perdus en 1822 avec la loi sur la taxation des livres importés.
  Or, que la Restauration ait signifié aussi une politique hostile à la
diffusion de la langue et de la civilisation françaises dans le royaume,
cela va sans dire. Et la rareté des manuels de français publiés entre
1815 et 1819, six seulement, contre les quatre publiés dans la seule
année 1820, année des mouvements révolutionnaires (*cf.* Minerva,

---

[2] Ainsi, dans la rubrique du *Corriere* des "Avis" on peut signaler les annonces de la
grammaire de Gaetano Chiaromonte (12 octobre 1807), d'un petit recueil de maximes
choisies de trois écrivains français, Vauvenargues, La Rochefoucauld et La Bruyère,
traduit du français par l'abbé Vito Maria de Grandis, avec l'original en regard (16
nov. 1807), de l'*Abecedario e Sillabario contenente una esposizione metodica degli
elementi delle voci francesi ed alcuni discorsi brevi e concisi per servir
d'introduzione a' primi saggi di lettura. Secondo i principi de' Signori Abbate
d'Olivet, Abbate di Dangeau, Du Marsais, e Dumas, chez les libraires Terres* (27
février 1808), enfin l'annonce de la *Grammatica della lingua francese del signor
Wailly esposta ad uso degli italiani dall'Abate Luigi Carlo Federici*, seconda edizione, Napoli, Angelo Trani (29 novembre 1808).

Pellandra 1997), n'en est qu'une des preuves. Tout en affirmant ne pas vouloir opérer de changements radicaux, Ferdinand IV commença par se nommer Ferdinand I et par appeler son Royaume non plus de Naples mais des Deux Siciles. Pour ne pas s'aliéner la faveur des classes éclairées, cependant, il n'éloigna pas les collaborateurs dont Murat s'était entouré, comme par exemple Matteo Galdi[3].

Si Joseph Bonaparte, en 1807, avait ordonné par décret de ne pas utiliser pour l'enseignement d'autres livres que ceux approuvés par le Ministère de l'Intérieur, sous les Bourbons on imposa de faire rédiger les livres scolaires par des gens "dignes" (*cf.* D'Anna 1923) désignés par le gouvernement (normalement c'était l'ordinaire diocésain). La censure bourbonienne veilla à ce que l'on interdise les ouvrages exaltant la Révolution française ou la période napoléonienne ainsi que tous ceux qui auraient pu apparaître anti-bourboniens. On condamna au bûcher ou au pilon nombre d'ouvrages et on refusa l'*imprimatur* même à des volumes qui auraient juste nécessité de petites modifications pour être "orthodoxes", y compris grammaires et dictionnaires. C'est dans ce but que fut instituée la Commission de révision des livres.

Les Bourbons n'eurent pas le courage, cependant, de supprimer les lycées, institution de la décennie française; au lieu du caractère laïque et civique des études qu'on leur avait donné, ces écoles subirent toutefois une involution des programmes, qui se rapprochèrent de plus en plus de la méthode jésuite. Il suffit de comparer les enseignements prévus par la loi organique de 1807, ensuite modifiés par le règlement de 1811, et ceux prévus dans les Statuts pour les Lycées Royaux du Royaume de Naples publiés dans le Supplément au premier semestre du Bullettin des lois de 1816 pour s'en rendre compte : l'enseignement de la langue française disparaît en 1816, alors que le catéchisme, la religion et la dogmatique sont introduites comme disciplines principales dans les programmes.

À la suite des mouvements révolutionnaires de 1820, le roi octroya la Constitution, par proclamation le 7 juillet. Il y eut alors une nouvelle vague de feuilles et revues, demeurées presque toujours anonymes, telles que *L'Indipendente, Gli Annali del patriottismo, La Mi-*

---

[3] Matteo Galdi (1765-1821), écrivain et politicien, membre de la conjuration de 1794 contre Ferdinand IV, s'exila en France et rentra à Naples sous Joachim, qui le nomma Ministre de l'Éducation Nationale (Publica Istruzione). Après les mouvements révolutionnaires de 1820, il fut élu député et président de la Chambre.

*nerva napolitana*, *La voce del popolo*, *Gli amici della patria*, autant de publications plus ou moins ouvertement philo-françaises. La plupart d'entre elles subirent une brusque interruption lorsque Ferdinand IV, en mars 1821, retira la Constitution. La réaction contre les carbonari ou les amis des carbonari fut très violente, et même contre les instituteurs des petits villages. La *Giunta di scrutinio per l'Instruzione Pubblica* publia, vers la fin du mois de mai, une liste d'épuration (avec licenciement) d'instituteurs et de professeurs d'école.

Le *Giornale del Regno delle Due Sicilie*, ancien *Monitore napoletano*, rapporta le 12 mai 1821 le décret par lequel Sa Majesté le Roi des Deux Siciles interdisait les sectes et la réunion de plus de cinq personnes n'appartenant pas à la même famille, ainsi que "tous les livres dangereux qui, *ex professo*, s'élèvent contre la religion, la morale et les gouvernements respectifs, et encore plus ces feuilles ayant pour objet de promouvoir l'insubordination et l'anarchie". Le 13 juin, le même journal annonçait qu'on avait brûlé, entre autres, sur ordre de la police "45 volumes des œuvres de Voltaire, 7 des œuvres de Rousseau, quatre de Giorgio Buffo [*sic*], 18 de d'Alembert". Avec le décret du 13 décembre 1821, enfin, on obligea les enseignants à laisser les portes ouvertes pendant leurs cours.

La présence de la langue française dans la presse diminua en importance. Dans le courant des années 20 et 30, elle garda son monopole surtout dans les rubriques de mode. Dans la presse de l'époque, l'on peut déceler essentiellement deux attitudes : ou bien une sorte d'effacement des Encyclopédistes, de Voltaire en particulier (l'on insistait par contre sur les ouvrages frivoles, d'imagination et de littérature exotique[4]); ou bien des attaques sarcastiques assez violentes contre la langue et les auteurs français.

---

[4] *Le Caffè del Molo* annonce la publication, en 1830, de la Biblioteca di romanzi italiani e stranieri, *I Natchesi* del signor Visconte di Chateaubriand, le *Opere* de Bouffon, *I quadri di famiglia* di Lafontaine, *La duchessa de la Vallière* e *Sainclair* de Mme de Genlis. *L'Archivio di curiosità e novità* publie, en juillet 1833, une "difesa delle fole", c'est-à-dire la littérature d'imagination, où l'on affirmait que les véritables succès de Rousseau ont été *La Nuova Eloisa*, *L'Emilio*, suivi par *Paolo e Virginia* de Bernardin de Saint-Pierre, *Atala e Renato* di Chateaubriand. Le 19 février 1833 est publié sur *La Farfalla* un compte rendu de *Amanda et Gustave*, de Auguste Ugo (littérature d'évasion). Le 31 décembre 1825 *Il Sebeto* annonce, pour répondre à une forte demande, la traduction de *La straniera*, du *Solitario* et du *Rinnegato* du Vicomte d'Arlincourt. *La Toletta* annonce enfin la parution du *Diseredato* di Alfonso Karr le

À la mort de Ferdinand I le trône passa à son fils François I (1825-1830), qui renforça et continua l'œuvre répressive de son père en augmentant le pouvoir des Jésuites et la surveillance des écoles. Ferdinand II lui succéda le 8 novembre 1830. Ce fut une époque de calme relatif, où la langue française, bien qu'enseignée sous stricte surveillance et surtout dans le privé, fut l'objet d'attention et de réflexion. Ainsi, dans le numéro 32 de 1831 du *Caffè del molo*, on trouve une invitation à lire le livre de Charles Appert, *Manuel des étrangers amateurs de la langue française* car,

> "outre qu'entre l'idiome français et le nôtre il n'y a pas cette grande différence que les puritains professent, il s'agit ici de grammaire et non pas de style : et peut-être ferait-on taire pour une fois l'arrogance de ces puritains, s'ils ne voulaient rester à jeun non pas de menues règles et d'exemples surannés à l'instar de moutons, mais de la philosophie du langage adaptée à la nature particulière de l'idiome maternel" [Trad. F.V.].

On prenait en outre de plus en plus conscience de la nécessité et de la difficulté d'avoir de bons enseignants de français et des méthodes efficaces. Ainsi, *Il Messaggiere Bibliografico*, dans le numéro du 31 août 1827, soulignait l'importance de bons ouvrages sur la langue française, comme par exemple ceux de Charles Appert (*La Synonymologie appliquée, De l'esprit du subjonctif, Décision de l'usage sur le changement de* oi *en* ai) :

> "Que l'on nous permette de dire franchement que [...] jamais on n'aura de bonnes grammaires tant que les véritables professeurs de langue ne s'uniront à cet objet si important. Combien de grammaires l'on a écrites jusqu'ici ! et combien sont déjà tombées aux oubliettes! Si nous voulions compter tous les auteurs de grammaires de ces derniers temps, deux ou trois feuilles ne suffiraient pas, sans exagération; mais laquelle de ces grammaires survivra à son auteur ? Quel

---

20 mars 1844, de *Ninon de Lanclos* le 30 juin de la même année, de *La testa di morto* (tiré de *La Stella polare* d'Arlincourt) le 31 juillet 44. *Il Folletto* fait de la publicité, en 1834, pour les *Œuvres Complètes* de Xavier de Maistre, chez Tramater, pour le *Dizionario di Eugenio Scribe*, traduit en Italien, c/o Tasso et pour les *Pensieri sulla religione e la natura dell'uomo di Biagio Pascal*, Marotta, en 1838 pour *Di Vittore Hugo e del romanticismo in Francia, giudizi ed esempi raccolti da C. Cantù*, chez Michele Stasi et *La Zingara*, roman de V. Ugo [*sic*], Stasi, enfin en 1839, pour *Zizina*, roman de P. de Kock, Tipografia sita Carrozzieri a Monteoliveto.

avantage en tireront les étudiants condamnés par leurs instructeurs à étudier tour à tour l'une et l'autre ? Que l'on examine au moins laquelle d'entre elles est la meilleure et qu'on l'adopte dans toutes les écoles publiques et privées; d'autant plus que nous ne sommes pas le seul à souhaiter cela, mais en vain!" [Trad. F.V.].

Il est opportun de rappeler ici qu'une contingence particulière favorisa la floraison de livres et de grammaires publiés à Naples. Le royaume, en fait, n'adhéra pas à la convention promue par l'Autriche en 1840 pour la sauvegarde des droits d'auteur, soussignée par contre par les États du Centre et du Nord de l'Italie. Ayant ainsi un grand avantage par rapport à leurs collègues, les éditeurs parthénopéens multipliaient les publications pirates[5]. Sur environ cent quatre-vingts grammaires de français publiées en Italie entre 1840 et 1860, l'on remarque qu'à peu près quatre-vingts furent éditées à Naples.

Or, la domination de Ferdinand II aurait laissé les choses dans l'état où il les avait trouvées si les événements de 1848 n'eussent poussé ce souverain vers une réaction très dure. Tout comme après les mouvements insurrectionnels de 1820, les Bourbons octroyèrent la Constitution, quitte à faire par la suite marche arrière. Par la création du Ministère de l'Éducation Nationale, le premier en Italie, Ferdinand II sembla donner un nouvel élan à l'instruction. Une commission provisoire du ministère fut nommée afin de formuler un projet pour la réorganisation de l'école primaire (projet qui porte la date du 2 sept. 1848), où figurent les noms de Saverio Baldacchini et Francesco De Sanctis. Ce projet proclamait le droit à la liberté d'enseignement, reconnaissait l'utilité de l'instruction privée et ne laissait à l'état que le droit de surveillance (*cf.* D'Anna 1923 : 73), prenant une direction tout à fait opposée de la tendance laïque et publique de la domination française. Son importance est considérable : on y ressent l'esprit des temps nouveaux, de courants de pensée plus modernes.

Mais dès que la réaction se fit entendre, on imposa d'abord les premières mesures restrictives de la liberté de presse (décret du 25 mai 1848), puis, par la circulaire du 3 janvier 1849 on ordonna de contrôler tous les Cabinets de lecture, lieux de rencontres culturelles. Le Préfet de Police exigea une liste de ces cabinets ainsi que des livres et périodiques qui y étaient contenus. On fit étroitement surveil-

---

[5] Même Alessandro Manzoni eut à se plaindre de ce que l'éditeur napolitain Gaetano Nobile avait publié ses ouvrages sans le payer (*cf.* Pironti s.d. : 8).

ler les quatre-vingt-dix-sept typographies de Naples parce que les imprimeurs "ne révélaient pas les noms des auteurs"[6]. La dernière décennie du Royaume des Deux Siciles fut en somme marquée par une forte répression et une stagnation culturelle; les témoignages des intellectuels de l'époque sont explicites à cet égard. De Rinaldis (1860 : 7-8) en dresse un bilan très négatif:

> "Il a été vraiment très douloureux durant cette dernière période, depuis 1848, de voir les esprits les plus brillants répandre la science et la civilisation dans les chaires de Pavie, Pise, Bologne, Modène [... et les jeunes] contraints à étudier dans les provinces, où l'on improvisait des Lycées avec des professeurs choisis dans le corps de la police. [...] Que dire de la presse ! Pas de journaux scientifiques, pas de reproductions d'ouvrages utiles et nécessaires, qui étaient imprimés même à Milan et à Venise sous le fouet répressif allemand; aucune introduction d'ouvrages français ou d'un autre pays sinon après une révision cléricale, qui aurait fait horreur même à l'Inquisition d'Espagne" [Trad. F.V.].

Quant à l'instruction, l'école napolitaine était dans des conditions pitoyables lorsque la voix de la réforme scolaire intervenue entre-temps dans les autres États italiens secoua la jeunesse studieuse. Face aux manifestations menaçantes des étudiants, le roi fit adopter dans son royaume la loi piémontaise du Ministre Gabrio Casati. Il précisa toutefois qu'il s'agissait d'une adoption provisoire, se réservant le droit de faire adapter ce texte à l'école napolitaine (*cf.* Siciliano : 1994). Une loi sur l'organisation de l'instruction secondaire en sortit en février 1861, inspirée par le lieutenant du roi Vittorio Emanuele II, le prince Eugenio di Savoia. Cette loi prévoyait pour l'école technique, l'enseignement du français dès la première classe avec un grand nombre d'heures de cours en comparaison de celles prévues par la loi piémontaise, et pour l'école secondaire elle imposait l'étude obligatoire de la grammaire française au gymnase et de la langue française au lycée[7]. Ainsi, même après l'annexion, et malgré la coïncidence de son destin avec celui de l'Italie tout entière, l'ancien Royaume de

---

[6] *Cf.* Archivio di Stato di Napoli, Min. Pol., fasc. 16.
[7] Cette loi mentionnait à l'article 5: "outre l'étude de la langue française, obligatoire pour tous les étudiants, on permettra extraordinairement d'apprendre la langue allemande aux jeunes hommes qui pourraient manifester une aptitude et une vive volonté d'approfondissement dans la littérature et la philosophie".

Naples continua à garder les traces de la domination, politique ou culturelle, de la France et à attribuer à l'enseignement du français une place privilégiée.

## BIBLIOGRAPHIE

APPERT, C. (1830) : *Manuel des étrangers amateurs de la langue française, ou cours raisonnés d'analyse sur les principales difficultés de cette langue; ouvrage utile aux Français eux-mêmes*, par Ch. Appert, professeur, membre de plusieurs sociétés littéraires, à Naples, chez les frères Trani

CALÀ ULLOA, P. (1858) : *Pensées et souvenirs sur la littérature contemporaine du Royaume de Naples*, Genève : Cherbuliez

*Collezione delle Leggi e dei Decreti e di altri atti riguardanti la Pubblica Istruzione promulgati nel già Reame di Napoli dall'anno 1806 in poi*, Napoli : Stamperia e Cartiere del Fibreno

COSIMATO, D. (1974) : *L'Istruzione pubblica nel Mezzogiorno tra Restaurazione e Reazione*, Napoli : Morano

CUOCO, V. (1848) : *Rapporto al Re G. Murat e Progetto di Decreto per l'ordinamento della Pubblica Istruzione nel Regno di Napoli*, Napoli : Migliaccio

D'ANNA, G. (1923) : *La scuola elementare, media e superiore nel Regno delle Due Sicilie di qua dal Faro dal 1815 al 1860 (con documenti inediti)*, Caserta : Marino

DE GREGORIO CIRILLO, V. (1996) : "Langue et culture françaises à Naples pendant la décennie napoléonienne", in *Documents pour l'Histoire du Français langue étrangère ou seconde*, *SIHFLES*, n° 18, décembre 1996 : 151-162

DE RINALDIS, B. (1860) : *Della istruzione pubblica e dell'educazione secondo i novelli bisogni dell'Italia libera e unita. Saggio filosofico*, Napoli : Dalla Tipografia di F. Ferrante

MINERVA, N., PELLANDRA, C. (1997) : *Insegnare il francese in Italia. Repertorio analitico di manuali pubblicati dal 1625 al 1860*, Bologna : CLUEB

NISIO, G. (1871) : *Della Istruzione pubblica e privata in Napoli dal 1806 al 1871*, Napoli : Tipografia dei Fratelli Testa

PIRONTI, P. (s.d.) : *Luigi Chiurazzi (1831-1926) e l'Editoria napoletana*, Napoli : Lucio Pironti

ROCCO, L. (1921) : *La stampa periodica napoletana delle Rivoluzioni (1799, 1820, 1848, 1860)*, Napoli : Lubrano

SICILIANO, C. (1994) : *La scuola a Napoli nell'ultimo decennio borbonico e la legislazione garibaldina*, Salerno : Palladio

ZAZO, A. (s.d.) : *Il giornalismo a Napoli nella prima metà del secolo XIX*, Napoli : Giannini

ZAZO, A. (1938) : *La Stampa periodica napoletana nella reazione del 1848-1850*, Benevento : Tipografia del Sannio

# POLITIQUE LINGUISTIQUE ET ENSEIGNEMENT DES LANGUES ÉTRANGÈRES EN ESPAGNE PENDANT LE TRIENNAT LIBÉRAL (1820-1823) : À PROPOS DE L'*ACADEMIA CIVICA* DE BARCELONE

Juan García-Bascuñana
Universitat Rovira i Virgili, Tarragona

Comme le signale M. de Puelles (1996 : 15), le système éducatif moderne n'apparaît pas en Espagne à un moment donné précis[1], bien que ce soit dans la première moitié du XIXe siècle qu'il faille chercher, sans doute, le moment d'un changement profond provenant d'une longue évolution. En tout cas, l'acte de fondation de ce long processus se trouverait dans la Constitution de 1812 (Constitution de Cadix), quoique sa consécration définitive soit la Loi générale d'instruction publique de 1857, connue comme loi Moyano (du nom du ministre sous le mandat duquel elle a été rédigée et votée[2]).

Il n'est pas question de décrire ici en détail tous les événements survenus en Espagne au cours de plus de cinquante ans (1812-1857), un parcours fortement influencé, comme un peu partout en Europe, par les événements politiques de ce demi-siècle, dominés surtout par l'affrontement entre libéraux et conservateurs, mais sous des circonstances particulières, et dont un instant d'exception seront les années 1820-1823. C'est le moment de ce Triennat libéral, écho tardif de la Révolution française, où des illusions, des élans inconnus, mais aussi des doses incontrôlées d'irréflexion s'imposent[3]. Car, finalement, ces années du Triennat libéral, dont les "Cent mille fils de Saint Louis" se

---

[1] *Cf.* García-Bascuña 1999b.
[2] *Cf. ibidem.*
[3] Pérez Galdós le montre clairement dans *La Fontana de oro* (La Fontaine d'or) [1870], surtout au long de ses premières pages, où les discours politiques de ce café qui donne le titre au roman nous fait songer aux clubs révolutionnaires français surgis après 1789.

chargeront d'enterrer tous les rêves, tous les projets, ne seront qu'un essai définitif mais frustrant, de mise en pratique des lois élaborées entre 1810 et 1812, dans Cadix assiégé par les troupes napoléonien-nes. Ces lois ne seront pas mises en pratique car Ferdinand VII, reve-nu sur le trône après la chute de Napoléon, se chargera bel et bien de les faire avorter pour un temps. Donc, 1820 sera le moment de la "re-vanche", l'occasion de faire l'expérience de ces lois entrevues et ja-mais appliquées; parmi elles on trouve les règlements et les arrêtés concernant le système éducatif et, par ricochet, l'établissement de l'enseignement des langues vivantes, spécialement de la langue natio-nale.

Mais avant de nous occuper de cet aspect essentiel, un bref histo-rique des événements capitaux du Triennat constitutionnel s'impose. L'Espagne vivra entre 1820 et 1823, rappelons-le, une expérience vraiment originale, qui apparaît sans doute comme un cas isolé dans l'Europe d'après le Congrès de Vienne : la cause première de la nou-velle situation politique est à chercher, en tout cas, dans la révolte des troupes sur le point de s'embarquer pour l'Amérique en janvier 1820, afin d'étouffer l'insurrection qui venait d'éclater aux colonies. L'*Encyclopaedia Universalis* nous renseigne brièvement sur ces évé-nements :

> "[…] Napoléon ayant rendu sa couronne à Ferdinand VII, celui-ci, en rentrant en Espagne, déclara nulle et non-avenue l'œuvre des Cor-tes [Constitution de Cadix] et rétablit l'Ancien Régime. Les libéraux qui s'appuyaient sur la franc-maçonnerie et une partie de l'armée, tentèrent sans succès plusieurs conspirations, jusqu'au jour où le pronunciamiento déclenché près de Cadix par le commandant Rafael de Riego réussit (1820). Le roi accepta la constitution de 1812 et laissa pendant trois ans gouverner les libéraux qui reprirent le pro-gramme des Cortes de Cadix, tandis que les absolutistes recouraient à la guérilla. Au Congrès de Vérone, les puissances européennes confièrent à la France la mission d'intervenir, et la promenade mili-taire des "cent mille fils de Saint Louis" mit fin au régime libéral (1823). L'absolutisme fut rétabli : beaucoup de ses adversaires furent emprisonnés ou s'exilèrent" (*Encyclopaedia Universalis* 1980 : VI, 522).

Les clubs, à l'imitation de leurs modèles français, se multiplient alors un peu partout et particulièrement dans les grandes villes et le nouveau gouvernement libéral contraindra Ferdinand VII en mars 1820, et cela malgré ses réticences et même son opposition, à s'engager à accepter pour un temps le nouvel ordre constitutionnel. Mais cette expérience tournera court pour des raisons différentes, parmi lesquelles le divorce entre les desseins politiques d'une minorité éclairée et ceux d'une société fortement ancrée dans les structures socioéconomiques du passé; mais la raison dernière viendra des décisions prises par les grandes puissances européennes au Congrès de Vérone en 1822 qui provoquera l'intervention des troupes françaises commandées par le duc d'Angoulême, la défaite des libéraux espagnols et leur silence pendant près de dix ans, tout juste jusqu'à la mort de Ferdinand VII et l'avènement de sa fille, Isabelle II.

Mais ce qui nous intéresse ici c'est de mettre en évidence la politique éducative et, tout particulièrement linguistique de cette brève période, surtout à l'égard des langues vivantes, où l'enseignement de la langue française continuera à jouer alors un rôle important, quoique quelque peu ambigu. Il s'agit d'une politique éducative d'inspiration nettement libérale, cela va de soi, où il est intéressant de souligner tout d'abord la prééminence de la langue espagnole elle-même, car pour la première fois la primauté incontestée du latin est ébranlée dans les plans d'étude. Tout compte fait, l'un des soucis principaux de la Révolution libérale de 1820, et cela depuis ses premiers instants, a été d'installer définitivement en Espagne un système éducatif "moderne". La base de ce système sera le projet de 1814, surgi de la Constitution de 1812, et que la restauration de la monarchie absolue cette même année a empêché d'appliquer. Puis, six ans après, ce projet sera repris et donnera lieu au Règlement général d'Instruction Publique de 1821, qu'on pourrait considérer, jusqu'à un certain point, comme étant la première loi générale d'éducation espagnole[4] et qui, d'après Puelles (1996 : 16), "représente l'application à l'éducation

---

[4] Cette affirmation peut être contestée, puisque on a toujours tenu la Loi générale d'instruction publique de 1857 pour la première loi générale d'éducation espagnole, mais cela est vrai surtout à cause de son influence et de sa durée, puisque son retentissement a été incontestable pendant de très longues années : elle a été en vigueur, il ne faut pas l'oublier, pendant plus d'un siècle, en fait jusqu'en 1970 ! [voir *supra*, note 1]. Par contre, le *Règlement général* de 1821 a eu à peine le temps de s'appliquer, puisque l'échec du Triennat a permis le retour de l'absolutisme politique et par conséquent celui du système éducatif propre à l'Ancien Régime, ce qui en Espagne supposait la mainmise de l'Église, propriétaire de la plupart des établissements scolaires, et cela malgré les efforts des *ilustrados* depuis l'époque de Charles III.

des principes du libéralisme démocratique". Il se fonde, d'ailleurs, sur les caractéristiques suivantes :

> "a. il divise l'enseignement en trois niveaux : l'enseignement primaire, qui devra être universel et donc ouvert à toute la population, l'enseignement secondaire, qui procurant une formation générale devra toucher le plus grand nombre d'élèves possible, puis un troisième niveau, qui préparant aux professions supérieures devra être réservé seulement à quelques-uns ;
> b. il établit l'uniformité et la gratuité de l'enseignement à tous les niveaux. L'organisation de l'enseignement sera centralisée ;
> c. il reconnaît la liberté d'enseignement, l'autorisation préalable du Gouvernement n'étant pas nécessaire, quoiqu'il impose quelques conditions restrictives pour la création d'universités privées ;
> d. il s'ensuit la reconnaissance de la liberté d'enseignement : le système éducatif mis en place aura un double réseau d'établissements scolaires publics et privés" (Puelles 1996 : 16) [trad. J.G.B.].

Les hommes du Triennat libéral, dont la plupart avaient la double condition, ce qui à première vue peut sembler contradictoire, d'*ilustrados* fortement influencés par les idées des lumières et de la Révolution française et de patriotes ayant combattu contre les troupes de Napoléon, n'auront pas le temps d'appliquer et d'établir définitivement ces nouvelles lois concernant l'éducation, auxquelles ils songeaient depuis des années. Paradoxalement, quelques-unes de leurs propositions survivront à la chute de leur projet politique en 1823 : des traits, modernes pour l'époque, comme l'uniformité et la centralisation, seront utilisés plus tard pour les mettre au service d'un régime politique absolu.

Quoi qu'il en soit, il nous intéresse de souligner maintenant les conséquences que les nouvelles lois éducatives, et cela malgré leur brièveté et leur fugacité, ont eu sur l'enseignement des langues vivantes, aussi bien sur l'enseignement de l'espagnol que des langues étrangères. Mais une question s'impose au préalable : y a-t-il vraiment eu une politique linguistique de la part des rédacteurs du *Règlement* de 1821 ? Ou peut-être la question devrait-elle porter sur ce qui est la vraie source de ce projet éducatif : le *Rapport Quintana*[5] de 1814,

---

[5] Ce rapport éducatif, dont le titre complet était *Rapport pour proposer les moyens de réforme des différentes branches de l'instruction publique,* reçut le nom du poète

fruit direct des dispositions constitutionnelles de 1812. En lisant ce rapport, on se rend compte dès les premières lignes, qu'il est marqué par une foi totale en l'éducation :

> "Lorsque nous entrons dans la vie, nous ignorons tout ce que nous pouvons ou nous devons savoir. L'instruction nous l'enseigne; l'instruction développe nos facultés et notre intelligence, les fait grandir et les fortifie par tous les moyens accumulés par les siècles pour les générations et la société dont nous faisons partie. C'est elle qui, en nous montrant quels sont nos droits, nous manifeste les devoirs que nous devons accomplir : son but c'est que nous vivions heureux pour nous-mêmes et que nous nous rendions utiles aux autres; et en signalant de cette façon la place que nous devons occuper dans la société, elle fait que les forces particulières participent par leur action à augmenter la force commune, au lieu de servir à l'affaiblir à cause de leur divergence ou de leur opposition" (*in* Puelles 1980 : 59) [trad. J.G.B.].

Quelles étaient donc les caractéristiques que devait avoir l'éducation dans la nouvelle société prônée par les libéraux ? Puelles (1980 : 60) dégage les idées principales qu'il décèle chez l'auteur du *Rapport*: égalité et universalité de l'enseignement, uniformité (dans les plans d'études et dans les méthodes éducatives et même dans les manuels dont il faudra se servir), publicité et gratuité de l'enseignement sans que cela n'entrave la liberté, c'est-à-dire selon Quintana lui-même : "chacun doit pouvoir librement chercher là où il le voudra, comme et avec qui il le voudra, afin que l'acquisition des connaissances devienne plus facile et plus agréable" (*ibid.*: 60-61). On trouve là, sans doute, les échos du *Rapport* présenté par Condorcet devant l'Assemblée législative française en 1792, ce qui a porté des historiens à affirmer que Quintana n'aurait fait que traduire quelques-unes des idées les plus importantes de celui qu'on a appelé le dernier des encyclopédistes. Sans nous hasarder à une affirmation de ce genre, quoique l'influence soit très évidente, un facteur qu'il ne faudrait pas négliger lorsque l'on veut rapprocher les deux rapports est la relation que Quintana entretient avec Jovellanos dont il connaissait bien les idées sur l'éducation. Jovellanos, d'après Puelles (1980 : 62), avait en

---

Manuel José Quintana, homme éclairé et profondément libéral qui fut chargé en 1813 par la Commission d'Instruction Publique de le rédiger en vue d'exposer la situation de l'éducation en Espagne et d'en proposer une réforme.

effet été très influencé, à son tour, par Condorcet dont il aurait connu les propositions sur les différents problèmes de l'instruction publique dès 1796.

Mais notre propos n'est pas de nous attarder aux détails du *Rapport Quintana*, il nous faut plutôt voir son influence sur les lois éducatives des institutions politiques émanant de la Révolution de 1820, et tout particulièrement d'en déceler les conséquences. Tout compte fait, ce qui nous intéresse c'est de nous tourner vers la politique linguistique de cette période, car il y a bien eu des décisions politiques prises à l'égard de l'enseignement des langues vivantes, et cela malgré le caractère éphémère des différents gouvernements constitutionnels, au long de ces trois années sans lendemain. En fait, les grands principes du *Rapport Quintana*, concernant l'égalité, l'universalité, l'uniformité et la centralisation ont fourni des alibis pour essayer d'introduire une fois pour toutes dans le système scolaire la langue espagnole comme langue véhiculaire de l'enseignement au détriment tout d'abord du latin, mais aussi des langues régionales. Pour cela il y avait les mêmes arguments que ceux utilisés par les hommes de la Révolution française, lorsque devant la Convention, ils préconisaient la diffusion de la langue française dans tout le territoire de la République, comme langue de la liberté et de l'égalité[6]. Finalement, si les hommes du Triennat n'ont pas eu le temps d'imposer leurs principes en matière d'enseignement, quelques-uns de leurs postulats ne disparaîtront pas pour autant, et le régime conservateur qui s'impose après 1823 se servira d'eux, pour faciliter sa tâche centralisatrice; et pour cela la langue espagnole, "langue commune à tous les Espagnols" sera un instrument fondamental.

À ce propos, on comprend l'insistance des responsables de l'*Academia Cívica* à l'égard de l'enseignement de la langue espa-

---

[6] Quand on étudie certains discours des hommes du Triennat constitutionnel qui justifient une politique linguistique en faveur de la connaissance générale et l'enseignement de la langue nationale, on ne peut s'empêcher d'évoquer, malgré les distances qui les sépare, les mots du député à la Convention et membre du Comité de salut public, Bertrand Barrière : "...Citoyens, c'est ainsi que naquit la Vendée : son berceau fut l'ignorance des lois [...] Il faut populariser la langue, il faut détruire cette aristocratie de langage qui semble établir une nation polie au milieu d'une nation barbare [...] Laisser les citoyens dans l'ignorance de la langue nationale c'est trahir la patrie [...] la langue d'un peuple libre doit être une et la même pour tous [...] Donnons donc aux citoyens l'instrument de la pensée publique, l'agent le plus sûr de la révolution, le même langage" (*in* Picoche et Marchello-Nizia 1989 : 31).

gnole, car cet établissement scolaire créé à Barcelone dès les premiers mois de la Révolution, pendant l'automne de l'année 1820, profitait de l'atmosphère de liberté provoquée par la nouvelle situation politique. À plusieurs reprises, on insiste dans les plans d'étude de cet établissement sur la convenance et l'intérêt de l'apprentissage de la langue commune, fortement concurrencée en Catalogne par le catalan, qui était en fait la langue propre et la langue d'usage des habitants de la région. L'enseignement du castillan est donc préconisé, aussi bien en tant que langue véhiculaire scolaire que comme matière d'étude ; il convient en effet de saisir, grâce à la pratique scolaire, toute "la pureté de la langue espagnole, y compris l'orthographe et les synonymes" (*in* Sáenz Rico 1973 : 46), pour insister ailleurs sur la nécessité de corriger "l'impropriété de termes, la variété désordonnée des mots, la confusion des noms, pronoms, adverbes, synonymes, etc., dont on se sert quand on parle". L'apprentissage de l'espagnol, dans son double aspect de langue véhiculaire et de matière d'étude, en tant que langue commune, point sur lequel les responsables scolaires ne cessent d'insister, devient donc un souci majeur de l'époque. Le temps des revendications nationales catalanes, y compris l'atout décisif de la revendication de la langue vernaculaire n'est pas encore venu et les libéraux catalans se sentent en communion d'idées et d'idéaux avec ceux des autres régions espagnoles. Les élans révolutionnaires s'imposent alors à n'importe quelle autre particularité nationale, en attendant que les circonstances politiques balayent définitivement le temps des premières illusions libérales et que les idéaux romantiques viennent s'installer, sous un autre jour, en Espagne et en Catalogne comme un peu partout en Europe. La renaissance des revendications catalanes ne se fera pas d'ailleurs attendre: d'abord, à partir de 1830, elles donnent lieu à des revendications essentiellement littéraires et culturelles[7], liées à la récupération de la langue, puis plus tard, à partir de la seconde moitié du XIX$^e$ siècle, liées à des engagements politiques.

Mais, en attendant, revenons au Triennat et à sa politique linguistique. Si on a vu l'intérêt des libéraux espagnols à l'égard de la généralisation de la "langue commune" dans tout le territoire de la "na-

---

[7] Le nom de *Renaixença* (renaissance) adopté par le nouveau mouvement nationaliste catalan vers 1830 est toute une déclaration de principes, aussi bien pour ses origines que pour ses objectifs.

tion", pour employer leurs mots mêmes, il est maintenant temps de nous interroger sur leur politique vis-à-vis des langues vivantes étrangères et, plus exactement, sur leur enseignement. À ce sujet, on pourrait être tenté de répondre, au premier abord, que cette politique n'a pas vraiment existé, en tout cas de façon systématique et généralisée. Mais la réalité est vraiment plus complexe et il faudrait analyser en détail certains faits concernant ce moment historique, finalement si bref, pour parvenir à des conclusions. Il est vrai que dans cet élan d'égalité et d'uniformité de l'éducation, l'enseignement des langues vivantes étrangères ne sera point négligé, spécialement dans le secondaire, même s'il est évoqué de façon vague et générale, sans un ancrage quelque peu solide dans le système éducatif. En fait, le premier pas important vers l'institutionnalisation définitive des langues étrangères et, spécialement du français, ne sera fait qu'avec le Plan d'études de 1836[8], un plan de forte inspiration libérale après l'arrivée des libéraux modérés au pouvoir au moment de l'avènement d'Isabelle II. Encore qu'il ne faudrait pas être dupe : le statut de l'enseignement des langues étrangères et tout spécialement du français nous apparaît encore spécialement fragile dans ce plan d'études, car il y figure comme matière complémentaire dont le nombre d'heures par semaine n'est même pas fixé. Mais en attendant, d'une façon plus ou moins officielle, le Triennat, poussé par ses idées de modernité et d'ouverture vers l'Europe, encouragera l'étude des grandes langues européennes et spécialement du français, et cela malgré un nationalisme qui imprègne toute la vie espagnole à ce moment-là. Car, pas même le déchirement de la guerre contre les troupes napoléoniennes, dont le souvenir restait vivant dans la mémoire des Espagnols dix ans après, n'avait fait diminuer le prestige de la langue française. Mais une situation pleine de contradictions s'impose un peu partout: la situation paradoxale des *afrancesados* (*cf.* Artola 1976 : 257-274), tenus toujours pour des suspects car anciens collaborateurs avec l'envahisseur français entre 1808 et 1814, sert à mettre en lu-

---

[8] Sur tout ce qui concerne la place du français dans le plan d'étude de 1836, ainsi que dans d'autres qui ont suivi, jusqu'au moment de la Loi d'instruction publique de 1857 et au-delà, il faut se référer à la thèse de María Eugenia Fernández Fraile, *La enseñanza / aprendizaje del francés como lengua extranjera en España entre 1767 y 1936. Objetivos, contenidos y procedimientos* (1996); elle constitue, jusqu'à présent, l'étude la plus complète sur l'enseignement du français en Espagne pendant la période envisagée.

mière une certaine atmosphère propre au Triennat, qui conditionne l'apprentissage de la langue française elle-même. L'historien et hispanisant britannique Raymond Carr l'a bien montré, en signalant à ce propos[9]:

> "Quoique les convictions politiques des *afrancesados* ne soient pas beaucoup éloignées de celles des libéraux modérés, ils subirent pendant la période constitutionnelle l'ostracisme politique le plus complexe, devenant les "juifs et parias" de la révolution. Malgré les liens personnels et d'affinités idéologiques, les libéraux ne pouvaient accueillir avec sympathie le retour à la vie politique des "traîtres" de 1808 à 1814. À l'écart des avantages provenant du triomphe libéral, ils finirent par devenir des détracteurs professionnels du nouvel État constitutionnel, et puisqu'ils formaient le groupe le mieux préparé pour la vie politique, la critique contenue dans les articles qu'ils écrivaient dans les journaux était dangereuse. Quelques-uns, comme Lista, furent toujours des libéraux authentiques, d'autres comme Hermosilla et Miñano, finirent par haïr la révolution jacobine et ils furent récompensés de leurs positions polémiques par la monarchie restaurée en 1823. De même que les libéraux modérés, leurs futurs alliés, ils se retirèrent écœurés par la vie politique après les Journées de Juillet"[10] (Carr 1970 : 138 [trad. J.G.B.]).

Mais malgré cette situation particulière des *afrancesados* et la complexité des relations des libéraux espagnols avec la France, où s'entremêlent en même temps une dette idéologique et culturelle incontestable envers le voisin du nord et un élan profondément nationaliste pour s'en écarter[11], des initiatives éducatives surgissent alors par-

---

[9] Nous avons traduit directement le texte de l'édition espagnole qui est celle sur laquelle nous avons travaillé.

[10] Il s'agit d'un soulèvement de la "garde royale" en juillet 1822, en vue de rendre au roi tous ses pouvoirs. Le soulèvement échoua et le gouvernement constitutionnel put se maintenir au pouvoir jusqu'à l'année suivante.

[11] C'est ici qu'il faudrait faire remarquer les efforts des libéraux pour trouver un vocabulaire particulier, tiré de la tradition nationale, car même le radicalisme révolutionnaire importé de France se réclamait de l'histoire espagnole : le nom de *Comuneros*, qui a servi à désigner les libéraux espagnols les plus radicaux, au détriment de celui de *sans culottes* que quelques-uns avaient prétendu utiliser, est la preuve la plus évidente de cet état d'esprit. Ils se considéraient, d'une certaine façon, les héritiers de ces *comuneros* castillans soulevés contre l'empereur Charles V, défenseurs dans la Castille du XVIe siècle des privilèges municipaux contre la couronne, représentée d'ailleurs par un monarque qu'ils considéraient comme un étranger.

ci par-là en Espagne où le français, malgré sa fragilité politique, se taillera la part du lion, par rapport à d'autres langues étrangères. Il fera toujours partie, surtout au niveau du secondaire, des différents plans d'étude qui commencent alors à voir le jour, fruits de ces initiatives éducatives surgies au milieu d'un certain dérèglement et d'une certaine anarchie. L'*Academia Civica* de Barcelone sera sans doute l'un des meilleurs exemples de cette nouvelle situation poli-tique, et elle aura même le mérite incontestable d'appliquer avant la lettre pendant quelques mois le *Règlement Général d'Instruction Publique* de 1821, allant même plus loin au moment d'établir ses principes innovateurs dans les plans d'étude. C'est encore une preuve, comme nous l'avons déjà signalé ailleurs (*cf.* García-Bascuña 1999b), que l'enseignement institutionnalisé concernant les langues étrangères est toujours en retard par rapport à d'autres initiatives qui apparaissent par-ci par-là au sein de la société espagnole, et cela avant la Loi Moyano et même après.

Mais, revenons à l'*Academia Cívica* ; nous voudrions maintenant nous référer en détail à cette expérience originale et précoce. Dès les premiers instants de la Révolution de 1820, des projets éducatifs et pédagogiques originaux ne se font pas attendre dans les grandes villes espagnoles, il faut tenir compte du fait qu'il s'agit d'une révolution essentiellement urbaine, particulièrement à Madrid et à Barcelone. C'est dans cette dernière ville que se situe l'expérience entreprise par le prêtre trinitaire Joaquín Català, enthousiasmé par les idées libérales nouvelles et fondateur à Barcelone d'un établissement privé qui reçoit tout de suite l'appui des nouvelles autorités révolutionnaires municipales de la capitale catalane : cette *Academia Cívica* veut, d'après son nom, être avant tout "une école de citoyens", destinée surtout à des jeunes gens et éventuellement à des adultes devant être formés dans le nouvel esprit révolutionnaire ; un peu à la façon de la Révolution française elle va chercher ses modèles dans l'Antiquité classique. Le père Català, comme il le signale au moment de rédiger le plan et la méthode d'enseignement pour son Académie, "prétend s'inspirer des établissements grecs ou romains où l'on cultivait en même temps le corps et l'esprit des futurs membres de l'État" (*in* Sáenz-Rico 1973 : 42), pour ajouter quelques lignes plus loin, ce qui montre un esprit tout à fait inspiré de la Révolution française, que cette école de ci-toyens est destinée à ceux qui "ou bien sont actuellement au service national ou bien ont déjà l'âge ou la constitution physique pour y entrer, la discipline [de l'Académie] étant, si possible, semblable à celle qu'on observe dans les corps de miliciens" (*ibid.*). Puis le responsable de l'établissement signale d'autres détails relatifs à l'enseignement qui y sera reçu par les futurs élèves (*ibid.* : 42-43) : "L'instruction sera gratuite et l'horaire compatible avec les besognes des artisans; les cours auront lieu dans un établissement du centre ville". Mais ce qui attire tout particulièrement notre attention dans ce Plan, à part sa démarche éducative qui prétend "s'inspirer des idées pédagogiques les plus novatrices", ce qui porte Català à citer le pédagogue britannique Joseph Lacanster et aussi le français Charles Rollin, tout en signalant que ces méthodes sur lesquelles se fondera le nouvel enseignement seront en tout cas adaptées aux circonstances présentes et à la réalité espagnole, c'est la "modernité" du programme concernant les matières enseignées. L'enseignement du français y figure, avec un statut privilégié, aussi bien pour l'intérêt que montrent les rédacteurs envers cette matière que pour les heures consacrées à son enseignement ("les cours de français auront lieu de 19 à 20 heures, tous les jours de la semaine") ; mais aussi d'autres langues étrangères seront enseignées à l'*Academia Cívica*, telles que l'anglais et l'allemand, ce qui est vraiment surprenant en Espagne à l'époque[12]. Voici ce que disent les rédacteurs de ce Plan d'études au moment de présenter ses contenus :

> "[On enseignera] non seulement [...] lecture, écriture, arithmétique, et fondements des institutions chrétiennes[13] et politiques du moment présent, mais aussi [...] la pureté de la langue espagnole, grammaire

---

[12] On doit dire que depuis le temps de l'*Instituto Asturiano* fondé par Jovellanos à Gijon dans les dernières années du XVIII$^e$ siècle, on ne compte presque pas d'établissement qui enseigne de manière systématique deux langues étrangères (le français et l'anglais) ; c'est pour cette raison que l'introduction d'une troisième langue étrangère (l'allemand) dans le plan d'études de l'*Academia Cívica* ne manque pas de nous surprendre.

[13] La position des libéraux espagnols vis-à-vis de la religion catholique peut paraître surprenante : ils ne montrent, en principe, aucune hostilité à son égard, car ils la considèrent, suivant les principes de la constitution de Cadix, comme la seule religion officielle de l'État, la "religion traditionnellement majoritaire du peuple espagnol". Il faudra attendre la constitution de 1837, pour que la liberté religieuse en Espagne soit finalement reconnue, et cela pendant très peu de temps, puisqu'une nouvelle constitution reviendra pour un temps au principe du catholicisme comme seule religion officielle.

castillane, orthographe et synonymes ; et de 7 heures à 8 heures[14] la langue française, puis [...] les principales langues européennes, au fur et à mesure que la capacité de nos locaux le permette" (*in* Sáenz-Rico 1973 : 45) [trad. J.G.B.].

L'importance des langues étrangères, et tout particulièrement celle du français, est donc soulignée dans le programme de présentation de la nouvelle institution scolaire:

"Comme l'une des classes sociales qu'elle [l'*Academia Cívica*] prétend instruire est celle des citoyens auxquels il est profitable de connaître les principales langues européennes, l'*Academia* établit aussi l'enseignement du français qui sera assuré par deux de ses maîtres assistants" ( *in* Sáenz-Rico 1973: 47) [trad. J.G.B.].

Le français est donc enseigné dans le nouvel établissement depuis le commencement des activités le 16 novembre 1820 et reçoit une attention toute spéciale de la part de ses responsables qui insistent, par exemple, dans les énoncés insérés dans la presse, sur l'intérêt d'apprendre des langues étrangères, mais surtout le français, véhicule fondamental de communication ; on insiste sur des aspects essentiellement pratiques, présentant le français comme une langue nécessaire pour "le commerce et les relations internationales et pour accéder aux avances scientifiques et technologiques de l'heure actuelle". Le *Diario de Barcelona*, le principal journal de Barcelone, se chargera donc dans des annonces parues le 24 novembre 1820, puis quelques jours plus tard, exactement le 2 décembre, de présenter ces nouveaux enseignements, en signalant tous les aspects qui pourraient intéresser les futurs élèves : entre autres, horaires des cours, droits, lieu et horaires d'inscription (de 8 à 9 heures du matin, dans le couvent du père Català, le fondateur et directeur de l'*Academia Cívica* ; et on apprend aussi que la mairie de Barcelone donnera des subventions à l'Institution pour son "apport décisif à la cause révolutionnaire en tant qu'école de citoyens"). De même, ces annonces du *Diario de Barcelone* nous signalent qu'aux premiers temps, la seule langue étrangère enseignée

---

[14] Les cours de l'*Academia Cívica*, étant destinés spécialement aux artisans et aux jeunes ouvriers, avaient lieu le soir, en principe entre 6 heures et 9 heures du lundi au samedi (il y a quelques petites modifications au long des deux ans et demie d'existence de l'établissement, avec une tendance à élargir l'horaire).

a été le français, pour passer plus tard aux cours d'allemand, puis finalement aux cours d'anglais, de sorte que pendant plus de deux ans (entre janvier 1821 et la fin de l'année scolaire 1822-1823) ces trois grandes langues européennes ont été enseignées en même temps, bien que la primauté de l'enseignement du français n'ait jamais été contestée.

En tout cas, les activités de l'*Academia Cívica* se situent à un moment crucial de l'histoire de l'enseignement des langues en Espagne, quoique, en principe, ces années dont nous parlons puissent paraître, de ce point de vue, moins décisives que d'autres, surtout si on les compare avec les années cinquante du siècle, avec la promulgation de la Loi Moyano et les conséquences qui s'ensuivent. Quoi qu'il en soit, nous avons montré ailleurs l'importance de cette période-là qui voit l'essor des dictionnaires bilingues, spécialement sous le format de poche (García-Bascuñana 1999a : 111-120). Car on sait qu'à partir de la fin du XVIII$^e$ siècle, et dans les premières décennies du XIX$^e$, ce type de dictionnaire devint un outil indispensable, dans des proportions inconnues jusqu'alors, pour de nouveaux usagers désireux de traduire puis éventuellement d'apprendre les langues vivantes étrangères. Un public différent apparaît, pour lequel ces nouveaux produits lexicographiques bilingues présentent deux caractéristiques essentielles, d'une façon plus évidente que dans des époques précédentes: leur valeur en tant qu'instruments indispensables pour la traduction, plus nécessaires pour ceux qu'on pourrait considérer comme les "professionnels de la traduction" mais aussi pour les personnes qui se limitent à lire directement dans une langue étrangère, puis leur utilité pour ces usagers qui, de plus en plus nombreux, commencent à étudier, à apprendre ces langues et spécialement le français, véhicule de communication. On sait bien que ce public apprenant n'est plus le même que celui auquel s'adressait Chantreau quarante ans auparavant ; et la langue française tout en possédant encore ces nombreux attributs dont il la parait dans la préface de son *Arte de hablar bien francés* (Art de bien parler le français) [Madrid, 1781] devient surtout cet instrument essentiellement utilitaire envisagé aussi par Chantreau lui-même :

> "La langue française, aujourd'hui si universelle dans les Cours [européennes], fait partie de la bonne éducation de la jeunesse, de l'étude des gens cultivés, et de la curiosité des autres gens, étant né-

cessaire pour n'importe quelle carrière qu'on veuille embrasser, et parure et ornement chez ceux qui n'en suivront aucune" (Chantreau 1797 : III) [trad. J.G.B.].

Ces usagers auxquels était destiné, par exemple, le dictionnaire de Francisco Sobrino, au début du XVIII$^e$ siècle, "des courtisans, des diplomates, de hauts fonctionnaires ... [qui] doivent maîtriser en un temps raisonnablement court la langue étrangère" (Supiot 1991 : 497), cédèrent la place, dans les premières décennies du XIX$^e$ siècle, à d'autres qui, sans renoncer tout à fait aux intérêts de ceux qui les avaient précédés, y ajoutèrent de nouvelles et multiples motivations, puisque les circonstances avaient changé. C'est qu'entre-temps il y avait eu les énormes secousses de la Révolution française et de l'expérience napoléonienne, et les conséquences ne se firent pas attendre, surtout à partir de la chute définitive de Napoléon Bonaparte en 1815, date que nous avons toujours considéré comme emblématique car mettant fin à une façon particulière d'envisager les relations du français avec les autres langues européennes. 1815 marque le point d'inflexion de cette longue période qu'on a tenu à voir comme celle de l'"universalité de la langue française" et à laquelle on s'est hasardé même à mettre des limites[15]. Commencerait alors ce qu'on pourrait considérer comme le déclin de l'hégémonie de la langue et de la culture françaises hors de l'hexagone, ce qui ne signifie pas pour autant diminution de leur prestige. C'est devant cette situation tout à fait neuve, si différente de celle à laquelle faisait allusion Chantreau en 1781 (*cf. supra*), et qui en Espagne aura des aspects tout particuliers, comme on l'a déjà signalé, à cause des réactions profondément anti-françaises qu'a déclenchées l'occupation napoléonienne, qu'il faut situer l'expérience à laquelle furent confrontés les responsables de la politique éducative et linguistique du Triennat constitutionnel[16] et surtout ceux qui étaient chargés de la mettre en pratique. Il s'agissait de ce que je me hasarderais à appeler le nouveau statut des langues

---

[15] La date qui servirait de point de départ de cette période d'*universalité* de la langue française serait 1648, année des traités de Westphalie, tandis que 1815 constituerait la date finale de cette longue hégémonie (*cf.* les actes du colloque qui s'est tenu à Tarragone en 1995 sous le titre précisément de "1648-1815 : l'*universalité* du français et sa présence dans la Péninsule Ibérique", in *Documents pour l'histoire du français langue étrangère ou seconde*, n° 18, décembre 1996.
[16] Les principales décisions concernant cette politique seront publiées dans *La Gaceta de Madrid* (Journal officiel) entre avril 1821 et février 1822.

vivantes, où il fallait bien délimiter une fois pour toutes quel était le domaine propre, la place dans l'enseignement de la "langue nationale", puis celle des langues étrangères où le français ne devrait plus avoir un statut avantageux; il fallait en outre régler le problème que posait encore, à ce moment-là, une certaine hégémonie du latin dans les établissements scolaires les plus prestigieux, qui en Espagne appartenaient pour la plupart à l'Église catholique, tout en délaissant la question des langues régionales qui ne semblait pas une question prioritaire pour les libéraux du Triennat.

Les presque trois ans d'enseignement de l'*Academia Cívica* ne seront somme toute qu'un exemple, entre autres[17], mais un exemple spécialement emblématique des principes éducatifs et pédagogiques les plus représentatifs des révolutionnaires de 1820. Car il est incontestable que le succès de cette institution scolaire semble avoir été grand : plus de quatre cents élèves ont suivi ses cours depuis son ouverture en novembre 1820, et il est évident que l'enseignement du français et de deux autres langues étrangères, comme en témoignait le *Diario de Barcelona* (dans différents articles parus en novembre et décembre 1820 et en janvier 1821) a suscité le plus vif intérêt. Mais on sait que la défaite du gouvernement libéral en 1823 et le rétablissement de la monarchie absolue qui s'ensuivit balayèrent en même temps cette expérience et d'autres semblables, puis toute la politique éducative du Triennat, qui était somme toute, il faut le rappeler, fruit de la Constitution votée à Cadix quelques années auparavant, et ne laissèrent pas à leurs inspirateurs le temps de l'appliquer. Ceux-ci devront attendre encore longtemps avant de pouvoir le faire[18].

---

[17] De toute façon, la brièveté de la révolution libérale du Triennat a empêché que des expériences éducatives semblables ne se multiplient un peu partout en Espagne. L'expérience de l'établissement barcelonais reste un cas quelque peu isolé, spécialement caractéristique et représentatif.

[18] On assiste tout au long du XIXe siècle (*cf.* Puelles 1980 et 1996) , après les essais manqués de 1812-1814 puis de 1820-1823, à des essais successifs pour établir une fois pour toutes en Espagne le modèle éducatif conçu par les libéraux. Des essais qui ne purent jamais voir le jour dans toute leur plénitude et qui ne commencèrent à se dessiner définitivement, mais seulement en partie, que dans la Loi générale d'instruction publique de 1857.

102 *Libéralisme et langues étrangères en Espagne 1820-1823*

# BIBLIOGRAPHIE

ARTOLA, M. (1976) : *Los Afrancesados*, Madrid : Ediciones Turner

CARR, R. (1970) : *España 1808-1939*, Barcelona : Ediciones Ariel

CHANTREAU, P.N. (1797 [1781]) : *Arte de hablar bien francés*, Madrid, Imprenta de Sancha

*Encyclopaedia Universalis* (1980) : article "Espagne : de l'unité politique à la guerre civile", Paris : Encyclopaedia Universalis : 522

FERNANDEZ FRAILE, M. E. (1996) : *La enseñanza / aprendizaje del francés como lengua extranjera en españa entre 1767 y 1936. Objetivos, contenidos y procedimientos*, Granada : Universidad de Granada [microfiches]

GARCIA-BASCUÑANA, J. (1999a) : "De Gattel et B. Cormon a Capmany y Núñez de Taboada : en torno a ciertos aspectos y procedimientos de la lexicografía bilingüe francés-español entre 1790 y 1812", *in* LAFARGA, F. (1999) : *La traducción en España (1750-1830). Lengua, literatura, cultura*, Lleida : Edicions de la Universitat de Lleida : 111-120

GARCIA-BASCUÑANA, J. (1999b) : "L'institutionnalisation du FLE dans l'enseignement public espagnol après la Loi Moyano (1857) : avatars et conséquences", *in Documents pour l'histoire du français langue étrangère ou seconde* n° 23, juin 1999 : 108-123

PEREZ GALDOS, B. (1975 [1870]) : *La fontana de oro*, in *Obras completas, Novelas I*, Madrid : Aguilar

PICOCHE, J., MARCHELLO-NIZIA, C. (1989) : *Histoire de la langue française*, Paris : Nathan

PUELLES, M. de (1980) : *Educación e ideología en la España contemporánea*, Barcelona : Labor

PUELLES, M. de et alii (1996) : *Política, legislación e instituciones en la educación secundaria*, Barcelona : ICE/Horsori

SAENZ-RICO, A. (1973) : *La educación general en Cataluña durante el trienio constitucional (1920-1923)*, Barcelona : Universidad de Barcelona

SUPIOT, A. (1991) : "Un diccionario bilingüe español-francés, francés-español del siglo XVIII. El *Diccionario Nuevo* de Francisco Sobrino", *in* DONAIRE, M.L., LAFARGA, F. (1991): *Traducción y adaptación cultural Francia-España*, Oviedo : Publicaciones de la Universidad de Oviedo : 493-502

# LA CRÉATION DE L'ALLIANCE ISRAÉLITE UNIVERSELLE OU LA DIFFUSION DE LA LANGUE FRANÇAISE DANS LE BASSIN MÉDITERRANÉEN

Valérie Spaëth
Université de Bar Ilan, Tel Aviv

Nous traiterons ici d'un aspect peu connu de la diffusion du français qui concerne pourtant l'un des grands volets de la diffusion de la
langue et de la culture françaises. Il s'agit de la fondation, en 1860, de
l'Alliance Israélite Universelle (AIU) qui s'inscrit dans le cadre plus
général du processus d'émancipation civique et politique des Juifs de
France. Les fondateurs de l'AIU, des Juifs de France, voulant répandre les valeurs des Lumières ainsi que la langue française dans les
communautés juives du Bassin méditerranéen contribuèrent autant à
une diffusion aussi spécifique qu'étendue du français qu'à la réorganisation géographique et linguistique des différentes communautés
juives du Bassin. Nous proposons une étude de la mise en place et de
l'expansion de cette institution, de 1860 à la veille de la Première
Guerre mondiale. La raison de ce découpage a principalement trait à
un facteur historico-politique mondial. Ces deux dates bornent, en
effet, la période de l'essor de l'AIU dans une situation de mutation
qui affecte d'une part le devenir des nations européennes, d'autre part
l'évolution sociologique des communautés juives, moins d'un siècle
après leur émancipation, notamment en France.

Pour ces raisons, il n'est pas inutile de commencer par deux mises
au point. L'Alliance Israélite Universelle (AIU) ne se confond pas
avec l'Alliance française (AF), fondée 23 ans plus tard et dont les
buts s'inscrivent nettement, tout au moins dans sa première période,
dans le processus général de la colonisation française[1]. L'AIU ne participe pas de cette configuration, même si parfois elle peut la recouper
sur un plan géographique : sa structure entièrement communautaire et
autonome sur le plan financier lui procure, dès ses débuts, une plasti-

---

[1] *Cf.* Spaëth (1998) : 41 et *sq*, Cortier (1998).

cité qui lui permet d'échapper aux intérêts strictement français[2]. Pour la même raison, l'AIU ne peut être confondue avec une mission, par exemple chrétienne. En effet cette dernière fonctionne selon le modèle suivant : tout d'abord, *implantation* d'une communauté (autonome ou pas selon qu'elle est protestante ou catholique) dans une ère géographique donnée, puis, *action*, c'est-à-dire selon les époques et les mouvements religieux : conversion, évangélisation, implantation d'une église, mise en place de structures charitables, etc. En pareil cas, le point de vue est toujours externe à la communauté visée.

La spécificité de l'AIU tient au fait qu'elle relève tout autant d'un point de vue interne, c'est une association de Juifs pour les Juifs, que d'un point de vue externe, c'est une association de Juifs occidentaux émancipés, français, anglais, américains, qui s'adresse aux "Juifs non émancipés". Les incidences politiques de cette entreprise sont diverses :

- la formation de l'AIU, intermédiaire entre l'Alliance évangélique universelle et l'Alliance française confère aux Juifs dispersés, à partir de l'initiative française, un point de ralliement idéologique, principalement axé sur le plan éducatif (selon la conception rousseauiste d'éducation comme fondement de la citoyenneté libre) ;

- simultanément, cette même initiative institutionnelle, participe, selon ses modalités spécifiques, à la concrétisation historique d'une vision universaliste qui provient des Lumières européennes tout en faisant écho à ce qui porte, en son principe, la conception cosmopolite de l'Histoire dans la culture juive ;

- la diaspora juive, pluriséculaire, par ses différentes appartenances culturelles et linguistiques, demeurait sous-tendue, au moins jusqu'aux doctrines d'émancipation, par un sentiment d'appartenance à une communauté de destin.

La conception selon laquelle le XIXe siècle fut celui de l'histoire s'atteste donc, ici et là, par la pluralité d'initiatives qui portent à maturité la conscience politique de différentes entités (chrétiennes, républicaines, juives sécularisées) soucieuses de propager leur idéal humaniste. Ce dernier paramètre est d'autant plus important que

---

[2] La mise en place des écoles de l'Alliance française en Tunisie et en Tripolitaine (Nord de la Libye actuelle) où les écoles de l'AIU étaient relativement bien implantées apporte un éclairage sur l'ambivalence des rapports qu'entretient l'Alliance française, institution privée proche du pouvoir français, avec l'Alliance Israélite Universelle, institution privée dont le but est, à l'inverse, de transcender les pouvoirs politiques en place ; *cf.* Melon (1885).

l'Alliance évangélique universelle, l'Alliance israélite universelle et l'Alliance française suivent immédiatement la progression politique du principe des nationalités dans une Europe en passe d'adopter et d'exporter le modèle de l'Etat de droit. Concernant l'AIU, sa dynamique centrée sur sa vocation éducative des masses juives déshéritées, en fait l'avant-garde de la diffusion de la langue française et de la promotion des autres langues en direction de communautés, tiraillées entre les empires et souvent polyglottes.

## LE CADRE DE CRÉATION : DES JUIFS DE FRANCE AUX FRANÇAIS ISRAÉLITES

Pour comprendre le mouvement qui a suscité la création de l'AIU en 1860 à Paris, il faut se situer dans une double perspective: celle de l'histoire des Juifs de France[3] et celle des mouvements internationaux de la seconde moitié du XIX<sup>e</sup> siècle. L'Emancipation des Juifs de France, en novembre 1791 leur permet d'acquérir la citoyenneté française et leur donne accès à l'ensemble des villes. Le rattachement à la France du Comtat Venaissin augmente alors encore le nombre des Juifs qui vont se disperser dans tout le territoire, avec une prédilection pour la capitale. En instituant l'organisation du culte sous la forme d'une organisation unique, le "Grand Sanhédrin", Napoléon organise le judaïsme français sur un modèle centralisé et hiérarchisé, le consistoire, qui quadrille l'ensemble des communautés. Les conséquences sociales et culturelles de cette double mutation sont considérables pour les communautés juives de France. Les interdictions levées, l'accès aux villes rendu possible, les impôts communautaires abolis, les Juifs vont très rapidement intégrer, sous la pression des consistoires, les métiers "utiles", en délaissant la petite paysannerie ou les métiers traditionnels qui leur étaient dévolus. La poussée démographique est notable : de 40 000 Juifs en 1789, leur nombre passe à 90.000 en 1860, avec l'urbanisation d'un tiers de la population totale à Paris.

Sur le plan culturel, la transformation est beaucoup plus radicale, notamment à Paris, le processus d'acculturation, en l'occurrence la francisation, est accélérée par l'ouverture des écoles, collèges et uni-

---

[3] Nous nous référons essentiellement à Benbassa (1997), qui offre un point de vue interne et critique sur cette histoire. Cet auteur permet de sortir d'un carcan idéologique que les historiens juifs sionistes contribuèrent à mettre en place en confondant des notions telles qu'assimilation, émancipation et intégration.

versité aux Juifs. Entre 1830 et 1870, on assiste à une véritable transformation des milieux juifs qui se sont intégrés à l'économie française. Deux grandes catégories sociales émergent alors : commerçants et artisans d'un côté, professeurs et professions libérales de l'autre. Les milieux consistoriaux, considérant que la Déclaration des Droits de l'Homme s'accorde, *mutatis mutandis,* avec l'idéal des prophètes d'Israël et que la Révolution symbolise les temps messianiques.

On assiste alors au passage progressif, aussi bien à l'intérieur du groupe concerné qu'à l'extérieur, à la diffusion d'une conception religieuse du judaïsme[4]. A partir de 1808, le consistoire prône l'utilisation d'un nouveau terme : "israélite" face à celui de "juif"[5] considéré comme infamant. En 1831, le "culte israélite", au même titre que le culte protestant ou catholique est subventionné par le trésor public. A la veille du Second Empire cette conception du judaïsme est largement admise par la grande majorité des Juifs eux-mêmes[6]. Leur entrée en politique est alors possible : en 1842, les trois premiers députés juifs sont élus. Parmi eux, l'avocat, Adolphe Crémieux est considéré depuis 1834 comme le porte-parole officiel des Juifs de France.

L'Europe est à la fois le lieu de constitution du principe des nationalités et le théâtre où se joue l'essor des grands mouvements internationaux : le Socialisme, la Croix-Rouge (1860) , la Première Internationale (1864). C'est dans ce climat qu'apparaît l'AIU[7]. La lutte pour l'émancipation des Juifs de France s'inscrit dans une mouvance occidentale : aux USA, l'émancipation est acquise en 1783, suivie par la France en 1791, puis la Hollande en 1796, la Belgique en 1836 et la Grande Bretagne en 1857. Partout ailleurs les Juifs sont soumis à des

---

[4] C'est une des particularités de ce "franco-judaïsme" (Benbassa) outre sa grande diversité régionale. L'Emancipation précédant l'intégration, cette dernière s'opère dans les cadres prescrits par la République, c'est-à-dire avec la mise en place progressive d'un partage de l'aire privée et de l'aire publique qui s'accomplit tout au long du XIXe siècle et qui classe le fait religieux dans le domaine du privé.
[5] Rappelons ici que du Haut Moyen Age jusqu'à la première moitié du XXe siècle, le signifiant juif (ainsi que tout son champ sémantique) a été affecté d'un coefficient de valeur négative: d'abord dans l'optique de l'anti-judaïsme théologique ensuite dans l'optique de l'antisémitisme politique. L'exception française se distingue en ceci qu'à partir de 1808 le vocable d'Israélite est mis en circulation dans l'usage comme alternative, à visée neutralisante au vocable juif (ce qu'atteste Littré non sans ironie). Pour une étude historique complète on se reportera à Sarfati (1999).
[6] Ce qui permet effectivement leur intégration à la nation.
[7] L'Alliance Evangélique Universelle (1855), organisation anglaise qui s'adresse à tous les chrétiens, sert de modèle institutionnel.

régimes d'exception. A l'intérieur du monde juif, la nation française jouit déjà d'un prestige incomparable du fait du statut qu'elle vient de leur conférer. Les Juifs français, Crémieux en tête, ont intégré et assumé cette vision; ils se sentent responsables du sort des autres communautés juives, de par le monde, avec pour mission de les protéger, de les conduire à l'émancipation, en les libérant du joug de l'oppression[8].

Des événements emblématiques du sort des Juifs dans les nations et de la fragilité de leur statut, notamment dans les nations émancipatrices vont hâter le processus qui mènera à la création de l'AIU. En France, l'anti-judaïsme traditionnel (théologique) fait place au cours du XIXe siècle à un antisémitisme d'Etat. Cette réaction à l'assimilation des Juifs, éclate sous la IIIème République, atteignant son apogée avec l'affaire Dreyfus en 1894[9]. Le cas d'Isidore Cahen, jeune normalien agrégé, est symptomatique de la tension qui règne, en France, malgré la législation en vigueur. En 1849, sa nomination en tant que professeur de philosophie dans un lycée de Vendée provoque une violente réaction de l'Evêché qui en obtient finalement l'annulation auprès du ministère de l'Instruction Publique. Cahen, renonçant à son poste, va alors reprendre la direction du journal *Les Archives Israélites* fondé en 1840 par son père et contribuer à la mise en place de l'AIU.

A cette même époque, deux polémiques internationales vont faire émerger la nécessité d'une organisation juive internationale et indépendante :

- En 1840, à Damas, c'est dans un climat de tension, entre les autorités françaises et anglaises qui soutiennent respectivement le vice-roi d'Egypte et le Sultan, qu'à la suite de la disparition d'un prêtre, le consulat français de Damas engage des poursuites contre des notables juifs sous l'accusation de meurtre rituel. L'hostilité du gouvernement et du peuple français dans cette affaire pousse Crémieux à intervenir[10].

- En 1858, l'affaire Mortara confirme cette nécessité. A Bologne, le fils d'une famille juive, E. Mortara, âgé de 6 ans, a été baptisé en

---

[8] "Les liens avec le judaïsme se manifestent désormais pour beaucoup de Juifs par une solidarité d'un type plus moderne et non par la fréquentation des synagogues ou une pratique rigoureuse: les Juifs émancipés vont au secours de leurs frères d'Europe et d'Orient" Benbassa (1997) : 196.

[9] *Cf.* les travaux d'H. Arendt et de L. Poliakov sur l'Etat nation et l'antisémitisme.

[10] *Cf.* Poliakov (1955), t.2: 190-191.

secret par la servante catholique avant d'être enlevé à sa famille par la police inquisitoire puis consacré au sacerdoce. Malgré l'intervention de la délégation juive de France, le Pape Pie IX ne cédant pas, l'affaire prend une dimension internationale[11].

L'idée de fonder un comité qui réunirait les Juifs des pays émancipés dans le but de venir au secours des Juifs persécutés se précise alors parmi la bourgeoisie juive française. Cet état de chose est à l'origine d'un paradoxe : la France est à la fois l'Etat qui a été le plus loin dans l'émancipation des Juifs et celui qui produit le plus de marques de distinctions à leur égard.

## L'AIU : UN MANIFESTE EN FAVEUR DES LUMIÈRES ET UNE DOUBLE VOCATION

Le 17 mai 1860, un groupe de jeunes intellectuels Juifs, issus de la bourgeoisie gagnés à l'éducation et à l'idéal républicains, J. Carvallo, I. Cahen, N. Leven, A. Crémieux, C. Netter, décident de créer l'AIU. Leur idéal est profondément patriotique si bien que leur action internationale jusqu'à la Première Guerre mondiale n'aura d'autre but que d'obtenir l'émancipation des Juifs et leur assimilation dans les nations où ils résident:

"Nous n'avons d'autre ennemi que l'oppression, d'autre but que la propagation de la fraternité humaine, programme qui n'est menaçant pour personne, que nous pouvons proclamer à haute voix."

Le manifeste de l'Alliance Israélite Universelle est proclamé:

"Israélites [...] Si vous croyez que par les voies légales, par l'invincible puissance du droit et de la raison, sans causer aucun trouble, sans effrayer aucun pouvoir, sans soulever d'autres colères que celle de l'ignorance, de la mauvaise foi et du fanatisme, vous pouvez obtenir beaucoup pour rendre beaucoup en retour par votre travail [...] Si vous croyez que l'influence des principes de 89 est toute puissante dans le monde, que la loi qui en découle est une loi de justice, qu'il est à souhaiter que partout son esprit pénètre, que l'exemple des peuples qui jouissent de l'égalité absolue des cultes est une force. Nous fondons l'Alliance Israélite Universelle".

---

[11] *Cf.* Poliakov (1955), t.1: 478-479.

Les statuts de l'AIU s'inscrivent dans la tradition française jacobine centralisatrice : le président doit être élu parmi les membres français. Trente membres élus par le quorum constituent le Comité central à Paris. C'est le comité parisien qui gère les fonds des comités régionaux ou internationaux. Le *Bulletin de l'Alliance Israélite Universelle* (*BAIU*) trimestriel rend compte à tous ses membres des décisions et orientations.

De prime abord, la vocation de l'AIU n'est pas scolaire. Il s'agit avant tout d'agir, par la voie diplomatique et politique, en faveur des communautés les plus défavorisées[12]. Voici les objectifs fixés en 1860:

> "Travailler partout à l'émancipation et aux progrès moraux des Israélites; prêter un appui efficace à ceux qui souffrent par leur qualité d'Israélites; encourager toute publication propre à amener ces résultats."

Dans les faits, le comité central parisien va fonctionner selon deux grandes orientations complémentaires : une action externe aux communautés, de type diplomatique, une action interne, de type socioculturel.

L'action diplomatique est fondée à la fois sur l'autorité politique du Président de l'AIU, Crémieux et sur la mise en place progressive d'un réseau d'adhérents, dans les pays riches, capable de subventionner les actions du comité parisien[13].

L'aspect diplomatique de l'action de l'AIU mérite une étude à part entière qui ne peut être développée ici. Signalons seulement l'intervention régulière de l'AIU dans toutes les grandes assemblées politiques qui ont engagé l'Europe (depuis le Congrès de Berlin en 1878, jusqu'à celui de Versailles après la Grande Guerre, en 1919). C'est notamment en direction de l'Europe de l'est, théâtre régulier de pogroms, que l'AIU met en place une assistance à l'immigration et à

---

[12] Pourtant, en juillet 1860, le premier appel de Crémieux lancé aux Juifs de France concerne les Chrétiens maronites persécutés par les Turcs: "Toute la terre nous était fermée, lorsqu'au premier jour de son immortelle Révolution, la France nous ouvrit ses bras et nous fit citoyens. Cette France qui nous a miraculeusement délivrés, qui nous adopta, qui nous appelle ses enfants, c'est la France chrétienne. Et voilà qu'en Orient, les Chrétiens sont livrés à la plus effrayante persécution. Israélites français, venons les premiers en aide à nos frères chrétiens".

[13] Le Baron et la Baronne de Hirsh, qui investissent d'énormes capitaux pour la construction du chemin de fer en Turquie, y ont aussi subventionné la plus grande partie des écoles et des ateliers d'apprentissage.

l'adoption des Juifs persécutés. Le nombre des communautés adhérentes croît rapidement (on passe de 2.878 adhérents, en 1864, à 30.000 en 1895). Les comités régionaux se situent alors dans les pays suivants : Algérie, Allemagne, Antilles, Autriche, Brésil, Bulgarie, Colombie, Crète, Egypte, Etats-Unis, France, Gibraltar, Grande Bretagne, Grèce, Pays-Bas, Portugal, Rhodes, Roumanie, Scandinavie, Serbie, Suisse, Tunisie, Turquie.

## L'ŒUVRE ÉDUCATIVE DE L'AIU

Très rapidement, l'œuvre de l'AIU s'étend au domaine éducatif. C'est alors le secrétaire de l'Alliance, Leven qui organise ce nouveau secteur d'intervention de l'association:

> "L'émigration n'est pas le seul chemin de Salut [...] qu'ils travaillent, qu'ils engagent une lutte opiniâtre contre l'ignorance et qu'ils s'instruisent [...] Nous l'avons, c'est à nous de le mettre dans leurs mains. Il faut leur donner des maîtres d'école, des écoles, des livres" (*BAIU*, 1866 : 13).

### Le réseau scolaire

Ce sont les communautés d'Orient et d'Afrique qui sont d'abord envisagées. La première école de garçons ouvre en 1862 à Tétouan, au Maroc, sous l'impulsion du comité central et du Board of Deputies de Londres. Celle des filles sera inaugurée en 1864. L'accueil des communautés dans un premier temps est mitigé, souvent sous l'influence des rabbins qui acceptent difficilement la mise en place d'une école, censée représenter l'assimilation. Pour faire face à cette opposition, l'AIU va intégrer le rabbin et son enseignement aux programmes de l'école. Finalement, ce seront les communautés elles-mêmes qui feront appel à l'AIU pour la création d'école.

L'organisation de l'école repose sur le principe d'une double responsabilisation : l'AIU lance des subventions vers les communautés internationales pour louer, rénover des locaux et les transformer en salle de classe. Elle forme, délègue et paye le directeur de l'école. Elle nomme les instituteurs et les professeurs. Elle octroie des bourses aux futurs instituteurs et envoie régulièrement des inspecteurs. La communauté bénéficiaire doit pour sa part s'organiser pour payer les écolages, doter de bourses les plus pauvres de ses membres et entretenir les locaux[14]. Dans les faits, l'installation d'une école va considérablement renforcer les liens communautaires et à terme les transformer radicalement :

L'extension est rapide[15] : entre 1860 et 1900, 100 écoles avec 26.000 enfants scolarisés et en 1914, 188 écoles avec 48.000 enfants scolarisés. Le principe d'une inspection multiple : celle du comité central et celle des gouvernements locaux, des autorités françaises et même de l'Eglise, assure aux écoles de l'Alliance notoriété et légitimité[16].

Assurer le "relèvement moral"[17] des communautés implique aussi, pour les éducateurs de l'AIU, la mise en place de nouveaux comportements face au travail. L'apprentissage d'un métier devient alors le complément indispensable de l'école. Dès 1870, à Jaffa en Palestine ottomane, l'AIU avait ouvert une ferme-école. En 1874, pour les garçons, puis en 1884 pour les filles, elle ouvre les premiers centres d'apprentissage, organisés en ateliers et cours du soir. Suivront en 1882 les premières écoles professionnelles (Jérusalem) qui formeront aux métiers de l'industrie et du commerce.

*Les buts de l'éducation*

La "régénération" sociale et culturelle des communautés juives d'Orient est un principe fondateur de l'AIU et, tout au long de la mise en place du réseau scolaire, le comité revient sur l'aspect moral de l'enseignement qu'il faut dispenser:

> "Apporter un rayon de civilisation de l'Occident dans les milieux dégénérés par des siècles d'oppression et d'ignorance, [...] en fournissant aux enfants les éléments d'une instruction élémentaire et rationnelle, pour les aider à trouver un gagne-pain plus sûr et moins décrié que le colportage, enfin en ouvrant les esprits aux idées occidentales, de détruire certains préjugés et certaines superstitions surannées qui paralysent l'activité et l'essor des communautés. Mais

---

[14] La distribution de repas quotidiens, de vêtements, de chaussures, de fournitures scolaires constitue les fondements de l'organisation communautaire.
[15] L'empire Ottoman compte à lui seul 60 écoles dans 43 villes différentes, dont 12 dans Constantinople.
[16] *Cf.* le rapport des cérémonies du cinquantième anniversaire, *BAIU*, N°35, 1910 et le rapport de l'Exposition coloniale de 1923 à Marseille.
[17] Le terme utilisé par les dirigeants de l'AIU est repris de la thématique de la "régénération morale" développée par l'Abbé Grégoire en 1787 dans une réponse faite à la Société Royale des Sciences et des Arts de Metz: *Essai sur la régénération physique, morale et politique des Juifs.*

l'action de l'Alliance visait aussi et principalement à donner à la jeunesse israélite et par suite à la population juive tout entière une éducation morale plus encore qu'une instruction technique [...] sachant
concilier enfin les exigences de la vie moderne avec le respect des
traditions anciennes" (BAIU, 1896 : 94).

Ceci souligne la particularité de l'Alliance et la gageure de sa mission
qui consiste à diffuser un enseignement moderne et laïque parallèlement à un enseignement hébraïque, dispensé aussi bien aux garçons
qu'aux filles. J. Bigart, secrétaire de l'AIU s'adresse, en ces termes,
aux élèves-instituteurs de l'Ecole Normale Israélite Orientale:

"Le plus grand service qu'on puisse rendre à une population c'est de
lui apprendre l'esprit de tolérance. [...] Parmi les défauts que vous
rencontrerez chez vos élèves, il en est qui sont le résultat fatal de la
misère [...]. La longue accoutumance de la servitude a engendré la
servilité. Vous savez que dans notre pensée, le prolongement de
l'école c'est l'œuvre d'apprentissage. [...] Il faut refaire des muscles
à notre jeunesse israélite pour qu'elle prenne goût au travail physique, pour qu'elle abandonne les métiers malsains et peu rémunéra-
teurs. [...] Il y a toute une éducation nouvelle à faire de la femme en
Orient et en Afrique. Tenue dans un état d'infériorité par son mari et
par ses enfants eux-mêmes, il faut l'élever à ses propres yeux et aux
yeux des siens, d'abord en faisant d'elle l'égale de son mari par
l'instruction puis en l'aidant elle aussi quand elle est pauvre à se
créer un gagne-pain par son travail"[18].

Les dirigeants de l'AIU proposent, en principe, le français comme
langue d'éducation. Cependant l'AIU n'ayant d'autre but que le "relèvement" et l'intégration nationale des communautés visées[19], dans
les faits, l'ouverture à la langue du pays est essentielle et souvent
première. Le français est donc introduit progressivement. L'hébreu
reste la langue liturgique, enseignée par le rabbin après la classe. Ainsi la plasticité de l'AIU va permettre d'introduire le français en tirant
parti de la situation linguistique de chaque communauté. L'école va
ainsi tout autant produire le changement que s'adapter à lui. Il est à
noter que l'école est ouverte à toutes les "confessions" et si la majorité est juive, il n'en reste pas moins que très rapidement, instituée dans

[18] "Le professeur de l'Alliance doit être un éducateur" (discours 24/2/1901, *Revue des
écoles de l'Alliance*, n°1: 8).
[19] C'est une des différence avec les premiers objectifs que se fixera l'Alliance française 20 ans plus tard.

les villages les plus pauvres ou les plus retirés, elle constituera un attrait social pour toute la population qui verra en elle une école moderne bien plus que l'école d'une seule communauté.

*La formation des professeurs*

Les dirigeants de l'AIU, étant donné la mission qu'ils lui avaient assignée et conformément à leurs principes, furent extrêmement vigilants concernant la mise en place du réseau pédagogique. C'est dire qu'ils laissèrent très peu de place au hasard, centralisant de manière permanente l'ensemble des informations dont ils disposaient, déterminant de manière attentive les programmes de chaque école.

L'École Normale Israélite Orientale, l'ENIO, fondée en 1867 par un legs de Netter et reconnue d'utilité publique en 1880, garantit cette structure pédagogique centrifuge, susceptible d'être diffusée dans tout le Moyen-Orient. Jusqu'en 1867, les instituteurs et directeurs d'école viennent de France. Rapidement, le principe de responsabilisation des communautés va permettre un recrutement parmi les jeunes gens des communautés respectives.

En effet, l'AIU impose très rapidement un profil pédagogique spécifique aux futurs instituteurs et directeurs d'école. Les futurs instituteurs et directeurs, recrutés parmi les meilleurs élèves, de 15 à 16 ans, des écoles de tout le Bassin sont envoyés à l'ENIO, où ils suivent 4 ans d'études en internat[20], puis ils sont nommés dans des communautés qui ne sont pas les leurs. L'ensemble des dépenses est assumé par l'AIU. Les élèves sont inspectés chaque mois par les membres du comité central et l'école est soumise à l'inspection nationale en vigueur. Les filles, quant à elles, sont accueillies chez des particuliers jusqu'à la fondation d'une école en 1920. Les effectifs de l'école d'une moyenne de 20 élèves dans les débuts atteignent 84 en 1900, de 10 à 50 pour les filles, pour une moyenne de 35 heures de cours hebdomadaires. Voici un exemple d'emploi du temps de 1$^e$ année :

> *Matières générales* : 26 heures : grammaire et littérature françaises: 9 heures, anglais : 2, histoire : 4, géographie : 2, arithmétique / géométrie : 5, physique et histoire naturelle : 2, dessin : 2, calligraphie : 1.

---

[20] Ils se préparent à la fois au brevet de capacité de l'ENIO et à celui des instituteurs nationaux français. L'ENIO est, par ailleurs, la première institution privée à délivrer un diplôme d'enseignement reconnu par l'Etat à égalité avec celui de l'enseignement public français.

*Matières hébraïques* : 5 heures : histoire sainte : 1, grammaire hé-
braïque/exégèse biblique : 3, *Michna* et composition hébraïque : 1.
Chant : 2 et gymnastique : 2 (*Rapports annuels de l'ENIO* 1886-
1905).

La *revue des écoles de l'Alliance* et le *Bulletin des écoles*, respectivement fondés en 1900 et 1905 par Bigart, secrétaire de l'AIU, sont
de bons indicateurs de la pédagogie dispensée dans les écoles. Edités
à Paris, ils assurent une liaison constante entre tous les directeurs des
écoles de l'Alliance ainsi qu'avec le Comité parisien. Ils rappellent
constamment les professeurs à leurs devoirs et apportent des réponses
aux difficultés dont ils font régulièrement part. Les programmes y
sont commentés, les tournées d'inspections y font l'objet de comptes
rendus.

Mais ce sont les *Instructions générales pour les professeurs de
l'AIU*, remises à chaque instituteur à sa sortie de l'ENIO, qui nous
informent précisément sur la qualité de cette codification. Tous les
aspects de la vie du directeur y sont abordés : vie privée, administrative, pédagogique et publique.

*Les programmes et les langues d'enseignement*
En 1892, Isidore Loeb, secrétaire général de l'AIU, responsable
des programmes, définit les grandes orientations des écoles de l'AIU,
aidé par Eugène Manuel[21]. La méthode concentrique, alors appliquée
dans les écoles françaises, sert aussi de modèle pédagogique pour les
écoles de l'AIU.

L'originalité de l'AIU réside dans son rapport à l'enseignement
des langues et en ce sens la prescription n'est pas limitative :
l'enseignement de la langue locale est obligatoire (selon les communautés : arabe, turc, espagnol, anglais, italien, allemand, bulgare, etc.)
et sert dans un premier temps de langue de communication scolaire.
L'enseignement du français est obligatoire dès la première année. De
langue enseignée, elle doit progressivement passer au statut de langue
d'enseignement. Le rôle et la place du français dans les écoles de
l'AIU sont doubles : considérée comme la langue du progrès, son
apprentissage doit permettre l'éducation intellectuelle de l'enfant.
Mais en tant que première langue internationale du Bassin méditerranéen, elle permet aussi de poser des objectifs professionnels et prati-

---

[21] Eugène Manuel joue, par ailleurs, un rôle important dans la réforme des études
secondaires de la IIIᵉ République.

ques à l'enseignement dispensé. Les effets de cette approche active du français seront très rapidement perceptibles aussi bien, dans un premier temps, dans la diversification et la multiplication des échanges commerciaux que, par la suite notamment après la Première Guerre mondiale, dans les mouvements migratoires qui vont affecter l'ensemble des communautés juives du Bassin. L'hébreu est aussi obligatoire dans ce contexte, mais toujours considérée comme langue liturgique, il n'est alors pas encore reconnu comme une langue de communication[22].

CONCLUSION

Cette première approche descriptive du rôle de l'AIU permet de mettre en évidence un certain nombre de faits importants pour la diffusion du français dans le Bassin méditerranéen.

Si le français était déjà diffusé de manière éparse et non-systématique au Proche-Orient, il l'était par le biais des missions chrétiennes, c'est-à-dire comme un outil parmi d'autres pour aider à la conversion et à l'évangélisation de populations considérées *a priori* comme étrangères. Le cas de l'AIU est radicalement différent et offre une configuration nouvelle. L'AIU n'est pas une mission, son action présuppose le primat de la communauté religieuse transnationale.

En fait l'action de l'AIU doit être replacée dans un mouvement plus général qui implique l'Europe et le Proche Orient dans deux processus contraires et complémentaires, issus du mouvement révolutionnaire de la fin du XVIII$^e$ siècle. Alors que le judaïsme français assume la part la plus abstraite des idéaux révolutionnaires en menant une action d'émancipation et d'intégration, via le français et l'éducation, dans ses propres rangs et dans ceux de la diaspora méditerranéenne; les milieux sionistes d'Europe de l'Est, en assument la part la plus violente et la plus radicale, en renouant, dans les termes de la philosophie politique contemporaine, avec l'antique volonté d'une nation juive autonome.

Pourtant l'Alliance Israélite Universelle, à la veille de la Première Guerre mondiale, après plus de soixante ans de présence dans tout le Bassin méditerranéen se trouve au centre d'une situation profondément paradoxale. En effet, le modèle français qui se développe selon

---

[22] Pourtant E. Ben Yéhuda, linguiste et lexicographe (dont le modèle scientifique et la méthode sont ceux de E. Littré), travaille déjà, à la même époque, à Jérusalem, à la refonte de la langue hébraïque, rêvant d'en faire une langue moderne et vivante.

une procédure d'émancipation-assimilation, au sein de l'Etat-nation, des différentes communautés juives, constitue l'idéal des fondateurs de l'AIU. Ce modèle transposé puis incorporé par les communautés juives d'Orient au sein de royaumes ou de dépendances coloniales va produire un mouvement contraire d'émancipation-distinction. Une double distinction va sensiblement s'opérer grâce à l'utilisation du français dans les différents échanges :

- d'un point de vue externe : les populations juives qui vivaient parmi les populations arabes vont radicalement se distinguer d'elles en fréquentant les écoles de l'AIU, recourant au français comme langue-utile et comme langue de travail;

- d'un point de vue interne : les populations juives socialement les plus favorisées vont se tourner vers le français compris comme langue de civilisation, et envoyer leurs enfants dans les écoles catholiques (Pères Blancs, Jésuites) qui prennent aussi leur essor au cours de la seconde moitié du XIX^e siècle.

D'un point de vue strictement linguistique, ce mode de diffusion, caractérisé par une grande souplesse culturelle et une visée sociale précise, va permettre la circulation d'une langue d'usage que les différents modes d'appropriation, dans des contextes linguistiques variés, vont enrichir sur le plan phonétique, lexical, syntaxique ou sémantique[23].

La dislocation de l'Empire Ottoman vient mettre un frein à la diffusion systématique du français, l'AIU suivant le principe de l'adaptation aux conditions nationales des pays concernés. Mais après plus de cinquante ans d'action sociale et éducative au cœur des communautés juives, l'AIU leur a conféré les moyens linguistiques de participer au mieux à la vie sociale et économique, notamment en favorisant des mouvements migratoires de qualité[24].

Les profonds bouleversements politiques qui vont suivre cette dislocation et restructurer profondément le Proche-Orient et l'Afrique du Nord (colonisations anglaise et française du Proche-Orient, créa-

---

[23] L'usage du français par les locuteurs souvent plurilingues des communautés juives du Bassin méditerranéen n'est ni stable, ni académique, il est nécessairement multiforme et plastique. Les inspecteurs français qui visitent les écoles de l'AIU en font régulièrement état dans les colonnes du *Bulletin des Ecoles de l'AIU* pour stigmatiser des pratiques non-légitimes, selon eux, mais qui n'en attestent pas moins, pour nous, de la vivacité du français.

[24] La migration vers la France de ceux que l'on appelait les Juifs levantins est régulière entre le dernier quart du XIX^e siècle et les années vingt du XX^e. Leur connaissance du français leur permettait une intégration rapide.

tion de l'Etat d'Israël, décolonisation française de l'Afrique du Nord) mettront plus nettement au jour à la fois l'attachement des communautés juives du Bassin méditerranéen à la France ainsi que l'ambiguïté de ce rapport. Dans ce même contexte, la perception politique de l'AIU est loin d'être neutre, en particulier dans la première phase de sa constitution. Dans la mesure où l'AIU véhicule les idéaux de la France des Lumières, dans un contexte marqué par l'éveil des nationalités, cette institution tout entière cristallisera, comme l'a montré Norman Cohn, tout un imaginaire antisémite. A partir de la fin du XIXe siècle, au paroxysme de l'Affaire Dreyfus, à l'Ouest, devant les premiers signes de la révolution soviétique, à l'Est, l'AIU sera régulièrement affublée de l'image d'une officine d'un complot juif mondial, du fait de sa structure institutionnelle transversale et de ses actions diplomatiques et éducatives internationales[25].

## BIBLIOGRAPHIE

ARENDT, H. (1951) : *Sur l'antisémitisme,* Paris : Seuil, Calmann-Lévy, trad. fr. 1973

BENBASSA, E.(1997) : *Histoire des Juifs de France,* Paris : Seuil

BEN YEHUDA, E. (1988, trad.fr.) : *Le rêve traversé, L'autobiographie du père de l'hébreu en Israël,* Paris : Le Scribe

CHOURAQUI, A. (1965) : *L'Alliance Israélite Universelle et la renaissance juive contemporaine, 100 ans d'histoire,* Paris : PUF

COHN, N. (1967) : *Histoire d'un mythe. La "Conspiration" juive et les Protocoles des Sages de Sion,* Paris : Gallimard

CORTIER, C. (1998) : *Institution de l'Alliance française et émergence de la francophonie. Politiques linguistiques et éducatives (1880-1914),* Lyon : Université Lumière, thèse de doctorat. *renaissance juive contemporaine, 100 ans d'histoire,* Paris : PUF

*ENCYCLOPAEDIA JUDAICA,* (1971) : Articles "Alliance Israélite Universelle", "France", "Jérusalem"

GIRARD, P. (1976) : *Les Juifs de France de 1789 à 1860 ; de l'émancipation à l'égalité,* Paris : Calmann Levy.

GRÉGOIRE, H.-B. (Abbé) (1787) : *Essai sur la régénération physique et politique des Juifs,* Paris : Flammarion, rééd. 1988

LEVEN, N. (1911) : *Cinquante d'histoire : L'Alliance Israélite Universelle 1860-1910,* Paris : Felix Alcan

---

[25] Sur la genèse et les métamorphoses de cette représentation psycho-historique, on se reportera aux travaux de Cohn (1967), Poliakov (1980), Taguieff (1992) et Sarfati (1992).

LIAUZU, C. (1994) : *l'Europe et l'Afrique méditerranéenne de Suez à nos jours*, Paris : Complexe

MELON, P. (1885) : *L'Alliance française et l'enseignement français en Tunisie et en Tripolitaine*, Paris : Dentu

POLIAKOV, L. (1955) : *Histoire de l'antisémitisme*, 2 t., Paris : Calmann Levy, rééd. 2 vol., Seuil, 1991.

POLIAKOV, L. (1980) : *La causalité diabolique. Essai sur l'origine des persécutions*, Paris : Calman-Lévy

SARFATI, G-E. (1992) : "La Parole empoisonnée - *Les Protocoles des Sages de Sion* et la vision policière de l'histoire", *in* TAGUIEFF, P.-A. (1992) : *Les Protocoles des Sages de Sion. Faux et usage d'un faux*, vol. 2, Paris : Berg International

SARFATI, G-E. (1999) : *Discours ordinaires et identité juive. La représentation des Juifs et du judaïsme dans les dictionnaires et les encyclopédies du Moyen Age au XX<sup>e</sup> siècle*, Paris : Berg International

SCHWARZFUCHS, S. (1989) : *Du Juif à l'Israélite, histoire d'une mutation 1770-1870*, Paris : Fayard

SCHWARZFUCHS, S. (1975) : *Les Juifs de France*, Paris : Albin Michel

SPAËTH, V. (1997) : *La formation du français langue étrangère : le paradigme africain et ses enjeux de la colonisation aux indépendances*, thèse de doctorat, la Sorbonne Paris III

SPAËTH, V. (1998) : *Généalogie de la didactique du français langue étrangère*, Paris : Agence de la francophonie, Didier Erudition diffusion

TAGUIEFF, P.-A. (1992) : *Les Protocoles des Sages de Sion. Faux et usages d'un faux*, 2 vol., Paris : Berg International

WEILL, G. (1984) : "L'enseignement dans les écoles de l'Alliance au XIX<sup>e</sup>", *Apprendre et enseigner, Les Nouveaux Cahiers*, Paris, n° 78 : 80-85

*Corpus*

*Bulletin de l'Alliance Israélite Universelle*, Paris:1860-1913

*Bulletin des Ecoles de l'Alliance Israélite Universelle*, Paris : 1910-1924

*Ecole Normale Israélite Orientale, Rapports*, Paris : 1886-1905

*Instructions Générales pour les professeurs*, Paris : 1903

"L'alliance à Tétouan", *Les Cahiers de l'Alliance Israélite universelle*, Paris : 1999, n°20, pp. 26-32

*Revue des Ecoles de l'Alliance Israélite Universelle*, Paris: 1901-1903

# JEAN MARX (1884-1972)
# ENTRE-DEUX-GUERRES

André Reboullet
Paris

Cette contribution a pour sujet la rencontre d'un homme, Jean Marx, et d'une période, l'Entre-deux-Guerres, soit deux décennies, de 1920 à 1940.

Jean Marx a été un haut fonctionnaire du Ministère français des Affaires étrangères. Il entre en 1920 au tout nouveau Service des Œuvres françaises à l'Étranger (l'ancêtre de notre Direction Générale des Relations Culturelles), d'abord comme directeur d'une des quatre sections du service (la section universitaire et des écoles), puis comme directeur de l'ensemble du Service, de juillet 1933 à mai 1940. Parce que juif, il doit quitter ce service au cours de l'été 1940 et apparaît, officiellement, comme retraité au 26 août 1940. En fait, il sera réintégré aux Affaires étrangères en 1945 pour occuper le poste de conseiller technique, auprès du Directeur Général des relations culturelles de l'époque, Henri Laugier. En 1950, quand il est promu Commandeur de la Légion d'Honneur, il a qualité de "Ministère plé- nipotentiaire en retraite".

Jean Marx est aussi un historien talentueux. Ancien élève de l'École des Chartes, membre de l'École française de Rome, il ensei- gnera à l'École Pratique des Hautes Études, comme chargé de confé- rences ou directeur d'études, y compris pendant la période où il est en poste au Ministère des Affaires Étrangères. Ce médiéviste, et celti- sant, est l'auteur, entre autres ouvrages, d'une thèse sur l'Inquisition en Dauphiné, et d'une étude sur La légende arthurienne et le Graal (1952), rééditée en reprint par Slatkine (1996), qui fait toujours réfé- rence. Jean Marx ne saurait être limité à une fonction : diplomate ou professeur. Bornons-nous pour évoquer le vécu de cet homme discret, trop peut-être, à citer les quelques dates repères que nous avons pu établir. Jean-Philippe Marx est né le 26 octobre 1884, 88 rue La- fayette dans le Xe arrondissement de Paris ; fils de Jules, Isaac Marx,

négociant et de Marie, Gabrielle Alexandre, il épouse Cornelia, Phi-
lippine, Marceline Tixador, à la mairie du V$^e$ arrondissement, le 4
février 1955, il a alors 70 ans, elle en a 43. Dans les dernières années
de sa vie, il vivait avec sa femme, dans le XIII$^e$ arrondissement de
Paris, 46 Boulevard de l'Hôpital. Il devait décéder à l'hôpital Cochin,
le 26 avril 1972 dans sa 88ème année. Ses funérailles furent célébrées
le 2 mai 1972 en l'Église Saint-Jacques du Haut-Pas. Cet homme qui
devait envoyer aux quatre coins du Monde tant de jeunes gens pleins
d'avenir resta toute sa vie un Parisien.

L'Entre-deux-Guerres est une période cernée par deux dates, pour
nous symboliques, deux reculs : en 1919, au Traité de Versailles, le
français perd son privilège de langue diplomatique unique; l'anglais
lui fait concurrence. En 1945 dans la Charte des Nations Unies à San
Francisco, c'est à une seule voix de majorité que le français est admis
comme une des deux langues de travail (avec l'anglais). Il est, avec
l'anglais, l'arabe, le chinois, l'espagnol et le russe l'une des six langues officielles. Entre ces deux reculs, quel a été le contexte politique
et culturel des années vingt et trente sur lequel une action culturelle
française tournée vers l'extérieur pouvait ou non s'appuyer ?

En préliminaire on peut faire une première observation : cette période fut moins marquée par la continuité que par les changements et
les contrastes. Si, sur le plan politique, l'alternance, coutumière sous
la III$^e$ République de la Droite et de la Gauche, Cartel des Gauches
contre Bloc National, Front Populaire contre la poussée fasciste de
février 1934, si cette alternance a relativement peu joué dans la politique culturelle extérieure de la France, il en va différemment avec la
montée des fascismes en Europe (Allemagne, Italie, Espagne, Portugal) qui séparera deux versants : les années 20, relativement heureuses
et pacifiques et les années 30, celles de la crainte et des turbulences.

Dans son action, le Service des Œuvres dut affronter des problèmes graves et s'appuyer sur deux points forts. Considérons d'abord
les Problèmes : 1919 ou 1920, ce ne fut pas seulement la Victoire, le
défilé du 14 juillet sur les Champs-Élysées, les "illusions de la prospérité", ce fut, sur le plan de la politique culturelle extérieure de la
France, l'obligation de devoir faire face à l'affaiblissement démographique et économique de la Nation (Maurice Agulhon parle de "La
France malade de la guerre", à la montée de l'anglais sur le plan linguistique, à un remodelage de l'Europe de l'Est, une Europe où la
Russie soviétique propose un modèle politique et va jouer un rôle

important, à de nouvelles interrogations sur le rôle de la France. Cette situation s'aggravera dans les années trente. La crise économique aura pour conséquence une réduction des crédits ministériels alors que, dans le même temps, s'ajoutera à la concurrence de l'anglais, la concurrence de l'Allemagne et de l'Italie. Maurice Genevoix, rendant visite à Jean Marx, après un voyage au Canada (1939) lui parle des "prodigalités hitlériennes, des assiduités averties du régime mussolinien". Certes, il s'agit en l'occurrence plus de propagande politique que d'action culturelle proprement dite, mais enfin cet amalgame, tolérable en temps de guerre et que Jean Marx avait pris grand soin d'éviter pour l'après-guerre, cet amalgame, si impur fût-il, était bien accueilli par des institutions ou des clients.

Les points forts dont disposait le Service des Œuvres, par chance, n'étaient pas mineurs. Et d'abord, l'Entre-deux-guerres fut, pour la France, sur le plan culturel, musical, artistique, littéraire surtout, une période faste, comblée, marquée par une créativité éclatante. Jean d'Ormesson a pu comparer la littérature française des années 20 du XX$^e$ siècle, à celle des années 60 du XVII$^e$ siècle (Classicisme) ou à celle des années 30 du XIX$^e$ siècle (Romantisme). On observera ici la coexistence de deux générations dans un même succès : la plus ancienne, celle d'écrivains qui avaient publié leurs premières œuvres avant 1914 mais que la Guerre avait provisoirement relégués dans la pénombre : Gide, Valéry, Claudel, qui viendront en pleine lumière avec leurs cadets, Proust, Cocteau, les Surréalistes. Un autre *point fort* est constitué par l'extension du rôle de l'Etat français, pendant la Guerre et, désormais, dans l'Après-Guerre, avec une prédominance affirmée dans tous les domaines, politique, économique, social et culturel.

Ainsi s'est établie une coupure sans cesse plus marquée dans l'histoire de la diffusion du français, une coupure entre deux périodes: la première qui s'étend des origines au XIX$^e$ siècle, la seconde qui couvre le XX$^e$ siècle. Alors que, pendant des siècles, l'Etat français n'intervenait que par institutions et acteurs interposés, le plus souvent religieux, en leur apportant une aide inégale, souvent discontinue, par vocation politico-religieuse plus que par vocation linguistique, l'Etat va, dès avant 1914, mais plus massivement en deux vagues, après 1920 avec le Service des œuvres et après 1945 avec la Direction Générale des Relations Culturelles, investir dans des structures et un personnel propres, de mieux en mieux coordonnés et alimentés. La dynamique entre l'offre et la demande dont W. Frijhoff a établi qu'elle était une des clés pour comprendre les phénomènes de diffusion culturelle, en sera bouleversée. Le Service des oeuvres est un maillon dans une chaîne et Jean Marx qui en a assuré le maintien, a pu, a su bénéficier pleinement de cette politique étatiste.

Revenons à l'année 1920 et à l'installation de Jean Marx dans le nouveau Service des oeuvres. Il a pour partenaire deux écrivains et non des moindres : Paul Morand et Jean Giraudoux, lequel devient Chef du service le 10 octobre 1921. A l'origine de ces nominations, il y a Philippe Berthelot, brillant diplomate qui devint, en fin de carrière, Secrétaire Général du Quai d'Orsay. Il fut l'ami, et le protecteur, non seulement de Morand et Giraudoux mais aussi de Claudel et d'Alexis Léger (le poète Saint-John Perse). Au Service des œuvres, il apparaît très vite que le zèle fonctionnaire de Morand et Giraudoux est aussi discret que leurs ambitions littéraires sont grandes et efficaces. Il ne reste plus à Jean Marx que de devenir "l'homme à tout faire du service", ce qu'il assume volontiers. F. Roche et B. Piniau le reconnaissent : "L'homme qui imprime le plus cette administration de sa personnalité fut [...] Jean Marx" Et Albert Salon pareillement : "Jean Marx joua pendant les vingt années un rôle de premier plan dans la définition et la conduite de la politique culturelle du Quai d'Orsay." Alain Juppé ironise sur le caractère souvent pittoresque des activités du Service : "de la nomination d'un professeur de piano à la Société philharmonique de Patras à l'équipement d'un bataillon scolaire au Canada"; il attribue la solution de ces problèmes mineurs à Giraudoux, mais c'était plus souvent le lot quotidien de l'infatigable Jean Marx.

N'oublions pas que, dès le 7 mai 1924, Morand et Giraudoux ont quitté le Service, peu après une controverse douteuse sur un favoritisme prétendu en faveur de la librairie Gallimard dans les achats de livres du Service, et que pour ces quatre années, pour Morand plus que pour Giraudoux, "on garde au Quai d'Orsay la mémoire de leurs nombreux congés, mises en disponibilité, détachements et suspensions" (M. Collomb, *in* P. Morand, *Nouvelles complètes*, II, Pléiade). Dès 1924, et surtout à partir de 1933, Jean Marx est maître à bord. Il faut le voir comme le vit Maurice Genevoix en 1939:

"Tout le temps que dura notre entretien, un peu tassé dans son fauteuil, parfois tournant vers moi de lentes prunelles lointaines, gros-

sies par ses verres de myope, il semblait m'écouter avec une courtoi-
sie de commande; et cependant, le combiné du téléphone calé entre
son épaule et sa joue, il jetait tour à tour quelques notes sur un bloc
et répondait, entre deux nasillements de l'appareil, à son interlocuteur invisible. Entre temps, quelque collaborateur surgissait, affairé,
jetait trois phrases auxquelles, écoutant, griffonnant, il répondait aussi par quelques vagues onomatopées...".

Ou, encore, à la même époque, Jean Maugüé:

"Une mesure du gouvernement brésilien nous valut à Monbeig et
moi, une convocation dans le célèbre bureau tapissé de peau de porc
où régnait Jean Marx. Il était à lui seul ou presque, ce qui devint plus
tard le cinquième étage des Relations culturelles. Sorte de Boudha
bienveillant, il nous expliqua...".

Les circonstances ont fait que Jean Marx a tenu le rôle d'un "homme-
orchestre". On peut cependant, et ce ne sera pas une simplification
abusive, regrouper l'essentiel, et la nouveauté de son action sous deux
projets majeurs : 1. La mise en place d'un réseau public d'institutions
et d'agents culturels, hors de France. 2. La valorisation des sciences
humaines dans la politique culturelle internationale de la France.

LE RÉSEAU

Pour la réalisation du "réseau ", Jean Marx bénéficiait d'un héritage ambigu. Il y avait d'un côté une panoplie très, trop (?) fournie de
ce qu'Albert Salon appelle les " acteurs privés ". Outre les incontour-
nables congrégations, il y avait l'Alliance française, la Mission Laïque, l'Alliance Israélite Universelle, auxquelles s'étaient ajoutés, à la
faveur de la guerre, les comités protestants et catholiques des Amitiés
françaises dans le Monde. D'un autre côté, on trouve un petit nombre
d'initiatives prises avec 1914 pour apporter à l'Etat des moyens propres. Ce sont les Quatre instituts français à l'Étranger dont Madrid
(1909), Saint-Pétersbourg et Florence, un petit nombre de détachements de professeurs de français dans les Universités étrangères ou
d'assistants dans les lycées et collèges, enfin les premiers envois de
conférenciers à l'étranger. D'où en 1910, la création de l'Office National des Universités et Écoles françaises.

A partir de cette mince réalité, Jean Marx va créer un réseau mondial d'institutions françaises, impulser la première vague massive d'intervention directe de l'Etat français dans l'action culturelle internationale. Il n'a pas tout créé, mais il a organisé, multiplié, diversifié géographiquement. Les Instituts français passeront de 4 en 1914 à 29 en 1938 et 39 en 1935, dont Barcelone, Naples, Zagreb, Amsterdam, Lisbonne, Stockholm, Kyoto et les lycées français et écoles françaises, de 23 en 1933 à 40 en 1935. Des postes d'attachés et de conseillers culturels seront créés dans les Ambassades. Les missions d'enseignants détachés dans les Universités étrangères dépasseront 200 en 1933. La plus mythique fut la Mission universitaire française de l'Université de Sao-Paulo (Brésil), créée en 1934 et illustrée par des maîtres tels que l'ethnologue Lévi-Strauss, l'historien Braudel ou le géographe Deffontaines. A la fin des années 30, un millier d'enseignants français (des instituteurs aux professeurs d'université) étaient détachés, exerçaient pour la plupart dans des établissements qui bénéficiaient de l'extraterritorialité (une France Outre-France, logée dans "ses" murs, assurée d'une protection que, mutatis mutandis, et dans un tout autre domaine, la Ligne Maginot devait, pensait-on, assurer, et qui offraient à leurs hôtes, la possibilité d'une longue carrière dans leur poste. Figures emblématiques de ces fonctionnaires à qui la durée était promise, sont la dizaine de conseillers culturels (et Directeurs d'Institut) qui ont exercé dans leur pays de fonction, durant au moins deux décennies, avant, pendant ou après la Seconde guerre mondiale : ainsi MM. Guillou (Pays-Bas), Guinard (Espagne), Hourcade (Portugal), Merlier (Grèce), Morot-Sir (USA), Weibel-Richard (Argentine).

LES SCIENCES HUMAINES

Certes Jean Marx, historien de la littérature arthurienne, placé dans le "cocon"du Service des oeuvres, sous la houlette de Philippe Berthelot, avec pour compagnon de bureau Giraudoux et Morand ne pouvait, et n'a pas sous-estimé la place du littéraire dans l'action culturelle du Ministère des Affaires Étrangères. Comment aurait-il pu méconnaître une tradition du Quai d'Orsay, marquée par la continuité des diplomates-écrivains : Du Bellay, le Cardinal de Bernis, Chateaubriand, Lamartine, etc.? Peut-être a-t-il pensé que, pour la littérature, d'autres étaient mieux placés que lui et qu'il valait mieux leur abandonner les trop fameux envois de livres, les conférenciers et les conférences aux quatre coins du monde.

Ce qui est plus éloquent, c'est la liste de ceux pour qui il a été "l'homme du destin", qui, grâce à lui, sont partis, quasiment inconnus vers d'autres cieux, y ont connu expérience et révélation, puis sont retournés "pleins d'usage et raison"dans leur patrie pour y devenir illustres. Dans cette liste, on trouve des ethnologues, Jacques Soustelle (qui ira au Mexique), Georges Dumézil (à Varsovie, puis en Turquie), Claude Lévi-Strauss (au Brésil), des sociologues, Raymond Aron (en Allemagne), R. Bastide et Arbousse-Bastide (au Brésil), des historiens, F. Braudel, Coornaert (au Brésil), des géographes, Deffontaines, Monbeig (au Brésil), des journalistes, J. Mistler (en Hongrie), H. Beuve-Méry (en Tchécoslovaquie). Plusieurs d'entre eux passeront du Quai d'Orsay (avec Jean Marx) au Quai Conti (à l'Académie française).

Personne avant Jean Marx, personne après, dans des fonctions similaires, n'a témoigné selon une formule de Maurice Genevoix, "d'un tel discernement, d'une telle sûreté de jugement, d'une telle équité". Pour conclure sur ce point, nous aimerions proposer une hypothèse sur cette prédilection de Jean Marx pour les sciences humaines (et ceux qui les pratiquent). Au-delà de ce qui aurait pu être un possible partage de compétences entre Jean Marx et ses deux partenaires-écrivains; au-delà de ce qui a pu être la conséquence d'études de chartiste, de la profession d'historien et des relations et amitiés qui en découlent, pourquoi ne pas admettre que Jean Marx avait ressenti douloureusement la modification de l'argumentaire en faveur de la langue française.

Des quatre ingrédients "historiques" qui entrent dans cet argumentaire (1. le "génie" de la langue française; 2. sa situation sociétale; 3. sa répartition dans le Monde; 4. sa position de langue diplomatique unique), le dernier avait été mis à mal par le Traité de Versailles. Que Jean Marx ait souhaité compenser ce manque, en renforçant le toujours un peu flou "génie de la langue" en lui donnant à côté de sa base traditionnelle, la littérature, une assise plus solide, plus moderne, les sciences humaines, est une hypothèse vraisemblable. Un quart de siècle plus tard, et dans une situation comparable, les successeurs de Jean Marx ne procéderont pas autrement en valorisant le scientifique.

Etablir sur les témoignages de ses contemporains un portrait de Jean Marx relève un peu de l'entreprise hagiographique : tous concordent, pas une note dissonante : "Un infatigable travailleur". Genevoix, qui l'a bien connu, évoque "une mémoire qu'on ne peut dire que prodigieuse", "une volonté d'être utile [...] au plus haut sens du mot et le plus désintéressé". Un autre le qualifie "d'ami fidèle". Il fut l'ami, entre autres, de Georges Dumézil, du psychologue Georges Dumas (qui fit tant pour le succès des oeuvres culturelles françaises en Amérique Latine), d'Henri Focillon (avec lequel il contribua à la fondation, en 1924, de l'Institut français des Hautes Etudes en Roumanie), l'ami de plusieurs ambassadeurs, dont Jules Henry en poste au Brésil, un ami toujours accessible, Gilles Matthieu rappelle (p. 141) que "les universitaires détachés au Brésil entretenaient une correspondance épistolaire fournie [...] avec Jean Marx". En homme discret, il dédie modestement son meilleur ouvrage *La légende arthurienne et le Graal*, à sa sœur.

Que pèsent aujourd'hui les deux projets majeurs de Jean Marx? Pour ce que nous avons appelé le "réseau", approbation, continuité et approfondissement. Ce qui sera réalisé dès 1945, mais surtout à partir de 1960, cette deuxième vague de l'action publique, peut être symbolisé par le passage du singulier au pluriel. Ce ne sont pas un réseau, mais des réseaux : culturel, technique et scientifique, pédagogique qu'anime aujourd'hui la Direction Générale. Et les acteurs sont passés du millier aux milliers. Jean Marx est ici vivant, glorifié L'argumentaire, lui, a bien changé. Certes, le littéraire, y compris les sciences humaines, n'est pas oublié après 1945; il connaît même une certaine vogue avec, un temps, Sartre, Camus, l'Existentialisme. Mais l'image à la mode, c'est désormais celle de la France scientifique, technique, communicante. Il est symptomatique que l'un de ceux qui initient le changement soit un agrégé de lettres classiques, ancien normalien, auteur d'une anthologie de la poésie française : Georges Pompidou.

Autre nouveauté dans l'argumentaire, la place que tient désormais la francophonie, telle que découverte après la décolonisation. Aux traditionnels éloges et défenses de la langue française vont succéder les panoramas de la langue française dans le Monde, soulignant l'harmonieuse répartition de ses locuteurs sur les cinq continents, les variétés d'une langue qui s'enrichit de ses différences. Si l'on ajoute que le Quai d'Orsay contribue à la mise en oeuvre de la didactique du français langue étrangère et de ses progrès, qu'on disserte dans les Ambassades et les Consulats sur le tableau de feutre, le laboratoire de langues ou les méthodes communicatives, on voit combien, ici, "l'air du temps" n'est plus tout à fait celui qu'a connu Jean Marx. A ce point de notre propos, une ultime question : s'il n'y avait pas eu Jean Marx, où en serions-nous? A l'évidence, le processus d'étatisation de la politique culturelle extérieure ne serait pas aussi avancé qu'il l'est. Et la situation de la langue française en serait plus mal assurée. A l'évidence aussi, sans Jean Marx et sa lucidité pour avoir "expatrié" quelques-uns des plus grands noms de la science et de la culture de son temps, tant de chercheurs et d'hommes de science d'aujourd'hui n'auraient pas appris à vérifier ailleurs ce qu'ils avaient acquis en France, n'auraient pas "découverts qu'il était si aisé d'enseigner ailleurs et dans le Monde", "d'apprendre aux autres et d'apprendre pour soi". Sans Marx enfin, nous pourrions oublier, nous oublions souvent l'importance de la continuité dans l'exercice d'une mission. Même si l'on court le risque parfois de faire bénéficier de cette continuité un médiocre, la durée dans l'action n'est pas toujours suffisante, mais elle est toujours nécessaire. Le 20 décembre 1962, l'Académie française attribuait à Jean Marx, son grand prix du Rayonnement français. Petite récompense pour une belle et longue carrière et pour un homme trop souvent éclipsé.

BIBLIOGRAPHIE

AGULHON, M. (1990) : l'*Histoire de France, La république de 1880 à nos jours,* Paris : Hachette, Tome 5
ANTOINE, G., MARTIN, R. (1985) : *Histoire de la langue française,* 1880-1914 et 1914-1945, Paris : C.N.R.S
FAVIER, J. (1988) : *Histoire de France,* Tome 6, Paris : Fayard
MATTHIEU, G. (1991) : *Une ambition sud-américaine,* Paris : L'Harmattan
REMOND R. (1991) : *Notre siècle de 1918 à 1991,* Paris : Fayard, Livre de Poche références
RIOUX J.P., SIRINELLI J.F. (1998) : *Histoire culturelle de la France, Le temps des masses, le vingtième siècle,* Tome 4, Paris : Seuil
ROCHE, F., PINIAU, B. (1995) : *Histoires de diplomatie culturelle des origines à 1995,* Paris : La Documentation française
SALON, A. (1983) : *L'action culturelle de la France dans le Monde,* Paris : Nathan

# DIFFUSION DU FRANÇAIS
# EN EUROPE DE L'EST : 1920-1939

Jean-Claude Chevalier
Université de Paris VIII

Après la victoire de 1918, la France a déployé de grands efforts pour développer dans le monde son influence culturelle. Cette expansion a été particulièrement spectaculaire dans l'Europe de l'Est, pour plusieurs raisons liées : la défaite des austro-allemands laissait un vide spectaculaire en ces régions, la France souhaitait marquer une vieille amitié pour les peuples slaves, consacrée par les traités de paix, enfin l'étude et l'enseignement des langues slaves, à Paris surtout, prenaient un large essor, signalé par les travaux d'une volée de jeunes doctorants et par la création de revues. Cette diffusion a largement bénéficié de l'intense activité de Jean Marx à la tête du Service des Oeuvres françaises à l'étranger. André Reboullet, en cette même session du colloque d'Utrecht, parle de ce grand administrateur. Mon exposé sera, en bonne partie, complémentaire du sien.

L'esquisse que je présente ici repose essentiellement sur un travail de dépouillement d'archives : Fonds Brunot à l'Institut, Fonds Lucien Tesnière à la BNF, Archives nationales, Archives du Ministère des Affaires étrangères. J'étudie surtout les institutions. Je laisse à d'autres le soin d'étudier les manuels, les programmes, les péripéties, etc. Je ne donnerai donc ici que quelques directions de recherche. Après l'introduction, une première partie envisagera le fonctionnement d'ensemble du dispositif et une deuxième partie étudiera le fonctionnement spécifique des institutions culturelles dans quelques villes capitales de l'Est de l'Europe.

Dès avant 1914, les échanges universitaires, par missions ou congrès, deviennent une affaire d'Etat (*cf.* Chevalier 2000). Le plus souvent, les délégués aux Congrès sont nommés et doivent être accrédités par un Ministère. Ainsi la participation de Ferdinand Brunot au Congrès de phonétique de Hamburg, en 1914, résulte d'un accord entre les gouvernements français et allemand. Le 7 novembre 1913 est instituée une "Commission permanente des voyages et missions scientifiques et littéraires" (F17 17225).

Les activités de guerre mobilisent les spécialistes de l'Europe de l'Est. Antoine Meillet, au Collège de France, multiplie les articles sur les problèmes posés par l'Est (langues et frontières), dans *Scientia* surtout ; il publiera en 1918 un ouvrage étonnant de bonne conscience expansionniste, *Les Langues de l'Europe nouvelle,* la deuxième édition, en 1928, sera complétée de statistiques par son élève Lucien Tesnière. Le titulaire de la chaire de slavistique à la Sorbonne, Ernest Denis, est en rapport, pendant la guerre, avec les Lituaniens et les mouvements d'indépendance, avec le nationaliste Gabrys qui se démène pour faire entendre la voix de la Lituanie. Le romaniste Mario Roques, professeur à l'École des Langues Orientales, familier de la Roumanie depuis le début du siècle, par ailleurs spécialiste de l'albanais, est en mission en Roumanie dès 1916.

A la victoire, les slavisants, français et indigènes, participent aux traités de paix. Le découpage des empires a été extraordinairement compliqué. Le traité de Sèvres du 10 août 1920 fixe les frontières de la Pologne, la Tchécoslovaquie ou l'Etat (royaume) serbo-croate-slovène. Ce traité s'ajoute aux traités précédents de 1919 et 1920. En 1920 et 1921 il y a encore des traités entre la Pologne, la république des Soviets et celle d'Ukraine, et aussi un traité entre la Lituanie et la république russe, marqué par une position réservée de la France qui veut sauvegarder l'unité russe. La Lituanie, allègue-t-elle, n'est pas un état historique, pas plus que la Macédoine ou la Croatie. De même, il faut régler des différents entre la Lituanie et la Pologne.

Sous la direction d'André Tardieu, les slavisants font partie des "délégués techniques" indispensables dans des négociations très complexes; ainsi le professeur Belic que Meillet connaît très bien et avec qui il fera une grammaire serbe fait partie du Comité serbe. Pour la France on relève des délégués universitaires comme Emile Bourgeois et Emmanuel de Martonne. Les comités éditent des fascicules comme ceux d'Henri Grappin. On relève l'intervention de M. Roques dans le traité de paix avec la Roumanie (Arch AE Roumanie 27 107).

Dans beaucoup de ces négociations, on repère des linguistes français. Ainsi le jeune Tesnière est chargé de fonder la section serbo-croate slovène du Service de la presse étrangère de Paris dont il rédige les bulletins; il est nommé interprète (allemand et slovène) de la Commission internationale du plébiscite de Carinthie. Et Meillet rédige des notes sur le problème épineux de la Lituanie. Il intervient dans les problèmes aigus posés par les découpages des anciens empires. A. Thomas et E. Denis sont sollicités d'intervention par le nationaliste lituanien Gabrys. Dans les dossiers, on trouvera encore un rapport de M. Lafue, professeur d'Université. On peut donc multiplier les exemples qui manifestent une présence active des universitaires dans les organismes politiques des traités.

Puis, presque aussitôt, sont formées des missions interuniversitaires pour développer les relations avec les pays slaves. La France tente de s'attribuer un rôle pilote dans les rapports avec ces nouveaux pays et de supplanter l'influence allemande, encore très prégnante dans toute cette Europe de l'Est. On retrouvera partout M. Roques, encore plus Meillet, aussi épris de pratique politique qu'ouvert aux nouveaux courants linguistiques, comme le rappelle Tesnière en 1936, dans sa nécrologie, notant qu'il fut "l'un des seuls à accueillir favorablement la fameuse théorie "phonologique" du Prince Trubetzkoy", étant noté que les premières relations de Meillet avec Trubetzkoy datent de 1921. Et on ajoutera qu'un germaniste comme Tesnière, des historiens comme Haumont et Eisenmann, professeurs à la Sorbonne, deviendront des spécialistes de langues slaves. C'est comme une fascination politique, sociale, culturelle, linguistique pour tous ces pays de l'Est , et un devoir patriotique. Chargés de mission, ces linguistes vont participer au grand mouvement d'expansion de la France dans les pays de l'Est européen et construire avec le Ministère des Affaires étrangères un étonnant réseau de diffusion de la culture française.

## ORGANISATION DU RÉSEAU

### Les missions

Très tôt, des scientifiques éminents vont préparer le terrain. Ainsi une mission dirigée par le vice-recteur de Paris, Lucien Poincaré, va en Roumanie dès 1919 et organise des échanges d'enseignants à tous niveaux (Arch AE 18 29 Roumanie 142) : le célèbre Nicolae Iorga est invité à la Sorbonne et, en échange, le géographe De Martonne va à Cluj. Désormais chaque année, des missions longues de recherche seront attribuées par une "Commission des voyages et Missions scientifiques" de 13 membres (tenue par les grands maîtres et l'inévitable Meillet depuis 1925) et subventionnées par une "Caisse nationale de la Recherche scientifique", ancêtre du CNRS. Une quinzaine sont attribuées dans les années 20, le double dans les années 30, dont un bon nombre pour les pays slaves; on y retrouve les noms de Tesnière (première mission pour la Yougoslavie, en 1920), P. Grappin, A. Martel, André Vaillant, André (sic) Sauvageot, Alexandre Koyré, André J.Haudricourt, Georges Dumézil, etc. (*cf.* AJ F17 17225). Les maîtres ont des crédits spéciaux et multiplient les déplacements.

Je ne parlerai que de quelques voyages dans les pays de l'Est faits par les linguistes. Meillet parcourt la Yougoslavie en 1921; il fait des conférences dans les Universités, les Instituts et, le plus souvent, dans les Alliances. En 1925, il passera de Varsovie à Cracovie, Prague, Vienne et Bâle. Brunot en 1922 est au Danemark (il rencontre Nyrop) et en Scandinavie; il fait des conférences et visite les Alliances françaises et le Cercle français de Copenhague, en véritable ambassadeur, "afin, dit-il, de donner en Scandinavie une impression de science à la française", afin, aussi, d'améliorer l'expansion et la rentabilité des oeuvres françaises (il suggère d'envoyer les étudiants suédois à Grenoble et non plus à Caen, où ils sont ignorés). En avril 1923, il fait des conférences à Prague, puis à Brno et Bratislava; il parle de littérature (Hugo), de l'histoire de la langue et évoque les problèmes du multilinguisme en France; surtout, comme en Scandinavie, il parle de sa nouvelle méthode d'analyse du français, celle de *la Pensée et la Langue* qui vient de paraître (1922). Il sera à Berlin et Copenhague avec son ministre, Anatole de Monzie, en 1925 et rencontrera Albert Einstein, qui a été élu docteur honoris causa de la Sorbonne. En 1929, dans une grande expédition qui durera quinze jours, il enfile Marburg (rencontre avec Leo Spitzer), Berlin, Leipzig (rencontre avec Walter von Wartburg), Dresde, Vienne (au déjeuner officiel, Alma Mahler. G. Mahler +1911) et enfin Prague; partout, il fait au moins une conférence. La même année, il ira aussi à Bucarest.

En 1929 toujours, Meillet va à Athènes, Constantinople et en Yougoslavie. J. Vendryes va à Prague en 1931; il "constate le grand développement pris en ce pays par la linguistique et, en particulier, l'influence des méthodes linguistiques françaises".

Pendant ces voyages de prestige scandés de repas avec les ministres et les autorités universitaires, mais aussi de travail, ces maîtres vérifient les résultats des Instituts locaux, analysent les organismes étrangers et reviennent avec de gros rapports pour le ministre et pour leur Conseil d'Université. "Le temps des conférenciers mondains est passé", dit Brunot. Ces missionnaires prodigieux accréditent le pres-

tige culturel de la langue française, ils donnent force de loi aux méthodes d'enseignement qui sont celles de l'Université française et de
l'Alliance française, organismes où figurent les plus hautes autorités;
ils sont des instances de légitimation (*cf.* Coste 1996 : 468 sq.).

Chaque Institut a droit à plusieurs missions par an, missions
d'enseignement ou conférences d'artistes ou de scientifiques : c'est
très varié; ces orateurs amplifient la voix des ténors. On pourrait aussi
mentionner, pour mémoire, des missions catholiques (Mgr Baudril-
lart), celles du Comité protestant et de l'Alliance israélite destinées à
animer les groupes locaux. Elles jouent un rôle relativement restreint,
moins important qu'avant-guerre; sauf pour l'Alliance israélite qui
aura des crédits en augmentation (*cf.* Salon 1981).

*Les Instituts et Ecoles spéciales dans les Facultés françaises*

Un des pivots des missions, ce sont, dans les Facultés françaises,
des Instituts de langues. Ils répondent à l'explosion des recherches
linguistiques, et, en particulier, au développement de la réflexion
théorique marquée, entre autres, par la publication du *Cours de Linguistique générale* en 1916 et, aussitôt après la guerre, par la sortie
des livres d'ensemble sur *Le langage* de Vendryes (écrit avant-
guerre), de Jespersen, de Sapir. On y ajoutera la sortie d'un livre capital qui n'aura de succès qu'auprès des spécialistes, le *Brevier* de
Schuchardt. L'Institut des Etudes slaves de la Sorbonne est fondé en
1921, bientôt appelé Institut Ernest-Denis, en même temps qu'est
créée la *Revue des Etudes slaves* (puis, en 1924, du *Monde slave* di-
rigé par Jules Legras). Dans la foulée, est installé l'Institut des Etudes
slaves de la Faculté de Strasbourg, appuyé sur une chaire destinée au
russisant Paul Mazon et sur le Bulletin de la Faculté, et aussitôt après,
en 1922, l'Institut de Linguistique de Paris que dirige Meillet qui
jouera un rôle de tuteur (membres du directoire : Paul Boyer, Joseph
Vendryes, Jules Bloch, Brunot, Henri Delacroix).

L'Est de la France, par la Faculté de Strasbourg, mais aussi par
celle de Nancy, est partie prenante dans cette expansion vers les Slaves. Les Instituts organisent des conférences, encouragent les éditions,
les bibliothèques, les échanges, et tout naturellement se tournent vers
l'étranger. Par ailleurs Brunot, professeur de langue française, élu
doyen de la Sorbonne en 1920, va aussitôt y créer *l'Ecole de préparation des professeurs de français à l'étranger,* dont il confie la direction à son disciple Edmond Huguet; il réalise ainsi un vieux rêve

qu'il a proposé à l'Alliance française de réaliser dès 1911, cette Alliance dans laquelle il a joué un rôle fondateur depuis 1895 en dirigeant des Cours d'Eté inspirés des méthodes scientifiques les plus récentes, cette Alliance dont il a accompagné tous les efforts d'extension.

*Les Instituts à l'étranger*

Dans le monde entier sont créés des Instituts français qui seront des lieux d'échanges, permettant aux boursiers français de vivre dans les capitales de grands pays pour mieux connaître les problèmes locaux et aux locaux de se perfectionner dans la connaissance de la France et du français et d'obtenir des bourses de voyage. Il y avait 4 instituts en 1914 (Florence, Londres, Madrid, Petrograd), leur nombre va croître très vite après 1920, ils seront 29 en 1933 avec 121 professeurs détachés, dont 9 en Europe orientale, slave et roumaine. A l'Est, c'est d'abord celui de Prague en 192O, qui sera un modèle, l'Institut reçoit un appui, moral et financier, du président Masaryk et surtout du ministre Benes qui a fait ses études juridiques en France et a bien connu Ernest Denis. Puis Bucarest ouvre en 1923, Varsovie est inauguré le 30 juin 1924 avec une conférence de Meillet "Sur le rôle de la langue française considérée comme organisme de l'humanisme", et enfin en 1926, Belgrade. Ces Instituts organisent des cours magistraux, sollicitent et entretiennent des missions, favorisent les bourses, se mettent en liaison avec les Universités locales, bref sont des lieux de diffusion de la culture et de la langue française. Chacun d'entre eux possède des antennes provinciales qui relaient cours et conférences; ainsi Prague a pour antennes Brno et Bratislava.

Des liens sont établis avec la Société de Linguistique de Paris. On note dans le *BSL* l'affiliation de la Bibliothèque de l'Université de Prague le 16 avril 1921, puis de l'Institut français de Prague ; on note encore, le 16 décembre 1922, celle de la Bibliothèque de l'Université de Brno (assistant : Jocobson [sic]).

Le pilotage est à Paris. Il est double : d'une part, les Instituts de Paris correspondants, sous couvert du Recteur (ici l'Institut de Linguistique et l'Institut d'Etudes slaves, l'un et l'autre dirigés par Meillet), et d'autre part le Service des Oeuvres françaises à l'étranger du Ministère des Affaires Etrangères (de Giraudoux à Jean Marx). Tous suivent de très près les Instituts, en relation avec les Comités de patronage qui, sur place, font le lien avec les universités locales (*cf.*

Meillet, 1928, lettre à Charlety, AJ 16 6955). Les professeurs sont recrutés au plus haut niveau (agrégés, très souvent normaliens) et doivent témoigner de leur honorabilité et de leurs bonnes manières. En exemple, le recrutement d'H. Beuve-Méry, docteur en droit, en 1928, futur directeur du *Monde*. Voici à son sujet le rapport de L. Eisenmann, directeur de l'Institut de Prague, qui appuie sa candidature:

> "M. B. M., qui est d'extérieur distingué, a beaucoup de correction et de réserve. Il vient d'ailleurs d'entrer par son mariage dans une excellente famille (sa femme est la petite-fille du général Deloye) et sa femme, qui est Docteur en droit et peut l'aider dans ses travaux, comme lui paraissent concevoir le rôle qui va leur incomber avec beaucoup de modestie, de sérieux et de volonté précise de bien servir" (Rapport du 11 oct. 1928, AJ 16 6955).

On n'a pas de peine à trouver des candidats : les Facultés françaises n'offrent aucun poste aux jeunes chercheurs de haut niveau, alors que, nommés dans un Institut à l'étranger, ils peuvent se signaler, se documenter sur place et finir leur thèse, tels Tesnière à Lubliana, Alphonse Dupront à Bucarest ou Jean Fabre à Varsovie.

Ces Instituts se développent inégalement selon les personnalités et selon les conditions locales. L'appui vibrant des Tchèques assure le succès de l'Institut de Prague. Un exemple plus nuancé, celui de la Yougoslavie est à signaler : le nationalisme sourcilleux des Serbes fera de l'Institut de Belgrade une simple annexe de l'Université serbe, mais le cas est différent à Ljubljana : dès 1919, les enseignants par la voix de leur doyen, le poète Ypanchik, ont écrit à Paris pour réclamer des liens plus étroits avec la France. En 1920, on leur enverra un lecteur, le jeune L. Tesnière qui créera un Institut français rapidement prospère qu'il affiliera aussitôt à la SL de Paris. Dès 1921, il recevra un brillant conférencier en tournée, son maître Meillet, satisfait de ces centres "bien outillés pour la recherche linguistique". Quant à Tesnière, il mènera à bien sa thèse sur le duel dans les parlers slovènes, à force d'enquêtes de terrain. Locaux et Français s'épaulent pour un succès commun.

*Les lycées à l'étranger*
   La France favorise conjointement la création de lycées mixtes dans les grandes villes (l'Ecole française de Prague est ouverte en 1919 *cf.*

AJ 16 6955), d'abord pour les enfants de Français émigrés, puis, peu après, pour les locaux. Ils sont 23 en 1933, avec 24 écoles primaires rattachées. Les dossiers sont l'écho de rivalités entre les personnels des lycées, souvent médiocres et les brillants sujets des Instituts. Les conflits sont fréquents et les revendications des enseignants des lycées agressives. Autant les Archives sont prolixes pour le fonctionnement des Instituts, autant on trouve peu de choses pour les lycées.

*L'Alliance française*

Elle ouvre de nouveaux centres dans le monde et développe à Paris des cours réguliers de langue et de civilisation à deux niveaux, sanctionnés par des examens, mêlant les conférences et les travaux pratiques, flanqués de cours de traduction : ce dispositif, établi avec le concours des plus hautes personnalités scientifiques, sera un modèle qu'on retrouvera dans les Instituts français et dans les différents centres européens de l'Alliance.

Les cours de Paris sont assurés par des agrégés, souvent normaliens et par des professeurs de la Sorbonne comme Daniel Mornet et Albert Bayet qui établissent le relais entre les établissements étrangers et les Universités françaises (*cf.* Roselli 1994 : 519 sq.). Le Directeur d'après-guerre, un normalien, Robert Dupouey, a organisé, en 1919, des cours de français pour les militaires américains. L'expérience est utile pour l'Alliance. Dans la Commission des cours, on retrouve P. Boyer, administrateur de l'École des Langues Orientales, spécialiste de russe, Brunot, Meillet et Mario Roques, qui préside le jury des examens de l'Ecole, toujours la même, cette élite de mandarins omniprésents.

C'est là que les plus grands spécialistes feront l'expérience d'un enseignement moderne du français, alliant culture et communication qui débouchera sur l'Alliance d'après 1945 avec son Mauger bleu et sur le centre de Gougenheim (et Sauvageot) à St-Cloud. Lieu décisif : l'enseignement moderne du français dans le Second Degré était faible et très dévalorisé malgré les efforts de Brunot, malgré la réforme de 1902 instituant un Bac moderne. Il ne prendra son élan, étrange paradoxe, qu'avec la Réforme Carcopino, sous le gouvernement Pétain; les collèges modernes, conçus comme des lieux d'exclusion, rencontrent alors un immense succès. Mais c'est dans l'enseignement aux étrangers, à l'Alliance, dans les Instituts, que les méthodes d'un enseignement du français sans latin ont commencé à prendre forme.

## UN EXEMPLE : LE FONCTIONNEMENT DE L'INSTITUT DE PRAGUE

Ce tableau d'ensemble esquissé, je prendrai un premier exemple significatif qui donnera, je l'espère, une idée du réseau d'ensemble : l'Institut de Prague.

C'est le premier Institut de l'Est créé après la guerre (1920) et le modèle, organisé sous l'autorité de Meillet, au centre de la MittelEuropa, dans un pays qui est une pièce maîtresse de la Petite Entente. Les étudiants tchèques sont nombreux; en outre, des cours spéciaux sont organisés pour les élèves de l'Université russe, suscitée par le président Thomas Masaryk qui voulait former des cadres pour assurer la succession des bolcheviks (1300 étudiants). Les cours de base sont : littérature, grammaire, histoire et même philosophie (le cours sera longtemps assuré par V. Jankélévitch, mais, à son départ, en 1932, la chaire est supprimée); en 1929, la Chambre de Commerce de Paris ajoutera une conférence d'économie politique, dont le titulaire jusqu'à la guerre sera H. Beuve-Méry. Il s'y ajoutera une section médicale et scientifique ; enfin, dans les années 30, sera introduite une section pédagogique.

Les examens portent sur la composition française, l'explication philologique, la traduction et l'histoire, donc visent à un équilibre entre la culture et la langue. En 1926, les relations avec l'Alliance française de Prague deviennent plus étroites; des cours de vacances seront organisés à partir de 1933, avec un grand succès. E. Denis, le fondateur, étant mort très tôt, le premier directeur sera un slavisant de Nancy, A. Tibal, qui quittera le poste en décembre 1925 et sera remplacé par Louis Eisenmann, futur professeur à la Sorbonne. L'enseignement est celui de l'époque, lié aux cours de Sorbonne et aux méthodes de l'Alliance, ce qui est un peu un pléonasme (une des vedettes sera Albert Pauphilet, professeur invité alors à Lyon, avant d'être élu à la Sorbonne). Ainsi le grammairien Louis Brun (1925-29), un normalien, fait de la philologie et de la littérature, classique ou romantique (théâtre, Hugo) dans la ligne de Brunot. Mais on privilégie aussi des programmes de traduction et d'analyse du vocabulaire scientifique. Il y a 115 étudiants en 1920 (+ 134 pour le second semestre ) et 480 en 1930 (+ 290 pour le semestre d'été).

Le succès est certain, mais les problèmes nombreux :

- avec les universités tutrices, car la Sorbonne refuse obstinément aux diplômes le nom de Certificat qu'on pourrait confondre avec "Certificat de licence"; l'Université Charles-IV de Prague, refuse d'homologuer les titres de l'Institut français pour non-conformité avec ses propres programmes,

- avec les Allemands, car le nationalisme des tchèques allemands pose avec les années des problèmes de plus en plus brûlants, bien que des cours aient été organisés à leur intention,

- enfin avec le mouvement scientifique comme le montre la rencontre ambiguë avec le Cercle de Prague créé en 1926 par W. Mathesius, N. Trubetzkoy et R. Jakobson.

Ici je vais m'arrêter un peu, car je crois que c'est un point important. Louis Brun comme grammairien suit les activités du Cercle; il y fera un exposé sur la traduction, qui n'est guère théorique, peut-être un coup de chapeau des responsables du Cercle qui obtiendront que les travaux du CLP, essentiellement rédigés en français, soient publiés par l'Institut qui édite volontiers. Ceci est un point décisif, car l'allemand était pour les Russes la langue de travail la plus utilisée, mais le français apparaissait comme moins engagé, plus universel. Pour l'Institut, contrer les Allemands sur leur terrain est une joie. Pourtant la rencontre scientifique entre les Français et le Cercle est due à un étranger à l'Institut de Prague, L. Tesnière, qui a été nommé professeur à Strasbourg, en 1924. Dès Ljubljana, il a suivi les publications de Trubetzkoy et il nouera des relations avec Jakobson; avec l'un et l'autre il partage des visées linguistiques proches, ils sont fascinés par la théorisation et par les problèmes de géographie linguistique : pour Tesnière dans la tradition de Gillieron et encore plus de Meillet et de Louis Cuny, spécialiste de grec ancien ("Geographia historiae oculus", écrit Tesnière en exergue de son article sur les nasales en slovène publié par le *Bulletin de la Société de Linguistique de Paris*, 1924), pour le trio russe (Trubetzkoy, Jakobson, Savickij) parce que c'est la base du grand système eurasien, élément capital de leur théorie d'ensemble. Tesnière prononce donc au cercle une conférence très appréciée sur "le Duel et la géographie linguistique", en novembre 1927, quelques mois après l'exposé de Jakobson (janvier 1927) qui cernait la notion de phonème. Tesnière privilégie cette convergence de méthodes entre eux, fondée sur les relevés oraux interprétés par une théorisation structurale en opposition aux Allemands qui privilégient l'écrit.

Cette double action montre bien que la situation de l'Institut est ambiguë, ici comme en beaucoup de domaines : par sa culture de normalien, Louis Brun se situe du côté de la philologie, de la Sorbonne de Brunot et de l'Alliance française, en relation avec les romanistes de l'Université Charles-IV comme Chlumski, ancien élève de la Sorbonne, par l'action du même L. Brun et du Directeur Eisenmann, l'Institut soutient le jeune et agressif Cercle de Prague, peu aimé des romanistes, c'est le moins qu'on puisse dire (*cf.* le témoignage de G. Straka, jeune enseignant de l'Université Charles IV avant la guerre, *in* Chevalier, Encrevé 1984 : 63).

Pourtant, ce double jeu est utile non seulement à la science, mais aussi à l'enseignement du français auquel il va apporter un renouvellement imprévu. Et ici je vais m'arrêter un peu plus, si vous le permettez, sur le rôle de ce chercheur étonnant, L. Tesnière. Tesnière est un agrégé d'allemand qui, en 1913, à Leipzig a suivi avec Trubetzkoy et L. Bloomfield les cours des néogrammairiens ; il a étudié le slave avec A. Leskien, il a appris le russe et le lette dans les camps de prisonniers de guerre, puis le slovène. Extrêmement curieux, plusieurs fois parti en mission en URSS, il connaît aussi bien les théories allemandes que celles des linguistes français. Nommé à Ljubljana, il s'intéresse de près à la pédagogie pour les étrangers, un goût qu'il conservera jusqu'à la fin de sa vie. Il écrira un manuel à l'intention des étudiants, une *Grammaire française pour étrangers*, il commence à la rédiger en 1932, mais, comme il l'écrira à Charles Bally, c'est en se fondant sur les expériences qu'il a vécues avec les étudiants slovènes de Lubliana. Nommé professeur à Strasbourg, en 1924, il s'intéressera aux cours pour étrangers, jouera un rôle important dans les Instituts (il fait partie du Conseil de l'Institut de Varsovie), et conjointement entretiendra des relations suivies avec Jakobson et donc avec le Cercle Linguistique de Prague; en 1936, il est chargé par le Comité international permanent des linguistes de diriger l'enquête linguistique pour l'Europe de l'Est. A la même époque, dans son université, il va endoctriner, comme il le raconte à Jakobson, un jeune normalien nommé à Strasbourg, auteur d'une thèse sur les *Périphrases verbales en moyen français,* encore très philologue sorbonnard; il l'initiera au structuralisme de Prague et le persuadera d'écrire une phonologie française qui paraîtra effectivement en 1935. Vous avez reconnu Georges Gougenheim. C'est comme un fil rouge qui de Ljubljana, Prague et Strasbourg nous conduit au Français fondamental, auquel Tesnière, malade après 1945 et isolé à Montpellier, n'a guère pu participer. Reste un problème intrigant : pourquoi Tesnière n'a-t-il pas participé au triomphe de la phonologie au Congrès international de La Haye en 1928 où furent présentées les célèbres thèses du CLP ? Peut-être pour des raisons banales, charges de famille et/ou manque d'argent (c'est ce que dit Mossé dans une lettre à Tesnière : "ça coûte trop cher"). Du moins, on le retrouvera au Congrès de Genève en 1931 et au 2e Congrès des Slavistes en 1934 à Varsovie (et je ne dis rien de sa carrière ultérieure à Montpellier).

En somme, ici, c'est la polyvalence de l'Institut de Prague, plaque tournante pivotant sur des mouvements locaux très vivants, qui fait sa force. Tenu d'assurer les différents courants, il nouera l'un des moments essentiels du développement de la linguistique française grâce à la hardiesse et à l'obstination de Tesnière qui joue le rôle de catalyseur. Sans renier la solide tradition philologique, fondée sur la littérature et l'étude de la civilisation, l'enseignement français était capable d'encourager des démarches novatrices de type phonologique. A un autre niveau, Meillet incarnait cette diversité d'orientations : mais l'intérêt des expériences assumées par des Instituts comme Prague ou Ljubliana était d'embarquer dans l'aventure la pédagogie du français enseigné aux étrangers et, allons plus loin, une pédagogie du français dégagée du poids de la culture latino-grecque. Ce qui s'est passé à l'Est entre les deux guerres anticipe et préfigure les grands mouvements d'après 1945.

## LES INSTITUTS DE VARSOVIE, BUCAREST, BELGRADE

L'Institut de Varsovie qui sera inauguré par une conférence de Meillet le 1er mai 1924 est construit sur le même modèle. L'ouverture est préparée par un Comité de Direction de 21 membres avec évidemment Brunot et Meillet, ce dernier vice-président, mais aussi d'autres maîtres parisiens L. Poincaré, E. Bourgeois, Fortunat Strowski, P. Mazon, L. Eisenmann, etc. et L. Tesnière pour représenter l'Université de Strasbourg, sans compter, pour la garniture, deux Académiciens, et consorts. L'inauguration est célébrée par deux discours de Meillet et E. Bourgeois, le personnel avait rédigé une adresse violemment anti-allemande qui est interdite de justesse par le Ministère des Affaires Étrangères. Il est maladroit de dévoiler les intentions cachées.

Le Comité se réunit peu, mais il examine dans le détail le fonctionnement de l'Institut et définit même la forme des exercices qui doivent figurer dans les examens. On y retrouve la tradition sorbonnarde mâtinée des exigences de l'Alliance, comme l'atteste un rapport présenté par E. Bourgeois, en accord avec F. Brunot en 1925 sur la création d'un Certificat et d'un Diplôme de civilisation française. Lanson et Brunot interviendront pour souhaiter "un savoir précis" et des connaissances positives" (Arch. AJ 16 6952). Les cours concernent la littérature, la langue et l'histoire. Une chaire d'histoire de l'art a été créée par la Ville de Paris, elle est confiée d'abord à Pierre Francastel, puis à Guimard (27-37). Le Comité est en relations étroites avec le Comité de perfectionnement sis à l'Institut de Varsovie qui établit les liens avec les Universités polonaises.

Comme à Prague, les professeurs sont de très haut niveau, agrégés et normaliens pour la plupart; dans la liste des professeurs entre 1922 à 1948, on relève les noms du directeur Feyel, un historien, de Jean Fabre, de Pierre Francastel, de Pierre Moisy, etc. C'est Louis Joxe qui devra fermer l'Institut en 1948 : un centre annexe fonctionnait à Poznan.

Outre les cours, l'Institut suit de près l'enseignement du français donné dans les lycées polonais et envisage des mesures pour améliorer la formation des professeurs polonais (bourses, échanges, projet d'un Centre d'Etudes à Paris). D'un autre côté, il apporte des subventions aux thèses rédigées à Varsovie par des Français comme Langlade ou A. Martel.

Pour Bucarest le dossier des archives est beaucoup moins fourni. Peut-être les Roumains, et particulièrement leur reine, la reine Marie, vivaient-ils trop fréquemment à Paris. L'historien Dupront est nommé directeur en 33; ses rapports, du moins sont explicites. Il rappelle les trois buts de l'Institut : 1° faire connaître la Roumanie aux Français, 2° viser à un rapprochement avec la France, 3° mettre, chaque année, des universitaires français à la disposition des Facultés roumaines. On relèvera dans les conférenciers les noms de : M. Roques, Paul Hazard, Ferdinand Lot, Emile Mâle, Maurice Levaillant, Louis Terracher, Maurice Grammont. En 1934, le nom de Léon Brunschwig éveille les animosités roumaines, comme le montre un rapport du directeur Dupront, daté du 18 janvier 1934 :

"La Faculté des Lettres de Bucarest demande depuis un certain temps déjà MM. L. Brunschwig, Baldensperger, P. Hazard. Les événements actuels peuvent donner un prétexte pour la non-venue de M. Brunschwig, mais il faudrait que je puisse apporter à la Faculté, de la part du Comité, l'annonce de la venue prochaine de l'un de vos comparatistes".

L'approche de la guerre, le racisme sont sensibles dans la vie quotidienne de l'Institut de Bucarest.

Enfin, quant à l'Institut de Belgrade, le dossier des archives est très léger et la cause est aisée à percevoir : le système fonctionne mal et Belgrade ne joue pas le rôle dirigeant que les Instituts de capitales jouent dans les autres pays. On relève seulement en 1937 que six professeurs sont attachés à Belgrade, Zagreb, Ljubljana, Bitolz, Nich et Sarajevo. Celui de Ljubliana semble le plus actif, tradition tesnerienne oblige, les autres attribuent des bourses. On envisage, en outre, la création d'un lycée à Belgrade. Cette situation difficile atteste que sans le concours et les vœux des autorités locales, le réseau français ne pouvait pas se mettre en place.

Ce développement spectaculaire d'un réseau d'échanges entre les institutions françaises (Universités et Ministère des Affaires étrangères) et les pays d'Europe de l'Est est instructif sur un triple plan. Il repose 1° sur le dynamisme d'une institution parfaitement rodée, sûre de son prestige international, l'institution universitaire parisienne, dans la situation euphorique créée par la victoire de 1918, 2° sur la constitution d'un milieu d'enseignement dans lequel se transforme une pédagogie originale, celle de l'Alliance, pour un domaine nouveau : l'enseignement spécifique de la langue française, 3° sur la possibilité pour de jeunes chercheurs aventureux de participer au grand développement intellectuel de l'entre deux-guerres, particulièrement remarquable en Europe centrale.

BIBLIOGRAPHIE

*Archives de la Bibliothèque nationale de France. Fonds Lucien Tesnière.*
   Correspondance. Paris
*Archives de l'Institut de France. Fonds F. Brunot* (non inventorié ), Paris

*Archives du Ministère des Affaires étrangères. Conférence de la Paix. Europe.* Paris
*Archives nationales.* Dossier AJ 16. Paris

BRUÉZIÈRE, M. (1983) : *L'Alliance française, Histoire d'une Institution, 1883-1983,* Paris : Hachette

CHEVALIER, J.-C., ENCREVÉ, P. (1984) : "La création de revues dans les années 60 : matériaux pour l'histoire récente de la linguistique en France", *Langue française,* 63, Paris : Larousse, 57-102

CHEVALIER, J.-C. (1997) : "Trubetzkoy, Jakobson et la France 1919-1939", *in* GADET, F., SÉRIOT, P. (1997) : *Jakobson entre l'Est et l'Ouest,* Cahiers de l'ILSL, n°9

CHEVALIER, J.-C. (2000) : "Les Congrès internationaux et la linguistique", *in* AUROUX, S. (2000) : *Histoire des Idées linguistiques,* tome III, Bruxelles : Mardaga : 517-528

COSTE, A. (1996) : *L'œuvre grammaticale de F. Brunot à travers les archives de l'Institut,* Thèse dact., Université Paris-7

MADRAY-LESIGNE, F., RICHARD-ZAPPELLA, J. (1995) : *Lucien Tesnière aujourd'hui,* Colloque de Rouen, 16-18 novembre 1992, Louvain : Peeters

ROSELLI, M. (1994) : *La langue française entre Science et République,* Thèse dact., Grenoble, Université Pierre Mendès France

SALON, A. (1981) : *L'action culturelle de la France dans le Monde,* Thèse d'Etat, Université Paris-1, 1976

# L'ESSOR ET LE DÉCLIN DU FRANÇAIS, DE L'ALLEMAND ET DE L'ANGLAIS EN SUÈDE 1807-1946

Elisabet Hammar
Université de Linköping

La Suède est un pays qui, dès qu'il a voulu jouer un rôle européen, c'est-à-dire au début du XVII$^e$ siècle, a dû se résigner à faire apprendre non seulement le latin mais aussi plusieurs langues vulgaires, mais plusieurs. C'est un pays bien trop petit pour exiger que d'autres apprennent sa langue; seuls la Finlande et les pays baltes et allemands, conquêtes suédoises ont intégré la langue suédoise. L'effort demandé au système éducatif, privé comme public, en matière d'apprentissage des langues a donc été considérable. Pendant quatre cents ans, les responsables de l'éducation ont discuté le pour et le contre de telle ou telle langue et la place que celle-ci devait tenir dans un cursus de plusieurs langues. Le latin, le grec et l'hébreu ont gardé leurs positions dans l'école publique de façon surprenante, vu de nos yeux de la fin du XX$^e$ siècle, mais les langues vivantes ont joué un rôle important dès le départ, d'abord uniquement à l'intérieur de l'enseignement privé (*cf.* Hammar 1980, 1992; Bratt 1977), et, à partir du début du XIX$^e$ siècle, également dans l'enseignement public. Dix-huit ans après la Révolution Française, en 1807, le français et l'allemand ont été introduits comme matières facultatives dans les écoles publiques; la discussion politique autour de l'apprentissage de ces deux langues et plus tard d'une troisième, l'anglais, a depuis été menée avec plus ou moins de violence.

Dans cette étude, je me contenterai de présenter les idées sur ces langues et les résultats des débats concernant ces langues en termes de priorité et d'heures de cours dans l'enseignement public. Celui-ci, en effet, a pendant 140 ans, de 1807 à 1946, pris de plus en plus d'importance, pour finalement, après la deuxième guerre mondiale, avoir quasiment le monopole de l'enseignement dans le pays. Pourtant, une autre politique se jouait sur la scène de l'enseignement privé, au cours de tout le XIX^e siècle du moins, ce qui complique l'ensemble. Ce qui se faisait déjà de façon satisfaisante sans l'intervention de l'état, modifiait naturellement les décisions des autorités en diminuant leur responsabilité. À partir de 1860 environ, un groupe de ces écoles, à savoir les écoles de filles tombent de plus en plus sous la tutelle de l'État. Pour la Suède, il faut également prendre en compte les cercles d'étude soutenus par l'État et par le mouvement ouvrier qui est de plus en plus puissant, et destinés à un autre public, en particulier ceux qui n'avaient pas eu l'occasion d'apprendre une langue à l'école. Finalement, dans ce pays gouverné depuis 1920 par le parti social-démocrate, qui a toujours eu de fortes ambitions pour former le peuple, il faut aussi compter avec le nouveau moyen d'apprentissage d'une langue qu'est la radio. Déjà en 1931, le premier contrat entre le Conseil national de l'éducation (Skolöverstyrelsen) et la radio a été signé. L'histoire des changements politiques et du statut des langues en Suède se joue donc entre ces quatre entités : l'école secondaire, les écoles des filles, les cercles d'études et la radio, avec une préséance pour l'école secondaire. Ce n'est que juste après la période étudiée qu'une langue étrangère entrera dans ce qui est le plus proche de l'école primaire, et qu'en suédois on appelle "l'école du peuple".

En 1807, l'enthousiasme pour les sciences naturelles, typique au XVIII^e siècle, s'était calmé et on se tournait vers les langues modernes et la formation générale du citoyen. À la littérature française s'ajoutait maintenant la littérature allemande; l'époque du latin comme langue des sciences était définitivement révolue. Le besoin d'apprendre les langues modernes se faisait sentir de plus en plus et la révolution française avait éveillé la conscience politique de la classe moyenne (Landquist/Husén 1973 : 193). Dans le monde scolaire, le latin et le grec avaient pourtant à peine perdu leur place privilégiée avec le nouveau programme du lycée qui, en 1807 mentionne pour la première fois, deux langues modernes, le français et l'allemand, enseignées uniquement au cours des dernières années de la scolarité avant le départ des lycéens vers l'université et encore, à titre facultatif. Tout au long du siècle et demi qui suit, une longue lutte allait se livrer entre les conservateurs, plus tard les représentants du nouvel humanisme, et les libéraux; ceux-ci voulaient faire reposer l'éducation sur les connaissances pratiques et utiles à la vie professionnelle ou quotidienne, ceux-là mettaient l'accent sur "l'éducation formelle", c'est-à-dire les capacités logiques à développer chez l'enfant; les uns préconisaient donc les langues modernes, les autres les langues classiques, avec leur système linguistique bien défini et logiquement incontestable. À l'intérieur de ces deux camps s'engageait une autre bataille, celle des trois langues modernes entre elles. Les arguments pour ou contre l'étude substantielle du français, de l'allemand ou de l'anglais se concentraient, dans le camp des conservateurs, essentiellement sur la question de savoir si oui ou non la langue moderne actuelle se prêtait à cette éducation formelle, et dans le camp des libéraux, sur une série de considérations, comme celle de savoir quelle langue est la plus utile, pour une profession éventuelle et pour les études, ou avec quelle langue il faut commencer, vu l'âge de l'élève, ou encore quelle langue est la plus adaptée comme langue étrangère de base, pour servir à l'étude ultérieure d'autres langues. Est-il pédagogiquement favorable que l'enfant commence par une langue qui est proche de la sienne ou par une langue qui en est plus éloignée? Quelle langue demande le plus grand nombre d'heures de cours ou la plus grande période d'apprentissage ?

C'est donc en 1807 que se lève le rideau sur le premier acte de ce drame. Dans le nouveau programme, les élèves du lycée ("gymnasium") peuvent obtenir une dispense de l'hébreu et choisir l'allemand *ou* le français. Si l'évêque l'autorise, certains lycées peuvent obtenir la permission d'enseigner l'anglais (Bratt 1977 :106-107). Pour les classes pratiques (appelées "apologistes"), élémentaires du lycée, les élèves les plus avancés doivent avoir la possibilité d'étudier les langues modernes, "essentiellement l'allemand" ("Sveriges allmänna läroverksstadgar", ÅSU 7 : 98). Dans la liste des sujets d'étude nécessaires pour l'admission aux universités, pour les élèves des écoles dites "des cathédrales" (une fusion entre l'école inférieure et le "gymnasium") le français arrive à la sixième place, l'allemand à la onzième (*idem* : 107-108). Voilà le point de départ.

Ce programme, si modeste soit-il quant aux langues modernes, fut précédé d'un débat mené essentiellement au moyen d'écrits publiés par des professeurs d'écoles. Au cours des années 1780 et 1790, on parlait déjà des *trois* langues modernes, comme étant nécessaires pour tous les citoyens. L'un de ces professeurs avançait l'un des arguments qui seraient utilisés le siècle suivant : l'anglais était la langue qui avait besoin de peu de cours et serait donc apprise en dernier, surtout à cause de ces affinités avec le latin, l'allemand et le français (Bratt 1977 : 41-43).

Le deuxième acte se déroule tout de suite après, sans entracte. Un comité d'éducation en 1812, une proposition de nouveau programme en 1817 et un nouveau programme en 1820, aboutissent à donner plein droit de cité au français et à l'allemand (toujours mis en parallèle) non seulement au "gymnasium", mais aussi dans les écoles "apologistes" ("Sveriges allmänna läroverksstadgar", ÅSU 9 : 6). Les heures de cours sont précisées seulement pour ces dernières, à raison de dix heures hebdomadaires, réparties sur trois ans (*idem*, ÅSU 22). L'anglais ne figure toujours pas dans le cursus, sauf comme recommandation et à titre privé. Ingar Bratt, historienne de l'enseignement de l'anglais en Suède, parle d'un enthousiasme en baisse pour l'anglais et l'explique par le fait que le nouveau roi francophone Jean-Baptiste Bernadotte menait le plus souvent une politique hostile à l'Angleterre; en outre, le français était toujours à la mode et la vie culturelle était dominée par le romantisme allemand et un mouvement nationaliste, appelé le "gothicisme", qui dirigeait les efforts éducatifs vers la Suède et la langue maternelle. Une dernière raison serait, d'après elle, que la nouvelle génération de professeurs et de savants n'avait plus l'éducation cosmopolite que le XVIII$^e$ siècle avait pu offrir (Bratt 1977 : 120). Mais toutes les langues modernes étaient perdantes avec ce nouveau programme qui constituait une victoire pour les conservateurs et le nouvel humanisme. L'éducation formelle et le développement personnel étaient considérés comme ce qui avait le plus d'importance, la préparation à la vie professionnelle et les compétences pratiques en avaient beaucoup moins. La critique du programme aboutit à la fondation d'une école expérimentale, "Nya Elementarskolan", en 1828, qui essaiera d'appliquer les nouvelles idées (Nilehn 1975 : 12; Sjöstrand 1964 : 88). Une révision scolaire nationale de 1832 révèle pourtant une déviation dans le cursus de ce que devait être l'éducation entièrement formelle de l'autre école élémentaire, celle appelée "l'école savante" : dans la 4$^e$ classe, juste avant le "gymnasium", on travaille le français (*Berättelse* [...] 1833). Comme toujours, la vie pratique semble prendre le dessus sur toutes les règles conçues par les bien-pensants, même dans un pays aussi obéissant que la Suède.

Le troisième acte se termine par une victoire éclatante pour le français, le règlement scolaire de 1856. Une circulaire de 1839, où l'on préconisait une place plus grande pour les langues modernes, l'introduction de l'école obligatoire de base pour tous, en 1842, une révision nationale de 1843, dans l'esprit du nouvel humanisme, et une circulaire de 1849, avec une réorganisation du système scolaire, l'avaient précédée (Nilehn 1975 : 13-15). Les révisions et le débat pendant cette période avaient constamment pris en compte les résultats de l'école expérimentale, qui, en 1844, enseignait tout d'abord l'allemand, puis le français, finalement l'anglais, avec un total hebdomadaire pour toute la scolarité de 21 heures 30 pour l'allemand, 20 heures 30 pour le français et 7 heures 30 pour l'anglais. En 1848, on avait pourtant changé l'ordre de l'introduction de ces langues, de sorte que l'anglais vient directement après l'allemand, puis le français et en dernier lieu le latin (Bratt 1977 : 43). Avec la circulaire de 1849, où les écoles *savantes* et "apologistes" sont réunies avec le "gymnasium" au-dessus, pour constituer ensemble un "läroverk" (lycée) et où, à tous les niveaux, il y avait la possibilité d'être dispensé des langues classiques, le despotisme classique était définitivement brisé et l'anglais est enfin introduit officiellement dans le système scolaire (*idem :*147-148). Le modernisme avait remporté une victoire, mais le nouvel humanisme n'avait pas encore lâché prise.

Dans ce courant d'idées qui se rattache à Christian Wolff et Immanuel Kant, l'essentiel était donc de faire évoluer les capacités mentales chez l'homme. L'un des disciples suédois, Fredrik Georg Afzelius, prétendait que l'âme avait trois fonctions : la fonction théorique (la réflexion), la fonction esthétique (les émotions) et la fonction pratique (la volonté). La plupart des représentants de ce courant qui se prononçaient sur la question scolaire considéraient que les langues étaient le meilleur moyen d'obtenir la capacité de réflexion, c'est-à-dire le meilleur moyen pour l'éducation formelle. Et parmi les langues, les langues classiques avaient une préséance sur les langues modernes, parce qu'elles n'évoluaient plus et avaient obtenu des formes solides et impossibles à changer. L'un des intellectuels suédois importants de l'époque, Erik Gustaf Geijer, dit que la langue maternelle est peu apte à faire comprendre les premières notions de la grammaire, puisqu'on doit pouvoir comparer les phénomènes grammaticaux entre langues (Nilehn 1975 : 34-50). Parmi les langues modernes, le français s'y prête le mieux, à cause de son état d'évolution et sa grammaire bien définie. En d'autres termes, le français est la plus morte de toutes les langues vivantes (*idem* : 51). Geijer n'est pas seul à argumenter que, pour être un bon moyen de formation de l'esprit, une langue doit être aussi loin que possible de la langue maternelle, comme l'est par exemple le latin pour un Suédois (*idem* : 52-53). Le latin est trop difficile, dit pourtant un autre représentant du même courant, mais ceci vaut aussi pour le français, tandis que pour un Suédois, l'allemand est facile du point de vue du vocabulaire et sa morphologie est moins complexe que celle du français. Il est donc possible de l'étudier dans une classe élémentaire pour tous (*idem* : 66).

La réorganisation annoncée par la circulaire de 1849 fut donc consolidée par le règlement scolaire de 1856 et la première langue étrangère dans le nouveau lycée de neuf classes n'était plus le latin, mais le français. Il fut introduit dans la 2$^e$ classe, pour tous les élèves, à raison de 8 heures de cours par semaine sur un total de 25 heures hebdomadaires pour les latinistes et 43 pour les non-classiques. L'allemand est appris dans la 3$^e$ classe par tout le monde (et le latin pour les latinistes) et l'anglais dans la 4$^e$, pour les non-classiques, l'allemand ayant une totalité d'heures hebdomadaires allant de 17 (les latinistes) à 29 (les non-classiques) ("Sveriges allmänna läroverksstadgar", ÅSU 11 : 50; Bratt 1984 : 246)[1]. Le tout révèle une orientation décidée vers les langues modernes. Pourquoi donc cette victoire pour la langue française, entre les trois langues possibles ?

Il semble que ce soit l'argumentation du ministre de l'éducation de l'époque, Lars Anton Anjou, qui en constitue la raison principale. Dans ses discours, on voit en filigrane une dernière lutte pour le latin : s'il faut commencer l'éducation linguistique des enfants par une autre langue que le latin, le français est moins désastreux que l'allemand. Ce qu'il dit explicitement, c'est que la tâche du lycée est de transmettre une formation supérieure; et cette formation est impensable sans la connaissance des deux grandes familles linguistiques de l'Europe, les langues germaniques et les langues romanes. Comme le suédois est une langue germanique, il n'est nul besoin de l'allemand pour connaître la famille germanique. Donc, pour entrer dans la civilisation européenne, il faut que les enfants apprennent une langue romane. Cette langue doit être le français, pour deux raisons : sa "clarté transparente" et son usage général et "consacré par les condi-

---

[1] *Cf.* les diagrammes 2 et 3.

tions conventionnelles". Il donne encore un argument : le français ne doit pas être appris sans aide ou par des maîtres plus ou moins ignorants, il lui faut l'appui d'un enseignement scolaire (Wennås 1966 : 172-173).

Fin du troisième acte, glorieux pour le français. Le quatrième acte ne sera pas aussi clément. Les réactions de la presse à propos du nouveau règlement furent d'abord bienveillantes. Mais la critique ne tarda pas à venir et elle visait surtout la place du français. On disait que l'allemand était beaucoup plus utile, surtout pour ceux qui devaient quitter le lycée après trois ou quatre ans pour commencer à travailler dans le commerce, l'artisanat ou l'agriculture; la place attribuée au français était un moyen de garder le pouvoir de "la langue des Romains" et de créer une école pour les élites, puisqu'on s'y consacrait à des "fioritures". Un journal allait jusqu'aux sarcasmes sur l'origine du ministre, qui venait d'une famille wallonne, immigrée plus de deux cents ans auparavant. À l'époque, une telle origine pouvait impliquer un caractère ultra-libéral, voire révolutionnaire, et la volonté d'entraîner la nouvelle génération des Suédois, "car on sait que les Suédois sont les Français du Nord", à la subversion. Le débat, donc assez violent, se poursuivait aussi au parlement. Et les arguments contraires ne manquaient pas. Dans les procès verbaux de la discussion parmi les bourgeois du parlement, des arguments touchant à la politique extérieure furent avancés. D'après Sven Gustaf Lallerstedt, l'esprit allemand a trop longtemps eu une influence néfaste dans ce pays, et du point de vue du commerce, les Suédois sont trop impliqués avec les Allemands. L'industrie et le commerce anglais et français sont plus florissants et il y a aussi des raisons politiques pour apprendre le français, puisque la France est l'alliée de la Suède depuis des siècles et qu'une nouvelle alliance vient d'être conclue (Wennås 1966 : 176-180). Pour Anjou, l'allemand ressemble trop au suédois, la complexité de la morphologie française s'apprend plus facilement quand on est jeune et il est plus facile de trouver les moyens d'apprendre l'allemand après l'école; en outre le français est une bonne gymnastique de la pensée et peut très bien remplacer le latin; Il valait donc mieux essayer de faire apprendre le français d'abord, à la rigueur l'anglais, qui ouvrait la porte aux langues romanes (1966 : 196-197).

Le français perdit la bataille de la première langue enseignée, mais garda jusqu'en 1878 le plus grand nombre d'heures hebdomadaires d'enseignement. Déjà par un nouveau règlement en 1859, le français fut dépassé par l'allemand comme langue étrangère de base et, par une promulgation de 1865, les heures de cours de celui-ci furent augmentées et celles du français réduites. Des voix commencèrent à s'élever pour que l'anglais soit la première langue, ou au moins la seconde et les trois arguments principaux étaient sa facilité initiale, sa riche littérature et son statut croissant de langue mondiale. Le règlement scolaire de 1878 et la promulgation du 1895 renforcent de plus en plus l'allemand au détriment du français et le début des études de cette langue recule de la 4$^e$ à la 5$^e$ année du lycée[2]. La place et l'importance de l'anglais ne changent quasiment pas. Ce n'est que vers la fin de cet acte, qui se termine avec le règlement scolaire de 1905, que les idées de l'éducation formelle obtenue par une langue au système morphologique compliquée se font plus rares. Les mots comme "utile" et "pratique" sonnent mieux qu'avant en parlant de l'école, idées "modernes" soutenues également par le mouvement de la Réforme des méthodes d'apprentissage des langues. On a pourtant eu le temps de parler d'une autre langue propre à l'éducation formelle, l'islandais ancien, idée dans la ligne du *gothicisme* (Bratt 1984: 78-116).

Au cours de la dernière décennie de cet acte, l'anglais commence à marcher d'un pas de plus en plus décidé vers la place de deuxième langue étrangère, enseignée à tous les élèves. On a même parlé de l'anglais comme première langue dans certaines régions, où il joue un rôle plus important que dans d'autres, comme le Nord et l'Ouest de la Suède. Dans le rapport remis par le comité chargé d'élaborer un nouveau règlement scolaire, publiée en 1902, on rend compte des motifs pour proposer l'anglais en deuxième place. Pour donner un rang aux trois langues à apprendre, on avait d'abord considéré la situation culturelle, puis leur valeur pédagogique. Le nombre d'heures de cours d'anglais dans le règlement de 1905 fut pourtant modeste. Pour toute la scolarité, il s'agit de 18 ou 22 heures, comparées aux 34 heures d'allemand pour tous. Le français fut relégué aux trois dernières années du *gymnasium*, avec un total de 12 heures de cours hebdomadaires, tandis que le latin, pour les latinistes, avait gardé le nombre assez

---

[2] *Cf.* Diagrammes 2 et 3 pour les détails sur les nombres d'heures de chaque langue.

élevé de 24 heures[3]. Une nouvelle réorganisation avait créé une école secondaire de six ans (appelée "realskola"), suivie d'un "gymnasium" de quatre ans. On commençait, massivement, la langue allemande dans la première classe du "realskola", seule langue étrangère apprise pendant les trois premières années (Bratt 1984 : 116-120).

Le cinquième acte de ce drame se déroule pendant les quarante années suivantes, entre 1905 et 1946, date à laquelle l'anglais remplaça l'allemand comme première langue étrangère dans toutes les écoles secondaires. Il est facile de supposer que la défaite de l'allemand dans les écoles suédoises fut la conséquence directe de la défaite du Reich, mais c'est une explication trop partielle. En effet, il s'agit d'une discussion menée depuis environ cent ans. Trois ans après le règlement de 1905, deux lycées eurent l'autorisation d'essayer, à titre expérimental, l'anglais comme langue de base, c'est-à-dire comme langue étrangère initiale. Dans les années 1920, les tentatives se révélant positives, un comité scolaire voulait déjà changer l'ordre des deux langues dans tous les lycées. Certains s'y opposaient, mais les essais ont continué dans quelques autres écoles. En 1939, à la suite du rapport publié en 1938 par le comité chargé d'étudier la question de la langue adaptée aux débutants de l'école secondaire (*Betänkande* 1938), on entama une période d'essais plus systématiques, qui concernait 23 écoles.

Les arguments avancés pour l'anglais comme première langue dans les années 1920 avaient porté sur des considérations d'ordre pédagogique et pratique. Du point de vue pédagogique, l'étude de l'anglais mène plus vite que celle de l'allemand à des résultats tangibles et elle est plus adaptée à la capacité de compréhension de jeunes élèves. Quant à l'utilité pratique, l'anglais surpasse l'allemand (*Betänkande* 1938 : 6). Un argument original, portant sur l'influence possible des langues étrangères apprises par la nouvelle génération sur la langue maternelle, fut fourni par l'un des assistants d'une rencontre de professeurs au début du siècle : le style de chancellerie germano-suédois avait une influence fatale sur la prose suédoise; du point de vue stylistique, l'anglais est sans conteste en mesure d'offrir "un modèle plus heureux" que l'allemand (Bratt 1984 : 123). Les arguments contraires, en faveur de l'allemand, avaient été, d'un côté, la capacité de celui-ci à transmettre des connaissances de la gram-

---

[3] *Cf.* Diagrammes 2 et 3.

maire générale, ce qui est important pour les jeunes, de l'autre, les relations culturelles étroites entre l'Allemagne et la Suède (*Betänkande* 1938 : 7). Mais, est-il souhaitable de commencer si tôt les études grammaticales ? Et est-ce que les contacts avec les pays anglophones ne se font pas de plus en plus fréquemment? (1838 : 8).Voilà le point de départ pour le comité qui, dans son rapport, soulève les questions pédagogiques, pratiques et culturelles, traite des relations entre la langue maternelle et la première langue étrangère, présente le résultat des essais et des expériences à l'étranger, et finalement propose que la langue initiale soit l'anglais, commencé en première classe. Parmi les arguments d'ordre pédagogique utilisés, on trouve, entre autres que :

1. L'anglais est beaucoup plus facile que l'allemand dans le stade initial et les élèves peuvent voir plus tôt un résultat de leurs efforts.

2. L'âge de l'élève au début de l'école secondaire invite plutôt à une méthode imitative, et l'anglais se prête beaucoup mieux que l'allemand à cette méthode.

3. Même si l'anglais, dans le stade initial, est facile à apprendre, les études ultérieures demandent un plus grand effort, à cause de la phraséologie et du vocabulaire. L'anglais demande donc une période d'apprentissage plus longue.

4. La plus grande difficulté de l'anglais, la prononciation, s'apprend mieux par de jeunes élèves, à cause de leur plus grande "capacité d'imiter sans entraves".

5. Si la langue de base doit donner des notions linguistiques élémentaires et que l'allemand, du point de vue grammatical, est plus riche que l'anglais, il ne faut pas oublier que la phonétique est aussi un élément linguistique. La valeur de l'allemand est sans conteste quand il s'agit de montrer les catégories grammaticales, mais aujourd'hui on vise des connaissances linguistiques plus "vivantes". En plus, c'est la morphologie allemande qui offre cette richesse en ce qui concerne la grammaire générale; sa syntaxe, en revanche, pourrait dérouter l'élève dans ses études ultérieures du français et de l'anglais.

6. Si on perd l'allemand comme appui pour l'enseignement grammatical du suédois, les inconvénients ne sont pas si grands. La contrainte d'une étude parallèle des deux grammaires, entraîne un rythme forcé quant au suédois. Le soutien de la grammaire allemande à cette étude a été exagéré, et la grammaire anglaise peut également élucider certains phénomènes trouvés dans la langue suédoise.

La guerre a compliqué les choses et d'autres décisions sont devenues plus pressantes à prendre que celle d'arrêter un nouveau programme scolaire. Une circulaire de 1946 a mis l'anglais en première
place ("Svensk författningssamling") et le programme de 1951 a
consolidé cette décision. Voilà la fin du drame[4]. La place de l'anglais
est aujourd'hui incontestée, après tant de luttes et de débats. En 1946,
le monopole étatique de l'enseignement, primaire comme secondaire,
était quasiment total. Filles et garçons commençaient dans la même
école de base, le "folkskolan", l'école du peuple, pendant les quatre
premières années de leur scolarité. Cette école, instituée en 1842,
n'avait cependant pas eu ce monopole dès le début et, très longtemps,
n'enseignait aucune langue étrangère, même pas à ceux qui conti-
nuaient après les quatre ans préliminaires. Depuis les années 1920,
filles et garçons pouvaient choisir, à l'âge de onze ans, de continuer
leurs études à l'école secondaire, terminée par le *gymnasium*, parcours scolaire dominé entièrement par l'état.

La concurrence entre les différentes langues et les arguments
utilisés pour ou contre les différentes langues n'étaient pas les mêmes
dans les trois types de lieux concernés par l'enseignement des langues
étrangères, à savoir les écoles des filles, les cercles d'étude et la radio.
L'allemand, vainqueur partiel dès 1859 et total dès 1878, et jusqu'à la
fin de la période étudiée, n'avait pas pris le dessus aussi vite dans les
écoles de filles. Encore à la fin du XIXe siècle, 80% des écoles de
filles commençaient les études de langues étrangères par le français.
Dans l'école modèle pour tout le pays, les études de français prenaient
plus de 23% de toutes les heures de cours pendant le total de la
scolarité; sur les 38 heures hebdomadaires totales, les 77 écoles de
filles offrent 27 heures de français contre de 19 à 21 pour les écoles
secondaires de garçons (Kyle 1972 : 155-162). Trente ans plus tard,
en 1926/27, pourtant, seulement deux écoles de filles sur quarante
commençaient par le français et plus de la moitié enseignaient aussi
l'anglais avant le français, comme dans les écoles secondaires des
garçons (Herrström 1972 : 35-37). La perspective de pouvoir leur
faire passer le baccalauréat, comme aux garçons, pesait plus lourd
qu'une éventuelle volonté de garder l'originalité et la tradition des

---

[4] *Cf.* Diagramme 1 pour un aperçu des langues étrangères étudiées en premier dans les
écoles secondaires suédoises au cours de la période étudiée.

écoles de filles. Et les exigences du baccalauréat étaient décidées par les autorités, ainsi qu'une bonne partie de tout le cursus de ces quelques écoles de filles encore existantes. Quand les écoles de filles disparurent, elles ressemblaient considérablement aux écoles secondaires, où, déjà, étudiaient la plupart des filles.

Pour les cercles d'études, la "lutte" des langues présentait une toute autre image. Ces cercles sont devenus de plus en plus nombreux, avec le succès politique grandissant du parti social-démocrate, organisés comme ils l'étaient pour la plupart par le mouvement ouvrier. C'est à l'intérieur de ces cercles que ceux qui n'avaient qu'une très courte scolarité pouvaient améliorer leur formation. Pour commencer, les langues étrangères n'avaient pas la priorité, mais à partir des années 1930, de nombreux cercles offrent des langues. Dans ce contexte, la situation est différente et le choix est très restreint : l'anglais est quasiment la seule langue offerte. En seconde place n'arrivent ni l'allemand, ni le français, mais l'espéranto (Arvidson 1985 : 146-155). Pour les ouvriers, le rêve d'une langue universelle sans nationalité n'était pas encore éteint.

Les autorités en matière d'éducation, avaient, comme je l'ai déjà mentionné, signé un contrat avec la radio, cinq ans à peine après les premières émissions. Les langues étrangères avaient tout de suite joué un rôle dans les émissions et on avait compris l'utilité de ce nouveau média pour l'enseignement oral de ces langues. L'année avant la victoire de l'anglais dans l'école secondaire, en 1945, les autorités scolaires eurent recours à la radio, pour donner l'occasion aux élèves de "l'école du peuple" d'apprendre, eux aussi, l'anglais, malgré le manque de compétence des instituteurs. Cet "anglais radiophonique" a ouvert le chemin au règlement, dix ans plus tard (1955), de l'anglais comme matière obligatoire à partir de la 5$^e$ année, aussi à l'école de base (Pederby 1983 : 58-64).

Le cas de la Suède, en ce qui concerne le statut des "grandes langues" européennes n'est donc pas celui d'un pays plus ou moins obligé d'adopter et d'apprendre la langue d'un voisin ou d'un conquérant, ni de décider de l'équilibre entre deux ou plusieurs langues parlées à l'intérieur de ses frontières, le suédois étant trop important par rapport au lapon et au finnois. Le pays, essentiellement agricole au début de la période, s'est de plus en plus industrialisé et la politique initialement libérale s'est transformée peu à peu, sans trop de secousses, en une politique de gauche. Les ambitions pour l'éducation de la jeunesse et même des adultes ont été grandes pendant toute la période et il s'agissait donc de rendre une partie grandissante de la population capable de prendre part non seulement à la vie nationale, mais à la vie occidentale. Le cas de la Suède est celui d'un pays de la périphérie de l'Europe qui doit choisir entre les grandes langues européennes à apprendre. Laquelle et lesquelles sont les plus utiles? Le choix, comme je viens de l'expliquer, s'orientait, du moins ouvertement, sur deux axes, des fins pratiques ou le développement personnel ? Derrière cette discussion peuvent se cacher des motifs économiques ou militaires, mais pour les trouver, il faudra faire une étude plus approfondie

Après la deuxième guerre mondiale, l'anglais avait donc gagné sur toute la ligne : dans les écoles secondaires, dans ce qui restait des écoles de filles et dans les écoles de base. Il gardait également sa place dans les cercles d'études et continuait à être la langue enseignée de préférence par le moyen de la radio, même si ce média par la suite, a fourni beaucoup de cours de français, d'allemand, d'espagnol, d'italien et de russe. Mais l'histoire ne se termine pas là. Depuis 1962, la deuxième langue étudiée en Suède est le résultat d'un choix entre le français et l'allemand et, depuis quelques années, une langue dont nous n'avons pas parlé dans cette communication, l'espagnol. De quelles langues sera-t-il question, dans la périphérie européenne qu'est la Scandinavie, en l'an 2150?

BIBLIOGRAPHIE

ARVIDSON, L. (1985) : *Folkbildning i rörelse. Pedagogisk syn i folkbildningen inom svensk arbetarrörelse och frikyrkorörelse under 1900-talet-en jämförelse.* Stockholm : Gleerups
*Berättelse* (1833) : *af Revisionen öfwer Rikets Elementar-Lärowerk i underdånighet afgifven den 13 December 1832; med bilagor.* Stockholm
*Betänkande* (1938) : *med utredning och förslag angående begynnelsespråket i realskolan.* Stockholm : Statens offentliga utredningar 1938 : 32
BRATT, I. (1977) : *Engelskundervisningens framväxt i Sverige. Tiden före 1850,* Stockholm : Årsböcker i svensk undervisningshistoria 139
BRATT, I. (1984) : *Engelskundervisningens villkor i Sverige 1850-1905,* Stockholm-Uppsala : Årsböcker i svensk undervisnings-historia 156

HAMMAR, E. (1980) : *L'enseignement du français en Suède jusqu'en 1807*, *Méthodes et manuels*, Stockholm : Akademilitteratur

HAMMAR, E. (1992) : *"La Française", Mille et une façons d'apprendre le français en Suède avant 1807*, Uppsala : Acta Universitatis Upsaliensis, Uppsala Studies in Education 41, Stockholm : Almqvist & Wiksell International

HERRSTRÖM, G. (1972) : *Frågor rörande högre skolutbildning för flickor vid 1928 års riksdag*, Stockholm : Årsböcker i svensk undervisningshistoria, (*Två studier i den svenska flickskolans historia*) 128

JONZON, B. [1952] : *Allmänna läroverk, högre kommunala skolor och privatläroverk*, Stockholm

KYLE, G. (1972) : *Svensk flickskola under 1800-talet*, Stockholm : Årsböcker i svensk undervisningshistoria, (*Två studier i den svenska flickskolans historia*) 128

LANDQUIST, J., HUSÉN, T. (1973) : *Pedagogikens historia*, Lund : Gleerups

NILEHN, L. H. (1975) : *Nyhumanism och medborgarfostran*, Lund : Gleerups

PEDERBY, H. (1983) : *Då skolradion kom, Personliga minnen och anteckningar 1929-1950*, Stockholm : Årsböcker i svensk undervisningshistoria 154

RICHARDSON, G. (1984) : *Svensk utbildningshistoria, Skola och samhälle förr och nu*, Lund : Studentlitteratur

SJÖSTRAND, W. (1964) : *Pedagogiskens historia III :2, Utvecklingen i Sverige under tiden 1809-1920*, Lund : Gleerups

*Svensk författningssamling för 1946*, Nr 557 : Kungl Maj :ts kungörelse om ändring i kungörelsen den 17 mars 1933 (nr 110) angående timplaner för rikets allmänna läroverk, Stockholm, 1947

*Sveriges allmänna läroverksstadgar 1561-1905, IV-XI*, 1923-1930 Lund : Årsböcker i svensk undervisningshistoria (ÅSU) 7, 9, 11, 22, 31

WENNÅS, O. (1966) : *Striden om latinväldet, Idéer och intressen i svensk skolpolitik under 1800-talet*, Uppsala : Almqvist & Wiksell

- Latin 1807 – 1856
- Français 1856 – 1859
- Allemand 1859 – 1946
- Anglais 1946 –

*Diagramme 1 :*Première langue étrangère dans les écoles secondaires suédoises 1807- 1946

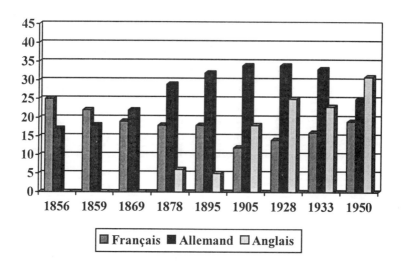

*Diagramme 2* : Français/Allemand/Anglais dans les écoles secondaires suédoises, option classique et "semi-classique" (sans le grec) 1856-1950, en nombre d'heures de cours hebdomadaires pour toute la scolarité (le cas échéant une moyenne)

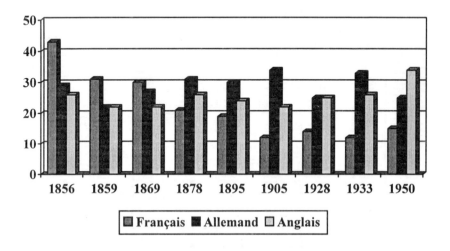

*Diagramme 3* : Français/Allemand/Anglais dans les écoles
secondaires suédoises, option non-classique 1856-1950, en nombre
d'heures de cours hebdomadaires pour toute la scolarité

# LA MOITIÉ PERDUE :
# CHANGEMENTS POLITIQUES ET
# FRANCOPHONIE AU LUXEMBOURG 1780-1945

Bernard Esmein
Ambassade de France aux Pays-Bas

La langue française occupe, de nos jours, une place très singulière au Luxembourg. Ce n'est pas la langue maternelle des habitants puisque le pays est germanophone et parle un dialecte du groupe francique-mosellan qu'on appelle le "lëtzebuergesch" au Grand-Duché même. Pourtant toutes les inscriptions publiques et les publicités sont en français, la législation est en français et dans un magasin on se voit répondre dans un assez bon français qu'on pourra confondre avec ceux qu'on entend dans l'est de la France. Dans certaines couches de la société l'usage du français se teinte même d'hypercorrection : de nombreux Luxembourgeois arrivent par exemple régulièrement en tête des dictées de Bernard Pivot, et les Luxembourgeois se plaisaient à corriger le français des natifs par jeu. Et ce genre de jeu est bien typique de ce pays.

Le français tel qu'on le maîtrise au Grand-Duché est en effet fondamentalement acquis à l'école. Le petit Luxembourgeois, qui parle lëtzebuergesch en famille, apprend à lire en allemand, car les grand-ducaux n'ont pas encore réussi à s'entendre, en 2000, sur une orthographe commune. Il commence à apprendre le français, à raison d'une heure par jour, à partir de la 2$^e$ année du primaire. A partir de la 6$^e$ certaines matières sont enseignées en français. Au lycée, surtout au lycée classique, la plupart des enseignements sont en français.

Les Luxembourgeois passent facilement à l'allemand écrit en raison de la proximité linguistique. D'ailleurs la presse est germanophone dans le pays, et les habitants regardent la télévision allemande plus que la française. Le français demande nettement plus d'effort par contre, et, à l'école, suivre un cours de mathématiques dans la langue de Molière lorsqu'on est en 5$^e$ ou 4$^e$, demande des capacités. L'enseignant luxembourgeois est d'ailleurs conscient de ces réalités.

Il a souvent recours au dialecte lorsqu'il s'agit d'expliquer aux élèves, ce qui fait de la classe luxembourgeoise une "salade mixte" sur le plan linguistique.

L'aisance et la correction avec lesquelles on maîtrise le français restent une marque de réussite. Dans l'enseignement du français la norme écrite est très importante dans l'acquisition, au point qu'on présente souvent les Luxembourgeois comme francographes plus que francophones, ce qui est normal dans un pays où la langue écrite de la législation et de l'administration est le français (*cf.* Esmein 1998, I : 35).

Mais loin de se fixer sur le français il faut plutôt envisager les rapports entre les trois langues utilisées. Dans ce pays dont le trilinguisme est superposé, et non juxtaposé comme en Belgique, selon les situations le locuteur passe d'une langue à une autre sans toujours qu'on dispose de la clef de ces changements d'usages : ainsi, à la messe, l'évangile est lu en allemand mais le sermon est en luxembourgeois. Les minutes de la Chambre des députés sont en luxembourgeois écrit, ce qui est rarissime, dans ce cas c'est parce qu'il s'agit de la transcription officielle de débats oraux. Dans ces mêmes minutes, la moindre pétition écrite sera en français, jamais en allemand.

Saisir les rapports entre les usages n'est pas facile. Ce qui est sûr, c'est qu'ils dessinent une compétence linguistique légitime unique et complexe que Fernand Fehlen résume remarquablement de la façon suivante :

"- La compétence légitime exige d'abord une connaissance approfondie du luxembourgeois avec de nombreux emprunts à la langue française. Ces emprunts sont censés montrer que le locuteur est habitué à manier le français, qu'il est expert dans un domaine où la langue luxembourgeoise n'a pas de mots.
- Puis une bonne connaissance d'un français scolaire, la pratique de l'écrit étant au moins aussi importante que celle de l'oral. La communication sur les choses quotidiennes n'est pas la compétence principale de cette sorte de français classique et rituel (...).
- La connaissance de l'allemand est exigée, mais sa (trop) bonne maîtrise n'est pas bien vue. L'allemand est utilisé pour noter ce qui est pensé ou dit en luxembourgeois" (Fehlen 1998 : 17).

Résumons la chose par trois images :
- On dit "je t'aime" en lëtzebuergsch, mais on dit aussi "igno-réieren", "commissioun" et "expositioun".
- Lorsque la mère de famille écrit pour son fils une liste de choses à acheter à l'épicerie, elle l'écrit en allemand (*cf.* Bentner 1998).
- Le maître d'école passe des semaines à enseigner l'imparfait du subjonctif français aux élèves de 4ᵉ.

Dans cet ensemble, le français se trouve doté d'une sorte de prééminence, pour reprendre l'expression de G. Trausch (1998 : 19), mais une prééminence "précaire", liée à l'histoire, et qui pourrait être remise en cause. Il est étonnant qu'elle ne l'ait jamais été, et ce qui est intéressant c'est la raison pour laquelle les Luxembourgeois se sont refusés à un usage plein de l'allemand.

On pourrait croire que c'est parce qu'ils ont une langue en partage qui suffit à délimiter la conscience qu'ils ont de leur identité. Pourtant au XIXᵉ siècle le lëtzebuergesch n'était nullement ressenti comme étant une langue au Grand-Duché même. Simplement comme un pa-tois. Les textes du droit linguistique de cette époque ne mentionnent que deux langues : le français et l'allemand[1].Force est donc de reconnaître qu'au départ c'est entre le français et l'allemand que quelque chose d'original s'est joué, qui touche à l'identité même du pays par rapport à ses voisins, et notamment le voisin allemand. Ce quelque chose subsiste toujours : il ne faut pas parler trop bien allemand à Luxembourg.

Marcel Noppeney disait que le français a servi de "vaccin anti-ger-manique" (Noppeney 1933 *in* Fehlen 1998). On l'utilise pour se dé-marquer de l'Allemagne, mais sans abandonner l'allemand pour autant. Dans ce cas, c'est le bilinguisme lui-même qui caractérise l'identité. Le fait d'être multilingue est alors une façon de se distinguer de l'unilinguisme des pays voisins, et cela dans toutes les directions : vers le Nord avec les Pays-Bas, vers l'Ouest, avec la Belgique, et enfin vers l'Allemagne.

En tant qu'état, le Grand-Duché de Luxembourg est une création du traité de Vienne en 1815, issu d'une histoire mouvementée[2]. Avant 1789 le Luxembourg, qui n'était alors qu'un Duché faisant partie des

---

[1] *Cf.* par exemple l'Arrêté royal du 22 février 1834, article 1, *in* Falch 1973.
[2] *Cf.* Trausch 1992 pour tout ce qui suit sur le plan historique ; le présent article emprunte de nombreuses données à cet ouvrage.

Pays-Bas autrichiens, était quatre fois plus grand que le Grand-Duché actuel : il comprenait aussi l'actuelle province belge du Luxembourg à l'Ouest, et une frange du Palatinat à l'est, allant grosso-modo de l'Eifel jusqu'à la région de Sarrebruck. Il était bilingue, au sens du bilinguisme juxtaposé : francophone à l'ouest, germanophone à l'est, et on l'avait divisé au XIVe siècle en deux quartiers linguistiques de taille à peu près égale, où l'on parlait en réalité patois : wallon à l'ouest, francique-mosellan à l'est. Mais dès la Renaissance le français est la langue des organes centraux, cela alors même que la capitale se trouve située en quartier germanophone. Cette situation ne sera jamais remise en question par les pouvoirs successifs : bourguignons, autrichiens, etc.

Dans ce duché agricole et pauvre, cette francophonie n'a rien à voir avec celle du cosmopolitisme des élites de l'Ancien Régime. C'est une francophonie d'État, de clercs et d'administrateurs, fondée sur le caractère écrit de la langue.

En 1795 le Duché est envahi par les Français et subit le même sort que le reste des Pays-Bas autrichiens : il est annexé, et il devient le Département des Forêts. Jusqu'à la fin de l'Empire il subit, comme la Belgique, une tentative de francisation profonde qui, même si elle échoue à intégrer le pays à la France, n'en renforce pas moins pour autant la francophonie des institutions, et de l'administration du pays, ne serait-ce que parce que les administrateurs français ne parlent pas l'allemand et qu'ils exigent l'utilisation du français de la part du personnel germanophone, comme en Flandres.

Le Duché en ressort un peu plus francophone dans ses élites cultivées, mais nullement francophile.

En 1815 le Traité de Vienne rassemble les Pays-Bas du Nord et du Sud en un grand Royaume des Pays-Bas qui doit servir à contenir la France, et qui est confié à Guillaume I des Pays-Bas.

Le Luxembourg, avec ses deux quartiers, n'en fait pas partie et en fait partie à la fois. En effet il est créé comme un état séparé, intégré à la Confédération Germanique pour servir de tampon entre la Prusse et la France, et en même temps il est attribué en souveraineté personnelle à Guillaume I des Pays-Bas qui en devient le Grand-Duc : deux états, un seul monarque (*cf.* de Voogd 1994).

De la part de la Confédération, il ne s'agit nullement de marquer l'appartenance du Luxembourg à la germanité. Il s'agit simplement de placer une garnison prussienne dans la fameuse forteresse de

Luxembourg, celle que Bonaparte appelait la "Gibraltar du Nord". D'ailleurs l'appartenance à la Confédération ne sera assortie d'aucune demande d'ordre culturel et linguistique, ce d'autant plus que dans ce domaine c'est au nouveau Grand-Duc de statuer (Trausch 1992 : 69-70). Les Prussiens ne sont là que pour occuper.

Les Luxembourgeois ne réagiront pas à la création de leur état : ils n'y croient pas. Ils y croient d'autant moins qu'au début le Grand-Duc ne considèrera nullement le Grand-Duché comme un état distinct. Bien au contraire sa politique unificatrice et centralisatrice, qui va provoquer 15 ans plus tard la Révolution belge, va s'appliquer à l'ensemble des Pays-Bas du Sud. Mais pour les Luxembourgeois cette situation ne change en rien par rapport au passé.

Sur le plan linguistique la politique du roi hollandais va donc être la même qu'en Belgique *:* en zone flamande l'éducation est néerlandisée (*cf.* de Voogd 1994), mais pas en Wallonie ni au Luxembourg, ce dernier continuant d'être assimilé à son quartier francophone. Les organes du pouvoir peuvent, en Wallonie comme au Luxembourg, continuer de travailler en français, mais les fonctionnaires d'État sont tenus tous de savoir le néerlandais, la correspondance avec La Haye se faisant, notamment, en néerlandais (*cf.* Trausch 1992). En Flandres comme au Luxembourg les élites francophones réagiront d'ailleurs mal à cette dernière obligation. Non par francophilie mais par désir d'autonomie.

Guillaume I ignore tout du Luxembourg. On dit qu'il ne s'y est rendu qu'une seule fois, et même pas à Luxembourg ville, mais à Arlon. Rien de profond ne lie le Grand-Duché aux Pays-Bas du Nord. Aussi, lors de la Révolution belge, le Luxembourg s'intègre-t-il tout naturellement au mouvement. Le pays n'a toujours pas conscience de lui-même comme d'une nation séparée, et ne va pas être en reste : de nombreux luxembourgeois feront partie des premiers gouvernements belges et la population suivra massivement le mouvement.

Mais ce sont les puissances européennes qui, au Traité de Londres, refuseront d'entériner l'intégration. Elles vont pourtant proposer un partage visant à attribuer la partie francophone à la Belgique et à conserver la partie germanophone sous forme de Grand-Duché avec le même statut qu'antérieurement. Guillaume I refuse. Il lui faudra 8 ans pour accepter, huit années pendant lesquelles la Belgique considèrera donc le Duché comme une de ses parties, à l'exception de la forteresse, toujours occupée par les Prussiens.

Ces années sont décisives, car les Orangistes vont tenter d'insister sur la spécificité du Luxembourg pour mieux le séparer de la Belgique. Ils vont tenter également de scinder l'église belge et l'église luxembourgeoise. Et les partisans du rattachement nieront au contraire toute spécificité culturelle.

La Belgique ayant le français comme langue officielle, ce qui attire certaines protestations au Luxembourg même, on va voir apparaître en 1832 et 1834 les deux premiers textes de droit linguistique luxembourgeois mentionnant à la fois le français et l'allemand comme langues officielles, et instituant la liberté de leur usage. C'est la première fois dans l'histoire du pays que l'allemand est mentionné.

En 1939 Guillaume I finit par accepter le partage. Dans l'histoire du pays on considère cette date comme la date fondatrice, puisque c'est de ce moment que datent ses frontières actuelles, même s'il est amputé de sa moitié francophone. Le partage faisant coïncider les frontières avec la frontière linguistique, il coïncide avec sa partie germanophone. Mais la cassure en deux du pays va être vécue comme une catastrophe, et cela dans les deux quartiers linguistiques. Autrement dit, ça n'est nullement de gaieté de cœur que les Luxembourgeois se retrouvent luxembourgeois. Nul doute qu'aucune forme d'identité ne les lie de façon spécifique avec leur germanité : réduits à elle, ils ne s'y retrouvent pas. N'oublions pas de plus que, comme pour mieux les empêcher de coïncider avec elle, les Prussiens continuent d'occuper la forteresse jusqu'en 1867.

La Révolution belge avait amené à revendiquer la liberté de l'allemand et du français. Avec la fondation d'un Luxembourg coïncidant avec ses frontières germanophones ce choix va être reconduit ; non seulement on ne va pas toucher aux textes de 1832 et 1834, mais on va même renforcer le bilinguisme franco-allemand du pays. En effet Gilbert Trausch remarque que dès 1843, quatre ans à peine après le partage, les Luxembourgeois choisissent sans équivoque le bilinguisme en votant la loi scolaire (*cf.* Trausch 1999) : le français est institué comme langue d'enseignement au même titre que l'allemand, il est une matière obligatoire pour tous dès l'école primaire. Ces deux grands choix caractérisent encore l'école luxembourgeoise 160 ans plus tard.

Essayons de dégager ce qu'ils contiennent de singulier :

- La francophilie n'est pour rien dans un tel choix, c'est la Belgique qui intéressait les Luxembourgeois, pas la France, de plus, comme le remarque G. Trausch c'est plus tard que la francophilie se développera, à partir du Second Empire (*ibidem*).

- Ce choix n'est pas non plus encore interprétable comme une réaction à l'unité allemande : elle n'a pas commencé.

- Si la Prusse est présente dans le débat, c'est moins à travers la peur de l'annexion, que comme une empêcheuse de se déterminer comme on veut. N'oublions pas que les Luxembourgeois n'ont jamais trop cru à l'identité luxembourgeoise. Ils ont cru à leur identité belge.

- Aussi, face à la Prusse et aux Pays-Bas, le français apparaît plutôt comme la trace laissée symboliquement par la partie perdue, et comme le souvenir d'avoir désiré être belge. Car c'était tout de même plus excitant qu'être citoyen d'un demi-état luxembourgeois réduit à son quartier mosellan. De plus, comme la capitale du pays a toujours été dans la partie germanique, même après la partition du pays une très grande partie des élites, issue de l'ancien quartier wallon, reste francophone : de nombreux Luxembourgeois ont été membres des premières législatures belges, certains même ont été ministres dans les premiers gouvernements belges. Leur influence dans le pays est considérable.

Aussi, si l'on résume, lorsque les Luxembourgeois décident de leur régime linguistique entre 1839 et 1843, le pays n'est pas francophone, il est par tradition francographe par contre, et il n'est guère francophile : pays catholique il se méfie des idées françaises en effet, et puis le souvenir des armées de Napoléon est encore là.

Pourtant dans ce pays réduit à n'être qu'un petit quartier germanophone de rien du tout, un débat latent est présent : le parti catholique insiste plus sur la germanité. L'église pendant longtemps jouera la carte de l'allemand, non celle du français, en réaction aux Lumières. Le parti libéral, lui, a du mal à croire aux spécificités nationales du Grand-Duché, le cosmopolitisme du français apparaît sans nul doute comme le moyen de n'être pas réduit à peu de chose, alors qu'on avait aspiré à plus. Mais l'attraction pour le cosmopolitisme ne veut pas dire francophilie et encore moins francophonie de la population.

Mais il faut insister avec Gilbert Trausch sur un autre aspect de ce choix : c'est sur son volontarisme (*cf.* Trausch 1998 et 1999). Le Luxembourg est en effet l'un des rares pays où la francophonie puisse être considérée comme le produit d'un choix volontaire. L'éducation bilingue demande un effort considérable. Ce volontarisme a toujours été reconduit depuis et toute l'histoire luxembourgeoise peut être lue à travers ce prisme.

Dans les ex-colonies où le français est langue seconde, il fut d'abord imposé, et donc on ne peut parler de choix, au Québec comme en Belgique, il est langue maternelle et donc la situation est tout autre. Au Luxembourg il est le fruit, comme le dit Trausch, d'un volontarisme culturel d'autant plus étonnant qu'il est ici couplé avec l'allemand, et c'est ce qui va faire de ce pays une exception : le seul lieu, en effet, où la francophonie ait pu non seulement coexister en harmonie et même fusionner avec la germanophonie.

La suite de l'histoire du Luxembourg va rendre les choses plus claires. D'abord le pays va finir par admettre de n'être que lui-même. L'histoire mérite d'être rappelée : lors de l'arrivée du chemin de fer à Luxembourg, le poète luxembourgeois Michel Lentz écrit une chanson, *De Feierwoon*, dont le refrain va devenir le premier chant patriotique du Grand-Duché : *Mir welle bleiwe wat mir sin.* "Nous voulons rester ce que nous sommes". On peut traduire : nous n'avions jamais cru que nous pourrions devenir Luxembourgeois, mais puisque nous le sommes devenus, eh bien restons-le !

Devenu une petite nation, le pays va se situer exactement dans le champ d'appétit de son grand voisin en voie d'unification : l'Allemagne. La revendication de soi-même comme bilingue va donc devenir une manière de plus en plus explicite de revendiquer sa non-appartenance à l'Allemagne.

C'est dans cette période qu'on voit apparaître la francophilie, mais pas encore une vraie francophonie, ce qui sera le cas plus tard. Sous le Second Empire et plus tard sous la III$^e$ République, lorsque le pays fait figure de totale exception entre les deux puissances ennemies, la francophilie est à son maximum. On a vu plus haut que même en période négative de l'histoire de la France, le français pouvait rester attractif à cause de son universalité même. Or ici on se trouve devant quelque chose de très différent. C'est bien l'image de la France cette fois qui sert de modèle. Les raisons sont multiples :

- D'abord dans les élites nationales l'indépendance elle-même passe par la revendication d'une différence culturelle avec l'Allemagne. Elle n'est pas trouvée dans le patois, trop proche de l'allemand. Mais dans le fait d'être tourné vers la France. Dès 1848 le député Metz déclare à l'Assemblée luxembourgeoise : "l'unité allemande m'effraie" (Trausch 1992).

- La France, elle, n'effraie pas ; de plus elle est un pays riche, alors que le Luxembourg est un pays pauvre : "sans la connaissance du français, disait déjà le Député Metz en 1843, les milliers d'ouvriers qui se rendent en France vivraient comme des muets" (*ibid.*). A l'époque l'Allemagne n'attire pas non plus parce que les salaires y sont bas.

- De plus l'influence du modèle français est large, il touche au-delà des élites : jusque dans la première partie de ce siècle des femmes du peuple partent travailler comme bonnes, tout comme les fameuses bonnes bretonnes qui montaient à Paris, les hommes comme chauffeurs ou comme artisans. Ils reviennent avec des manières parisiennes et avec une connaissance du français qu'ils peuvent transmettre à leur descendance[3].

- Pourtant, même francophile, le pays est germanophone, et son appartenance linguistique lui pose des problèmes à une époque où en Allemagne la langue est considérée comme un signe explicite d'appartenance ethnique. De plus son appartenance au Zollverein le lie de façon de plus en plus étroite à l'Allemagne, et ce dans tous les domaines de l'économie. Outre-Moselle les Luxembourgeois ne s'en font pas moins traiter de "dégénérés" et de "fransquillons". On les accuse même de profiter justement du Zollverein sans rien lui donner en échange (Trausch 1992).

Ces accusations ont un sens politique par rapport à la francophilie des élites, analogue à celle des alsaciens ou des flamands à la même époque. Mais il n'empêche qu'on ne doit pas confondre francophilie et francophonie, car cette période qui voit le rayonnement de la France à son zénith est incontestablement aussi celle où l'allemand va se développer le plus au Grand-Duché. L'allemand écrit du moins car le développement de l'instruction publique fait en effet accéder l'immense majorité de la population à sa maîtrise, puisqu'on apprend à lire en allemand au Grand-Duché. Ce n'était pas le cas avant 1840. La maîtrise du français, elle, restera toujours plus précaire, sauf dans les élites, même si elle n'a cessé de s'améliorer continûment depuis un siècle et demi.

À partir du début du siècle le débat linguistique va prendre un visage nouveau. Peu à peu ce n'est plus comme bilingue, mais comme trilingue que le pays va se revendiquer. Le dialecte lui-même com-

---

[3] *Cf.* Wagner *in* Magère, Esmein, Poty (1998 : 32).

mence à être reconnu comme une langue et non plus comme un patois, c'est-à-dire comme une marque spécifique du pays, une caractéristique non-allemande. A ce sujet on peut faire deux remarques générales :

- Dans l'identité luxembourgeoise le recours au français est loin d'être contradictoire avec la revendication d'une identité sur la langue luxembourgeoise elle-même. En effet Frédéric Hertweg remarquait déjà en 1975 que c'était le français, en somme, qui avait protégé le lëtzebuergesch d'une fusion avec l'allemand (*cf.* Hartweg 1975). Dans le cas où le pays aurait choisi dès le départ l'allemand comme langue officielle et non le bilinguisme, il est clair qu'un processus d'assimilation se serait amorcé progressivement, et cela d'abord à travers la langue de l'Etat. On a peut-être là, comme le remarque aussi G. Trausch, le non-dit de toute cette histoire (*cf.* Trausch 1999). Peut-être que dès le départ les notables de 1843 qui avaient choisi le bilinguisme avait-ils senti que c'était là la meilleure façon de protéger une identité, une histoire distincte. On le vérifie en quelque sorte sur le dialecte.

- La deuxième remarque c'est que les travaux de linguistique luxembourgeoise garderont toujours de ce fait un arrière-plan politique impossible à nier : certains par exemple iront jusqu'à rechercher une origine "saxonne", et non germanique, au dialecte national, comme pour nier le lien avec l'Allemagne. D'autres tenteront de faire du "francique mosellan" une langue distincte de l'allemand (Newton 1996 : 41 sq.). Tous en tout cas tendront à autonomiser le lëtzebuergsch, allant même parfois jusqu'à en faire une "langue en voie de formation" et non un dialecte (*cf.* Newton 1996). Inutile de dire que les deux guerres mondiales vont renforcer cette attitude, *et* particulièrement la seconde : l'interdiction de l'usage du français comme du dialecte luxembourgeois par les nazis, les discours de résistance en luxembourgeois de la Grande-Duchesse Charlotte expatriée à Londres sur la BBC alors qu'elle s'était toujours exprimée jusque là en français ou en allemand, le questionnaire lié au recensement organisé en 1941 par les allemands qui incite les Luxembourgeois à répondre que leur langue maternelle est l'allemand, mais auquel ils vont tous répondre que c'est le luxembourgeois, tous ces événements qui jalonnent les manuels d'histoire luxembourgeoise de l'après-guerre contribuent à renforcer l'idée que la culture luxembourgeoise est un univers distinct de l'Allemagne[4]. Aussi l'après-guerre va-t-il connaître l'effacement public de l'allemand, remplacé partout par le français qui devient la seule langue véritablement officielle du pays, puisque c'est là l'unique langue législative, ce que l'allemand n'est pas, et parallèlement on constate la reconnaissance progressive du luxembourgeois qui, dans la loi de 1984 acquiert même le statut de "langue nationale".

Cette percée politique du français s'accompagne d'une très nette progression du parler francophone dans le pays, qui depuis vingt-cinq ans est encore renforcé par l'importance de l'immigration italienne et portugaise, et depuis l'ouverture européenne, par le travail frontalier francophone français et belge (Esmein, 1998b). Les Luxembourgeois ne sont plus seulement francographes, ils sont amenés à utiliser le français comme langue de communication dans le pays même avec les milliers de romanophones qui travaillent au Grand-Duché et qui sont bien contents de trouver des interlocuteurs qui ont appris le français à l'école. Il est vrai qu'ils représentent près de 50% de la population active actuellement, ce qui est énorme. Du coup, un peu comme en 1830, on voit le pays prendre peur pour son identité germanique.

Mais le paradoxe c'est que sur la même période, plus la francophonie progresse et plus on assiste à une baisse symétrique de la francophilie. Le danger d'un repli sur la germanité du dialecte est latent. Simultanément l'Allemagne fait moins peur maintenant, plus de cinquante ans après la guerre, et la France, qui est moins idéalisée, devient peu à peu un pays comme les autres. Ce sont les travailleurs lorrains, d'ailleurs, qui viennent maintenant chercher un travail mieux payé au Grand-Duché. Ils ont remplacé les bonnes luxembourgeoises du début du siècle, et ce sont eux qui se mettent à apprendre le luxembourgeois puisque d'après une étude de l'INSEE, un frontalier sur trois dans la région de Thionville et Longwy apprend le dialecte grand-ducal (Magère, Esmein et Poty, 1998 : 176). La bourgeoisie luxembourgeoise qui mettait un point d'honneur à maîtriser un français châtié ressent un trouble à voir les enfants des bonnes portugaises apprendre si facilement le français à l'école. Inutile de souligner que ce développement du travail étranger s'accompagne d'une tendance xénophobe, tant à l'égard des frontaliers eux-mêmes que de l'immigration romanophone, ce qui entraîne un débat tout à fait pas-

[4] Sur tous ces faits *cf.* Trausch (1992) ou Newton (1996).

sionnant au Luxembourg ces dernières années sur le développement du français, son apprentissage à l'école et son usage dans la vie courante.

Le Luxembourg représente donc un cas tout à fait unique sur le plan linguistique. Sa francophonie, sans être une francophonie de langue maternelle, est néanmoins nécessaire à l'équilibre identitaire du pays. En cela elle se distingue nettement de formes de bilinguisme que l'on trouve dans d'autres pays européens et dont le caractère est plus nettement "utilitaire", comme celui de Malte par exemple (où l'anglais a avant tout un caractère administratif). Historiquement cette francophonie représente le désir de rester fidèle à une tradition, par delà la partition du pays. On a même là un étonnant exemple de continuité historique. Comme dans le mythe du *Banquet* de Platon dans lequel les androgynes, séparés en deux par Zeus, se retrouvent en quête de leur moitié perdue, les Luxembourgeois germanophones ont continué d'entretenir la langue du quartier perdu, s'attachant moins au territoire lui-même, d'ailleurs, qu'à sa culture ; les raisons d'un tel choix s'ancrent aussi bien dans l'identité nationale du pays que dans les mécanismes complexes de sa reproduction sociale.

Ce qui est également surprenant dans cette francophonie c'est que tout en persistant contre vents et marées au fil des décennies, elle change pourtant de forme et se renouvelle sur des bases nouvelles dans chaque contexte historique :

- On a d'abord une francophonie de patois et une francographie de clercs qui ne s'accompagnent guère d'une francophilie particulière.

- On trouve ensuite une véritable francophilie sans pour autant que le pays puisse être qualifié de francophone : c'est l'allemand qui se développe véritablement à l'époque au niveau populaire.

- Le parler francophone se développe enfin, mais le pays perd simultanément une partie de sa francophilie.

C'est que chaque période amène des rapports nouveaux et complexes entre les trois langues, et il serait réducteur de vouloir les réduire à un schéma classique du type : "langue dominante / langue dominée". La petitesse du pays entraîne à chaque époque une situation linguistique non seulement évolutive, mais à rythme de changement rapide : pour prendre l'exemple actuel, le français en plein développement depuis 25 ans peut très bien régresser d'ici quelques années pour peu que la place financière de Luxembourg connaisse un crash entraînant un tarissement du travail frontalier. Sa prééminence actuelle s'accompagne d'ailleurs d'une revalorisation jamais vue dans le passé du lëtzebuergsch, au point que la connaissance de ce dernier devient un atout déterminant comme le montrent les annonces d'embauche ces dernières années (*cf.* Fehlen 1998).

En situation de trilinguisme évolutif comme au Grand-Duché, la façon dont la "compétence légitime" rééquilibre les usages des trois langues dans le contexte même de chaque époque est déterminante. Selon le moment un aspect plus qu'un autre de la triade est mis en avant : relégué au dernier plan au XIX$^e$ siècle, le "patois" lëtzebuergesch est de nos jours considéré comme une langue et constitue un signe appuyé de reconnaissance sociale à caractère national dans un contexte de travail "européen".

On pourrait du même coup se poser des questions sur le devenir de l'allemand au Grand-Duché : exclu de toute vie publique depuis la guerre sa position ne risque-t-elle pas d'être revalorisée dans le futur ? La réponse est sans doute qu'il restera toujours un élément du paysage, mais à côté du français, car quel que soit le contexte le Grand-Duché a toujours réaffirmé jusqu'ici son choix initial, ce volontarisme culturel bilingue dans lequel il pose son identité, et par lequel ce petit pays a trouvé le moyen de se démarquer de ses deux grands voisins encombrants.

## BIBLIOGRAPHIE

BENTNER, G. (1998) : "Le français, langue morte ou langue vivante?", *in* MAGERE, P., ESMEIN, B., POTY, M. : *La situation de la langue française parmi les autres langues en usage au Grand-Duché de Luxembourg,* Luxembourg : Centre Culturel Français, Centre d'Etudes et de Recherches Européennes R. Schuman, Université de Metz : 167-169

DE VOOGD, C. (1994) : *Histoire des Pays-Bas*, Paris : Hatier

ESMEIN, B. (1998a) : "Le droit linguistique du Grand-Duché", *in* MAGERE, P., ESMEIN, B., POTY, M. : *La situation de la langue française parmi les autres langues en usage au Grand-Duché de Luxembourg,* Luxembourg : Centre Culturel Français, Centre d'Etudes et de Recherches Européennes R. Schuman, Université de Metz : 35-51

ESMEIN B. (1998b) : "L'évolution de la situation linguistique et culturelle au Luxembourg depuis 1975", *in* MAGERE, P., ESMEIN, B., POTY, M.: *La situation de la langue française parmi les autres langues en usage au Grand-Duché de Luxembourg,* Luxembourg : Centre Culturel Français,

174     *Changements politiques et francophonie au Luxembourg 1780-1945*

Centre d'Etudes et de Recherches Européennes R. Schuman, Université de Metz : 57-99

ESMEIN, B. (1999) : "Introduction à la table ronde sur le statut du lëtzebuergesch", *in Eis sprooch, eng bréck, keng barrière*, Actes du colloque Moien, Luxembourg : Ondine Conseil, Commissariat du Gouver-nement aux étrangers : 46-49

FALCH, J. (1973) : *Contribution à l'étude du statut des langues en Europe*, Québec : Presses de l'Université de Laval

FEHLEN, F. (1998) : "Langues et enjeux sociaux au Luxembourg", *in Le sondage Baleine*, Luxembourg : Red-Sesopi :14-25

HARTWEG, F. (1975) : "La situation linguistique au Grand-Duché de Luxembourg", *in Carleton Germanic Papers*, Ottawa

MAGERE, P., ESMEIN, B, POTY, M. (1998) : *La situation de la langue française parmi les autres langues en usage au Grand-Duché de Luxembourg*, Luxembourg : Centre Culturel Français, Centre d'Etudes et de Recherches Européennes R. Schuman, Université de Metz

NEWTON, G. (1996) : "German, French, Lëtzebuergesch", *in Luxembourg and Lëtzebuergesch*, Oxford : Clarendon Press : 39-66

NOPPENEY, M. (1933) : "Nécessité du français", *in Annuaire 1933*, Luxembourg, Association Générale des Etudiants Luxembour-geois : 49-53

TRAUSCH, G. (1992) : *Histoire du Luxembourg*, Paris : Hatier

TRAUSCH, G. (1998) : "La situation du français au Luxembourg, une pré-éminence précaire dans un pays d'expression trilingue", *in MAGERE, P., ESMEIN, B., POTY, M. : *La situation de la langue française parmi les autres langues en usage au Grand-Duché de Luxembourg*, Luxembourg : Centre Culturel Français, Centre d'Etudes et de Recherches Européennes R. Schuman, Université de Metz : 19-31

TRAUSCH, G. (1999) : "Discours d'ouverture", *in Eis sprooch, eng bréck, keng barrière*, Actes du colloque Moien, Luxembourg : Ondine Conseil, Commissariat du Gouvernement aux étrangers

# LA LANGUE DE L'AUTRE
# AU CROISEMENT DES CULTURES :
# DERRIDA ET *LE MONOLINGUISME DE L'AUTRE*

Denise Egéa-Kuehne
Louisiana State University

"Je n'ai qu'une langue et ce n'est pas la mienne"[1].

Cet essai est basé sur l'expérience d'un héritage linguistique et culturel acquis ou imposé au cours de ces deux derniers siècles et décrit par trois écrivains francophones : Ahmadou Kourouma, écrivain d'Abidjan en Côte d'Ivoire, Suzanne Dracius, écrivaine de Martinique, et Barry Ancelet, écrivain, éducateur et chercheur en Louisiane aux États-Unis[2]. Sur ce fond, une lecture de *Le monolinguisme de l'autre* de Jacques Derrida permet d'ouvrir un

---

[1] DERRIDA, J. (1996): *Le monolinguisme de l'autre*, Paris: Galilée, 13. A l'origine, dans une version plus courte, communication faite lors du colloque international et bilingue sur les problèmes de la francophonie organisé par Patrick Mensah et David Wills, présidé par Edouard Glissant (alors Directeur du Centre d'Etudes Françaises et Francophones à Louisiana State University), intitulé *Echoes from Elsewhere/Renvois d'ailleurs*, à Louisiana State University, Baton Rouge, Louisiane, Etats-Unis, 23-25 avril 1992. Les points essentiels avaient été préalablement présentés lors d'un colloque organisé à la Sorbonne par le Collège International de Philosophie, sous la direction de Christine Buci-Glucksmann.
*Dans le texte, les références à Derrida (1996) sont limitées aux numéros des pages, et dans les citations, les passages en italiques sont ceux soulignés par Derrida lui-même dans le texte original.*
[2] Témoignages de Kourouma, Dracius et Ancelet, recueillis et enregistrés lors de communications faites à la conférence annuelle de ACTFL (American Council for the Teaching of Foreign Languages), Nashville, Tennessee, novembre 1997: Barry Ancelet, Louisiane, Etats-Unis, sur la langue cajun ; Suzanne Dracius, département français de La Martinique, sur la langue créole ; et Ahmadou Kourouma, Abidjan en Côte d'Ivoire, ancienne colonie française, sur la langue malinke. Enregistrements audio transcrits par Egéa-Kuehne. Citations extraites des enregistrements de Kourouma, Dracius et Ancelet transcrites telles qu'elles ont été prononcées, sans modification de syntaxe. Code "[sic]" omis afin de ne pas alourdir le texte. Pas de numéro de pages.

débat sur l'impossibilité d'un monolinguisme absolu exigé par tout impérialisme linguistique[3]. Elle permet aussi de souligner la multiplicité inhérente *à toute langue*, et la violence d'une langue qui se voudrait unique, mise au profit d'une idéologie ou d'un pouvoir.

Dans un premier temps, les situations individuelles de ces trois écrivains illustrent comment est vécu l'héritage colonial linguistique et culturel de la langue française en trois points différents du globe. La seconde partie discute de l'impossibilité de posséder une langue unique. La dernière section aborde le problème des droits linguistiques, et des droits à une éducation plurielle.

## L'AUTRE LANGUE : IMPÉRIALISME LINGUISTIQUE

> "[…]de tels individus témoignent ainsi dans une langue qu'ils parlent […]qu'ils s'entendent à parler […] mais qu'ils parlent, eux, en la présentant, *dans cette langue même, comme la langue de l'autre* (41-42)".

Quel que soit leur statut, la plupart des minorités[4] se trouvent dans l'obligation d'utiliser l'"autre langue", la langue dominante, et cela

---

[3] "Impérialisme linguistique", expression de PHILLIPSON, R. (1992) : *Linguistic Imperialism*, Oxford, England: Oxford University Press. Définie ainsi: "une théorie propre à l'analyse des relations entre culture dominante et culture dominée, en particulier la façon dont la promotion de l'apprentissage de la langue [seconde] anglaise a été faite" (15). Dans cet essai, cette expression indique toute tentative de domination ou de contrôle hégémonique d'une langue par une autre.

[4] Bien que nous ayions tendance à placer toutes les minorités sous une même étiquette en dépit de différences considérables, le statut de minorité ne dépend pas d'un rang numérique ou d'une quantité. Il s'agit plutôt d'une relation de pouvoirs. Des distinctions ont été faites entre divers types de minorités. Celles-ci varient selon les auteurs, et peuvent évoluer: des immigrants peuvent acquérir un statut autonome, des minorités peuvent disparaître complètement par assimilation après deux ou trois générations, et les frontières peuvent à nouveau être redessinées. De plus, tout groupe minoritaire ne cherche pas nécessairement à être assimilé, car certains tiennent à maintenir leurs traits distinctifs, et à les transmettre aux générations suivantes. Pour plus de détails et références, *cf.* GRANT, N. (1995): "Languages, Culture, and the Curriculum Among European Minority and Peripheral Peoples", *European Education* 27(3) : 7 ; OGBU, J.U. (1983) : "Minority Status and Schooling in Plural Societies", *Comparative Education Review* 27(2): 168-190 ; OGBU, J.U. (1990) : Minority Education in Comparative Perspective, *Journal of Negro Education 59* (1) : 45-57 ; OGBU, J.U. (1992) : "Understanding Cultural Diversity and Learning", *Educational Researcher 21*(8) : 5-14 ; SHAFER, S.M. (1995) : "Education in Multicultural Societies", *European Education* 27(3) : 3.

pour diverses raisons, dans différents contextes, à différents moments, soit parce que (a) c'est la seule langue dont ils disposent pour écrire et communiquer, car cette langue a été ou est actuellement imposée par le gouvernement par des tactiques coercitives plus ou moins violentes; (b) cette langue est un moyen d'émancipation, de libération, voire une arme politique ; et/ou (c) cette langue est nécessaire pour communiquer hors de la cellule familiale ou de la communauté environnante. Trois exemples sont choisis parmi les langues et les cultures franco-phones ; il s'agit de trois auteurs qui parlent de leur expérience vécue avec l'autre langue, en ce cas la langue française. Ils parlent dans un langage dont la généralité prend une valeur en quelque sorte structurelle, universelle, transcendantale ou ontologique.

*Une imposition inéluctable*

Kourouma aimerait pouvoir écrire dans sa langue natale, le malinke, mais cela lui est impossible. Le malinke est la langue maternelle d'une douzaine de pays d'Afrique Occidentale, toutefois cette langue est uniquement orale et varie d'un lieu à l'autre. De plus, puisque la politique coloniale française d'assimilation interdisait de parler ou d'écrire en toute langue autre que le français, les langues comme le malinke n'ont pas eu l'occasion de se développer, encore moins sous forme écrite. N'ayant accès à aucune autre langue, Kourouma fut obligé d'écrire en français. Il reconnaît qu'il aurait pu "apprendre l'anglais, ou le russe", mais souligne que "ce serait le même problème". En ce sens, il se sent confiné à l'intérieur de la langue française, "un peu emprisonné", parce que cette langue ne lui permet pas de "s'exprimer en totalité". Ainsi, il ne dispose pour écrire que d'une seule langue, le français, et cette langue n'est pas la sienne:

> "J'ai le français, je n'ai pas le choix [...] C'est que je n'avais pas d'autre choix, [...] on n'avait que le français à utiliser".

Dans certains cas, l'autre langue, la langue du colonisateur, celle du groupe politique dominant ou du pays d'immigration, fut imposée plus ou moins violemment. Sous la pression du gouvernement, des populations entières se trouvèrent forcées de renoncer à leur langue maternelle et de parler la langue de l'autre imposée "par la force ou par la ruse [...] par la rhétorique, l'école ou l'armée" (45). Derrida parle de "la réalité de la terreur politique et historique" (48), et "de coups et blessures, de cicatrices, souvent de meurtres, parfois d'assassinats collectifs" (49). Les témoignages abondent tout au long de l'histoire de l'humanité aussi bien que dans les informations quotidiennes où, déclare Dracius, "des gens [...] ont été punis sévèrement, même mutilés, parce qu'ils osaient écrire ou enseigner" la langue interdite.

La langue cajun représente un type différent d'imposition, celle d'une langue à l'intérieur d'elle-même. Après plusieurs années d'efforts de la part des anglophones pour faire disparaître le français cajun en Louisiane, en particulier par le biais des écoles, l'état de Louisiane a commencé, en 1968, à utiliser ces mêmes écoles pour restaurer le français. Toutefois, c'était "un autre français" dit Ancelet. "C'était un français importé par les enseignants qu'ils [CODOFIL[5]] importaient de la France, de la Belgique, et du Québec". Il semblait que ce "français importé" réussissait précisément là où l'anglais avait failli quelques années plus tôt : il réprimait le français cajun dans un espace de plus en plus restreint. Ancelet décrit comment les jeunes élèves apprenaient à parler français à l'école, mais un français si étranger aux cajuns que l'expérience qui devait avoir lieu, c'est-à-dire renvoyer dans les foyers cajuns des élèves avec un français qui devait revitaliser et revaloriser la langue de leurs ancêtres, était en train d'échouer. "Ça marchait pas du tout" déclare Ancelet. Dracius rapporte le cas de

> "l'un des grands écrivains martiniquais [qui] a publié à peu près cinq ou six romans ou nouvelles en créole, et ça tapissait les murs de son salon pendant des années. Les ravets faisaient caca dessus [...] les blattes, y en avait, plein, plein, plein sa maison parce que personne ne les achetait, personne ne les lisait".

Aujourd'hui encore, rapporte Dracius, il existe en tout et pour tout à peine "une vingtaine ou une cinquantaine" de personnes qui peuvent lire le créole. Par conséquent, en ce qui la concerne, "c'est la réponse peut-être finale", puisque lorsqu'un auteur veut écrire, "ce n'est pas confidentiel". Si un auteur publie, c'est pour ceux qui veulent lire, pour ceux qui peuvent lire. Si quelqu'un écrit en créole, il est bien évident que c'est pour un public très restreint. Pour sa part, Dracius

[5] CODOFIL: Conseil pour le Développement du Français en Louisiane.

ne veut pas écrire juste "pour [son] peuple, pour [son] petit entourage, pour une élite".

Pour les langues orales, comme le malinke et le cajun, le problème est différent. Ainsi que l'explique Kourouma, le malinke est une langue uniquement orale, qui ne peut s'écrire. De plus, souligne Kourouma, même s'il pouvait parvenir à imaginer une graphie, phonétique ou autre, pour transcrire sa langue natale, il ne pourrait pas trouver un éditeur pour son livre, encore moins des lecteurs. Ce problème est le même pour toute langue qui n'a pas de forme écrite. C'est pourquoi certains groupes ont tenté de formuler un code écrit pour leur langue orale. Par exemple, Ancelet décrit comment il essaie de transcrire le cajun, "avec une combinaison de rechercher dans les anciennes formes et créer des nouvelles, découvrir les règles et faire une application des anciennes règles d'une nouvelle façon". Selon lui, de cette façon, on peut écrire approximativement ce qui se dit en cajun. Toutefois, les problèmes demeurent pour trouver un éditeur et des lecteurs.

*Un choix libérateur*

Dracius se félicite de ses études classiques et considère le créole comme "sa langue chère, maternelle", sa langue vernaculaire, celle qu'"il n'était pas spontané d'écrire" puisque c'était la langue d'un peuple "qui parle, qui travaille, qui souffre, et qui n'a pas le temps, ni le loisir, ni même [...] le droit d'écrire". Pour elle, l'alphabétisation passant par l'accès au français, cette langue devint "un symbole d'émancipation". Elle souligne comment c'est cette éducation, en français, qui a permis à son peuple de se libérer de l'esclavage, et pas seulement de l'esclavage "légal, officiel, [...] mais d'une forme d'aliénation" ; parce que c'est cette langue qui leur a permis "de découvrir les autres, de lire ce qu'il y a ailleurs, de [s']informer". Pour Dracius, son autre langue, le français, reflète "une énorme diversité" ; et, se considérant elle-même comme une créature d'une diversité extrême, c'est ce qu'elle essaie d'exprimer dans son écriture. Du fait de cette diversité, "[elle se sent] bien dans le français".

> "Il y a au moins cinq ou six sangs [...] qui coulent dans mes veines ... je me plais à dire que j'ai vraiment tellement tous les sangs, que finalement, ça n'est pas étonnant que je me sente bien dans cette langue française, parce que c'est une langue qui est quand même

parlée et vécue et portée par tellement, tellement de gens différents de par le monde [...]. Donc c'est une belle langue qui a vécu, qui s'est forgée, et qui ne s'est pas forgée dans l'étroitesse".

Dracius est certaine qu'elle ne pourrait exprimer tout ce qu'elle veut dire dans une langue autre que le français, elle ne pourrait pas l'"habiter" tout à fait de la même façon. Elle ne se sent pas obligée d'utiliser le français parce que c'était la langue coloniale. En fait, elle est profondément convaincue que, si elle était soumise à ce genre de contrainte, elle changerait sa langue :

"parce que les bruits de chaînes, bon, ça fait un moment que je n'en entends plus, et là, on va fêter le cent-cinquantenaire de l'abolition de l'esclavage [1998], et je trouve que ça serait dommage de vivre la langue dans laquelle on écrit comme une forme de servitude, ou d'asservissement, ou de contrainte".

Elle ne perçoit pas le français comme quelque chose qui lui a été imposé, ou qui lui est imposé, mais comme un choix délibéré de sa part, et sans douleur.

Pour Kourouma, la libération par l'intermédiaire de l'autre langue a pris une forme différente. En tant que "représentant de l'Afrique noire", déclare-t-il, "il me faut ajouter que l'écriture en français a été pour nous une arme". Il explique comment, sous la colonisation, les noirs africains étaient considérés en quelque sorte comme "des hommes qui n'avaient pas toutes les qualités, tous les attributs d'hommes". En conséquence, les premiers écrivains noirs africains voulaient montrer qu'ils étaient des hommes, et "des hommes très complets". Toutefois, après que cela ait été reconnu, "après la deuxième guerre mondiale", on n'acceptait toujours pas que les africains et les sociétés africaines aient une culture, une identité. Ils durent attendre la génération de la négritude (Césaire, Senghor) pour démontrer, par leurs écrits, que les noirs africains avaient une culture, une identité, distinctes et spécifiques. Kourouma pense que c'est ce qui leur a permis de "se développer" et de se battre pour leur indépendance. C'est grâce à leurs écrivains et à leurs poètes qu'ils furent enfin reconnus comme ayant les mêmes "attributs" que tout autre être humain, et ils accomplirent cela en utilisant la langue de l'autre, la langue coloniale, le français. Kourouma rappelle que, après qu'ils eurent acquis leur indépendance, des dictateurs saisirent le pouvoir et leur enlevèrent les libertés qu'ils avaient gagnées. Encore une fois, ils écrivirent dans l'autre langue, et, en français, les condamnèrent. En ce sens, pour Kourouma, écrire en français "a été quelque chose de libératoire, qui nous a permis de nous faire entendre, de nous faire connaître".

Ancelet décrit aussi comment il utilise le cajun comme outil politique, pour transmettre un message : lui et les autres cajuns veulent faire savoir au monde francophone, qui, dit-il, les a oubliés, que les cajuns sont toujours là. Et ce, dans le français cajun, afin que le monde francophone n'entende pas ce message comme "un simple écho d'eux-mêmes".

*Une appropriation*

Que l'utilisation de l'autre langue soit le résultat d'une forme quelconque de coercition, ou d'une nécessité, ou d'un acte libératoire, il semble, si l'on écoute Dracius, Kourouma, et Ancelet, que cette langue doive être appropriée, et que les individus et la société s'y prennent de bien des façons différentes, selon le contexte culturel, sociologique, éducationnel, et/ou politique. Dracius insiste sur le fait qu'elle écrit "dans un français qui est mien", dans une langue qui lui appartient. Elle croit que, "à partir du moment où on façonne des phrases, on manie la syntaxe, on forge ses images, on fixe des vertiges aussi", on écrit dans une langue de son choix. A priori, elle n'insère pas des mots et des expressions créoles à l'intérieur de son texte français. Toutefois, lorsqu'elle parle "des réalités de la vie antillaise", quelques mots qui viennent du vocabulaire créole tombent tout naturellement sous sa plume. Elle s'assure alors que le contexte permet à ses lecteurs d'en comprendre le sens ; sinon, elle ajoute une note, ou un glossaire, comme dans son premier roman. Elle reconnaît aussi que son éducation par les classiques la conduit à écrire "dans un français [...] un peu soutenu". Mais lorsque ses personnages parlent, elle préfère utiliser des expressions qui seraient "les leurs", ce qui fait qu'elle doit utiliser divers registres de langue française, y compris "l'argot et le langage familier" lorsque cela est nécessaire.

Les écrivains africains ont dû aussi adapter leur autre langue. Puisqu'ils ne pouvaient utiliser que la langue coloniale, "le français classique" ainsi que l'appelle Kourouma, et que celui-ci, dit-il, ne "convient pas à notre culture, il convient pas à notre civilisation", ils essayèrent de "l'adapter, d'y faire un petit amendement, et d'utiliser certaines méthodes" afin de pouvoir s'exprimer. Kourouma pense que c'est là "la seule façon d'enrichir le français, de nous approprier le français"[6]. C'est ainsi que les Africains font "arriver" la réalité par les personnages qui vivent dans leurs livres. Car ce que ces personnages ressentent n'est pas du tout exprimé à la façon du texte, de la syntaxe, et des mots français. De plus, les langues africaines possèdent des caractères propres tels que le rythme, les images, une abondance de symboles. Par conséquent, les écrivains africains "préfèrent les comparaisons aux métaphores pour capturer leur propre réalité". Kourouma explique : "quand nous parlons en Afrique, nous ne nous contentons pas de dire la phrase. On la répète, on l'appuie par un proverbe. […] Un proverbe qui construit une comparaison". Il pense donc que les écrivains africains doivent utiliser des méthodes semblables pour "africaniser" le français. Parlant au nom de tous les écrivains africains, Kourouma ressent très vivement deux aspects de l'appropriation de la langue française : "Nous voulons, par notre apport, par le fait que nous voulons nous approprier le français, nous exprimer en totalité", et de plus, "nous pensons que nous sommes en train d'enrichir la francophonie, d'enrichir la culture française, d'apporter quelque chose au français".

On peut tenter d'échapper à une situation linguistique coercitive en essayant de s'approprier l'autre langue de diverses façons. Toutefois, cela n'est pas sans risques. Dracius prévient contre ce qu'elle perçoit comme le danger le plus sérieux lorsqu'on utilise l'autre langue, "lorsqu'on vit à l'intérieur", quelle que soit la manière dont cela est fait ou pourquoi : "ce que je crois d'important, moi, dans cette histoire d'écrire en français, c'est de ne pas se sentir dépossédé de

---

[6] Kourouma voit l'adaptation du français possible sur deux plans. (1) Dans la langue de tous les jours, où les individus proviennent de différentes ethnies et ne peuvent pas communiquer dans leur langue maternelle mais doivent utiliser un français "africanisé", aussi appelé "petit nègre", ou "le français de Moussa". "C'est cette idée de l'africanisation du français qui nous permet […], dans le français, de faire notre petite case à l'intérieur". (2) Dans la langue littéraire, qui présente pour lui un plus grand intérêt. Kourouma pense qu'un auteur africain qui n'a que le français pour écrire a besoin d'une langue qui lui permette d'exprimer "la totalité de son personnage, avec tout ce que le personnage aurait présenté dans l'oralité". Ce n'est pas facile, et les auteurs africains utilisent un certain nombre de méthodes, par exemple "rechercher dans le français le mot qui convient le mieux", souvent le plus archaïque, accumuler les synonymes, et utiliser les formes syntaxiques de la langue maternelle dans laquelle les mots se présentent dans un ordre différent.

soi-même en écrivant en français". Plusieurs auteurs ont décrit comment on peut "se perdre" à l'intérieur de l'autre langue. Contrairement à Dracius, et basé sur son expérience personnelle, décrite en détail dans *Le monolinguisme de l'autre*, Derrida émet une "hypothèse" qui en fait est un doute : parce qu'il croit qu'il n'existe "pas de propriété naturelle de la langue" (46), l'appropriation ou la ré appropriation d'une langue est possible "seulement jusqu'à un certain point", car "l'appropriation ou la ré appropriation absolue" (46) d'une langue n'est jamais possible.

SOLIPSISME MONOLINGUE

> "Du côté de qui parle ou écrit la dite langue, cette expérience de solipsisme monolingue n'est jamais d'appartenance, de propriété, de pouvoir, de maîtrise, de pure "ipséité" [...] de quelque type que ce soit"(44).

Dracius, Kourouma, et Ancelet décrivent tous trois leur situation individuelle, leur expérience personnelle avec et dans une langue qui est unique, et spécifique à chacun d'eux. Pourtant, ils décrivent cette expérience en des termes qui vont au-delà de son caractère unique, et ils se rencontrent sur d'autres généralités, d'autres points communs, dans une langue qui est la même. Ils parlent tous une même langue, le français, et ils parlent tous des langues différentes à l'intérieur d'un même langage, ils parlent et écrivent chacun un français différent.

*"On ne parle jamais qu'une seule langue"* (21)
    Dracius, Kourouma, et Ancelet parlent en ce que Derrida décrit, dans un autre contexte, comme "un langage dont la généralité prend une valeur en quelque sorte structurelle, universelle, transcendantale ou ontologique" (40). Ils témoignent tous trois en une langue qu'ils parlent et écrivent, une langue qu'ils peuvent parler et écrire "d'une certaine manière et jusqu'à un certain point" (42) et qu'ils présentent, dans la même autre langue, le français, comme la langue de l'autre. À un certain moment, cette langue leur a été imposée (même s'ils pensent qu'ils l'ont choisie librement, même s'ils continuent à la choisir, ainsi que le pense Dracius), ou ils n'avaient pas d'autre recours que celui de l'utiliser puisque c'était *la seule et unique langue* qui leur était disponible.

Nous parlons ici de la langue du colonisateur. Toutefois, le même raisonnement ne pourrait-il être appliqué à notre langue dite maternelle? Car nous ne naissons pas français, anglais, russe, chinois, tchèque, ou berbère. Tous les êtres humains sont conçus avec le même potentiel pour tous les sons, pour les entendre ou pour les émettre, dans toutes les langues. Lorsque nous venons au monde, nous n'avons pas le choix de notre langue, nous n'avons d'autre recours que la langue imposée par notre environnement puisque c'est la seule langue qui nous soit disponible[7]. Chaque individu est élevé, acculturé dans la langue où il est né. En ce sens, Derrida note la "colonialité" essentielle de toute culture[8] :

> "Imagine-le, figure-toi quelqu'un qui cultiverait le français.
> Ce qui s'appelle le français.
> Et que le français cultiverait.
> Et qui, citoyen français de surcroît, serait donc un sujet, comme on dit, de culture française.
> Or un jour ce sujet de culture française viendrait te dire, par exemple, en bon français :
> "Je n'ai qu'une langue, ce n'est pas la mienne".
> Et encore, ou encore :
> "Je suis monolingue. Mon monolinguisme demeure, et je l'appelle ma demeure, et je le ressens comme tel, j'y reste et je l'habite. Il m'habite. Le monolinguisme dans lequel je respire, même, c'est pour moi l'élément naturel, non pas la transparence de l'éther mais un milieu absolu. Indépassable, *incontestable* : je ne peux le récuser qu'en attestant son omniprésence en moi. Il m'aura de tout temps précédé. C'est moi. Ce monolinguisme, pour moi, c'est moi" (13-14).

Dès la naissance, assure Derrida, n'importe qui peut dire : "Je n'ai qu'une langue et ce n'est pas la mienne" (47). Notre langue natale, notre *propre* langue, est une langue que nous ne pouvons pas posséder, assimiler, approprier, nous ne pouvons pas "la dépasser". "Ma langue, la seule que je m'entende parler et m'entende à parler,

---

[7] Même si un enfant est élevé à part égale dans deux langues familiales, plus de deux en certains cas, ce raisonnement est valable pour chacune de ces langues. Dans cette section, il est traité du monolinguisme à l'intérieur d'une même langue.
[8] Du latin *colonus* (fermier) et *colere* (cultiver, élever).

c'est la langue de l'autre" (47), toujours venant de l'autre, donnée par l'autre, imposée par l'autre.

La promotion du monolinguisme soutenu par "un génocide linguistique et culturel" n'est pas nouveau. Phillipson rappelle que "le monolinguisme a un long pédigré", et il en offre une revue rapide depuis les Grecs jusqu'aux idéologies présentes, en passant par le colonialisme et la "politique linguicide" de la révolution française[9]. Les statistiques suggèrent que la dominance d'une langue généralement implique l'exclusion et la disparition des autres langues, souvent sous le couvert d'une rhétorique d'homogénéité perçue, pour diverses raisons, comme bénéfique. Toutefois, les recherches indiquent que le monolinguisme est plutôt l'exception, et que le bilinguisme ou même le multilinguisme restent la norme de par le monde, au niveau individuel et au niveau de la société, alors que la relation entre les langues ne reste jamais statique[10].

*"On ne parle jamais une seule langue"* (21)
Derrida cite Khatibi, qui "tient contre son oreille la conque volubile d'une langue double" (64), et qui, dans sa *Présentation* pour *Du bilinguisme* écrit :

> " S'il n'y a pas (comme nous le disons après et avec d'autres) *la* langue, s'il n'y a pas de monolinguisme absolu, reste à cerner ce qu'est une langue maternelle dans sa division active, et ce qui se greffe entre cette langue et celle dite étrangère. Qui s'y greffe et qui s'y perd, ne revenant ni à l'un ni à l'autre : l'incommunicable"[11].

Le "monolinguisme absolu" ne pourrait être possible que si une langue pouvait être une entité homogène, fermée sur elle-même, avec des limites bien définies, impénétrables, immuables. On a déjà essayé. Par exemple, l'Académie française des Belles Lettres fut créée sous Louis XIV pour réglementer la langue et la rendre uniformément conforme au français de l'Ile de France que le gouvernement tentait

---

[9] PHILLIPSON, *op. cit.*, 19-20.
[10] FISHMAN, J.A. (1990) : "What is reversing language shift (RLS) and how can it succeed?" *Journal of Multicultural and Multilingual Development* 11 (1 and 2) : 5-36.
[11] KHATIBI, A. (1985) : *Du bilinguisme*. Paris: Denoël, 10 ; texte souligné par Khatibi.

d'imposer dans l'espoir de créer un royaume plus homogène et plus cohésif. L'Académie française est encore puissante, et régit toujours la langue française si on en juge par les débats récents sur la féminisation des titres professionnels. Pourtant, l'histoire a prouvé que la stricte codification d'une langue n'est pas possible, car elle implique qu'une langue existe dans l'absolu et en isolation et qu'elle n'évolue pas. Une stricte codification ignore le facteur *accident* dans la création et la vie d'une langue, et limite son expression. Les possibilités d'invention sont ignorées, alors qu'elles sont absolument vitales pour toute langue. En fait, c'est ce qui fait toute la différence entre les langues mortes et les langues vivantes. Ce contrôle de la langue est si important, si intraitable, qu'il revient parfois à une interdiction. C'est ainsi qu'Ancelet le ressent lorsqu'il décrit son expérience en France, où "presque chaque fois" qu'il disait quelque chose, son interlocuteur français (de France) déclarait : "Ça se dit pas". Ancelet répondait toujours : "Ben oui ça se dit, je viens de te le dire". L'interlocuteur français insistait : "Ben non, ben non, c'est pas du français". Ancelet demandait alors : "Et c'est quoi? C'est quand même du français. [...] C'est tout des mots du français". Et l'interlocuteur français de répondre : "Mais non, mais c'est seulement les poètes et les écrivains qui peuvent se permettre de créer la langue".

Une langue est forcément multiple, et pas seulement pour les poètes et les écrivains. Dracius pense que "cette franco-phonie, et cette franco-graphie, elle est multiple. Elle est le reflet d'une énorme diversité". En fait, les langues orales sont les plus créatives, leurs bordures les moins rigides. Kourouma décrit son expérience avec sa langue :

> "les langues orales, par exemple notre langue à nous, par exemple le malinke, est beaucoup plus riche que la langue écrite. Parce que les langues orales, par exemple les langues comme le malinke, on construit, en parlant, vous pouvez construire des mots dans le langage qui n'est pas possible dans une langue écrite. Les mots sont fixés d'avance [...]. Puis [...] il y a beaucoup de nuances qu'on peut exprimer dans la langue orale qu'on ne peut pas faire en langue écrite, parce que c'est fixé d'avance".

Dans sa discussion des langues, Derrida veut "suspendre" les conventions linguistiques qui exigent des distinctions entre langues orales et langues écrites, entre une langue, un idiome, un dialecte, un patois. Il ne voit dans ces distinctions que des critères *externes*, qu'ils soient quantitatifs (ancienneté, stabilité, extension démographique du champ de parole) ou "politico-symboliques (légitimité, autorité, domination d'une 'langue' sur une parole, un dialecte ou un idiome)" (23). Il ne perçoit pas de "traits *internes* ou *structuraux* qui distinguent rigoureusement entre une langue, un dialecte, et un idiome" (23). Il veut les traiter de façon égale, car ce qui est le plus intéressant dans les langues et les cultures, c'est précisément ce qui se produit sur leurs bordures, à leurs points de rencontre, de croisement, d'inter-section. Ce sont ces phénomènes qui brouillent les frontières, et qui, lorsqu'on les traverse, font "apparaître leur artifice historique, leur violence aussi, c'est-à-dire les rapports de force qui s'y concentrent et en vérité s'y capitalisent à perte de vue" (24). Ce qui compte, c'est "l'incommunicable" qui se produit dans cette "division active, et ce qui se greffe entre cette langue et celle dite étrangère"[12].

Selon Derrida, le monolinguisme de l'autre est avant tout "une loi", celle de la structure coloniale inhérente à toute culture (*colonus, colere*). Le monolinguisme de l'autre, imposé par l'autre, devient loi, et tente de réduire toutes les langues à une expression unique, à La Langue, "c'est-à-dire à l'hégémonie de l'homogène" (69). Dracius décrit son expérience avec le créole :

> "en Guadeloupe, beaucoup de gens continuent à appeler le créole 'le patois'. Donc on nous a dit que c'était pas une langue, on nous a dit que c'était un dialecte, on nous a dit que c'était un patois, etc. Donc on nous a éduqué mentalement à ne pas nous considérer comme bilingue. On nous a éduqué à considérer qu'il y avait La Langue avec un grand L qui méritait ce nom-là. Et puis à côté, y avait un petit caca de chien, un petit truc qui était vraiment un peu, bon, c'était pour rigoler, pour s'injurier. Vous savez, y avait des gens par exemple qui disaient : 'On peut pas parler d'amour en créole'".

Kourouma pense que l'explosion récente de la francophonie est la chose la plus saine qui soit jamais arrivée à la langue française. C'est reconnaître que la diversité est source de richesse, un sentiment partagé par Ancelet et Dracius. Car plusieurs variétés de français existent, et ils pensent qu'ils devraient tous être reconnus et acceptés

---

[12] KHATIBI, *op. cit.* : 10.

comme langues à part entière. "Il existe plusieurs français, et il faut les accepter, *tous* ces français, et je crois ce serait ça l'idéal" dit Kourouma. Dans la langue dominante, coloniale, ici le français, il est impossible de représenter la totalité de la réalité, de l'expérience telle qu'elle est vécue dans d'autres parties du monde, dans d'autres cultures, dans un contexte africain, créole ou cajun, par exemple. Kourouma ajoute : "ma langue natale, ma langue maternelle permet d'exprimer mes réalités. Il y a un certain nombre de mots [en malinke], c'est la quintessence d'une civilisation, d'une culture. Or cette culture je ne peux pas la trouver, je ne peux pas aller la trouver dans une autre langue". La langue standard, qu'il s'agisse du français, de l'anglais ou de toute autre langue dominante, doit s'ouvrir et accepter l'addition de mots et d'expressions qui couvrent les expériences vécues et les réalités autres que celles du lieu d'origine de la langue "colonisante". Kourouma ajoute :

> "il est impossible [...] de nous présenter, de pouvoir exprimer notre réalité, la totalité dans le français classique. Il faudrait peut-être l'ouvrir, nous permettre, accepter nos mots. Bon [...] l'Académie française le fait très, très difficilement".

Ces trois auteurs insistent sur le fait que le problème le plus sérieux concernant le français, c'est de ne pouvoir s'exprimer "en totalité". Ce qui explique pourquoi ils aimeraient transformer la langue coloniale par l'africanisation, la créolisation, et, ajoute Ancelet, en créant justement une nouvelle expression, la "louisianification".

Dracius utilise ses deux langues de façon égale, et trouve que "de tout utiliser, de rien rejeter" et du créole, et du français, est ce qui lui permet d'écrire d'une façon totalement unique. Elle déclare : "Y a pas de raison que j'écrive comme tout le monde", et crée ainsi sa propre recette de monolinguisme. Ses deux langues "se chevauchent". Elle ne considère pas son écriture comme bilingue car, bien que dans l'acte d'écrire les deux langues soient présentes, "à l'arrivée, c'est du français". D'un autre côté, Ancelet reconnaît qu'il "ressentira toujours une sorte de présence, ou même pression de l'autre langue", que "constamment [il aura] à négocier entre les deux langues". Ce qui le conduit à insister qu'il est "bilingue, mais ce qui sort, c'est pas bilingue, c'est du français".

Le monolinguisme de l'autre signifie aussi que, "de toute façon on ne parle qu'une langue, et on ne l'*a* pas " (70). Reçue de l'autre, quelle que soit la langue, y compris notre langue natale dite maternelle, "notre" langue est *toujours* la langue de quelqu'un d'autre, elle vient *toujours* de quelqu'un d'autre. Ce qui permet à Derrida de dire que "l'adjectif possessif est une imposture". Comment qui que ce soit peut-il ou elle jamais posséder une langue? Cette imposture est d'autant plus évidente lorsqu'il s'agit de langues coloniales. Car dans le cas d'oppression ou de coercition linguistique, l'oppresseur, le colon, "le maître[13] ne possède pas en propre, *naturellement*, ce qu'il appelle pourtant sa langue" (45). "Le maître n'est rien" (45) si ce n'est son propre phantasme, d'autant plus terrifiant, d'hégémonie. Cependant il ne pourra jamais (ce sera totalement impossible pour lui, "quoi qu'il veuille ou fasse") "entretenir avec elle des rapports de propriété ou d'identité naturels, nationaux, congénitaux, ontologiques" (45). Il ne peut rendre compte de cette appropriation de la langue que par le biais de "constructions politico-phantasmatiques" (45). Seulement par ce que Derrida appelle "le viol d'une usurpation culturelle, [...] toujours d'essence coloniale", le maître peut-il "historiquement [...] feindre de se l'approprier pour l'imposer comme 'la sienne'" (45). Son phantasme est qu'il pense qu'il peut obliger les individus, des populations entières, à partager ce qu'il croit, "par la force ou par la ruse, [...] par la rhétorique, l'école ou l'armée" (45).

Toutefois, puisque la langue n'est jamais possédée, ne l'a jamais été, et ne le sera jamais, cette absence de possession n'est "ni un manque, ni une aliénation" (47). Ou en d'autres termes, pour Derrida, cette aliénation est inhérente à la langue, est "constitutive" de la langue. "Cette structure d'aliénation sans aliénation", dit-il, "structure le propre et la propriété de la langue" (48). Derrida décrit et discute son expérience personnelle avec l'aliénation et les langues dans une Alger de la deuxième guerre mondiale, où "la terreur politique et historique" (48) était déjà devenue une réalité pour l'enfant qu'il était, et pour tous les Français juifs en Algérie. L'exemplarité de sa situation, de son expérience, est le sujet de *Le monolinguisme de l'autre*. Pour lui, une telle exemplarité (comme dans le cas de

---

[13] Le pronom masculin accompagne toute référence au "maître", à l'"oppresseur", et souligne le caractère dominant de ces actions.

situations semblables à celles de Dracius, Kourouma et Ancelet) n'est pas simplement un exemple dans une série. De telles situations, de telles expériences, de tels "sujets [...] sont justement en *situation* [...] d'en témoigner exemplairement" ; ils exposent en un sens "de façon plus fulgurante, intense, voire *traumatique*, la vérité d'une nécessité universelle " (48-49).

L'impérialisme linguistique ne se manifeste plus sous forme de conquête coloniale *per se*, mais continue néanmoins à maintenir un contrôle hégémonique par divers moyens, y compris les missions religieuses, les entreprises philosophiques, les conquêtes de marchés, les expéditions militaires ou génocides, et surtout les écoles et les institutions scolaires.

## DROITS À L'ÉDUCATION : DROITS LINGUISTIQUES ET DROITS À UNE ÉDUCATION PLURIELLE

"Ce discours sur l'ex-appropriation de la langue, plus précisément de la 'marque', ouvre à une politique, à un droit et à une éthique" (46).

Phillipson rappelle que "le rôle principal de toute déclaration sur les droits de l'humanité [...] est de protéger l'individu contre un traitement arbitraire ou injuste"[14]. Bien que l'on se soit intéressé aux droits de l'humanité depuis plusieurs siècles, une attention sérieuse n'a été accordée que récemment aux droits des minorités et aux droits linguistiques en particulier. Cette partie de mon essai propose de considérer deux "interdits" imposés aux langues et décrits par Derrida, suivis d'un bref survol des progrès sur les droits linguistiques[15].

---

[14] PHILLIPSON, *op. cit.*: 93

[15] Sur l'histoire des droits linguistiques, *cf.* par exemple: CAPOTORTI, F. (1979) : *Study on the rights of persons belonging to ethnic, religious and linguistic minorities*, New York: United Nations ; PHILLIPSON, R. (1992) ; SIEGHART, P. (1983) : *The international law of human rights*, Oxford University Press ; SKUTNABB-KANGAS, T., PHILLIPSON, R. (1986) : "Denial of Linguistic Rights : The New Mental Slavery". Communication au $XI^{th}$ *World Congress of Sociology*, New Dehli ; SKUTNABB-KANGAS, T., PHILLIPSON, R. (1989) : *Wanted! Linguistic Human Rights*, ROLIG-papir 44, Roskilde: Roskilde University-center ; WOEHRLING, J.M. (15-17 novembre 1990) : "Les institutions européennes et la promotion des droits linguistiques des minorités. Le projet de Charte européenne des langues régionales et

En Europe, ce n'est qu'après la première guerre mondiale et les traités qui ont redessiné les frontières du vieux continent que les efforts pour codifier les droits linguistiques devinrent plus systématiques. La Convention Internationale des Droits Civils et Politiques de 1966 stipule :

> "Dans les états où des minorités ethniques, religieuses ou linguistiques existent, les personnes qui appartiennent à ces minorités ne se verront pas refuser le droit [...] de pratiquer leur propre culture, [...] ou d'utiliser leur propre langue".

Un certain nombre de ces organisations et de ces résolutions concernent directement l'éducation des langues, et préconisent l'enseignement des langues minoritaires "régionales", de la maternelle à l'université (Résolution Kuijpers, 1987, l'accès à l'éducation dans sa langue maternelle (Déclaration Universelle des Droits Indigènes, 1988), l'enseignement et de la langue maternelle et de la langue officielle (Séminaire International sur les Droits de l'Humanité et sur les Droits Culturels, Brésil, 1987) ou l'apprentissage de deux langues étrangères à l'école (Fédération Internationale des Langues Vivantes, 1988). Toutefois, ces conventions internationales ont leurs propres limites et demeurent vagues, en particulier en ce qui concerne leur statut légal, rarement spécifié de façon claire. L'UNESCO recommande que les Nations Unies "adoptent et mettent en application une déclaration universelle des droits linguistiques de l'humanité", en dépit des difficultés pour aboutir à un accord sur la définition de ces droits et sur la portée de cette déclaration. Il est certain que l'établissement d'"un standard normatif inaliénable" serait un pas décisif en vue d'aider les minorités à légitimer leur langue maternelle et ce, par l'éducation.

Le rôle que jouent les langues dans la société mérite l'attention la plus sérieuse de la part de *tous* les éducateurs. Une communication solide et claire est indispensable dans tous les domaines, mais surtout dans les écoles, où les enfants doivent avoir accès à l'éducation, et plus tard, au processus démocratique pour lequel ils doivent être capables de "communiquer, de donner et de recevoir des

---

minoritaires". Communication, *International Colloquium on Language Rights / Human Rights, Council of Europe*, Strasbourg.

renseignements vitaux pour leur participation comme citoyens"[16]. Dans les cas où les opportunités d'éducation sont réduites ou niées par le biais d'un contrôle linguistique ou de coercition, certains enfants risquent de se retrouver exclus du processus d'éducation, et plus tard, comme membres de la communauté, ils peuvent perdre leur habilité à prendre part au gouvernement de leur région et aux décisions qui affectent leur vie.

*Double interdit*
Derrida identifie deux "interdits" placés sur les langues. Ces deux interdits sont "d'abord une chose *scolaire*, une chose qui vous arrive 'à l'école', mais à peine une mesure ou une décision, plutôt un dispositif pédagogique. L'interdit procédait d'un 'système éducatif' " (65-66). Il insiste sur l'utilisation du substantif *l'interdit*, et sur son caractère "*exceptionnel* et *fondamental* " (66).
*La langue interdite.* Le premier interdit concerne la langue maternelle à laquelle l'accès est limité sinon défendu: à l'école en particulier, les enfants n'ont pas le droit de parler cette langue sous peine d'être sévèrement punis. Lorsque ce genre de situation se produit, déclare Derrida, l'objet de l'interdiction n'est "aucune chose, aucun geste, aucun acte" ; ce qui en fait est interdit, c'est "l'accès au dire, voilà tout, à un certain dire" (58). Mais ce "voilà tout" ne fait pas référence à un événement mineur. Il est là pour souligner "un interdit fonda-mental", un interdit "absolu" : "l'interdiction de la diction et du dire" (58). Derrida cite en exemple (encore une fois un exemple qui a l'universalité du témoignage exemplaire) sa propre situation au lycée d'Alger qu'il fréquentait alors. Bien que cela n'ait jamais été mis sous forme de loi, "ni frontière naturelle ni limite juridique", les élèves avaient le droit de choisir, ils avaient "le droit formel d'apprendre ou de ne pas apprendre l'arabe ou le berbère. Ou l'hébreu. Ce n'était pas illégal, ni un crime" (59). Derrida conclut que malgré tout, l'interdiction était là, mais, d'une nature différente, elle fonctionnait selon deux voies, "plus rusées, pacifiques, silencieuses, libérales" (59), mais elles étaient là quand même, et une aberration ; car dans son propre pays, l'arabe ne pouvait être appris que comme une langue étrangère.

---

[16] THOMAS, L. (1996) : "Language as Power: A Linguistic Critique of U.S. English", *The Modern Language Journal 80*(2) : 137.

Dans plusieurs pays, on trouve la langue qu'il est interdit de parler librement, offerte à l'école comme sujet d'étude, mais *comme langue étrangère*. Cette situation est courante aux États-Unis où les langues des immigrants (espagnol, français, allemand, chinois, japonais) sont apprises "de l'extérieur", comme la langue de l'autre. Ainsi que l'avait déjà noté Derrida, le nombre d'élèves inscrits dans ces cours au lycée est infime. L'une des raisons est que d'autres facteurs de contrôle sont en jeu, et surtout, peu d'enfants de minorités ou d'immigrants atteignent le niveau secondaire.

*La langue qui interdit.* Cet interdit "passe encore et surtout par l'école" (71), la cour, la salle de classe. La langue imposée, dominante, celle du maître, doit se substituer à la langue maternelle, doit devenir la langue principale, sinon unique. Toutefois, "la source, les normes, les règles, la loi [de cette langue] étaient situés ailleurs" (72), pas à la maison. Par exemple, pour Derrida qui vivait à Alger, pour Dracius à Fort-de-France, pour Kourouma à Abidjan, pour Ancelet à Lafayette, cette langue était située en France, dans la Métropole. Pour les enfants qu'ils étaient alors, c'était "un pays lointain, [...] non pas étranger, [...] mais étrange, fantastique et fantomal. [...] Un pays de rêve, donc, à une distance inobjectivable" (73). Cette langue imposée représentait, en la personne du maître, le modèle d'une langue "bien parlée", "bien écrite" ; elle représentait la langue du maître et symbolisait le maître même (le colon autant que le maître d'école). Depuis ce pays éloigné, étrange et étranger qu'était la France, "arrivaient les paradigmes de la distinction, de la correction, de l'élégance, de la langue littéraire ou oratoire" (73).

Pour Derrida, Dracius, Kourouma et Ancelet, la Métropole était au-delà de la mer, au-delà de l'océan. Dans d'autres cas, et dans d'autres situations d'hégémonie linguistique et culturelle, cette distance géographique n'est peut-être que de la province à la capitale, de la campagne à la ville, de la banlieue aux quartiers chics. Mais dans tous les cas, cette distance existe entre, d'un côté, la réalité, le lieu et le contexte dans lesquels le groupe dominé vit au jour le jour, et, de l'autre côté, le lieu du pouvoir hégémonique. Dans tous les cas, elle est entre les standards d'une langue littéraire, "correcte", imposée par l'école, et la langue maternelle (interdite) parlée à la maison. Qu'il y ait une mer, un océan ou pas, il existe "un espace symboliquement infini, un gouffre, [...] un abîme" (75). Les programmes, fait remarquer Derrida, prennent alors la forme d'une "doctrine d'endoctrinement" (76) dans laquelle le contenu autant que les méthodes pédagogiques sont littéralement étrangers aux élèves. Le sujet dans lequel cela est le plus évident c'est l'histoire, bien sûr, suivie de près par la littérature. Celles-ci offrent aux élèves "l'expérience d'un monde sans continuité sensible avec celui dans lequel [ils vivent], presque sans rien de commun avec [leurs] paysages naturels ou sociaux" (76)[17]. Ce type d'enseignement ne tient pas compte des besoins pratiques des enfants de minorités, et encore moins de leurs besoins culturels, psychologiques ou affectifs. Kourouma parle de "sentir en africain", de ressentir la réalité, les sentiments, la vie, de les représenter dans toutes leurs dimensions, et de l'impossibilité de le faire dans ce qu'il appelle "le français classique". Derrida décrit une expérience semblable, et les descriptions de ces deux auteurs prennent, à nouveau, la forme d'un témoignage universel :

> "Tu perçois du coup l'origine de mes souffrances, puisque cette langue les traverse de part en part, et le lieu de mes passions, de mes désirs, de mes prières, la vocation de mes espérances. Mais j'ai tort, j'ai tort de parler de traversée et de lieu. Car c'est *au bord* du français, uniquement, ni en lui ni hors de lui, sur la ligne introuvable de sa côte que, depuis toujours, à demeure, je me demande si on peut aimer, jouir, prier, crever de douleur ou crever tout court dans une autre langue ou sans rien dire à personne, sans parler même (14)".

Derrida montre que, aussi sérieuse que cette discontinuité puisse être, elle a des conséquences encore plus graves. Au delà de l'écart qui existe toujours entre une culture littéraire et une culture non-littéraire, "outre cette hétérogénéité essentielle, outre cette hiérarchie universelle" (77), cette discontinuité souligne la rupture profonde entre la littérature dominante française ("son histoire, ses oeuvres, ses modèles, son culte des morts, ses modes de transmission et de célébration, ses 'beaux-quartiers', ses noms d'auteurs et d'éditeurs"(77), et la culture locale unique à la minorité dominée, créole, africaine, cajun ou algérienne. Derrida exprime le "prix du passage" : "On n'entrait dans la littérature française qu'en perdant son

---

[17] Dans toutes les colonies françaises, c'était le cas des enfants qui apprenaient l'histoire de "leurs ancêtres les Gaulois". Mais cela s'est aussi produit dans des pays non colonisés.

accent" (77). L'agent clé dans ce processus, c'est l'école, et surtout le maître, par le rôle principal qu'ils jouent dans la promotion de la langue et de la culture dominantes, et dans l'assimilation aux normes dominantes des élèves linguistiquement et socialement différents.

Les conséquences de ces interdits ont un effet dévastateur sur les cultures et les langues des minorités. Des mesures ont été proposées afin de minimiser les dommages qu'ont pu causer l'imposition d'une langue par l'éducation et le système scolaire.

*Droits linguistiques*

Par exemple, en 1999, la France a finalement signé la Charte européenne des langues régionales ou minoritaires, qui avait été ouverte pour signature par les Etats membres du Conseil de l'Europe à Strasbourg, le 5 novembre 1992, et mise en application le 1$^{er}$ mars 1998. En 1999 un rapport a recensé soixante-quinze langues parlées sur tout le territoire français, dont une cinquantaine dans les Dom Tom. Toutefois, cette charte limite sa définition des langues régionales ou minoritaires aux langues "pratiquées traditionnellement sur un territoire d'un Etat par des ressortissants de cet Etat qui constituent un groupe numériquement inférieur au reste de la population de l'Etat" et aux langues "différentes de la (des) langue(s) officielle(s) de cet Etat. Elle n'inclut ni les dialectes de la (des) langue(s) officielle(s) de l'Etat ni les langues des migrants"[18].

En 1993, l'ébauche de la Déclaration des droits des peuples indigènes a été complétée par le groupe de travail sur les populations indigènes de la sous-commission de l'ONU pour la prévention de la discrimination contre les minorités et pour leur protection. Puisque quelques articles concernant les droits à l'autodétermination et au territoire restent en litige, la proposition de cette déclaration n'a pas encore été adoptée[19]. Cette proposition contient deux articles particulièrement intéressants en ce qui concerne l'éducation, qui, bien que sous un numéro différent et avec une phraséologie légèrement modifiée, demandent les mêmes droits.

*Le droit de promouvoir et de développer sa langue maternelle.* Les lois nationales doivent garantir l'utilisation des langues traditionnelles

---

[18] Conseil de l'Europe, Traités Européens, STE N° 148. www.coe.fr.
[19] Sources: UN Doc. E/CN.4/Sub.2/1994/56 www.unesco.org ;
UN Doc. E/CN.4/Sub.2/1995/26 www.halcyon.com.

en éducation, dans les arts, et dans les moyens de communication, et doivent encourager cette utilisation. Cela implique la préservation de la langue maternelle / natale / familiale, et l'éducation dans cette langue. Durant le même colloque que celui où Derrida présenta pour la première fois son texte sur *Le monolinguisme de l'autre*, Glissant déclarait : "Chaque langue doit être protégée contre sa disparition aussi bien que contre sa fossilisation"[20]. Selon lui, cela unit toutes les langues dans une seule exigence, bien que cela ne soit pas encore reconnu comme tel :

> "Les attitudes doivent changer, on doit échapper à ce mouvement inévitable d'annihilation des idiomes, en reconnaissant à toutes les langues, puissantes ou pas, la place et les moyens de survivre dans un concert global".

*Le droit à toute forme d'éducation.* Les gouvernements doivent fournir aux communautés indigènes un soutien financier et institutionnel pour leur permettre de contrôler l'éducation locale, grâce à des programmes organisés et gérés par la communauté, et à l'utilisation des langues et des pédagogies traditionnelles. Existe-t-il une façon "correcte" d'enseigner une langue, de la façon dont on parle d'une "'bonne' manière" (c'est-à-dire standard) de la pratiquer? demande Glissant. Une telle position, selon l'auteur martiniquais, affecte "la conception [même] qu'on se fait de la langue" ainsi que la conception que l'on se fait "de son rapport à d'autres langues". Elle affecte aussi la base théorique des diverses disciplines associées avec les langues, que ce "soit pour les analyser, [...] pour les traduire entre elles, [...] [ou] pour en permettre l'apprentissage". Ce qui doit être mis en question, "c'est le principe même (sinon la réalité) de l'unicité intangible de la langue".

Ainsi la multiplicité a pénétré toutes les langues véhiculaires, et "leur est désormais interne", alors même qu'elles semblent vouloir résister au changement. A des degrés divers, il y a maintenant plusieurs anglais (britannique, américain, australien, sud africain, etc.), plusieurs espagnols (colombien, portoricain, catalan, etc.), plusieurs français (standard "parisien", québécois, créole, cajun, etc.).

---

[20] GLISSANT, E. (23-25 avril 1992) *Paysage de la francophonie* , communication faite au colloque organisé à LSU (*cf.* note 2), pour cette citation et les suivantes, pas de numéro de pages.

Cette multiplicité signifie "le renoncement implicite à l'orgueilleux à-part monolingue, la tentation d'une participation à l'emmêlement mondial". Cela n'est pas sans conséquences, et Glissant en perçoit trois en particulier :

> "1) Le raffermissement des anciennes langues orales, vernaculaires ou composites, leur fixation et leur transcription [c'est le cas du créole, du malinke, et du cajun]. [...] Il sera peu profitable, et même dangereux, de défendre ces langues d'un point de vue mono linguistique : ce serait les enfermer dans une idéologie et une pratique déjà dépassées.
>
> 2) Toute technique d'apprentissage ou de traduction doit aujourd'hui tenir compte de cette multiplicité interne des langues, qui va plus loin que les anciens clivages patoisants propres à chacune d'entre elles.
>
> 3) La part d'opacité dévolue à chaque langue, véhiculaire ou vernaculaire, dominante ou dominée, s'augmente démesurément de cette multiplicité nouvelle".

Cette multiplicité interne de la langue française, décrite et illustrée par les expériences personnelles de Dracius, Kourouma, Ancelet ou Derrida, rend difficilement justifiable la recherche d'un mono-linguisme fictif, sinon impossible. Par conséquent, il n'est ni souhaitable, ni réaliste de vouloir prétendre enseigner La Langue avec un grand L à laquelle Dracius fait référence. Il est tout aussi fictif ou dangereux, de vouloir prétendre à un "mode inédit", un moyen novateur et unique de transcription pour une langue jusque-là orale (cajun) dans le seul but de la faire reconnaître comme telle parmi les langues mondiales. Car, déclare Glissant, "il ne suffit pas d'affirmer le droit à la différence linguistique ou, à l'opposé, à l'interlexicalité, pour les réaliser assurément". Une telle stratégie fait courir à cette langue orale riche par ses images, variée dans ses structures, vitale dans sa souplesse, si apte à exprimer des sentiments ou une réalité "en totalité", le risque d'être pétrifiée, fossilisée, dépouillée de ce qui en fait sa verve. Glissant insiste :

> "Il faut préserver les opacités, créer un appétit pour les obscurités propices des transferts, démentir sans répit les fausses commodités des sabirs véhiculaires".

POUR CONCLURE

Partant des expériences personnelles narrées et enregistrées de Dracius, Kourouma, et Ancelet, et d'une lecture du texte de Derrida *Le monolinguisme de l'autre*, nous avons vu comment différents individus vivent la langue de l'autre, en ce cas le français, face à leur langue natale ou maternelle. Celle-ci est vécue de manière très différente selon le contexte personnel et social de chacun : pour Dracius, créole, c'est un choix libérateur ; pour Kourouma, malinke, c'est une imposition inévitable, voire une prison ; et pour Ancelet, cajun, c'est une appropriation nécessaire. Si l'on se souvient que toutes les minorités ne cherchent pas nécessairement à s'assimiler à la culture dominante, la question des droits linguistiques et culturels représente un problème majeur. Il est évident que le monolinguisme absolu est impossible puisque la multiplicité est en fait inhérente à toute langue, même là où l'éducation doit faire face à une double interdiction : celle de la langue interdite, et celle de la langue qui interdit. Plusieurs organisations ont répondu à ces problèmes en oeuvrant pour assurer une reconnaissance internationale des langues et des cultures régionales et minoritaires, et établir une charte des droits linguistiques : le droit de développer et de promouvoir sa langue maternelle, et le droit à toutes formes d'éducation, y compris à l'éducation dans cette langue.

Ces remarques suggèrent que la recherche en langues et en éducation a tout à gagner en renonçant au concept limité et limitant de la langue comme un simple outil distinct de toute expérience humaine, surtout en ce qui concerne la linguistique, et l'enseignement et l'apprentissage des langues, bien sûr, mais aussi dans toutes les disciplines. Enseigner seulement les aspects techniques et pragmatiques d'une langue et son fonctionnement mécanique tout en ignorant ses dimensions sociales, culturelles, et éthiques, est largement insuffisant, tendant plus à assimiler les apprenants qu'à leur apporter plus d'autonomie. La recherche a commencé à étudier les problèmes d'équité linguistique en éducation et dans la société, et à élargir sa perspective théorique. D'autres recherches devront étudier les langues au-delà du contexte national, au niveau global. Des travaux sérieux sont aussi nécessaires sur les dimensions idéologiques des langues et du pouvoir, en éducation, et dans la société en général.

# LE DISCOURS IDÉOLOGIQUE VÉHICULÉ PAR LES MANUELS DE FRANÇAIS EN ESPAGNE AU XIXe SIÈCLE : QUELQUES REPÈRES

Carmen Roig
Universidad de Cantabria, Santander

La vie des langues étrangères dans un pays donné est étroitement liée aux aléas politiques et historiques. Voilà une affirmation de portée générale qui doit présider à toute réflexion sur l'étude, la présence et les images du français en Espagne. La double perspective historique et politique permet de détecter les grands courants de pensée, les événements politiques, les enjeux économiques, et les changements sociaux et culturels de toute sorte qui ont favorisé ou entravé son étude, qui l'ont infléchie dans telle ou telle direction.

Dans cette perspective le XIXe siècle est en Espagne, comme partout en Europe d'ailleurs, la période décisive pendant laquelle se produisent les changements législatifs qui aboutiront à l'intégration de l'enseignement des langues étrangères, et notamment du français, dans le système scolaire et, dans le cas de ce dernier, à la consolidation pendant plus d'un siècle de son *statut* de langue étrangère dominante. C'est aussi, du point de vue politique, une période turbulente pendant laquelle se succèdent les affrontements entre les deux courants opposés libéraux et conservateurs dont l'alternance au pouvoir empêche toute continuité à une politique éducative, qui le long du siècle suivra un parcours erratique.

Dans ce parcours, nous décelons des moments privilégiés toujours associés au triomphe des idées libérales. Après la parenthèse napoléonienne, le *Reglamento de Instrucción Pública* de 1821 est le premier encouragement officiel à l'étude de la langue française dans les établissements scolaires[1]. En 1834, la création des Ecoles Normales, appelées à devenir de véritables foyers de libéralisme, feront du maître d'école le héraut de la modernité dans le monde rural. En 1836, *el*

---

[1] *Cf.* contribution de J. García Bascuñana dans ce même volume.

*Plan General de Instrucción Pública* constitue la première tentative sérieuse d'organisation d'un système d'éducation nationale. Ensuite, ce sera le tour des lycées ou *Institutos*, créés dans toutes les capitales de province à partir de 1845. Enfin en 1857 c'est la *Ley Moyano* portant sur l'organisation générale des études primaire et secondaire qui marque l'aboutissement de trente ans d'efforts menés, parfois en sourdine, toujours sans relâche, par une minorité éclairée en faveur de l'éducation, la culture et la modernisation du pays. L'adoption de modèles éducatifs étrangers, la traduction de manuels scolaires destinés à l'enseignement des mathématiques, des sciences, de l'histoire même, la création à l'Université, et à côté des Facultés traditionnelles, des Ecoles Techniques Supérieures destinées à l'enseignement des disciplines scientifiques et techniques, sont le fruit de ces années d'effervescence éducative (Sanz Díaz).

C'est pourquoi, lorsqu'en 1868 l'éclosion du mouvement révolutionnaire met fin à la monarchie et proclame la I<sup>e</sup> République, il ne faut pas envisager cet événement comme le fruit d'un enthousiasme momentané ou d'un mimétisme à l'égard de l'étranger, mais comme l'aboutissement du long cheminement du courant de pensée libérale, féru de laïcité, de modernité et de progrès qui au-delà des *Cortes de Cádiz*, plonge ses racines dans les projets rénovateurs de l'*Ilustración* et émerge à travers le siècle aux moments propices, laissant sur son passage des jalons de liberté. La révolution de 1868, appelée *la Gloriosa*, sera de courte durée, mais sa brièveté ne doit pas nous leurrer. La monarchie restaurée en 1874 sera désormais constitutionnelle, et le climat d'ouverture intellectuelle, le débat d'idées, le désir généralisé de rénovation laisseront des traces durables jusqu'à la fin du siècle (Domínguez Ortiz).

Dans ce contexte de changements politiques et surtout socioculturels, ce qui importe pour notre propos est de voir de quelle nature est la présence du français, comment s'inscrit-il au sein des transformations qui se jouent, quel va être son rôle dans le cadre d'un système scolaire, que les gouvernements libéraux conçoivent comme un des piliers de la modernisation. La consultation des textes législatifs est bien décevante à ce sujet. Entre 1821 et 1894, à peine quelques allusions vagues à la nécessité de l'étude des langues étrangères "más usuales", parmi lesquelles le français figure toujours en premier. Aucune précision pourtant sur les aspects pratiques de l'organisation de ces enseignements, laissés à l'initiative des centres. La seule exception est le Plan d'études de 1845 qui prévoit son étude obligatoire pendant deux ans, en 3ᵉ et 4ᵉ années du secondaire. Mais comme le caractère obligatoire établi par ce plan disparaît en 1850, jusqu'à 1894 ce sera à la direction de chaque établissement de proposer des cours de français à caractère volontaire, en fonction de la double disponibilité d'horaires et de professeurs. D'ailleurs, et sauf dans le cas des lycées les plus importants, dotés d'une chaire de français, la rétribution de ce professorat était souvent à charge des élèves. En somme, sur le plan législatif l'intégration scolaire du français, plutôt que véritable projet éducatif, semble relever du simple énoncé de principes, restés le plus souvent lettre morte.

Et pourtant, les faits vont à l'encontre de cet apparent désintérêt officiel. Sur le plan social, la connaissance du français reste une valeur, et cela a son reflet dans le cadre scolaire. Témoins, les nombreux manuels qui voient le jour à partir des années 40. Il ne s'agit plus des vieilles méthodes héritières de la pratique du XVIIIᵉ siècle ou de la *saga* Chantreau, qui ont monopolisé encore l'enseignement du français pendant le premier tiers du siècle. À présent, et le changement est significatif, se sont des manuels rédigés à l'intention de leurs élèves par les professeurs qui dispensent leur enseignement dans des établissements, publics ou privés, mais toujours dans le cadre du système éducatif officiel : lycées, écoles de commerce, écoles normales ou collèges religieux agréés. Dépassée la crise du premier tiers du siècle, le français n'est plus perçu comme la langue de l'envahisseur. Son apprentissage ou enseignement ont perdu leur charge idéologique première et répond à des critères pédagogiques tels que formation culturelle, formation moderne, ou même besoins professionnels. Malgré la passivité du législateur, qui pendant toute la période s'est limité à suggérer ou à conseiller l'étude du français, sans jamais procurer les moyens de le faire, la langue s'inscrit lentement, mais sûrement dans le système scolaire par la force des faits, comme matière complémentaire que les élèves choisissent librement.

Aussi, pendant toute la période de flou législatif qui va de 1834 à 1894, les manuels constituent-ils une source privilégiée pour l'étude de cet enseignement et une mine inépuisable d'informations nécessaires à l'histoire du FLE. Mais aborder les manuels exige au préalable une définition du champ de recherche. D'une part, quant au concept même de manuel : même si à l'époque la notion est encore floue, nous envisageons le manuel au sens large et acceptons comme tels les livres de texte ayant été utilisés dans les établissements scolaires, même s'il s'agit de textes conçus à l'origine pour une utilisation extra-scolaire, comme c'est le cas des adaptations de la méthode Ollendorf. D'autre part, les manuels sont susceptibles d'une multiplicité d'approches, parmi lesquelles trois aspects nous semblent privilégiés : l'analyse des contenus linguistiques et grammaticaux et de leurs influences, sources et évolution, celle des contenus didactiques et finalement l'étude des contenus socioculturels, à travers auteurs, oeuvres, extraits et textes divers proposés comme lecture aux élèves. On pourrait encore ajouter les aspects institutionnels et économiques, dont les contraintes conditionnent les précédents, écartées pour l'instant. Jusqu'à présent, la recherche en Espagne semble avoir privilégié les deux premiers aspects[2] alors que les contenus socioculturels des manuels de français restent dans l'ensemble largement inexplorés. Or, se tourner vers ce dernier aspect revient à s'interroger sur l'éventuelle filiation entre les options idéologiques qui ont rendu possible leur présence à l'école, et le système de valeurs, les modèles de comportement et la morale sociale que ces manuels véhiculent. Car, pas plus que l'école, le manuel scolaire n'a jamais été neutre, et le législateur en est très conscient, qui s'est toujours empressé de le contrôler. En effet, partout, dès son apparition, le livre scolaire est soumis à l'approbation des autorités qui veillent sur les contenus moraux et idéologiques. En Espagne, le dispositif de contrôle est mis en place dès 1838, (Escolano 1993) et il ne sera jamais tout à fait supprimé, même si ce contrôle est plus ou moins strict, et de signe différent, au gré de l'idéologie au pouvoir. L'étude des aspects idéologiques à l'œuvre dans les manuels de français est le complément nécessaire à l'histoire de son enseignement, si l'on veut tracer son portrait fidèle. Surtout lorsqu'il s'agit des manuels destinés à un enseignement public, en principe plus sensible aux orientations du pouvoir. A. Choppin rappelle à ce propos que "les manuels scolaires ne sont pas seulement des outils pédagogiques : ce sont aussi les produits des groupes sociaux qui cherchent à travers eux, à perpétuer leurs identités, leurs valeurs" (1993 : 5-9).

L'établissement d'un corpus représentatif est le premier pas pour chercher les traces laissées dans les manuels par les transformations sociales et politiques. Cela pose quelques problèmes. D'une part, l'absence d'un répertoire de référence pour la période. Rien de comparable en Espagne aux travaux menés par E. Hammar et par l'équipe

---

[2] *Cf.* notamment Actes du Colloque *S.I.H.F.L.E.S.*, Tarragone 28-30, sept. 1995, *in Documents pour l'histoire du français langue étrangère ou seconde* n° 18, décembre1996.

italienne coordonnée par C. Pellandra et N. Minerva pour leurs pays respectifs. Ici, nous ne disposons, pour l'instant, que de travaux fragmentaires qu'il faut manier avec beaucoup de prudence[3]. D'autre part, pour mener une étude des contenus dans la perspective idéologique, il ne suffit pas de relever les tables de matières ou d'établir les statistiques des auteurs et des oeuvres proposés, même s'il s'agit là d'un premier pas indispensable. Dans notre cas, il faut aller au-delà et procéder à des analyses de détail des textes de lecture, sans exclure les textes fabriqués, les exemples ou les listes de vocabulaire. C'est une recherche de longue haleine dépassant le cadre restreint de cette intervention, qui se limitera à une première approche. Aussi, plutôt que de courir après une exhaustivité impossible, dans un premier temps nous avons penché pour une solution de compromis, procédant à une sélection à deux niveaux. D'abord nous prenons comme *corpus* de référence les fonds de la *Biblioteca nacional* et de la *Biblioteca pedagógica* de Madrid et ceux de la *Biblioteca de Catalunya* de Barcelone. Au total, une large centaine de manuels consultés, 47 pour la période 1840-1880 et 69 entre 1880 et 1894.

Une consultation rapide permet d'établir un classement de ce *corpus* en fonction de critères formels. On peut y distinguer :

- les manuels au sens strict, c'est-à-dire, les textes officiels destinés à l'enseignement dans les établissements scolaires,
- les méthodes modernes à caractère international, en vogue à l'époque, telles que Ahn, Robertson, Ollendorf, amplement diffusées dans les écoles de langue, mais aussi en milieu scolaire et qu'on peut considérer comme des manuels au sens large,
- les manuels destinés à la lecture, à l'exclusion de tout contenu grammatical, genre *Morceaux choisis..., Recueil..., Leçons de ...* souvent conçus comme le complément d'une grammaire du même auteur,
- les grammaires ou manuels proposant en annexe un supplément, en général bref, de textes de lecture ou traduction.
Les grammaires ou manuels intégrant dans les leçons de brefs extraits, parfois d'auteur, comme exercice complémentaire de lecture et vocabulaire.

---

[3] Actuellement, l'équipe de recherche d'Histoire du FLE de La Universitat Rovira i Virgili de Tarragona, sous la direction de J. García Bascuñana, travaille à l'élaboration d'un répertoire de manuels dans le cadre du Projet de recherche P897-0410 de la DGICYT.

Toutes les catégories sont amplement représentées dans la période, mais le genre *Morceaux choisis* paraît dominer les années 1840-1850, pour reprendre à nouveau le devant de la scène vers 1890, date à partir de laquelle l'étude du français semble s'orienter à nouveau vers la littérature, sans doute sous l'influence du développement important des études philologiques et de la présence dans les lycées des premiers *catedráticos* philologues.

Dans un deuxième temps, à l'intérieur de chaque catégorie nous avons retenu les textes ayant connu une plus large diffusion, attestée par le nombre d'éditions, et par leur dispersion géographique. À côté de ces phares de l'enseignement du français, la présence de certains manuels à caractère original et apparemment unique nous a paru mériter une attention particulière, tels ceux de L. Chartrou au lycée de Cáceres, et de B. Darribes maître de langue à Barcelone, qui s'opposent. Ce choix limité constitue plutôt un échantillonnage qu'un véritable *corpus*, mais dans sa diversité il nous semble suffisamment représentatif de la pratique de l'enseignement du français à l'époque. Malgré sa dimension réduite, il permet de dégager sur la longue durée, les lignes maîtresses et l'évolution des valeurs véhiculées par cet enseignement.

Loin de nous la prétention d'expédier en quelques lignes la richesse et la complexité de la pensée libérale en Espagne. Les spécialistes ayant étudié la question s'accordent à reconnaître sa diversité, même ses contradictions, mais également ses constantes à travers les vicissitudes du devenir politique. Parmi ces dernières, une idée-force revient sans cesse, celle de rénovation, de modernisation, de progrès, avec comme corollaire inévitable la nécessité de rompre avec les formes caduques du passé et d'ouvrir le pays sur l'extérieur. Parce que le triomphe des idées libérales ne se limite pas à combattre la monarchie de droit divin et le pouvoir absolu. Le système de valeurs, les vieilles traditions, l'omniprésence de l'Eglise qui ont soutenu et caractérisé l'Ancien Régime sont remises en question en même temps. À leur place, la modernité avec son cortège de nouvelles valeurs cherche à s'installer, dans la législation, sans doute, mais aussi dans les esprits et dans les mœurs.

Rien d'étonnant à ce que la modernisation du système scolaire ait été le cheval de bataille de l'action politique libérale et la bête noire de ses opposants. Rien d'étonnant non plus que les langues étrangères aient été dès le départ associées à ces projets de rénovation et d'ouverture, même si le législateur n'a eu ni la lucidité, ni, peut-être, la volonté réelle de mettre en oeuvre les moyens nécessaires de rendre effectif leur enseignement. Mais, puisque comme nous l'avons dit, à son insu, cet enseignement s'est affirmé, il faut s'interroger sur la présence de cette modernité fondatrice dans les manuels qui en sont l'instrument privilégié. Dans cette interrogation, deux aspects semblent complémentaires et également importants : l'idée que les auteurs des manuels eux-mêmes se font de la langue et les contenus proprement dits, qui sont censés la traduire.

Dans les limites de cette contribution nous n'aborderons que le premier aspect. En l'absence d'orientations officielles contraignantes, les auteurs ont toute liberté pour exprimer des vues personnelles, des objectifs nouveaux qui annonceraient une évolution, même une rupture avec les pratiques du passé. Car en effet, l'enseignement du français au XIX$^e$ siècle est l'héritier d'une tradition déjà bien établie. Pour les élites éclairées du XVIII$^e$, le français a été sans conteste la langue de la culture scientifique. Dans leurs projets éducatifs, ils se sont tenus en marge des polémiques envenimées autour de l'universalité du français et de sa prétendue supériorité. Mais ils ont soutenu sans ambages la nécessité de son étude pour la formation de la jeunesse. Pour eux, le français est un instrument neutre qui donne accès aux savoirs scientifiques et techniques cultivés à l'étranger et un moyen de communication avec l'extérieur. Bref, son étude est une exigence de la vie moderne. Il serait vain de chercher chez les praticiens du XIX$^e$, l'unanimité des grands réformateurs du siècle précédent, ne serait-ce qu'en raison du nombre. L'analyse des avertissements, prologues et avis divers adressés aux lecteurs, montre une perception de la langue plurielle. L'accent est mis tantôt sur l'aspect pratique, limitant les besoins des apprenants aux échanges commerciaux, tantôt sur l'image de prestige, comme langue universelle et de culture. Au long du siècle, l'éventail des objectifs de la langue s'élargit et embrasse des nuances nouvelles qui enrichissent son image, tout en atténuant ses liens avec la culture scientifique et le progrès.

L'apparition avec un siècle de retard de l'idée de l'universalité du français dans l'argumentaire de certains auteurs surprend. Bergnes de las Casas, auteur prolifique et prestigieux de manuels, dont les éditions successives traversent le siècle, l'invoque encore en 1883, le français "ha llegado a ser universal", rappelle-t-il. À la même date, Castellón abonde dans le même sens "Hoy puede llamarse universal por el uso constante que de ella [la langue française] se hace por todo el mundo y en todas las relaciones de nuestra vida actual". Le manuel

de L.Chartrou (1864) constitue un cas à part. Son enthousiasme dans
la défense du français a des accents presque lyriques. Sans nommer
l'universalité ou la supériorité, il décrit une langue universelle et supérieure, parée de toutes les qualités et destinée à remplacer le latin
comme langue internationale. Associée au prestige de la France et aux
idéaux de liberté et de fraternité, à la veille de la révolution de 1868, le
discours de Chartrou est le discours d'un patriote français ou d'un
*afrancesado* espagnol, adressé aux élèves du lycée de Cáceres :

> "Les tendances sociales progressives vers l'entière liberté et la fra-
> ternité des peuples [.....], les relations commerciales et politiques in-
> ternationales, favorisées par les chemins de fer et la télégraphie élec-
> trique, la situation géographique de la France, la prépondérance et
> les sympathies qu'elle a acquises dans le monde, et principalement
> en Europe, le développement littéraire, scientifique et philosophique
> dont elle a été l'un des plus puissants mobiles [....], toutes ces consi-
> dérations, dis-je, jointes au laconisme de la langue française ont fait
> adopter celle-ci comme langue internationale en remplacement
> d'une langue morte [...]
>
> *Ipso facto*, la langue française s'est associée aux besoins com-
> merciaux et politiques des peuples et l'étude est devenue d'autant
> plus nécessaire, que les Gouvernements l'ont comprise dans leurs
> programmes académiques et qu'elle sert d'interprète aux Puissances
> dans le haut et noble objet de faire respecter l'intégrité des droits na-
> tionaux".

D'autres auteurs, moins rhétoriques et plus réalistes, signalent simplement la nécessité de la langue. Burgell (1868) la juge "indispensable en nuestros días a todas las clases sociales", "indispensable bajo
muchos conceptos". Certains, (Hortelano 1863) vont jusqu'à limiter
son intérêt à l'acquisition de connaissances en lecture et traduction.

Au total, un discours sur la langue qui sonne faux par certains côtés. Faux par défaut, chez ceux qui tombent dans le lieu commun de sa
nécessité, incapables de préciser pourquoi, pour qui, comment, à quelles fins elle est nécessaire. On sent le cliché, derrière ces affirmations
en l'air, vieilles de deux siècles. Comme Bergnes, Cornellás, Castellón, sont en même temps des professeurs d'anglais dans les Ecoles de
Commerce, ils sont bien placés pour savoir que dans le monde économique le français a déjà initié son recul devant l'anglais. Leurs propos traduisent le souci commercial de vendre leurs ouvrages, autant
que leur foi en l'avenir du français. Faux par excès chez Chartrou,

évoquant les sympathies suscitées par la France, dans un pays encore meurtri par les suites d'une guerre cruelle contre sa présence. Son discours triomphaliste, soucieux de coller aux événements politiques immédiats, paraît décalé d'un demi-siècle.

Sans doute faut-il relativiser la portée de ces déclarations en faveur de la prééminence du français. Mais on peut parier que si elles figurent à l'adresse des futurs usagers du manuel, c'est parce qu'elles correspondent à une image de la langue bien établie dans la société, celle du français langue universelle et de prestige. Dans le même sens, nous observons la persistance d'une perception culturelle et élitiste de la langue, dont l'étude semble se justifier par la seule beauté de sa littérature. Dans les années 40, certains auteurs voient encore dans les classiques des leçons de morale et des modèles de conduite à imiter : "En los rasgos de moral, en las acciones heroicas, en las grandes virtudes, en la pintura de las debilidades y grandezas del hombre, es donde se sorprende el ánimo del niño y del adulto [...] es donde empieza a estimularse la afición a leer y a traducir"(Alemany 1848). D'autres y voient plutôt des modèles de "buen estilo" (Hortelano 1863). Bergnes (1852), insiste sur la beauté de la langue, "el bello idioma del pais vecino", opposant son choix de morceaux choisis "entre los mejores autores franceses antiguos y modernos" aux anecdotes dépourvues de sens et d'intérêt proposées par Chantreau et Ollendorf. Encore à la fin du siècle, Castellón (1891) se propose de montrer à ses élèves "las grandes bellezas de la literatura francesa de los tres últimos siglos" insistant sur les auteurs contemporains dont les oeuvres reflètent la langue actuelle. En effet, au long du siècle nous assistons à une évolution dans la perception des classiques. L'image culturelle bascule des auteurs anciens vers les modernes et leurs oeuvres ne sont plus exposées à l'admiration des élèves par leur pure beauté ou comme des modèles de style et de vertus à imiter. Le critère pratique fait aussi son apparition dans l'étude de la littérature de la main des auteurs contemporains, qui deviennent ainsi l'instrument d'accès aux réalités actuelles et au langage parlé par les gens cultivés reflétés dans leurs oeuvres. Le cours de langue et civilisation françaises se profile à l'horizon.

Certes, ce recours aux auteurs modernes, annoncé comme signe de la nouveauté de certains recueils, sent parfois le cliché, le truc publicitaire. Car il sonne faux lorsqu'on voit figurer La Bruyère et La Fontaine parmi les contemporains annoncés. Pourtant, cette contradiction même est un indice que la modernité en littérature est devenue une valeur.

Parallèlement, l'irruption dans la scène des recueils littéraires de la vieille polémique du gallicisme, corrupteur de la langue nationale nous renvoie à une étape qu'on aurait cru révolue. Certains auteurs, prudents, (Bergnes 1883) se limitent à rappeler l'importance d'éviter le gallicisme dans la traduction scolaire. Alemany présente son choix d'auteurs classiques comme un moyen efficace de combattre "la plaga de los malos traductores [y] la corrupción del castellano". D'après cet auteur, le cours de français serait en partie responsable de cette corruption de la langue maternelle des jeunes élèves, obligés de mal traduire des textes sans valeur. Cornellás, plus catégorique, voit la traduction d'œuvres françaises comme " la causa de la corrupción de nuestro hermoso idioma, de la introducción del galicismo, que ya por desgracia ha invadido nuestra literatura". Il est contraire aux recueils littéraires dont le caractère fragmentaire, la difficulté et l'éloignement du langage actuel rendent la traduction scolaire inadéquate. Son choix se tourne vers de petites pièces, sorte de saynètes, dont le caractère dialogué est proposé "como remedio eficaz contra ese mal lamentable".

À la fin du XVIII$^e$ siècle, Capmany tonnait contre les mauvais traducteurs corrupteurs du castillan, aujourd'hui, mauvais recueils et mauvais praticiens seraient la cause du même malheur. Sincères ou rhétoriques, ces protestations traduisent un malaise chez les professeurs de français. Comme si d'avance, ils devaient s'excuser d'enseigner une langue et une littérature qui porteraient ombrage à la dignité nationale. Autant que les hésitations entre les classiques et les modernes, ces scrupules déplacés traduisent la difficulté des professeurs à définir leur enseignement, à le situer par rapport aux réalités nouvelles. À l'opposé, l'élargissement des destinataires et leur nouveau profil, semblent s'inscrire plus nettement dans le courant de la modernité, marquant une rupture avec le passé.

Traditionnellement, l'étude de la langue a répondu à un double critère, de prestige pour la noblesse, fonctions d'Etat, cour et élites intellectuelles, et de pratique pour les commerçants et voyageurs. Au XVIII$^e$ siècle se produit un premier élargissement de ce public, associant la langue à la formation scientifique de la jeunesse et à la traduction et information en général. Aujourd'hui, la langue est devenue indispensable "a todas las clases de nuestra sociedad", déclare Burgell (1867) qui, guidé par la seule idée "de ser útil a la Patria" dédie son manuel "A los Españoles y en particular al Magisterio, por ser la clase a quien está confiada la instrucción y educación". En effet, associée à un projet d'éducation scolaire, elle s'adresse désormais à toute la jeunesse et ses objectifs dépassent sa fonction première d'instrument utile, pour embrasser la formation humaine et intellectuelle. C'est ce qui ressort des déclarations réitérées des auteurs. Pour eux, l'étude du français contribue "a la instrucción de la juventud" (Caze 1861), est utile "a la juventud estudiosa" (Bergnes 1872), permet de "cultivar la inteligencia", d'instruire la jeunesse et de la préparer à devenir "útil a la Patria" (Araujo 1891).

Instruction, éducation, service de la Patrie, voilà des idées à rattacher au discours officiel de la pensée libérale sur l'école. L'étude du français est désormais l'affaire d'une nouvelle élite caractérisée par sa jeunesse, son instruction et son patriotisme. Ce sont les accents de la modernité.

Dans le même sens vont ceux qui affichent une perception de la langue résolument pratique, dépourvue de tous les oripeaux liés aux arguments de prestige. La diversité de leurs points de vue, les contradictions, les polémiques même, montrent à quel point ils ont du mal à définir le concept. La fonction des textes de lecture dans l'enseignement se situe au centre du débat. E. Benot (1856), le promoteur des méthodes Ollendorf qu'il adapte au français, et dont les éditions successives remplissent le siècle, ouvre le feu rejetant sans ambages tout texte de lecture, que ce soit des textes d'auteur ou pas, car "aunque muy importantes, no es esencial para el conocimiento y práctica de la lengua". Caze (1861) rejette également les textes d'auteur, anciens ou contemporains, mais critique les thèmes dépourvus de sens des manuels d'Ollendorf. Les textes de lecture sont un élément indispensable, et la visée pratique consisterait à les fabriquer soi-même avec des critères pédagogiques, en tenant compte des connaissances et des intérêts des élèves. Ainsi, "para excitar a los alumnos al estudio", il imagine un voyage de découverte de la géographie d'Espagne à travers toutes ses provinces.

Hérouart (1856), professeur dans une Ecole militaire, concilie les deux aspects culturel et pratique, et, en complément d'un choix de textes d'auteurs classiques il propose une "recopilación de apuntes útiles y curiosos sobre los descubrimientos y progresos de la industria y de las artes". Burgell (1867), combine les textes d'auteur et les vocabulaires spécialisés "esenciales [...] para la conversación vulgar y científica". Les contenus de ces listes de vocabulaire thématique surprennent par leur modernité : les sciences, les arts et métiers, les professions libérales, la vie quotidienne, les institutions et surtout la vie politique qu'il présente marquent une nette rupture avec le passé. Son lexique reflète la vie moderne. De son propre aveu, ces vocabulaires constituent une mine "de conocimientos útiles".

Araujo (1891), à la fin de la période étudiée, est sans conteste l'auteur le mieux ancré dans la modernité. Du moins est-il le seul capable d'en donner les éléments : "Hoy se estudia francés para poder viajar por donde quiera sin necesidad de intérpretes, para poder sostener una correspondencia comercial sin acudir a extrañas plumas ; para poder leer los periódicos y ponerse al corriente de lo que se dice y se piensa del otro lado del Pirineo". Il conçoit l'étude du français comme "una necesidad de la vida moderna", fonction qu'il partage avec toutes les langues étrangères d'ailleurs.

Voyages, commerce, presse, accès aux courants de pensée qui animent la scène intellectuelle en France, constituent la panoplie d'une langue pratique, qui s'éloigne des mirages littéraires sans tomber dans un pragmatisme de commis-voyageur qui viderait la langue de sa dimension culturelle.

À la veille des changements législatifs qui marqueront l'intégration définitive du français dans le système scolaire, Araujo va plus loin dans sa réflexion sur le rôle du français à l'école. Dès sa position privilégiée d'intellectuel en vue et philologue de prestige international, auteur de grammaires, histoires de la littérature française et chrestomathies, dont le mérite est reconnu par tous, il fait le bilan de l'étape qui se ferme et tranche dans le débat sur la fonction de la littérature en classe de français. D'après lui, la pratique habituelle chez certains auteurs, d'utiliser comme livre de lecture et traduction une seule œuvre, fût-elle aussi prestigieuse que *Les aventures du Télémaque*, est à proscrire, car les élèves sont déroutés dès qu'ils se voient confrontés à un style différent. Entre les lignes se profile la critique, à peine voilée, de Bergnes de las Casas, le grand phare de l'enseignement du français pendant la seconde moitié du siècle, et dont le *Novíssimo Chantreau*, présente dans ces dix-huit éditions successives le *Premier livre du Télémaque* comme morceau de bravoure. D'autres, les plus nombreux, et lui-même dans sa *Chrestomathie française,* ont opté pour le recueil de morceaux choisis. La formule a le double avantage de familiariser les élèves avec une grande diversité de styles et de sujets, et de leur faire connaître les grandes oeuvres de la littérature française. Avec le recul de l'expérience, Araujo y voit plus d'inconvénients que d'avantages : langue, style, sujet, tout dans les auteurs classiques renvoie à un monde révolu, étranger aux élèves. Au bout de grands efforts, ils arrivent à traduire la langue des classiques mais ils ne parviennent pas "a leer una noticia del *Petit Journal*, ni a descifrar una carta, ni a sostener una pequeña conversación en francés". En somme, les professeurs doivent se débarrasser du préjugé littéraire car le cours de français n'est pas destiné "a perfeccionar la educación literaria de la juventud".

Dans cette première approche, envisagée ample dans la chronologie, mais limitée quant au *corpus* et aux contenus analysés, plusieurs conclusions se dégagent, autant de lignes de force permettant de suivre l'évolution de l'image du français comme véhicule des valeurs de la modernité dans le système scolaire. Dès le début de sa présence à l'école, et jusqu'à la fin du siècle, la coexistence, non exempte de rivalité et de polémique, de deux perceptions opposées de la langue, l'une pratique, l'autre culturelle, est un fait indéniable. Plus délicat est d'associer l'une ou l'autre de façon définitive au courant du progrès, tant elles se superposent, s'entrecroisent et interfèrent, parfois chez le même auteur. L'image pratique est, en principe, plus sensible aux valeurs du présent. Mais chez certains auteurs, la tendance à un pragmatisme aux vues étroites, dénature l'image de la langue comme véhicule d'information et d'ouverture à l'extérieur. Au bout de son évolution, pendant le premier tiers du XX$^e$ siècle, nous tombons dans une orientation pratique s'identifiant à une pratique grammaticale, qui ferait tourner la langue à vide. La perception culturelle paraît suivre une évolution de signe opposé. Ancrée au départ dans les valeurs du passé, sa réorientation vers les auteurs modernes témoigne d'un intérêt pour les valeurs du monde contemporain que leurs oeuvres véhiculent. Néanmoins, la logique de cette progression infléchit le cours de français vers le cours de littérature, négligeant la fonction communicative de la langue.

A partir de ces premières conclusions, dégagées d'un simple échantillonnage, deux voies de recherche restent ouvertes : l'établissement d'une grille d'analyse opératoire, permettant de les projeter sur l'ensemble des manuels de la période, et l'analyse des contenus de ce même échantillonnage, cherchant à dégager, au-delà des déclarations des auteurs, les valeurs effectivement véhiculées par les manuels et éventuellement leur filiation avec le courant de la modernité.

BIBLIOGRAPHIE

CHOPPIN, A. (1993) : *Manuels scolaires, Etats et sociétés, XIX-XX* siècles, Histoire de l'Education*, 58, Paris : INRP, Introduction : 5-9

DOMINGUEZ ORTIZ, A. (1988) : *Historia de España*, 12 vols. Barcelona: Planeta, vol. IX : 4-6

ESCOLANO, A. (1993) : "La politique du livre scolaire dans l'Espagne contemporaine. Jalons pour une histoire", *in Manuels scolaires, Etats et sociétés, XIX-XX* siècles, Histoire de l'Education*, 58, Paris : INRP : 27-45

FERNANDEZ FRAILE, M.E. (1996) : *La enseñanza / aprendizaje del francés como lengua extranjera entre 1767 y 1936. Objetivos, contenidos y procedimientos*, Granada, Serv. Publ. Universidad de Granada, [Thèse doct. Microf.]

A.A.V.V. [Autores varios] (1979) : *Historia de la educación en España*, Madrid, Ministerio de Educación y Ciencia, vol.II

PUELLES BENITEZ, M. (1991) : *Educación e ideología en la España contemporánea*, Barcelona : Labor

ROIG, C. (1994) : "Le rôle du français dans l'esprit de quelques *Ilustrados* espagnols : Feijoo, Jovellanos, Capmany", *in Documents pour l'histoire du français langue étrangère ou seconde* n° 14, décembre 1994 : 35-44

SANZ DIAZ, F. (1985) : *La Segunda Enseñanza oficial en el siglo XIX (1834-1874)*, Madrid : Ministerio de Educación Nacional : 35-57

UTANDE IGUALADA, M. (1964) : *Planes de estudio de Enseñanza Media, 1787-1963*, Madrid : Ministerio de Educación Nacional : 17, 269, 279, 309

*Corpus*

-1846 : TRAMARRIA, Fernando de, *Leçons françaises de littérature et de morale, choisies des meilleurs auteurs qui ont écrit dans ce genre par. ---- Ancien professeur de Langue Française à la Maison des Pages du Roi, à l'Ecole de Commerce, et actuellement à l'Université de Madrid. À l'usage des espagnols qui apprennent la langue française*, 2ᵉ éd., Madrid : Imprimerie Aguado, 240 pp. Dernière éd. 1882

-1848 : ALEMANY, Lorenzo de, *Colección de autores franceses dispuesta para la más cabal instrucción de la juventud* .Tercera edición aumentada con diferentes trozos y descripciones interesantes, Valladolid : Imprenta de D. Julián Pastor, 384pp.

-1856 : HEROUART, Adolfo, *Leçons abrégées de littérature et de morale, suivies de notions relatives à l'état militaire, choisies des meilleurs au-*

*teurs pour servir aux élèves du Collège d'Infanterie par ...,*Professeur de français de cet établissement, Toledo : Imp. S. López Fando, 355 pp.
-1852 : BERGNES DE LAS CASAS, Antonio, *Novísimo Chantreau o Gramática francesa. En la que se han enmendado , cuantas ediciones del Chantreau se han hecho hasta el día, aumentándose considerablement la parte sintáctica, que era defectuosísima, y hecho otras variaciones importantes,* por .D. ---, Profesor en la Universidad de Barcelona, autor de las nuevas gramáticas y crestomatías griega e inglesa, adoptadas para texto, y de otras obras elementales. Nueva Edición corregida y aumentada por el autor, Barcelona : Lib. de D. Juan Oliveres, 439 pp., 18 éditions (première : 1845, dernière : 1882,).
-1856 : BENOT, Eduardo, *Nuevo método del Dr. Ollendorf para aprender a leer, hablar y escribir un idioma cualquiera, adaptado al francés para uso de los alumnos del Colegio de San Felipe Neri de Cadiz,* 4ª ed. Cádiz: Imp. de la Revista Médica, XXVI + 445 pp., éditions successives jusqu'à la fin du siècle.
-1857 : DARRIBES, Bernardo, *Gramática española -francesa para uso de los españoles, por D--,* Presbítero francés, Barcelona : Lib. Bastinos, 256 pp.
-1861 : CAZE, Agustín, *Maestro de francés, teórico-práctico para uso de los españoles en 85 lecciones* por D. --, Segunda edición revisada por el mismo autor y adaptada al sistema Ollendorf, Madrid, Lib. Española, Barcelona : Lib. El Plus Ultra, 318 pp.
-1863 : HORTELANO, Agustín, *Curso de lecturas escogidas en prosa y en verso tomadas de los mejores clásicos franceses, como asimismo una recopilación de datos de los descubrimientos y progresos más notables hechos en las ciencias y en las artes y listas cronológicas de los autores,* por --- , Regente de segunda clase y profesor en varios colegios de esta corte, Madrid : Imp. A. perez Dubrull, 116 pp.
-1864 : CHARTROU, Léon, *Recueil littéraire, o prosa y verso para el curso académico de lengua francesa del Instituto de Segunda Enseñanza de Cáceres,* por ---, Catedrático numerario del mismo, autor de la *Gramática hispano-francesa y de El Jardín frances,* Cáceres, Imprenta Nicolás M. Jiménez, 80 pp. ; -1869, 2ª edición, Alicante : Imp. J. Gossart, 194 pp.
-1866 : CORNELLAS, Clemente, *El Antigalicismo, o sea, libro de lectura francesa, graduada y anotada con el fin de evitar galicismos en la versión española,* por D. --- Catedrático que fue de francés en el Instituto de Barcelona, de Inglés en la Escuela especial de Comercio de Madrid, autor de *las gramáticas francesa e inglesa,* Segunda edición, Madrid : Lib. de la Publicidad, VIII+402 pp.
-1867 : BURGELL, Rafael, *Novísimo método práctico-teórico para aprender la lengua francesa, Esta obra ha sido examinada y recomendada muy particularmente a los españoles por varios Sres. Profesores de francés y*

*varios Sres. Directores de Escuela Normal,* Barcelona : Tip. de N. Ramí-
rez, 424 pp.

-1883 : BERGNES DE LAS CASAS, Antonio, *Crestomatía francesa, Selec-
tas de los escritores más eminentes de Francia así en prosa como en verso, empezando por lo más fácil y pasando de esto progresivamente a lo
más difícil, con el análisis gramatical del Primer Libro de las "Aventuras
de Telémaco"* por --- el Excmo. Señor D--- Rector y Catedrático que fue
de la Universidad de Barcelona, autor de *las gramáticas y crestomatías
francesa, inglesa y griega, etc. etc. Obra aplicable a la gramática francesa del mismo y a todas las demás,* 2ª edición, corregida, variada y considerablemente aumentada por D. R. T. C., Pbro. [ presbítero], Barcelona :
Lib. De Juan Oliveres, 425 pp.

-1891 : ARAUJO Y GOMEZ, Fernando, *Temas de traducción, trozos selec-
tos, anécdotas, diálogos. Consejos, charadas, cartas, acertijos, chistes,
problemas, etc. coleccionados en francés para su traducción al español y
viceversa,* por ---- Catedrático numerario de francés. *Obra señalada de
texto en varios establecimientos de enseñanza.* Tomo I destinado espe-
cialmente a los alumnos de Primer año de francés, 6ª edición, Toledo :
Imp. Menor hermanos, VIII + 317 pp., nombreuses éditions.

-1891 : CASTELLON Y PINTO, Cayetano, *Trozos escogidos de literatura
francesa en prosa y verso desde el siglo XVII hasta nuestros días, coleccionados, clasificados y anotados para servir de ejercicios de traducción
a los alumnos de Institutos y Escuelas especiales* por ---, Bachiller y Peri-
to Mercantil, Catedrático numerario de Lengua Francesa del Instituto
Provincial de Jerez de la Frontera. Con un vocabulario al final del texto
comprendiendo las palabras más necesarias, Jerez de la Frontera : Imp. El
Guadalete, 282 pp.

# "L'ITALIE EST FAITE, IL FAUT FAIRE LES ITALIENS" : LA CONSTRUCTION DE L'IDENTITÉ NATIONALE DANS LES MANUELS SCOLAIRES

Rosalia Bivona
Université de Palerme

Le 18 février 1861 se réunit à Turin le premier Parlement italien et le 17 mars l'Assemblée proclame solennellement la constitution du Royaume d'Italie, acclamant comme souverain Victor Emmanuel I$^{er}$. Le parcours ardu pour y parvenir qui commence quarante ans auparavant avec des insurrections, des mouvements révolutionnaires, des guerres d'indépendance, a été balisé par les idées de Mazzini, Garibaldi, Cavour. Selon Mazzini, fondateur de la *Giovine Italia*, tout peuple a une 'mission' que Dieu lui a confiée et celle des Italiens est la création de l'unité politique de la Péninsule. L'absence d'unité, condition qui dure depuis environ quinze siècles, a eu un poids considérable dans la formation de l'image de l'Italie, aussi bien perception individuelle que perception collective.

Toutefois lorsque cet état unitaire, capable de souder les fractures géopolitiques, est créé, on se trouve devant une Italie faible, née sans un véritable noyau central : toutes ses forces se trouvent au Piémont, région décentrée, qui gravite pour nombre de raisons autour de la France, et c'est justement celle-ci qui donne l'aide diplomatico-militaire décisive. C'est alors que l'idée de nation se construit parmi mille difficultés, que la bipolarité nord-sud se révèle désagrégeante et qu'après le premier conflit mondial le Fascisme essaye de trouver un élément agglutinant dans l'uniformité et dans l'aplatissement politico-culturel. Le passage de la période unitaire à la période fasciste est marqué par quelques évolutions substantielles comme le passage de la capitale de Turin à Florence et enfin à Rome, la période de Giolitti, la révolution industrielle; les concepts de patrie et nation prennent alors un sens de plus en plus vaste et profond, ils sont répétés jusqu'à devenir une force évidente, persuasive et consciente.

Cette rapide esquisse historique nous fait comprendre l'énorme valeur attribuée au célèbre impératif : "l'Italie est faite, il faut faire les Italiens". Attribuée à Massimo D'Azeglio[1], cette phrase a été en réalité formulée par l'ancien ministre de l'Instruction Publique Ferdinando Martini, en 1896, quand l'Italie traversait une grave crise identitaire (Soldani, Turi 1993 : 17), et, de toute manière, elle exprime bien, sous une forme paradoxalement pessimiste, une situation réelle. Massimo D'Azeglio dans son célèbre livre *I miei ricordi*[2] s'était exprimé d'une façon bien plus vague, il parlait du *caractère* qui devait encore être forgé. Un recensement de 1861 révèle que plus des trois quarts de la population italienne était totalement analphabète.

Alors, comment des gens vivant dans des conditions de totale ignorance et de profonde misère pouvaient-ils ressentir l'idéal de la patrie libre et unie? "L'Italie est faite, il faut faire les Italiens" indique par son impératif, aussitôt stéréotypé, non seulement la difficulté mais aussi la volonté de construire une nation, volonté qui s'exprime dans toutes les manifestations de la vie sociale et politique, aussi et surtout dans les manuels scolaires dont le but n'est pas seulement didactique mais aussi éthique. Hobsbawm affirme que le nationalisme vient avant les nations et que par conséquent ce ne sont pas les nations qui forgent le nationalisme d'Etat, mais c'est le contraire (Hobsbawn 1991 : 12). Dans notre cas les choses se présentent différemment : pour l'Italie il ne s'agit pas d'une identité moins idéologique et précaire que celle de n'importe quelle autre nation, peut-être a-t-elle été seulement plus tardive et pénible, mais il s'agit d'un agrégat qu'il est inutile de chercher à décomposer pour arriver au prétendu atome indivisible, à une identité déclinable au singulier.

Notre corpus qui recouvre la période 1870-1940, est formé d'une cinquantaine de manuels scolaires publiés en Italie, écrits par des auteurs italiens pour des écoles italiennes. On peut y saisir de manière significative comment l'idéologie véhiculée était produite par ces événements historiques.

---

[1] Homme d'état, peintre et écrivain (1798-1866) très fidèle à Casa Savoia, il a été premier ministre entre 1849 et 1852, une période très difficile et agitée, il a beaucoup oeuvré pour l'Unité de l'Italie.
[2] Firenze : Barbera 1867, *cf.* l'édition coordonnée par M. Legnani 1963, Milano : Feltrinelli.

## L'IDENTITÉ NATIONALE COMME VOLONTÉ ET COMME REPRÉSENTATION

Toutes les identités, surtout l'identité nationale, naissent d'un acte de volonté héroïque et artificiel mais dicté par une éthique. Aussi bien la volonté que l'éthique sont des valeurs qui peuvent être transmises par les manuels scolaires et de façon d'autant plus évidente qu'elles émanent du tissu bariolé d'un savoir qui veut être totalisant, fondamental et nécessaire. Ainsi, dans ce monologue obstiné, des fragments d'histoire, de morale, de sciences naturelles, de langue et littérature italienne ou étrangère se mélangent, parfois se répondant, parfois s'ignorant, et s'insinuent dans les mémoires individuelles et collectives des adolescents.

L'Unification de 1861 n'est pas seulement synonyme d'indépendance et de liberté, mais elle a signifié également la construction d'une conscience nationale qui embrasse de vastes domaines historiques, sociaux, politiques et même éducatifs. Aussi a-t-elle suscité d'innombrables problèmes, tous liés à la recherche d'un appareil d'état unitaire, avec un seul parlement, une seule administration, une seule armée, une seule instruction (De Mauro, 1986). Cependant, si on veut qualifier les caractéristiques identitaires élémentaires, on s'apercevra paradoxalement qu'elles font défaut et ceci pour une série de raisons historiques, politiques, sociales et même éducatives. L'Italie, à un regard aussi bien intérieur qu'extérieur, n'offre pas une image unitaire (Galli della Loggia 1998 : 59-85) : la fragmentation séculaire du territoire a engendré des phénomènes atypiques, tels que l'absence d'un centre géo-politique. Ainsi l'Italie dès les années qui suivent son unification, apparaît incapable d'acquérir une physionomie précise et de s'imposer par sa propre autonomie[3]. Cette fragilité est la conséquence d'une absence aussi bien politique que culturelle, déterminée principalement par la césure entre identité nationale et identité italienne, c'est-à-dire entre les circonstances qui ont permis à l'Etat national de naître et de devenir et son passé historique. Tout ceci vient de ce que les multiplicités régionales ont conflué dans la construction unitaire sans être liées par la culture et la politique. Il est

---

[3] *Cf.* Ilaria Porciani, "Stato e nazione : l'immagine debole dell'Italia", *in* Soldani, Turi 1993 : 385-386.

donc impossible de sortir du mécanisme : l'oligarchie et la famille (Galli della Loggia 1998 : 64 – 65).

La culture, fonds primordial, espace qui veut être sans aspérités ni différences, est un élément fortement agrégatif, c'est pourquoi la naissance de l'école d'état est une arme contre la pluralité des dialectes et la réalisation du rêve sécurisant d'une Italie disparate et creusée par des histoires dissemblables. "L'école constitue, bien sûr, une pièce maîtresse dans ce dispositif. On y apprend non seulement la langue, l'histoire ou la géographie de la nation, mais aussi comment être et penser 'nationalement'. L'éducation morale s'insère dans l'apprentissage de la nation" (Thiesse 1999 : 237). Les manuels scolaires, malgré leur aridité et grâce à leur large accessibilité, sont fondamentaux, au sens strict du terme, et ils peuvent véhiculer la culture sous le masque d'une impressionnante neutralité qui cache mal l'idéologie dominante unissant deux grands objectifs : fournir les notions de l'histoire nationale récente et inculquer les principes de dévouement à la Patrie et à la famille, en canalisant les principes éthiques et politiques d'un plan général et collectif à un plan individuel, de façon que le Moi puisse s'y identifier. Tout cela peut amener à des aberrations comme par exemple le texte souvent cité de la mère qui, allant contre son instinct maternel, ne veut pas ouvrir la porte à son fils déserteur :

> "Un soir, un jeune soldat, échappé du camp, et ramené par la nostalgie au foyer paternel, frappe à la porte d'une cabane.
> - Qui est là? demande la mère, réveillée en sursaut.
> -Ouvrez, c'est moi, votre fils.
> - Vous, mon fils? vous mentez. Mon fils est à la frontière; rien ne doit lui faire abandonner son poste, pas même le désir de revoir sa mère : la patrie avant tout" (Lagorio 1931 : 97).

Ce morceau, sous prétexte d'apprendre l'emploi de la locution *en sursaut*, véhicule un militarisme poussé aux extrêmes conséquences : la dimension idéologique est disproportionnée et son impact est assuré par la dimension subliminale que prend l'exercice. Ce genre d'approche idéologique coïncide parfaitement avec les exigences du moment historique que distillent les manuels adoptés à l'école, parce qu'il répond aux attentes présentes et futures, et que ses armes sont l'exaltation du collectif, une exigence de justice et la fabrication d'un ennemi, d'un adversaire à combattre en cas de guerre, le danger étant toujours à l'affût[4]. Si on veut développer le concept de héros auquel tout élève doit aspirer, alors il faut créer le concept d'ennemi, jamais représenté mais toujours implicite comme une ombre sinistre. En tout cela le refus, la haine envers l'autre pourrait triompher s'il n'y avait pas l'amour pour la Patrie, la Famille, auxquelles il est indissoluble-ment lié et qui permet de créer un équilibre moral.

À ce propos il nous semble que l'exercice de rédaction suivant est particulièrement indicatif, il exige en effet de l'élève une totale inté-riorisation et dramatisation, au point de vue psychologique et linguis-tique, d'un contexte belliqueux :

> "Un jeune soldat, blessé en combattant les ennemis de la patrie, écrit à ses parents qu'il va mieux et qu'il espère être promptement rétabli. Il les exhorte à ne pas se tourmenter sur sa situation. Il s'estime heu-reux d'avoir pu verser son sang pour son pays. Il ajoutera qu'il as-pire après le jour où il pourra rejoindre son régiment et prendre de nouveau part à la guerre. Il combat avec joie et avec courage en pen-sant que c'est pour défendre ses parents, ses amis et le sol de la pa-trie" (Prat 1895 : 179).

Ici, derrière des consignes très précises, les ennemis sont à inventer, tout dépend de l'imaginaire de l'élève, tout comme il reste à imaginer non seulement le rapport affectif avec la famille dans cette circons-tance particulière mais aussi avec une famille idéale.

Le texte scolaire présente en général des visions partielles et idyl-liques de la réalité, justement parce qu'elle vise à perfectionner un monde et un imaginaire, et les choix opérés ne sont jamais neutres : il impose des nouvelles, cache des faits, hiérarchise des connaissances, tend à schématiser (Choppin 1989 : 4-7) et crée des impératifs moraux et grammaticaux qui souvent coïncident :

> "Obéissons aux lois de notre pays, servons-le avec dévouement et, au besoin, mourons pour lui. Ne mentons jamais, ne perdons pas notre

---

[4] Parmi la quantité d'exemples indicatifs, on relèvera les morceaux de Lamartine et de Georges Duruy cités par Cesareo, Amato 1926, respectivement aux pages 180 et 189, et G. Compayré, "Le service militaire", "Le soldat", *in* Bassi, s.d., ainsi que B. Rava, Corinaldi, Massano 1933 : 135-146, où nous semble intéressante l'image de la page 137 : un enfant qui prend un air de soldat, tendrement caressé par sa mère, mais il n'y a que la légende qui dit : "Un soldat en herbe", en réalité un chapeau avec quelque plume ne suffit pas : les vêtements pauvres et les pieds nus n'ont rien de guerrier.

temps, acquérons de l'instruction; rendons service à notre prochain, suivons les bons exemples; choisissons des amis vertueux; ne rions pas devant les malheureux; soyons loyaux, francs, sincères. Recevons les offenses sans les rendre, ayons de l'indulgence pour les autres et soyons sévères pour nous. Sachons maîtriser nos défauts; repentons-nous des fautes que nous avons commises et ne faisons rien sans réfléchir. Parlons peu, pensons bien et gardons nos secrets" (Gatti 1917 : 56-57).

Le besoin de construire une identité va au-delà des exigences de l'apprentissage d'une langue étrangère (Pellandra 1993 : 32-38) parce qu'il répond à des exigences fortement institutionnalisées et il doit être à même de créer un horizon d'attente : les manuels scolaires sont un élément important d'intégration, de motivation, de forme idéologique, à tel point qu'on peut y lire de véritables professions de foi : "Mon pays a été mon premier et restera mon dernier amour" (Poerio 1878 : 253).

Le manuel ne permet pas seulement la diffusion du savoir, il permet aussi de construire des représentations. Voilà pourquoi on trouve tant de descriptions d'hommes et d'événements exemplaires appartenant à l'histoire la plus proche comme à la plus lointaine : il s'agit de la mise en scène interposée d'une image personnalisée de l'histoire qui puisse effacer, grâce à un regard sur les origines, les récentes fractures et reconstruire l'ancienne et mythique unité perdue, celle de l'Empire romain.

Le texte est construit dans un espace-temps et se veut réalité, réalité des faits et des personnages tels que Silvio Pellico, Manzoni (Poerio 1878 : 291-306) ou bien Pietro Micca, Frédéric II, Napoléon, Louis XIV, Louis XI, Guillaume Tell, Christophe Colomb, Lycurgue et Solon, Périclès, Alexandre, Pompée, César, Charlemagne, Marguerite d'Anjou, Philippe II, Marie Thérèse, Frédéric le grand roi de Prusse, Washington (Arnaud, Corso II, 1880) sont décrits aussi bien dans les traits que dans leurs actions comme de grands héros, historiquement réels et concrets, pères de la patrie, et ils incarnent, chacun selon l'époque et les circonstances, des valeurs nationales. Ils agissent selon les composantes de l'idéal d'identité nationale, un idéal qui dans ses fibres les plus secrètes remonte plus loin que le XIXe siècle, et forgent une certitude plus convaincante que la dimension historique, politique, religieuse, morale où l'on peut puiser indéfiniment. Ces personnalités ensemble présentent un univers aux contours et aux valeurs stables et sûres auxquelles les futurs Italiens pourront se référer parce que l'histoire est un modèle de vie : il faut s'en inspirer parce que les hommes ne changent pas. Une image de l'histoire ainsi structurée facilite la sélection des informations et permet d'inculquer des jugements faciles, rapides, clairs et évidents. Les éléments qui composent cette image de l'histoire sont les sujets dominants, c'est-à-dire les phénomènes historiques réduits aux actions des grands hommes à qui l'on attribue ainsi une stature surhumaine; les entités collectives personnalisées, c'est-à-dire "les Français", "les Italiens", "le peuple romain" qui assument dans le domaine de l'histoire la même importance que les sujets dominants; les schémas stéréotypés de l'ordre social, ceux qui permettent de distinguer dans l'histoire de manière manichéenne les "bons" et les "méchants". Suivant cette image le sens de l'histoire se perd parce qu'il n'habitue pas à des jugements et à des orientations rationnelles[5].

Ce type de reconstruction peut aussi jouer le rôle de médiateur, c'est-à-dire être filtré à travers des notions qui concernent d'autres pays, en somme, on cherche à transmettre des valeurs intérieures pour l'interprétation du présent, mais celle-ci ne se réalise pas parce que l'analyse critique est inhibée.

Les récentes guerres d'Indépendance[6] deviennent une grille d'interprétation facile et se prêtent à toute une série de stéréotypes patriotiques qui aident grandement à analyser le parcours accompli et offrent des raisons gratifiantes d'orgueil. Chaque historiographie présente une mémoire de groupe et s'y appuie. Elle est sélective et capable de manipuler l'information pour distribuer les lumières et les ombres et recomposer les itinéraires du passé selon les nécessités du présent. L'approche est positiviste, fondée sur la connaissance des faits, attentive aux processus de légitimation et elle s'attribue la tâche supplémentaire de combler les vides et de recomposer tous les détails dans une optique de cohérence. Ce texte, proposé comme traduction de l'italien au français, décrit un événement relativement récent, bien connu des élèves de l'époque parce qu'encore vivant dans leur mé-

---

[5] *Cf.* von Friedeburg-Hübner, "Immagine della storia e socializzazione politica", *in* Barbagli 1972 : 271-273.

[6] La construction de l'Italie part de la libération du Nord de l'occupation autrichienne; trois guerres d'Indépendance se sont succédées, la première en 1848, la deuxième en 1859 qui donna lieu à la proclamation de l'Italie unie et la troisième en 1866 qui établit la capitale à Rome.

moire familiale. Il s'agit de la bataille de Novara de 1849[7], une étape de l'itinéraire unitaire particulièrement douloureuse, où la défaite subie est transformée en une victoire pour avoir témoigné d'un grand courage, d'un sens de la patrie hors du commun, en un mot : de pur héroïsme.

"La battaglia di Novara era perduta. Le nostre truppe rientravano in disordine, abbattute, pallide di dolore e di rabbia, in Novara. Esse avevano combattuto con gran valore, ma con forze impari, un nemico a cui la superiorità del numero, accresceva l'audacia. Era quello uno spettacolo assai triste. I cittadini piangevano imprecando alla sorte, che ripiombava l'Italia nella servitù.
Ad una delle porte della città, un giovane ufficiale d'artiglieria s'avvicinava ad un gruppo d'ufficiali di stato maggiore. 'Sei ferito, padre mio'? chiese ad uno di essi - No, e tu?- 'Una palla mi ha fracassato una mano'. E il conte di Robilant nell'udir ciò impallidiva e mal si reggeva sul suo cavallo; ma poi riprendeva : 'Coraggio figliol mio, hai fatto il tuo dovere'. -'Tutti l'abbiamo fatto', soggiungeva il prode ufficiale; e diceva il vero. Di lì a un'ora il giovane Robilan si faceva amputare il braccio, col nome della patria e del padre sul labbro" (Prat 1895 : 165-166)[8].

L'histoire passée est projetée dans l'abstraction pédagogique où il n'y a pas de place pour les justifications ou pour les analyses bien qu'elle bénéficie d'une élaboration supplémentaire, à savoir les exercices de version et de thème, l'apprentissage du lexique et des structures grammaticales. En somme, c'est comme s'il s'agissait de deux mondes, dont le premier est le seuil du deuxième : l'histoire est dite non

---

[7] Les Piémontais y subirent une dure défaite parce que le général autrichien Radetzky arriva, grâce à une action stratégique très habile, à s'ouvrir la voie de Turin.
[8] La bataille de Novara était perdue. Nos troupes rentraient en désordre, découragées, pâles de douleur et de rage, dans Novara. Elles avaient lutté avec beaucoup de valeur, mais les forces étaient inégales, contre un ennemi dont la supériorité du nombre augmentait l'audace. C'était un spectacle très triste. Les citoyens pleuraient lançant des imprécations contre le destin, qui replongeait l'Italie dans l'esclavage. Près d'une des portes de la ville, un jeune officier d'artillerie s'approchait d'un groupe d'officiers d'état major. 'Es-tu blessé, mon père' ? demanda-t-il à l'un d'eux - Non, et toi ? – 'Une balle m'a fracassé une main'. Et le comte de Robilant en entendant cela pâlissait et se tenait mal sur son cheval; mais ensuite il enchaînait : 'courage mon fils, tu as fait ton devoir'. - 'Tous nous l'avons fait', ajoutait le brave officier; et il disait la vérité. Une heure plus tard le jeune Robilan se faisait amputer un bras, le nom de la patrie et du père sur les lèvres" [trad. R.B.].

pour être interprétée mais pour permettre la manipulation des senti-ments. Toutefois cette extrapolation qui tend à dé-contextualiser le message fait en sorte que celui-ci paraisse aux yeux des élèves avoir été écrit à l'instant par l'homme qui a vécu l'aventure. Les différents fragments de flamme patriotique sont éparpillés en fonction de l'application des règles de grammaire ou de l'apprentissage du lexi-que et si d'un côté ils sont privés de leurs tensions internes, de l'autre, justement parce que dé-contextualisés et neutralisés, ils gardent intact un ton qui se réfère aux valeurs transcendantes de l'Honneur, du De-voir, de la Patrie, de la Famille, du mépris du danger. En effet dans la latence de l'anecdote historique, la guerre d'hier se prolonge sur un plan émotionnel de manière que passé, présent et futur coïncident.

Jusqu'à la fin du XIX$^e$ siècle les manuels de français rapportent des phrases brèves et arides, dé-contextualisées, accompagnées d'une traduction interlinéaire, pour permettre la simple application de règles grammaticales et leur but informatif est minime, par exemple :

> "Alexandre disait souvent : je ne suis pas plus redevable à Philippe mon père, qu'à Aristote mon précepteur; si je dois à celui-là la vie, je dois à celui-ci la vertu (p. 98); Marguerite de Savoie est la plus ver-tueuse princesse et la plus aimable reine que l'Italie ait eue jusqu'à présent (p. 113); Humbert I de Savoie, roi d'Italie, est doué de beau-coup de magnanimité, de courage et de bonté; et le peuple italien est orgueilleux d'avoir un pareil souverain (p. 114); Coriolan n'était pas seulement un très brave militaire; il portait aussi beaucoup de respect à sa mère Véturie; mais son caractère fier et emporté le rendit odieux au peuple (pp. 19-120)" (Agalbato 1887).

Les manuels qui se suivront au cours des années (Poerio 1876) préfé-reront des exercices de plus longue haleine et le fatras de phrases décharnées cédera la place à des longs extraits, contextualisés, parfois choisis parce qu'ils sont exploitables non seulement pour l'apprentissage du lexique et de la grammaire mais aussi pour la lec-ture, la dictée, la composition, le résumé, l'exposition orale libre ou guidée. Il est peut-être utile de considérer qu'allier les exigences de l'enseignement avec des contenus plus vastes permet de combler les lacunes culturelles; les morceaux commencent à se diversifier et à considérer des horizons plus lointains. N'oublions pas que l'Europe en général et la France en particulier est à l'apogée de l'aventure co-loniale : exalter la gloire des conquêtes signifie augmenter la charge

émotionnelle liée au nationalisme, et même des phrases relativement
anodines comme "La Francia ha stabilito il suo dominio su tutta
l'Algeria" (Dogliani 1907), se teignent d'une efficacité idéologique
remarquable. Dans les manuels des années suivantes le rôle de la
France et de ses colonies est encore plus saillant (Amato 1936 : 62-
94; ou bien Gnoli s.d. : 182-195). Les contours géographiques se mo-
difient sensiblement, le tableau contient aussi l'Afrique, l'Asie, etc..
Ainsi, à propos d'un texte sur Christophe Colomb, on demande de
"résumer, de vive voix ou par écrit, la poésie suivante, en ajoutant
quelques mots sur la vie du grand navigateur génois et sur la découverte de l'Amérique"[9], et là ce n'est pas par hasard que s'infiltrent des
fantasmes qui petit à petit amènent sur les traces d'autres voyageurs,
d'autres conquérants, pour déboucher enfin sur des morceaux choisis
parmi les discours de Mussolini, comme "L'Etiopia è italiana" ou
bien "proclamazione dell'Impero" (Truchi, Rossi 1938 : 383 -385).

LA GÉOGRAPHIE IDENTITAIRE

Comme l'histoire, la géographie doit contribuer à forger les esprits. Ainsi dans les manuels scolaires, à partir de 1870 (Leitenitz
1887 : 100-108), apparaissent des descriptions très détaillées du territoire italien, de ses paysages, des villes, des monuments, du climat,
des régions[10]. Cet univers est déjà enfermé dans les quatre murs de la

---

[9] Montanari-Tamburini 1921 : 70-71; Christophe Colomb est un personnage particulièrement cher aux manuels, nous avons remarqué sa présence dans beaucoup de
textes qui composent notre corpus.
[10] "L'Italie, jadis divisée en plusieurs Etats, forme aujourd'hui un royaume unique,
sous le sceptre de Victor-Emmanuel III de la Maison de Savoie, qui a succédé le 30
juillet 1900 à Humbert premier. Le nouveau royaume est divisé en seize régions :
Piémont, Lombardie, Vénétie, Ligurie, Emilie, Marches, Ombrie, Toscane, Rome,
Campanie, Abruzzes et Molise, Pouilles, Basilicate, Calabre, Sicile, Sardaigne. Il
forme soixante-neuf provinces, administrées par autant de préfets. Le gouvernement
est constitutionnel, avec une royauté héréditaire, un ministère responsable et deux
Chambres, celle des sénateurs et celle des députés, siégeant à Rome, capitale du
royaume depuis le 20 septembre 1870. L'Italie, patrie des lettres, des sciences et des
arts, champ ouvert, pendant trop de siècles, à la convoitise des étrangers, forme enfin
une nation forte et puissante, respectée de l'Europe entière. Enfants, aimez-la toujours
et, devenus grands, honorez-la par votre bravoure, votre loyauté et votre patriotisme.
Je redis avec le poète : 'A tous les coeurs bien nés que la patrie est chère!'" Caricati &
Vitale 1902 : 114-115; ce morceau est suivi par deux poèmes patriotiques. *Cf.* aussi
D'Alesio 1936 ? : 156-157; Leitenitz 1909 : 377.

classe : l'élève, dès qu'il entre, est environné par une macro-réalité, celle de son Pays et pendant des heures, des mois et des années, quand son regard voudra errer, il ne pourra s'arrêter que sur le Crucifix, le portrait du Roi, auquel on ajoutera successivement celui du Duce, et sur la carte de géographie, centrale, majestueuse, solennelle, chargée de signifiés et de tensions identitaires. Les intentions sont définies tout de suite, le cœur et l'esprit doivent être structurés selon des codes d'appartenance bien précis, et ces mètres carrés si tristes et si sévères doivent être capables d'évoquer une histoire et une géographie, glorieuses et toujours présentes.

> "Sur la muraille qui est en face du professeur, sont suspendus, entre deux grandes cartes géographiques, de l'Europe et de l'Italie, un portrait du Roi et le Crucifix. Du centre du plafond descendent plusieurs lampes à gaz, qui servent à éclairer toute la classe pendant les Leçons du soir. Si vous tournez les yeux sur la paroi à gauche, vous verrez de grands tableaux de lecture, l'horaire ou tableau des leçons, le programme didactique mensuel, le calendrier scolaire, et une armoire renfermant la sphère armillaire, le globe terrestre et les modèles des solides les plus communs ; sur la paroi de droite se trouvent la mappemonde, la carte hydrographique et orographique de l'Italie, le boulier-compteur et tous les tableaux des poids et mesures" (Caricati & Vitale 1902 : 11).

Les descriptions deviennent au fur et à mesure plus variées, nombreuses, fréquentes et précises, nous avons des comptes-rendus de voyages dans les villes du nord aussi bien que du sud[11]. Tout ceci signifie parcourir le territoire, le décrire et donc s'y inscrire[12]. Le modèle de prise de possession est ensuite repris dans d'autres activités parascolaires ou extrascolaires : non seulement les excursions mais aussi les événements sportifs, les différents tours d'Italie à pied, à vélo, en voiture, en moto, tout ceci sert pour une reconnaissance et une appropriation du territoire et aussi pour une politique associationniste qui favorise-

---

[11] *Cf.* Scaramuzza, Ventura (1933 : 160-161 où on fait une comparaison entre Naples et Paris. Cette comparaison n'est pas fortuite : le français était la langue la plus étudiée parce que la France était la sœur néo-latine avec laquelle on pouvait partager une histoire (l'Empire romain) et une langue.

[12] Parallèlement nous pouvons citer en France le célèbre ouvrage de G. Bruno (Mme Fouillée) *Le Tour de la France par deux enfants, Devoir et Patrie* qui a été publié à des millions d'exemplaires, la première édition date de 1877.

ra, grâce à la naissance des différents clubs sportifs, ces formes de corporatisme dont la devise "mens sana in corpore sano" était si chère à la politique fasciste (Scaramuzza-Ventura : "la ginnastica fascista", 1933 : 61). Ainsi le sol national devient objet d'étude à large spectre et montre tous ses côtés les meilleurs, des paysages aux théâtres, et les pages des grammaires fleurissent de descriptions qui veulent dire l'état d'âme de qui est maintenant indéniablement italien.

Successivement le regard vers la Patrie se charge de passions violentes et poignantes pour tout ce qui représente la fécondité, le bien-être, la satisfaction de son propre travail, il s'agit des fresques de l'Italie fasciste (D'Alesio 1936 ?). Les représentations géographiques commencent à varier, l'Italie possède maintenant un Empire et elle n'a rien à envier aux autres nations : les succès obtenus en Afrique sont suivis avec un intérêt avide sur les cartes, les petits drapeaux vert blanc rouge piquent ces terres si lointaines et mystérieuses[13].

## L'APPRENTISSAGE DE LA NATION

Il est donc vrai que tout ce qui a été véhiculé par les manuels scolaires peut avoir fonctionné comme discours de légitimation de l'identité nationale; ceci expliquerait pourquoi la façon de s'exprimer dans l'art, la culture et la vie quotidienne des Italiens renvoie non seulement à une réalité historique "artificielle", dans le sens que l'implication la plus importante, le lieu de l'investissement du sujet, c'est-à-dire la conscience nationale, est venue bien après l'unification géopolitique, mais elles restent limitées à des milieux restreints. Si le rôle de l'instruction vise concrètement à façonner des consciences nouvelles, c'est aussi parce qu'il n'existe pas de modèles préexistants. Tout comme une poupée russe, l'école joue le rôle de structure qui englobe la famille pour que le tout soit à son tour englobé par la patrie: ce morceau, par exemple, est un exercice de lecture, version, conversation et dictée :

"Le mot de Patrie suggère d'abord 1) à notre esprit l'idée de famille. Notre patrie c'est la terre où nos pères ont vécu, 2) et où ils sont ensevelis. C'est le sol sur lequel nous avons fait nous-mêmes nos premiers pas, celui qui nous nourrit et nourrit nos parents, Les noms de

---

[13] Ma mère me raconte encore avec quelle émotion et orgueil elle enfonça l'épingle où était collé un petit rectangle de ruban tricolore sur Amba Alagi.

père, mère, frère, sœur, ami, et les sentiments qu'ils inspirent sont tous 3) compris dans ce simple mot de patrie. À lui seul il résume les affections les plus chères.

Précisément parce qu'il est synonyme de famille, le mot patrie nous suggère aussi l'idée de dévouement. Nous devons être prêts à tout sacrifier, s'il est nécessaire : notre repos, nos forces, notre temps, notre liberté, notre vie, et, au besoin, notre famille même.

Enfin, cet admirable mot de patrie nous rappelle les nobles traditions de gloire et d'honneur associées au nom de notre belle Italie. Il nous impose l'obligation de les continuer pour notre faible part et de ne jamais nous en écarter dans nos paroles et dans nos actes" (Bassi 1924 : 85)[14].

Ce texte résume bien tous les impératifs qui permettent à l'idéologie nationaliste de s'y identifier. Le dévouement à la patrie doit partir du foyer domestique pour déboucher dans le sens du devoir d'abord et dans le sacrifice ensuite. D'ailleurs l'existence nationale est assimilée aux micro-noyaux de la famille et de l'école; elle est donc perçue comme une chose à laquelle on est naturellement lié, parce que l'on reçoit un cadeau incommensurable que l'on doit toujours être prêt à rendre. "Traditionnellement, on a plutôt conçu la famille comme le domaine de l'amour désintéressé et de la solidarité [...] c'est précisément pour cela qu'elle peut demander des sacrifices" (Anderson 1996: 147).

Décliner le concept de patrie dans toutes ses acceptions signifie se mesurer au sentiment de l'amour vu à 360° : rien ne peut équivaloir à l'élan et à la passion patriotique et l'enfant y est sans arrêt confronté grâce à cette pédagogie qui le persuade qu'il appartient à cette patrie, et ce sur plusieurs générations (Anderson 1996 : 237-238). Pour atteindre ce but il faut puiser à des sources stéréotypées (les livres d'Etat et livres Uniques)[15], susceptibles d'offrir des concepts et des images stéréotypées, car les stéréotypes offrent une vision du monde

---

[14] Ce genre de texte est courant ; parmi le grand nombre d'exemples possibles citons: Dompé 1926 : 28.

[15] *Cf.* par exemple Amato 1930; ce manuel se partage en deux tomes le premier pour les deux premières années et le deuxième, partagé en trois sections, pour la troisième année (agronomie, commerce, industrie). Chaque section a son texte partagé en deux parties et chaque branche (agronomie, commerce, industrie) a son cahier, avec une note introductive de Mussolini : "i fanciulli d'Italia".

claire, ordonnée, familière et rassurante[16]. "Les stéréotypes constituent un important élément d'intégration des groupes, des motivations des actions sociales, de la structure de l'idéologie, des formes de la politique et de la propagande, des partis pris, du caractère social des individus"[17]. Le stéréotype résiste aux changements, il n'est pas malléable et surtout il ne demande pas une expérience directe, voilà pourquoi les exemples cités dans les différents manuels à propos du concept de Nation, de Patrie, de dévouement ou bien de sacrifice ne peuvent subir aucune modification. En effet rien n'est plus immuable que l'hymne national et, de toute manière, les phrases musicales, convaincantes, simples, fédératrices et émouvantes sont là pour conjuguer le chant à la langue étrangère et au répertoire patriotique comme dans cet "Hymne à la patrie" de Marc Monnier :

> "Nous t'aimons, noble patrie!
> Notre monde est dans ton sein,
> Dans nos cœurs ta voix chérie
> Ne vibra jamais en vain :
> Ta bannière nous vaille,
> Ton pouvoir est souverain.
>
> Nous voulons sécher tes larmes,
> Couronner ton front vainqueur.
> Ah! fleuris loin des alarmes
> Dans ta force et ton bonheur!
> Pour toi seule sont nos armes,
> Notre bras et notre cœur" (Lagorio 1931 : 118).

Nous avons montré qu'il y a eu à partir de l'Unification italienne un "crescendo" de l'ardeur patriotique dont l'implication s'est emparée du sujet de façon toujours plus directe en lui laissant de moins en moins la possibilité de discerner entre le conscient et l'inconscient. Ainsi, parmi les représentations du passé et les obsessions du présent, le concept d'identité pénètre dans l'imaginaire et oeuvre à un niveau psychologique. Le besoin de se sentir Italiens et de l'exprimer à chaque manifestation de la vie quotidienne n'est plus quelque chose

---

[16] *Cf.* Ferrari : "Les stéréotypes d'un point de vue socio-psychologique", *in* Berting, J., Villain-Gandossi, C. 1994 : *The role of stereotypes in international relations*, Rotterdam : Erasmus University, *in* Bochmann 1995.

[17] *Ibid.* : 36.

d'extérieur et d'objectif, mais c'est maintenant le fruit d'une vérité intérieure. Écriture et instrument de l'histoire à la fois, les grammaires pour l'apprentissage du français peuvent offrir une stratégie d'élaboration psychique pour que les élèves trouvent une réponse identitaire aussi au niveau de l'imaginaire. La Patrie, dans tout ceci, n'est pas seulement une simple abstraction mais elle est aussi un espace pour une théâtralisation : l'imaginaire peut croiser l'espace austère de la salle de classe et c'est ce qui offre à l'élève la voie d'issue la plus facile, car le passé, bien que douloureux, est enfin assumé et inscrit dans le présent.

## BIBLIOGRAPHIE

ANDERSON, B. (1996) : *L'imaginaire national. Réflexions sur l'origine et l'essor du nationalisme*, Paris : la Découverte
BARBAGLI, M. (1972) : *Scuola, potere e ideologia*, Bologna : Il Mulino
BARBAGLI, M. (1974) : *Disoccupazione intellettuale e sistema scolastico in Italia (1859-1973)*, Bologna : Il Mulino
BERTONI, I. (1958) : *La scuola italiana dal 1870 ai giorni nostri*, Roma : Editori Riuniti
BERTONI, I. (1965) : *Storia dell'Educazione popolare in Italia*, Bari : Laterza
BOCHMANN, K. (1995) : "La fonction sociale des stéréotypes" *in Rives nord méditerranéennes*, Unité Mixte de Recherche *Telemme*, Aix-en-Provence : n°. 10
CHABOD, F. (1961) : *L'idea di nazione*, Bari : Laterza
CHOPPIN, A. (1989) : "l'historien face aux manuels" , *in Documents pour l'histoire du français langue étrangère ou seconde*, n° 4, décembre 1989 : 4-7
DE MAURO, T. (1986) : *Storia linguistica dell'Italia unita*, Bari : Laterza
FORGACS, D. (1992) : *L'industrializzazione della cultura italiana (1880-1990)*, Bologna : Il Mulino
GABELLI, A. (1971) : *L'istruzione e l'educazione in Italia*, Firenze : La Nuova Italia
GALLI DELLA LOGGIA, E. (1998) : *L'identità italiana*, Bologna : Il Mulino
HOBSBAWM, E. J. (1991) : *Nations and Nationalism since 1780*, 1990, trad. it. *Nazioni e nazionalismi dal 1780*, Torino : Einaudi

230     *L'identité nationale dans les manuels scolaires italiens*

ISNENGHI, M. (a cura di) (1998) : *I luoghi della memoria. Simboli e miti dell'Italia Unita*, Bari : Laterza

LANARO, S. (1988) : L'Italia Nuova. Identità e sviluppo 1861-1988, Torino: Einaudi

MARGARITO, M. (1997) : "Stéréotypes et alentours", *Revue de didactologie des langues-cultures*, n. 107, Paris : Didier

PELLANDRA, C. (1993) : "Que lisait-on dans les classes de français d'autrefois? Les contenus culturels de quelques manuels pour l'enseignement du français publiés en Italie de 1846 à 1908", *in Documents pour l'histoire du français langue étrangère ou seconde*, n° 12, décembre 1993 : 32-38

SOLDANI, S., TURI, G. (1993) : *Fare gli italiani. Scuola e cultura nell'Italia contemporanea*, Bologna : Il Mulino

THIESSE, A.-M. (1999) : *La création des identités nationales. Europe XVIII<sup>e</sup>-XX<sup>e</sup> siècle*, Paris : Seuil

*Corpus*

AGALBATO, N. (1887) : *Avviamento alla lettura francese*, Palermo : Tipografia A. Giannitrapani

AMATO, M. (1930) : *Le livre unique pour l'enseignement du français, ad uso delle scuole secondarie professionali e di avviamento al lavoro*, vol I (per il biennio comune), Palermo : Trimarchi

AMATO, M. (1936) : *Précis de français commercial* (conforme aux programmes de 1936-XIV), Palermo : Trimarchi

ARNAUD, G. (1880, 12<sup>e</sup> éd.) : *Nuovo metodo pratico-teorico per imparare la lingua francese secondo il metodo di F. Ahn compilato dal Prof. Giuseppe Arnaud*, Corso I, Milano : Gnocchi

ARNAUD, G. (1880, 12<sup>e</sup> éd.) : *Nuovo metodo pratico-teorico per imparare la lingua francese secondo il metodo di F. Ahn compilato dal prof. Giuseppe Arnaud*, Corso II, Milano : Gnocchi

BASSI, F. (s.d.) : *Nuova grammatica teorico-pratica della lingua francese. Con numerosi esercizi di applicazione di lettura e di traduzione ad uso delle scuole medie. Fonologia e grammatica elementare*, Treviso : Canova

BASSI, F. (1924, 4<sup>e</sup> éd.) : *Conversation françaises à l'usage des Italiens*, Treviso : Longo e Zoppelli

CARICATI, VITALE (1902) : *Lectures instructives et littéraires à l'usage des écoles secondaires d'Italie*, II, Milan : Albrighi, Segati

CESAREO, AMATO M. (1926) : *Enfants oiseaux et fleurs. Livre de lecture courante*, Palermo : Trimarchi

DARCHINI G. (1900) : *Corso di lingua francese*, Roma : Società anonima editrice Dante Alighieri

D'ALESIO (1936?) : *Grammatica francese*
DOGLIANI, G. (1907, 14ᵉ éd.) : *Précis de grammaire française à l'usage des Italiens* par Justin Dogliani, Turin : Petrini
DOMPE, C. (1926) : *Nuovo corso completo razionale e progressivo di lingua francese per le scuole medie*, Torino : Milano : Firenze : Roma : Napoli : Palermo : Paravia
FRESIA, (1920, 11ᵉ éd.) : *Lectures françaises graduées. A l'usage des Maisons d'éducation, des Ecoles complémentaires et des Ecoles techniques d'Italie*, Torino : Milano : Firenze : Roma : Napoli : Palermo : Paravia
GATTI, G. M. (1916) : *Parlez-vous français?* Bologna : Zanichelli, III.
GHIOTTI, C. (1877) : *Le nouveau Morand. Dialogues italiens-français adaptés aux formes et aux sujets de la moderne conversation et enrichis d'exercices préliminaires de nomenclature méthodique et de phraséologie, d'un vocabulaire géographique et de noms de personnes* par C. Ghiotti, Torino : Tip. Roux et Favale
GNOLI, M. (s.d.) : *Corso di lingua francese*, Palermo : Industrie Riunite Editoriali Siciliane
LAGORIO, G. (1931, 27ᵉ éd.) : *Fiore di letture francesi. Conversazione preparata e graduata su argomenti familiari. Avviamento alla spiegazione di passi d'autore, dettati di facili proposizioni, fraseologia, educazione morale e patriottica, Parte I riveduta con aggiunte da C. Cornelli, illustrata secondo i programmi vigenti per le scuole medie inferiori. Opera approvata e adottata da 36 anni in moltissime scuole d'Italia, in Cirenaica, in Tripolitania, in Egitto e nell'America del Sud*, Torino : Milano : Genova : Parma : Roma : Catania : SEI
LEITENITZ, V. (1886) : *Primo corso di lingua francese. Grammatichette ad uso delle scuole tecniche*, Napoli : s.e
LEITENITZ, V. (1887) : *Morale pratique ou les bons exemples précédés de préceptes et de conseils et enrichis de notes explicatives pour la traduction italienne* par V. Leitenitz, Napoli : S. Sottile
LEITENITZ, V. (1889) : *Aide mémoire à l'usage de la classe supérieure des écoles techniques d'Italie*, Napoli : s. e.
LEITENITZ, V. (1891) : Grammatica ad uso delle scuole tecniche contenente i precetti grammaticali dell'idioma francese messi a fronte di quelli della lingua italiana, 36 ed, Napoli : s.e.
LEITENITZ, V. (1894, 34ᵉ éd.) : *Secondo corso di lingua francese*, Napoli : s.e
LEITENITZ, V. (1894, 35ᵉ éd.) : *Secondo corso di lingua francese, grammatica ad uso delle scuole tecniche*, Napoli : s.e
LEITENITZ, V. (1898) : *Le vade-mecum du professeur de langue française*. 2ᵉ édition revue et mise en accord avec la 32ᵉ édition du 1ᵉʳ cours et la 2ᵉ du 2ᵉ cours, Napoli : s.éd.

LEITENITZ, V. (1902) : *Primo corso di lingua francese. Grammatichetta ad uso delle scuole tecniche fatta precedere dagli elementi di lettura di V. L.*, Napoli : s. e

LEITENITZ, V. (1904, 12ᵉ éd.) : Le vade-mecum du professeur de langue française, Naples : s.e

LEITENITZ, V. (1909) : *Secondo corso di lingua francese, Grammatica ad uso delle scuole tecniche, contenente i precetti grammaticali dell'idioma francese messi a fronte di quelli della lingua italiana da Vincenzo Leitenitz. Opera approvata come libro di testo dalla maggior parte dei Consigli scolastici e premiata con una medaglia nel VII congresso pedagogico*, Napoli : s.e

LEITENITZ, V. (1932) : *Grammatica francese. Ad uso delle scuole medie. Nuova edizione rifatta da Giorgio Calogero*, vol. I, Napoli : Morano

LEVI, G. (1882, 3ᵉ éd.) : *Il maestro di lingua francese. Nuovo metodo graduatissimo teorico-pratico... Primo e secondo corso conforme ai programmi ufficiali*, Roma : Pavia : Verona : Paravia : Drucher, Tedeschi, Colombo, Coen

LEVI, G. (1890) : *Il maestro di lingua francese. Nuovo metodo graduatissimo teorico-pratico del Cav. dott. G. Levi*, Torino : Roma : Milano : Paravia

LEVI, G. (1891) : *Avviamento alla grammatica complementare della lingua francese*, Milano : Domenico Briola

MONTANARI-TAMBURINI, M. (1921*) : Petit à petit. Troisième livre de français à l'usage des écoles d'Italie*, Rimini : Premiata tip. Editrice Capelli già Malvolti

POERIO, G. (1876) : *Nuovo corso di lingua francese ad uso delle scuole italiane. Opera approvata come libro di testo per le scuole del Regno con decreto ministeriale del 14 febbraio 1863 e premiata con medaglia nel 7° congresso pedagogico*, Torino : Napoli : Paravia : Pellorano

POERIO, G. (1878) : *Nuovo corso di lingua francese a uso delle scuole italiane, XII ed., Pronunzia, lettura, grammatica, temi graduati ed esercizi di sintassi, vocabolario delle voci usuali, ecc., opera approvata come libro di testo per le scuole del regno con decreto ministeriale del 14 febbraio 1865 e premiata con medaglia nel 7° congresso pedagogico*, Torino : Napoli : Paravia : Pellerano, 1878

POERIO, G. (1887, 20ᵉ éd.) : *Nuovo corso di lingua francese a uso delle scuole italiane XX ed.*, Torino : Paravia

PRAT, G. (1895) : *Grammatica francese*, Milano : Manuali Hoepli

PRAT, G. (1895) : *Esercizi per la grammatica francese*, Milano : Hoepli

RAMAT, A. (1878) : *Nouvelle grammaire française complète comparée avec les formes de la langue italienne selon les nouveaux programmes à l'usage des aspirants et des aspirantes au brevet de capacité pour l'enseignement de la langue française et des élèves des écoles et instituts techniques d'Italie*, édition entièrement revue et considérablement augmentée, Torino : Roux et Favale

RAVA, CORINALDI, MASSANO (1933) : *Le monde des enfants. Cours de lectures. À l'usage des élèves des écoles secondaires*, Milano : Genova : Roma : Napoli : Società anonima editrice Dante Alighieri

SCARAMUZZA, C. A., VENTURA, F. (1933) : *Corso pratico di lingua francese. Grammatica elementare. Nomenclatura. Letture. Esercizi di conversazione per le scuole medie inferiori* Palermo : Andò

SPADAFORA, I. (1897) : *Il professore di lingua francese ovvero Metodo per insegnare la lingua suddetta*, Palermo : tip. Militare

TRUCHI, C., ROSSI, L. (1938) : *Grammatica francese per le scuole medie*, Torino : Milano : Genova : Parma : Roma : Catania : SEI

ZANARDELLI, T. (1903) : *Le point de départ (Il punto di partenza) : Libro di letture francesi scelte e graduate per gli alunni delle scuole secondarie italiane*, Palermo : Sandron

# LE FRANÇAIS À L'ÉCOLE PRIMAIRE EN FLANDRE VERS 1880-1890 : IDENTITÉS NATIONALES ET TECHNIQUES D'ENSEIGNEMENT

Michel Berré
Vrije Universiteit Brussel

Il est certes plus téméraire de chercher des échos au nationalisme linguistique en questionnant les conceptions méthodologiques des auteurs de manuels qu'en partant à la chasse aux belgicismes *septante* et *nonante* ou aux *couques de Dinant* dans les livres de lecture destinés à la jeunesse flamande. L'exercice est d'autant plus périlleux que la porosité des frontières à l'égard des méthodes et des manuels est grande. Mais compte tenu de l'importance des débats autour des notions de langue et d'identité nationale au XIXᵉ siècle en Europe (et en particulier en Flandre), la question vaut la peine d'être posée. Dans un premier temps, nous présenterons le mouvement flamand et ses diverses composantes. Nous préciserons ensuite la place de la langue française dans les écoles primaires en Flandre avant d'analyser les conceptions méthodologiques de quatre auteurs de manuels. L'objectif est de montrer que l'on peut établir un lien entre la volonté de faire émerger des nations linguistiquement et culturellement homogènes dans la seconde moitié du XIXᵉ siècle et la progressive mise à l'écart de la traduction comme technique d'enseignement des langues étrangères (désormais L2)[1].

---

[1] Dans la suite, L1 désignera la langue maternelle de l'élève (le néerlandais), L2 la langue étrangère (le français). Au XIXᵉ siècle, plusieurs termes (*Vlaamsch, Nederlandsch, Nederduitsch,..*) étaient utilisés pour désigner la langue dite aujourd'hui *néerlandaise*, l'usage d'un terme n'étant neutre ni idéologiquement, ni politiquement (*cf.* de Vries 1994, en part. : 113-125). Dans l'article, nous nous sommes servis de *néerlandais* pour désigner la langue et de *flamand* pour parler du peuple ou des individus parlant cette langue. Quand cela n'a pas été possible (nécessité de conserver l'usage du document d'origine, etc.), le terme *flamand* est accompagné d'un astérisque.

L'ENSEIGNEMENT DU FRANÇAIS :
ASPECTS IDÉLOGIQUES ET LÉGISLATIFS

*Le mouvement flamand et le français : diglossie, bilinguisme, monolinguisme*
    La progressive élimination du français de la vie publique en Flandre est le résultat d'une prise de conscience nationaliste flamande (dont les premiers signes se manifestent à la fin du XVIIIᵉ siècle) qui visait, au sein de l'État belge, à défendre et à promouvoir la langue et la culture néerlandaise. À la fin du XIXᵉ siècle, Jaspaert, van Belle (1989 : 71) distinguent au sein du mouvement flamand deux groupes : "a culturally motivated group"[2] qui constitue le prolongement des premiers philologues et littérateurs du début du XIXᵉ siècle et qui voit dans l'intégration du néerlandais parlé en Belgique au néerlandais des Pays-Bas un retour à une unité culturelle originelle, interrompue par les aléas de l'histoire. Ce groupe était bien représenté dans le monde enseignant (*op. cit.* : 76). L'autre, "a new economically motivated middle class group" émerge à la fin du XIXᵉ siècle suite à une série de circonstances politiques et socio-économiques (industrialisation, développement du secteur tertiaire, abaissement du cens électoral, etc.). Pour ce groupe, le choix du néerlandais était avant tout un choix de circonstance : se tourner vers le Nord permettait de trouver rapidement une alternative au français comme langue de prestige et de distinction sociale.
    Sur la place à réserver à la langue française, entre autres dans l'enseignement, considéré par les nationalistes flamands comme le moyen par excellence de (re)néerlandisation, il n'y avait pas non plus d'unanimité en Flandre. Le maintien de la position hégémonique du français dans l'enseignement moyen et supérieur était jugée intolérable. La place importante du français dans l'école primaire était contestée. Deux voies étaient possibles pour mettre un terme à la *diglossie* français-flamand* (élite francisée, peuple patoisant) : celle du *bilinguisme* qui impliquait une présence équilibrée (dans un rapport à définir) des deux langues nationales à tous les niveaux d'enseignement (avec une extension éventuelle de ce bilinguisme à

---

[2] Dans l'article, seules sont traduites les citations en néerlandais d'une certaine longueur.

tout le pays)[3] ; celle du *monolinguisme* régional qui nécessitait une néerlandisation des différents niveaux d'enseignement (avec une présence de la langue française limitée à l'enseignement moyen, à titre de L2)[4]. C'est cette seconde solution qui s'imposera au cours du XXe siècle mais avant 1914 le débat était encore ouvert et l'on assistait dans les revues pédagogiques flamandes à d'âpres discussions entre partisans et adversaires de la langue française dans l'enseignement primaire (*cf.* entre autres la polémique entre Temmerman et Rooses dans *De Toekomst* en 1890), l'enjeu d'une société bilingue se jouant bien entendu au niveau de l'enseignement primaire.

*La place du français dans l'enseignement (surtout primaire)*
*Une matière facultative*

Les quatre lois organiques du XIXe siècle (1842, 1879, 1884, 1895) s'en tiennent, à quelques variantes stylistiques près, à la même formule : "l'enseignement primaire comprend nécessairement [...] les éléments de la langue française, flamande ou allemande, selon les besoins des localités" (1842). L'ajout de matières facultatives, dont L2, était autorisé[5]. C'étaient les autorités communales qui avaient le droit d'une part de déterminer la langue principale de l'enseignement (celle dans laquelle l'instruction sera donnée)[6] et d'autre part de

---

[3] C'est la position du professeur gantois F. Laurent (qui n'était pas favorable au mouvement flamand) : "J'ai déjà dit que, dans mon opinion, on ne devrait pas faire de différence entre les deux langues principales qui se parlent en Belgique. [...]" (*in* Lory 1979 : 753, n. 378).
[4] *Cf.* Bellens 1900 : *Geen tweede taal in de lagere school...*
[5] Signalons l'existence d'une circulaire du ministre Pirmez (1868) qui prévoyait l'extension du programme des écoles primaires aux matières de l'examen d'entrée des écoles normales, le français figurant comme matière obligatoire. Cette circulaire est restée lettre morte, sauf en Flandre occidentale où elle fut à la base d'un programme rédigé par le futur directeur général de l'enseignement primaire, Germain (*cf. infra*).
[6] "Il y a lieu de laisser aux administrations communales le soin de décider laquelle de ces langues doit être considérée comme la langue principale pour l'enseignement dans chacune de leurs écoles. Ce n'est que si la décision donnait lieu à des plaintes de la part d'un certain nombre de parents et que si l'administration locale refusait d'y faire droit, que le Gouvernement pourrait être amené à examiner ces plaintes et à intervenir" (dépêche ministérielle du 2 mars 1882, *Bulletin du Ministère...* 1882-II : 30).

décider de l'opportunité d'inscrire une L2 au programme[7]. L1 fut utilisée dans la majorité des écoles primaires de Flandre comme langue véhiculaire de l'enseignement et le français fut enseigné comme L2[8]. Vers 1875-1880, le français est sans doute, avec l'histoire et la géographie, la matière facultative la plus enseignée en Flandre même s'il est difficile de chiffrer avec précision cet enseignement[9]. On dispose également de très peu d'informations sur les résultats de cet enseignement. Il apparaît que le niveau atteint par les élèves à la fin du primaire ne leur permettait pas de satisfaire aux exigences de l'examen d'entrée des écoles normales puisque de nombreuses institutions privées spécialisées se chargeaient de préparer les candidats (Hermans 1985 : 261).

*Les programmes de 1880-1881 : un bilinguisme déséquilibré ?*

Comme un peu partout en Europe, 1880 constitue en Belgique une "rupture" dans l'histoire politique et scolaire. En 1878, le premier ministère de l'Instruction publique est créé. En 1879 et 1881, deux nouvelles lois organiques (enseignement primaire et enseignement moyen) sont votées : elles modifieront en profondeur le "paysage scolaire belge" donnant notamment naissance à la guerre scolaire entre libéraux et catholiques (1879-1884). Sur le plan pédagogique, les innovations sont également importantes.

- Pour l'enseignement moyen, un socle commun de deux années est instauré dont l'objectif est d'exercer l'intelligence des élèves par l'étude des langues modernes (à l'exclusion des anciennes). L'orientation des élèves (vers un enseignement moyen de type court ou long, avec ou sans langues anciennes) ne se fait qu'en troisième année. Mais bien qu'elle parle de "langues nationales", la loi sur l'enseignement moyen est loin d'instaurer une égalité entre le français

---

[7] L'arrêté royal du 25 avril 1880 donne la liste des matières facultatives sous le régime de la loi de 1879.
[8] *Cf.* De Vroede 1991 et Depaepe, Simon (1995 : 168) : "Van oudsher was de taal van het volk de taal van het volksonderwijs".
[9] Les tableaux de Lauwerens (1985 : 130) et De Vroede (1991 : 118) indiquent une progression constante. Toutefois en comparant les années 1878 et 1899 (sans tenir compte des provinces du Brabant et du Limbourg), nous obtenons un résultat inverse (recul de 89,1 à 77,2%) avec des contrastes importants selon les provinces (chiffres extraits du *Bulletin du Ministère...* 1878, 390-393 et du *Rapport triennal...* 1900 : 366-368). Il est à signaler que certaines écoles inscrivaient le français comme L1 (22% à Courtrai, 3% à Gand).

et le flamand\* : le français reste première langue avec un programme identique sur tout le territoire, le flamand\* présente un programme différent selon les "régions" (L2 en Flandre et troisième langue en Wallonie où l'allemand lui est souvent préféré).

- Dans les écoles normales pour instituteurs, les deux langues nationales sont enseignées (alors qu'auparavant le flamand\* n'avait été qu'au mieux matière facultative pour les normalistes wallons). L'enseignement du flamand\* L2 est cependant moins poussé que celui du français L2.

- Pour l'enseignement primaire, les programmes de 1880 sont dans une large mesure une transposition de l'expérience menée à l'École modèle de la Ligue de l'Enseignement depuis 1875[10]. Or, cette école avait comme principe l'instruction des élèves dans les deux langues nationales, à charge de l'instituteur de combiner son enseignement "de façon à ce que les explications soient données dans la langue qui est la plus familière aux élèves" (prospectus de la Ligue, *in* Lory 1979 : 556, n. 153). Il s'agissait dans l'esprit des responsables de combiner une exigence pédagogique (la langue maternelle doit être la base de l'enseignement) à une exigence patriotique et morale[11]. Rapidement, deux sections furent créées, l'une française, l'autre flamande (*cf. infra*).

L'on peut se demander pourquoi les programmes de 1880 qui doublent quasiment le nombre de matières enseignées ne reprennent pas L2 parmi les matières obligatoires? Plusieurs voix s'étaient déjà élevées dans cette direction dans les années soixante sans susciter, il est vrai, beaucoup d'échos (*cf.* Dierckx 1862, Loriaux 1863, Loomans 1864). Germain, rédacteur des programmes de 1880 et 1881[12] est partisan de l'enseignement du français en Flandre[13]. Il semble toutefois exclu de vouloir imposer au nord du pays le français sans

---

[10] Sur la Ligue et l'École modèle, *cf.* Uyttebrouck 1990.
[11] *Cf.* Tempels : "[...] les Bruxellois peuvent connaître les deux langues et [...] ils le doivent [...]. [Leur] personnalité [...] reparaîtra, si on [leur] parle flamand. [...] Elle-même [la classe instruite] y retrouvera son originalité perdue" (*in* Lory 1979 : 555, n. 152). Tempels accordait à la musique le même pouvoir de régénérescence morale et spirituelle d'un peuple (Lory 1979 : 556).
[12] "En pratique, tout retomba dans les mains du directeur général de l'instruction primaire, A.-J. Germain..." (Lory 1979 : 718 et 740).
[13] Sinon pourquoi les rédacteurs de la revue *De Toekomst* préciseraient-ils qu'il n'a jamais été dans les intentions de l'inspecteur Germain de nuire au néerlandais en Flandre ?

enseigner au sud le néerlandais[14]. Or, en Wallonie, l'opinion publique n'est guère encline à accorder au néerlandais un statut similaire à celui occupé par le français en Flandre. Alors pourquoi Germain inscrit-il le néerlandais comme matière obligatoire dans l'enseignement normal ? Est-ce pour permettre aux instituteurs wallons de trouver un emploi en Flandre ? Ou croit-il en des jours meilleurs pour le néerlandais en Wallonie et a-t-il en vue de mettre sur le marché des instituteurs capables de l'enseigner ? Dans l'état actuel de nos connaissances, nous ne pouvons trancher.

*Loi linguistique de 1883 : des motifs pédagogiques ?*

L'enseignement du néerlandais en Wallonie n'est pas une priorité du mouvement flamand davantage préoccupée de sa situation en Flandre. En 1883, il obtient sa première loi linguistique relative à l'enseignement. Van Velthoven (1998 : 3006-3007) a montré l'importance symbolique de cette loi[15]. L'auteur s'explique toutefois assez mal comment un gouvernement libéral, à dominante wallonne, a accédé à cette ancienne revendication flamande. Une des explications qui peut être avancée est l'évolution du rôle de l'école. Sous l'empire de la loi de 1842, celle-ci fonctionnait surtout comme un instrument de socialisation du peuple auquel on enseignait, dans une atmosphère religieuse, la lecture, l'écriture et le calcul et, au besoin, L2[16]. Entre 1860 et 1880, une nouvelle conception de l'école va progressivement émerger. Son rôle est, selon Tempels, de "faire naître l'envie du savoir en disposant l'entendement à comprendre" (in Lory 1979 : 553). Cette nouvelle école veille moins à une socialisation qu'au

---

[14] Les Flamands étaient déjà échaudés par l'"injustice" des écoles normales (L2 était matière obligatoire à Lierre et matière facultative à Nivelles), disparité à laquelle les programmes de 1880 remédieront partiellement.

[15] "De cette manière, on a clairement accepté pour la première fois, à ce niveau, le principe du néerlandais comme langue véhiculaire des matières d'enseignement. Implicitement, cela signifiait que le néerlandais n'était plus simplement considéré comme une langue de passage vers le français mais, symboliquement, comme une langue de culture équivalente même si cette langue de culture n'avait pas encore acquis une valeur égale" [Daardoor werd voor het eerst het principe van het Nederlands als voertaal voor vakken op dat niveau ondubbelzinnig aanvaard. Impliciet werd het daardoor niet langer beschouwd als een loutere overstaptaal naar het Frans, maar symbolisch als een gelijke - daarom nog niet gelijkwaardige - cultuurtaal].

[16] *Cf.* De Vroede (1983 : 129) : "Een sociaalemancipatorische functie werd evenwel aan het volksonderwijs niet toegeschreven".

développement intégral de toutes les facultés de l'enfant. D'après cette conception, "c'est une erreur de penser qu'il faille enseigner les choses aux enfants en raison de l'utilité que l'homme adulte tire de ces choses [...]. Les notions dont on entretient les enfants doivent être choisies en raison de leur action actuelle sur eux" (Tempels, *in* Lory, *ibid.*). À ce souci pédagogique s'ajoute une préoccupation patriotique[17]. Alors que jusque là l'école en Flandre avait baigné dans une atmosphère religieuse et dans un certain colinguisme" (fût-il hiérarchique) patois → L1 (en voie de standardisation) → [éventuellement] L2 (langue de prestige), après 1875-1880 (au moins dans les écoles publiques), l'atmosphère et les contenus se laïcisent et la L1, ainsi que la littérature écrite en cette langue, deviennent les matières de référence (*cf. infra*). Ces conceptions pédagogiques nouvelles (mise en avant du rôle de L1 dans la formation de l'individu et la constitution des états) peuvent partiellement expliquer le succès relatif, mais inattendu, de certaines revendications flamandes au début des années 80.

## ANALYSE DES MANUELS : ASPECTS MÉTHODOLOGIQUES

### Le *Cours de langue française* de Pira (1879-1881)

Pour l'épiscopat belge, la loi de 1879 signifiait la fin de la collaboration avec l'État et mettait en évidence l'urgence de créer un véritable réseau catholique. Cela s'est traduit par la rédaction de programmes et de manuels dans les différents diocèses. Ainsi Jozef Pira (frère Donatien en religion), instituteur à l'école primaire de la paroisse Notre-Dame à Bruges publie de 1879 à 1881, un *Leergang van de Fransche taal* en neuf parties de plus de cinq cents pages[18]. Le titre illustre bien l'aspect militant de cette période de la "guerre scolaire" : les "Vlaamsche Katholieke Scholen" sont mentionnées comme destinataires et l'expression "Geloofd zij Jesus Christus. Amen" figure en tête de l'ouvrage. Le manuel figure dans les listes de livres autorisés dans les diocèses de Bruges et de Gand[19].

---

[17] Grâce à l'enseignement de L1, "l'élève devient [...] un élément de valeur pour la société, une force utile mise par l'école au service du pays" (Buisson 1911 : 953).

[18] Pour le titre complet des manuels analysés, *cf.* Bibliographie.

[19] Il semble avoir eu un certain succès : une 23e édition est signalée en 1922 (Koenraad 1957, II : 51).

L'objectif de l'auteur est, d'après la préface (non paginée), de "présenter dans le meilleur ordre possible toutes les règles de la grammaire et de la syntaxe françaises". Le terme *règle* doit être compris au sens de précepte permettant de passer d'une langue (L1) à une autre (L2). Il s'agit de montrer à l'élève dans un cadre métalinguistique connu le fonctionnement contrastif des deux langues. Dans cette perspective, grammaire et dictionnaire se complètent : ce dernier donne les équivalences lexicales (par ordre alphabétique ou thématique : *[Dieu] > Dieu, God*) ; la grammaire donne les équivalences formelles (le cadre de la grammaire latine servant de référence commune[20] : *[amo] > j'aime, ik bemin / [pater] > le père, den vader).* Une fois quelques formes mémorisées, l'élève pouvait entamer la construction du discours. Les exercices proposés sont pour l'essentiel des exercices de passage d'une langue à l'autre (beaucoup de thèmes, peu de versions). Le *Leergang* est rédigé en néerlandais jusqu'à la huitième partie (syntaxe), moment où l'élève peut (définitivement?) passer au français.

Pour Pira, la question des rapports langue et nationalité ne se pose pas. L'usage des langues est lié à la condition sociale. Le néerlandais est suffisant pour l'instruction élémentaire et religieuse. Il sert aussi de propédeutique au français. C'est la position de l'Église[21] : l'idiome populaire pour le catéchisme, le français (et le latin) pour l'élite. Ses conceptions méthodologiques sont congruentes avec cette vision.

### Les *Exercices préparatoires* (1884) et le *Cours pratique* de Stals (1881)

Le second auteur, Reinier Huibrecht Stals (°Elen 1841 †Diest 1917), est sorti diplômé de l'École normale de Lierre en 1862. Il y enseigna lui-même la langue française (1871-1877) avant de devenir directeur de l'École moyenne de l'État, puis du Collège communal, à Diest. Les *Exercices préparatoires* (*EP*) et le *Cours pratique* (*CP*) furent tous les deux fréquemment réédités (dix-septième édition pour

---

[20] L'utilisation du *Cours* supposait donc, dans le chef de l'élève, certaines connaissances grammaticales. C'est pour cette raison et à la demande de nombreux instituteurs (*cf.* la préface) que Pira a rédigé en 1881 un *Practische leergang der Nederlandsche taal.*

[21] *Cf.* Van Velthoven 1998 : 3007, qui, s'il rappelle l'intérêt de certains prêtres pour la défense du néerlandais, souligne qu'il ne pouvait s'agir que d'un "second rôle" [een tweederangplaats].

les EP en 1907). Ils se présentent comme une application des programmes de 1880 et reçurent l'approbation du gouvernement (arrêté royal du 22 mai 1882 pour le *Cours* et arrêté ministériel du 11 août 1886 pour les *Exercices*). On notera que le titre ne figure qu'en français bien que l'ouvrage soit destiné à l'enseignement des deux langues. Quant aux termes *flamand\** et *français* pour désigner ces langues, ce sont les plus utilisés par les auteurs de manuels[22].

Les *EP* (71p.) s'adressent au premier degré du primaire et, d'après la préface, suivent (à une exception près, *cf. infra*) les recommandations du programme officiel rédigé pour ce niveau. L'objectif est de "former l'oreille et d'assouplir les organes vocaux", de faire acquérir "d'une manière essentiellement pratique [...] la connaissance des mots les plus usuels [et] la construction de la phrase" (p. 3). Le moyen qui permet d'atteindre ces objectifs, ce sont les "exercices de langage" et la "récitation expressive de petits morceaux". Cette récitation est précédée d'une traduction dans la L1 et d'un petit entretien en L2[23].

L'ouvrage est divisé en deux parties. La première (50p.) comprend 56 unités ou exercices de langage ; la seconde (16p.) propose 22 textes ou "petits morceaux expliqués" destinés à la "récitation expressive". Censé servir aussi bien à l'enseignement du français que du flamand\*, le manuel se présente en deux colonnes : celle de gauche est destinée à l'enseignement du français L2, celle de droite à l'enseignement du flamand\* L2. Enfin, Stals précise dans un *Nota bene* (p. 69) que "les principales règles de la lexigraphie trouvent leur application dans les exercices [de langage] ; l'instituteur aura soin de

---

[22] D'après notre *Répertoire des grammaires scolaires 1831-1914* (Berré, *en prép.*), les termes les plus fréquents pour désigner les langues enseignées sont : *français, Frans* pour le français ; *flamand, Vlaams, Nederduitsch* et *Nederlands* pour le néerlandais. Pour désigner les locuteurs, les auteurs se servent des couples *Flamands / Vlamingen* ; *Wallons / Walen*. Les termes *belge / Belgische* apparaissent rarement. Pour désigner les institutions, l'on trouve essentiellement l'adjectif *Vlaams*. Il est à noter que l'expression *langue nationale / landstaal* n'apparaît que dans cinq titres (entre 1884-1893), toujours dans un contexte impliquant le pluriel et dans des manuels qui s'affichent comme bilingues. Le terme *Nederlands* n'est pas utilisé avant 1878, sans doute parce qu'il est ressenti comme "antinational". Von Busekist 1998 : 72, rapporte que la traduction de *Nederduitsch* par *néerlandais* dans le rapport de la *Commission des Griefs* fut interprétée par les défenseurs du mouvement flamand comme une malveillance destinée à mettre en cause leur sentiment patriotique belge.
[23] Cet exercice n'est prévu dans le programme de 1880 qu'à partir du deuxième degré.

les faire remarquer à l'occasion". L'édition de 1884 n'était pas destinée à être mise entre les mains des élèves, Stals s'alignant ainsi sur les prescriptions officielles. Néanmoins, dès 1885, l'auteur fait marche arrière : "les changements notables que nous avons apportés à la première édition permettront d'employer cet opuscule, non seulement comme guide du maître, mais aussi comme manuel de l'élève" (p. 4) : parmi ces changements, l'introduction d'exercices écrits, la présence de synthèses et d'exercices récapitulatifs, des exercices de conjugaison plus systématiques, etc., autant de signes du caractère scolaire de l'enseignement de L2.

Le *CP* est "écrit pour les écoles moyennes" mais s'adresse aussi aux "classes supérieures des écoles primaires et [aux] classes inférieures des athénées" (1884[3]). Il comprend deux parties. La première est intitulée "étude de la proposition et la phrase". La seconde est divisée en quatre sections d'inégale longueur : des textes français et flamands* (constitués de "dictées, thèmes et versions accompagnés d'exercices" (pp. 5-100), des idiotismes et des proverbes (pp. 101-118), des "exercices d'élocution roulant sur les principales matières enseignées au moyen de la langue maternelle" (pp. 119-125), un *Tableau synoptique des parties du discours* (un feuillet, non paginé).

Citant Claude Marcel[24], Stals est d'avis que l'appropriation de la langue doit précéder l'apprentissage de la grammaire, idée assez répandue depuis le XVIIIe siècle."On ne commencera le cours de grammaire proprement dit que lorsqu'il pourra être donné dans la langue même" (7). Stals pense que le "meilleur moyen [pour apprendre une L2] consiste dans le système de la traduction", traduction de L2 dans L1 et de L1 dans L2. Il cite à ce sujet J. van Beers[25] : elle permet de travailler sur des unités plus complexes que le mot[26] ; elle sollicite toutes les facultés de l'esprit[27].

---

[24] "C'est par la langue qu'on apprend la grammaire, et non par la grammaire qu'on apprend la langue".

[25] Antwerpen 1821 †id. 1888. Professeur de français et de flamand* à l'École normale de Lierre. Actif dans le mouvement flamand. Notice biographique dans : *Nationaal biografisch woordenboek*, t. XII.

[26] "Le travail de la traduction ne fixe pas seulement l'attention sur tel ou tel point déterminé, il donne à élaborer et traduire des phrases entières et par conséquent des idées complètes avec tous leurs éléments constitutifs et leurs plus délicates liaisons" (van Beers, *in* Stals, préface : 6).

Ce recours à la traduction comme principale technique d'enseignement de la langue va de pair, ce qui est logique, avec l'emploi d'un cadre métalinguistique commun aux langues enseignées: "[...] il importe [...] d'adopter une classification commune à toutes les langues" (id.). Mais chez Stals, ce cadre n'est plus celui des déclinaisons et des conjugaisons de Pira mais celui, adapté, de l'ancienne grammaire générale. L'unité de référence est une unité abstraite (la proposition, la phrase) : l'élève ne traduit plus des mots mais des énoncés. Alors que Pira semble concevoir les langues comme des nomenclatures d'un monde "donné", chez Stals les langues deviennent l'expression d'un monde à construire à travers le langage. L'équivalence de langue à langue ne se fait plus au niveau du mot mais de l'énoncé et de sa construction. L'usage de la traduction est aussi sensiblement différent de celui de Pira. La 2$^e$ partie du *CP* est un parfait équilibre entre des textes rédigés en français et des textes rédigés en flamand*, entre des thèmes et des versions. L'objectif n'est pas le passage vers le français mais l'acquisition d'un bilinguisme "fonctionnel" permettant à un individu de passer d'une langue à une autre sans difficulté. Enfin, chez Stals, la question des langues est liée à celle de la nationalité :

> "apprendre à parler ces deux langues aux races qui composent la Belgique, c'est mettre en œuvre le moyen le plus puissant pour fonder et assurer dans l'avenir l'union et la fusion de ces deux races" (van Beers *id.* : 5).

Autrement dit, il y a entre le français et le flamand* un point commun (la grammaire générale) qui a un correspondant sur le plan moral (la nationalité belge).

### Le *manuel* de Sluys et Kesler et la méthode directe

L'ouvrage de Sluys et Kesler (1884) n'est pas à proprement parler un manuel mais plutôt un "vocabulaire méthodique français et néerlandais des notions du programme primaire à enseigner en seconde langue à partir de la première année d'études", ouvrage que les auteurs destinent aux maîtres pour "faciliter la préparation de

---

[27] "Il [le travail de traduction] fait appel à la fois à toutes les facultés de l'esprit : mémoire, jugement, imagination, sentiment, goût..." (*ibid.*).

[leurs] leçons" (Sluys 1939 : 75)[28]. Alexis Sluys (Bruxelles 1849 †id. 1936) occupe une place importante dans l'histoire de l'enseignement en Belgique[29]. Il fut professeur de pédagogie à l'École modèle[30] qui, dans le domaine de l'enseignement des langues, préconisait :

"- l'usage exclusif de la langue maternelle dans les classes inférieures ;
- l'introduction progressive de la seconde langue pour arriver, vers la 4e année, à un enseignement dans les deux langues ;
- une méthode directe [...]" (Gubin 1990 : 175).

Ce système fut ensuite appliqué dans les écoles de la ville de Bruxelles, non sans rencontrer défiance et hostilité (*cf.* Van Velthoven 1981).

Pour la priorité à L1, les raisons invoquées sont d'ordre pédagogique (le développement intellectuel de l'enfant) mais aussi, ce qui est plus nouveau, éthique : le respect du droit de chacun de parler sa langue maternelle (*préface : IV-V*). La connaissance de l'autre langue nationale est utile pour augmenter la "sympathie" entre "les deux races" en vue de "cimenter [leur] union", de veiller à ne pas "subir l'influence exclusive du peuple voisin" et de s'ouvrir aux langues étrangères comme l'anglais et l'allemand dont "l'étude [...] est simplifiée lorsqu'on possède déjà le français et le néerlandais" (*id* : VI). Quant à la marche à suivre dans l'enseignement de L2,

"nous pensons, et l'expérience confirme notre manière de voir, que la méthode naturelle ou directe est la plus efficace. C'est celle qui

---

[28] Outre ce vocabulaire où "les mots sont groupés d'après le principe de l'association naturelle des idées", l'ouvrage contient des entretiens : "ce sont de simples indications ; nous donnons par ce moyen certaines tournures de phrases qui n'étaient pas à leur place dans le vocabulaire même" (préface : VI). L'ouvrage eut plusieurs éditions (1887[2], 1915[5]).
[29] Sur Sluys, *cf.* Jonckheere (1952). Dans un avant-propos aux *Mémoires* de Sluys, Smelten affirme que l'œuvre de l'enseignant bruxellois était "probablement [...] la plus étendue, la plus diverse, la plus puissante qu'un pédagogue ait jamais produite" (*op. cité : 7*). Kesler était vraisemblablement professeur à l'École modèle ; il est l'auteur d'une grammaire allemande et a collaboré à la revue *De Volksschool*.
[30] *Cf. supra.* C'est en enseignant dans cette école que l'idée leur vint d'écrire ce manuel (du moins si l'on suit le témoignage de Sluys) : "Quand l'expérience de la méthode naturelle ou directe m'eut convaincu de son efficacité, je rédigeai le vocabulaire méthodique français et néerlandais..." (Sluys 1939 : 75).

consiste à enseigner une seconde langue sans avoir recours à la traduction, si ce n'est dans des cas exceptionnels [...]. En procédant ainsi, le mot et l'idée se soudent en quelque sorte dans l'esprit des enfants. Dès le début, ils apprennent à *penser dans la seconde langue*, chose si nécessaire pour faire des progrès dans cette étude, et si difficile à obtenir lorsqu'on enseigne une langue étrangère par des traductions" (VIII et XII).

Alors que l'expérience de Sluys à l'École modèle a servi à l'élaboration des programmes de 1880 et que le manuel de Stals se présente comme une application de ces programmes, les conceptions méthodologiques (notamment par rapport à la traduction) des deux auteurs paraissent assez opposées. Il nous semble qu'elles peuvent en partie s'expliquer par une conception différente des langues et de leur rôle dans l'État belge.

En effet, Sluys a une vision plus humboldtienne des langues : chacune impose sa vision du monde et il ne saurait y avoir entre elles de traduction. Les langues ne s'expliquent donc pas entre elles (au sein d'un cadre métalinguistique commun) mais en référence au monde qu'elles expriment. Pédagogiquement, il faut partir de la chose (intuition directe) ou de sa représentation (intuition indirecte) pour arriver à l'idée puis au mot étranger qui l'exprime. Parallèlement, il ne raye pas la Belgique de la carte mais celle-ci n'est plus que la juxtaposition (plus ou moins "cimentée") de deux races, de deux langues entre lesquelles une égalité absolue est nécessaire. L'ouvrage de Sluys est d'ailleurs rigoureusement bilingue ce qui n'est pas le cas de celui de Stals. Pour ce dernier, il ne s'agit pas d'apprendre à penser dans une L2 mais d'apprendre les constructions particulières d'une L2 qui permettent d'exprimer une pensée considérée comme indépendante d'une réalisation particulière dans une langue donnée. Il y a donc une certaine analogie chez les deux auteurs entre les plans des conceptions linguistiques (avec leurs répercussions nationales) et des conceptions méthodologiques.

Le bilinguisme de Stals est individuel et trouve un lieu de résolution abstrait (la grammaire générale, lieu de génération des idées) et un moyen pédagogique, la traduction. Politiquement, les deux races dont se compose la Belgique peuvent "fusionner" (*cf.* préface) en une nationalité unique. Le bilinguisme de Sluys est plus soucieux de conserver les droits de chaque individu de communiquer dans sa L1 et il annonce ainsi la dimension régionale du problème. En

Belgique cohabitent deux langues et chacun (chaque région ?) a le droit de conserver sa L1 comme prioritaire[31]. Linguistiquement, on notera l'abandon de tout cadre commun aux différentes langues. Cette conception va de pair avec l'usage d'une méthode directe[32] fondée sur une certaine étanchéité entre les langues enseignées.

Cette méthode va connaître un certain succès à l'École normale de l'État de Lierre[33] et au Département de l'instruction publique[34]. Elle permettait en effet de concilier les intérêts de L1 et le besoin d'enseigner une L2. En isolant l'enseignement des deux langues, la méthode directe libère L1 du poids de L2. Désormais le néerlandais n'est plus le marchepied du français mais une discipline à part entière qui peut exercer son action éducative à la fois d'émancipation (développement des capacités intellectuelles) et d'intégration (fabrication de citoyens utiles à une "nation"). Quant à L2, son enseignement ne débutera pas avant la troisième année, car un contact trop rapide "ralentit le développement intellectuel et nuit, en particulier, à la connaissance de la langue maternelle"[35] (Temmerman 1893 : 28). Plus loin, la méthode directe est évoquée comme une

---

[31] "[...] dans un pays comme la Belgique [...] il est de stricte justice de respecter scrupuleusement le droit de tout citoyen à employer sa langue maternelle dans toutes les circonstances de la vie privée et publique" (p. IV).

[32] À notre connaissance, Sluys est le premier à faire usage en Belgique du terme "méthode directe" (1884).

[33] En 1893, H. Temmerman, directeur de l'École normale, publie une brochure de 30 pages où il prend parti pour la méthode directe ; la même année, le directeur de l'École d'application de Lierre publie le premier manuel incluant dans son titre l'expression "méthode directe" (Leflot 1893).

[34] Le Ministère de l'instruction publique a été supprimé avec le retour des catholiques au pouvoir (1884). Les premières circulaires en faveur de la méthode directe datent de 1897 et 1899.

[35] [... al te vroege studie van eene tweede taal nadeelig is voor de verstandsontwikkeling en in zonderheid voor de kennis der moedertaal]. En 1898, la *Koninklijke Vlaamse Academie voor Taal- en Letterkunde* mettait au concours la question suivante : "Pourquoi la pédagogie, l'intérêt national et social exigent-ils que l'enseignement de l'enfant se fasse au moyen de la langue maternelle ?" [Waarom eischen de opvoedkunde, het vaderlandsch en het maatschappelijk belang dat het kind onderwezen worde door middel van zijne moedertaal ?]. Temmerman remporta le premier prix (ex aequo) avec son ouvrage, *La langue maternelle, but unique et véhicule de la pensée dans l'éducation et dans l'enseignement* (1898 ; pour le titre en néerlandais, *cf. Bibliographie*). Par la suite, l'*Academie* créa une commission "Het onderwijs in en door het Nederlands" qui fut active de 1900 à 1914 (Rombauts 1979-1981 : 404 *sq.*).

"bouée de sauvetage" [een redmiddel] et Temmerman affirme que le néerlandais n'est plus désormais "le paria" [de verstootelinge] de l'école en Flandre (34-35).

Le fait que le mouvement de rénovation pédagogique qui a traversé toute l'Europe vers 1880 ait placé au centre de ses préoccupations le développement de l'ensemble des facultés de l'enfant et que, dans ce développement, un rôle primordial ait été attribué à L1, donne une explication à ce qui jusqu'ici était considéré comme une concession-suprise : le vote de la loi linguistique de 1883.

L'extension d'un enseignement direct des langues (à la fin des années septante en Belgique et aussi en France , *cf.* Chanet 1996) s'explique par la volonté de constituer des entités nationales homogènes linguistiquement et culturellement et de centrer l'enseignement sur L1. Cette interprétation, qui n'entend pas en exclure d'autres, nous paraît cependant moins naïve que celles fondées sur les bonnes intentions pédagogiques des "réformateurs"[36] ou qui considèrent les disciplines scolaires comme des applications plus ou moins réussies de savoirs savants.

Appliquée en Flandre, elle permettait, selon ses promoteurs (Sluys, Temmerman,...), le passage d'une société de type diglossique à une société bilingue où L1 demeurait néanmoins la langue de référence identitaire. Pourquoi ce type de bilinguisme ne se réalisa pas en Flandre[37], ni à Bruxelles (*cf.* Van Velthoven 1981) et pourquoi la Flandre "has shifted from what seemed to be a rather stable diglossic situation in which French was the H language, to a diglossia in which the H as well as the L position is occupied by Netherlandic language varieties" (Jaspaert, van Belle, *op. cit.* : 68) est une autre histoire. La nôtre a consisté simplement à montrer qu'elle n'était pas sans implication sur celle des méthodes et des manuels...

---

[36] *Cf.* Gubin (1990 : 175) pour qui la méthode directe privilégie "la connaissance active de la langue au détriment d'un savoir livresque et passif"; mais y a-t-il eu une méthode ou un manuel qui ait préconisé ce à quoi Gubin oppose la méthode directe ?
[37] En 1898 fut votée la Loi d'Égalité consacrant le néerlandais comme seconde langue officielle de la Belgique.

BIBLIOGRAPHIE

BELLENS, H. (1900) : "Geen tweede taal in de lagere school", *Ons Woord* VII-1 : 1-9 et VII : 2, 37-46

BERRÉ, M. (en prép.) : *Répertoire chronologique des ouvrages grammaticaux publiés en Flandre (et à Bruxelles) 1831-1914*

BUISSON, F. (1911) : *Nouveau dictionnaire de pédagogie et d'instruction primaire*, Paris : Hachette

*Bulletin du Ministère de l'Instruction publique*, Bruxelles : Guiot, 1878-1884

CHANET, J.-FR. (1996) : *L'école républicaine et les petites patries*, Paris : Aubier

DEPAEPE, M., SIMON, F. (1995) : "Taal en onderwijs in Vlaanderen : een afgesloten hoofdstuk ?", *Onze Alma mater* 69-II : 164-185

DEPREZ, K. (1989) : *Language and Intergroup Relations in Flanders and in The Netherlands*, Dordrecht : Foris Publications

DE SCHRIJVER R., DE WEVER B. (1988) : *Nieuwe Encyclopedie van de Vlaamse Beweging*, Tielt : Lannoo

DE VRIES, J. W., WILLEMYNS, R., BURGER, P. (1993) [1994] : *Het verhaal van een Taal. Negen eeuwen Nederlands*, Amsterdam : Prometheus

DE VROEDE, M. (1983) : "Onderwijs en opvoeding in de Zuidelijke Nederlanden 1815 - circa 1840", *in Algemene Geschiedenis der Nederlanden*, t. XI : 128-144

DE VROEDE, M. (1991) : "Language in education in Belgium up to 1940", *in* TOMIAK (1991-I) : 111-131

DIERCKX, J. (1862) : *Propagation des deux langues en Belgique [...]. Ouvrage couronné par la Société centrale des instituteurs belges*, Bruxelles : Vve Parent et fils

GUBIN, E. (1990) : "La Ligue et la question linguistique", *in* Uyttebrouck (1990) : 169-184

HERMANS, A. (1985) : *De onderwijzersopleiding in België 1842-1884 : een historisch-pedagogisch onderzoek naar het gevoerde beleid en de pedagogisch-didactische vormgeving (Studia Paedagogica. New series 7)*, Leuven : Universitaire pers

JASPAERT, K., VAN BELLE, W. (1989) : "The Evolution of the Diglossic system in Flanders (1850-1914)", *in* Deprez (1989) : 67-79

JONCKHEERE, T. (1952) : *La pédagogie d'Alexis Sluys*, Bruxelles : Labor

KOENRAAD, B. (1957) : *De Broeders van Liefde (1807-1876 & 1876-1922). Bij het honderdvijftigjarig bestaan van zijn Congregatie*, Gent / Mariakerke : L. Vanmelle

LAUWERENS, L. (1985) : *De ontwikkeling van het tweede-taalonderwijs in de Belgische lagere school van 1842 tot 1878*, Leuven : Katholieke Universiteit

LOOMANS, J.-A. (1864) : *In Vlaanderen Vlaamsch en Fransch, of de noodzakelijkheid van in de gemeentescholen van gansch België de beide talen te onderwijzen*, Antwerpen : Schetsberg C.H.

LORIAUX, A.-G. (1863) : *Patriæ ! Propagation des deux langues usitées en Belgique*, Mons : Manceaux-Hoyois

LORY, J. (1979) : *Libéralisme et instruction primaire 1842-1879. Introduction à l'étude de la lutte scolaire en Belgique (Université de Louvain. Recueil de travaux d'histoire et de philologie, 6ᵉ s., fasc. 17)*, Louvain : Nauwelaerts

Koninklijke Vlaamse Academiën van België (1964-) : *Nationaal Biografisch Woordenboek*, Brussel : Paleis der Academiën

*Rapport triennal sur la situation de l'instruction primaire* (1884) : *Treizième période triennale. 1879-1880-1881*, Bruxelles : Fr. Gobbaerts

*Rapport triennal sur la situation de l'instruction primaire* (1898) : *Dix-huitième période triennale. 1894-1895-1896*, Bruxelles : Joseph Goemaere

*Rapport triennal sur la situation de l'instruction primaire* (1900) : *Dix-neuvième période triennale.* 1897-1898-1899, Bruxelles : J. Goemaere

ROMBAUTS, W. (1979-1981) : *De Koninklijke Vlaamse Academie voor Taal- en Letterkunde (1886-1914) : haar geschiedenis en haar rol in het Vlaamse cultuurleven (Series Verhandelingen, 6ᵉ reeks, bekroonde werken, 110)* (2 t.), Gent : Secretariaat van de Koninklijke Academie

SLUYS, A. (1939) : *Mémoires d'un Pédagogue* (avec un avant-propos de N. Smelten), Bruxelles : Éditions de la Ligue de l'enseignement

TEMMERMAN, H. (1893) : *Aanvankelijke studie der vreemde levende talen*, Gent : Hoste

TEMMERMAN, H. (1898) : *De Moedertaal, eenig doel en redematig voertuig der gedachte in Opvoeding en Onderwijs*, Gent : Siffer

TOMIAK, J.-J. (1991) : *Schooling, educational policy and ethnic identity. Comparative studies on governments and non-dominant ethnic groups*, Aldershot : Dartmouth

UYTTEBROUCK, A. (1990) : *Histoire de la Ligue de l'Enseignement 1864-1989*, Bruxelles / Liège : Éditions de la Ligue de l'Enseignement.

VAN VELTHOVEN, H. (1981) : "Taal en onderwijspolitiek te Brussel 1878-1914". *Taal en Sociale Integratie* IV : 261-387

VAN VELTHOVEN, H. (1998) : "Taalwetgeving in een censitair regime", *in* DE SCHRIJVER, DE WEVER (1998), t. III : 2999-3014

VON BUSEKIST, A. (1998) : *La Belgique. Politique des langues et construction de l'État de 1780 à nos jours*, Paris / Bruxelles : Duculot / De Boeck et Larcier

*Corpus*

LEFLOT, P. (1893) : *Cours pratique de français basé sur la méthode directe à l'usage des écoles néerlandaises, allemandes et anglaises [...]*, Anvers : De Vreese

PIRA, J. (1879-1880) : *Geloofd zij Jesus-Christus. Amen. Leergang van de Fransche taal voor Vlaamsche katholieke scholen, door J. P. Br. D. (Broeder van Liefde). Met kerkelijke goedkeuring (8 deeltjes)*, Brugge : Karel Beyaert-Storie

PIRA, J. (1881) : *Regels van den 'Leergang der Fransche taal voor Vlaamsche katholieke scholen'*, ibid.

PIRA, J. (1881) : *Practische leergang der Nederlandsche taal voor Vlaamsche Katholieke Scholen*, Brugge / Gent : Karel Beyaert-Storie / Leliaert & Siffer

SLUYS, A. – KESLER, J. (1884) : *Les deux langues nationales. De Twee landstalen. Méthode pratique pour enseigner le français aux Flamands et le néerlandais aux Wallons*, Gand / Gent : Librairie générale / Algemeene boekhandel, Ad. Hoste

STALS, R.-H. (1881-1882) : *Cours pratique de français et de flamand à l'usage des écoles primaires et des écoles moyennes* (2 p.), Bruxelles : D. Windels

STALS, R.-H. (1884) : *Exercices préparatoires au 'Cours pratique de français & de flamand'*, Bruxelles : D. Windels

*Lois et programmes*

*Loi organique de l'instruction primaire* (1842) [tiré à part]

*Programme de l'enseignement à donner dans les écoles primaires communales et les écoles d'application annexées aux écoles et aux sections normales primaires* (1880), Bruxelles, Ministère de l'Instruction publique [tiré à part]

*Programme de l'enseignement à donner dans les écoles normales et les sections normales d'instituteurs et d'institutrices* (1881). *In : Rapport* (1884): 190 et *sq.*

# DE LA MONARCHIE À LA PREMIÈRE RÉPUBLIQUE, L'ÉVOLUTION DANS LA CONTINUITÉ : L'ENSEIGNEMENT DU FRANÇAIS AU PORTUGAL DE 1894 À 1926

Maria José Salema
Universidade do Minho

> "Pour les Portugais, comme pour tous les autres peuples, si l'on envisage les intérêts commerciaux, l'anglais est la langue la plus utile et la plus nécessaire, puisqu'elle est la langue commerciale par excellence, la langue des affaires. Les programmes du secondaire en 1895 soulignaient la grande portée de la langue allemande en tant qu'auxiliaire très important pour les études supérieures. Et pourtant, malgré tous les avantages que toute autre langue puisse offrir, il est indéniable que le français est, au Portugal, une langue privilégiée" (Santos Gil 1919 : 7-8 [trad. M.J.S.]).

Ces mots, écrits en 1919 par Manuel dos Santos Gil, candidat au diplôme de l'École Normale Supérieure de Lisbonne, lors de la présentation de sa dissertation finale, traduisent assez bien l'enjeu que l'apprentissage des langues étrangères modernes a représenté dès l'institutionnalisation de l'enseignement des langues étrangères au Portugal en 1836, date de la création des lycées. En effet, la problématique du statut des langues étrangères modernes a traversé tout le XIX$^e$ mais a atteint une acuité particulière dans le tournant du siècle, l'une des périodes les plus riches de l'histoire de l'éducation portugaise. La période finale de la Monarchie, en particulier les années 1894-1910, a été marquée par d'importantes transformations pédagogiques qui se sont reflétées dans la rénovation de l'enseignement du français, surtout dans le secondaire.

Le nouveau régime républicain, issu de la révolution de 1910, s'est proposé de rompre avec l'œuvre pédagogique de la Monarchie, dans son dessein de refaire toute "l'école portugaise", de créer un homme nouveau "formé dans les institutions libérées de l'esprit jésuitique et monarchiste et dans le cadre d'une société nouvelle".

Il m'a donc semblé intéressant de comparer les réalisations pédagogiques des deux régimes en ce qui concerne l'enseignement du français, d'analyser dans quelle mesure la rupture politique provoquée par l'avènement de la République a modifié le statut et le rôle du français ainsi que la méthodologie de son enseignement, dont la didactique s'est constituée entre 1894 et 1905. Je centrerai mon analyse sur l'enseignement des lycées, la recherche concernant l'enseignement technique ayant à peine été esquissée.

## LA PÉRIODE DE 1894-1910

*Le bouillonnement pédagogique du tournant du siècle*

La période de 1894 à 1910 est une période charnière dans l'histoire de l'enseignement secondaire portugais. Les deux réformes promulguées alors, la première en 1894, et la deuxième en 1905, sont l'aboutissement logique d'une dynamique pédagogique très riche qui remonte aux années quatre-vingt. En effet, à partir de 1884, l'écho du "Mouvement de la Réforme" se fait sentir intensément au Portugal, tout particulièrement auprès des professeurs et des pédagogues, mobilisés, comme d'ailleurs toute l'opinion publique, autour de la question centrale qui se pose alors relativement à l'enseignement des langues : "quelle(s) langue(s) faut-il enseigner" ?

Du large éventail d'opinions exprimées alors par professeurs et pédagogues et aussi hommes d'État, parlementaires, écrivains, parents d'élèves et journalistes ressort la suprématie du français, jugé première langue de culture et de communication. Pour l'opinion publique portugaise, comme pour la plus grande partie de la classe dirigeante, le français est la première langue que les lycéens portugais doivent apprendre. Quoique d'autres langues modernes, notamment l'anglais et l'allemand gagnent chez nous une plus grande importance dans les deux dernières décennies du XIXᵉ, le français garde pratiquement intact son statut de langue étrangère dominante.

Cette suprématie s'explique par son influence et sa position traditionnelles, qui lui confèrent le statut de "langue universelle" ou "presque universelle", de langue des rapports internationaux par excellence, de véhicule principal d'une culture qui, de l'avis de beaucoup, est encore hégémonique, et elle s'explique aussi par la "grande valeur éducative" qui lui est reconnue, surtout dans "l'instruction secondaire de base". La langue française a donc droit, surtout pendant le premier cycle d'études (Curso Geral), à la première place parmi les autres langues modernes. En effet, non seulement le français fait partie du cadre des disciplines étudiées dans tous les lycées et toutes les écoles municipales secondaires, mais il est la seule langue étrangère moderne intégrée au plan d'études des écoles secondaires féminines, créées en 1888 et réglementées en 1890.

*Le statut des langues dans la réforme de 1894-1895*

La réforme de l'instruction secondaire de 1894-1895, appelée souvent réforme de João Franco / Jaime Moniz, a jeté les bases d'un enseignement secondaire cohérent et moderne. À un assemblage chaotique de disciplines qui a caractérisé l'enseignement traditionnel des lycées succèdent l'établissement d'un plan d'études structuré en cycles, la définition de normes pédagogiques et didactiques qui complètent les programmes de chaque discipline et la rénovation des méthodes d'enseignement, qui introduisent "l'enseignement intuitif" dans les classes de langues modernes.

Mais malgré le progrès qu'elle représente, cette réforme ne répond pas totalement aux attentes exprimées par l'opinion publique dès les années quatre-vingt relativement au besoin de l'intensification de ce qu'on appelle "les principales langues étrangères", généralement le français et l'anglais. En effet, les dispositions légales accordent à l'allemand, discipline qui est valorisée en tant que langue véhiculaire de la culture scientifique, une suprématie le plus souvent mal acceptée. Le nouveau plan d'études, qui favorise les lettres, accorde au latin et au portugais la première place dans l'ensemble des cinq langues proposées. Le statut de l'allemand, jusque-là secondaire, puisque discipline "d'option" ou "annexe" aux cours des lycées, et limité aux quatre villes principales du pays, subit un changement radical. En effet, l'allemand devient la langue étrangère prépondérante ; elle est, non seulement la seule langue étrangère étudiée dans les deux cycles d'études qui forment le nouveau cadre de disciplines des lycées, mais aussi la langue à laquelle est consacré le plus grand nombre d'années scolaires, 5 ans, et 21 heures par semaine. Le français n'est étudié qu'au premier cycle d'études : pendant quatre ans, 13 heures par semaine, tandis qu'on réserve à l'anglais trois ans du premier cycle et 12 heures par semaine.

Cette suprématie de l'allemand est, néanmoins, plus légale qu'effective, si j'ose dire, dans la mesure où son apprentissage n'est obligatoire que pour les élèves qui veulent suivre des cours supérieurs et dans la mesure où son enseignement se limite aux "liceus centrais"[1], les seuls où existe le deuxième cycle d'études, "le Curso Complementar". D'autre part, les statistiques disponibles concernant le nombre d'élèves suivant les cours d'allemand et se présentant aux examens de cette discipline montrent que, si le cadre légal de 1894-1895 favorise l'apprentissage de l'allemand, le nombre d'élèves suivant réellement l'étude de cette langue est assez réduit.

Et pourtant, ces mesures ont suscité de vives réactions et ont ranimé le débat sur la place et le rôle des langues modernes dans l'enseignement. D'ailleurs, la réforme, dans son ensemble, a donné lieu à une polémique passionnée qui a abouti à sa révision et à la promulgation d'une nouvelle réforme en 1905. L'une des critiques les plus violentes dont la loi de 1894 a été l'objet a porté sur l'influence du modèle germanique sur l'ensemble de ses dispositions, son inadaptation à un peuple comme le portugais doué d'un tempérament tout à fait différent[2], idée que les républicains reprendront en 1920-21. Lors de l'évaluation de ses résultats, entre 1897 et 1904, et de la discussion du nouveau projet de loi du gouvernement en 1904, le spectre de ce danger, la "soumission au système germanique" surgit plus ou moins explicitement. Selon la commission de 21 professeurs chargée d'apprécier ce projet, celui-ci s'efforce d'adapter l'enseignement secondaire au milieu portugais dans le sens de sa nationalisation définitive ('A projectada reforma da Instrução Secundária', *in Boletim da Associação do Magistério Secundário Oficial*, Anos I a III, 1904-1908 : 33).

*La révision du statut des langues étrangères dans la réforme de l'instruction secondaire de 1905*
Le décret du 29 août 1905, qui réorganisa l'enseignement des lycées, replace le français dans sa position traditionnelle de première langue étrangère moderne du cursus secondaire. Tout en présentant cette nouvelle réforme comme une simple amélioration de celle de

---

[1] Par opposition aux "liceus nacionais" qui n'avaient que le premier cycle d'études, le "Curso Geral".
[2] *Cf.* Vieira de Almeida (1948 : 50).

1894-1895, issue des vœux des pédagogues, des "réclamations" des familles et tenant compte des "intérêts nationaux", le législateur met en valeur deux desseins prioritaires : la formation professionnelle des professeurs et l'utilisation de "bons moyens d'enseignement" jusque-là insuffisants. Parmi les modifications apportées au plan d'études, il attire l'attention sur le "développement remarquable" des langues vivantes et des "sciences physiques et naturelles", conformément aux vœux des "partisans de l'enseignement moderne", en accord avec "l'utilitarisme dominant" :

> "Les besoins de la vie moderne, surtout dans un pays comme le nôtre, où les habitants ne peuvent s'entendre avec les étrangers qu'en parlant leurs langues, justifient pleinement qu'on leur ait sacrifié le latin qui jouissait d'une trop grande importance dans le système actuel, où notre situation particulière de pays colonial n'a pas été, à notre avis, suffisamment pondérée. C'était, donc, le temps des corrections nécessaires" (Colecção Oficial da Legislação Portuguesa, 1906, D. do G. N° 194, de 3 de Agosto de 1905 : 383 [trad. M.J.S.]).

Parmi les langues étrangères que les jeunes lycéens portugais devront apprendre à parler le français est mis en valeur parallèlement à l'anglais :

> "Il nous faut bien connaître la langue française ; nos élèves l'étudieront dorénavant pendant cinq ans, et ce à partir de la première année" (*Ibid.* : 383).

En opposition à la suprématie précédente de l'allemand, on souligne, non seulement l'importance de l'anglais dont l'apprentissage doit suivre celle du français, mais sa priorité par rapport à l'allemand :

> "Nous avons besoin de connaître la langue anglaise ; nos élèves l'étudieront désormais pendant six ans, c'est-à-dire, dès la deuxième année. On ne sacrifiera en aucun cas l'anglais à l'allemand" (*Ibid.* : 383).

Il s'agit, toutefois, d'une priorité supposée ou très relative, car ces deux matières, "anglais ou allemand", sont des matières à option ; à l'élève de choisir la langue qu'il préfère. Bien que le législateur assigne au français un nombre inférieur d'années et d'heures par semaine par comparaison à l'anglais et à l'allemand, respectivement 5 ans, 14 heures pour le français ; 6 ans, 22 heures pour l'anglais et l'allemand, et bien que l'apprentissage du français soit limité au "Curso Geral", tandis que celui de l'anglais et de l'allemand puisse se prolonger jusqu'au "Curso Complementar", le statut d'option défini pour ces deux langues transforme, en fait, le français en seule langue étrangère moderne obligatoire, donc la langue la plus importante. Si l'on y ajoute un autre fait déjà évoqué, le nombre plus limité d'élèves du "Curso Complementar", on peut conclure que le français continue à être, effectivement, la langue la plus étudiée par les élèves des lycées portugais. La réforme de 1905 a donc corrigé la subordination relative à laquelle le français avait été voué dans la réforme de João Franco/Jaime Moniz, par l'imposition légale d'une langue, l'allemand qui n'avait pas de tradition solide au Portugal, et dont la demande n'a pas répondu à la priorité institutionnalisée. La suprématie réelle du français est aussi évidente dans le plan d'études de l'enseignement secondaire féminin, créé en 1906 avec l'ouverture du Lycée Maria Pia à Lisbonne, où l'on attribue au français cinq ans et treize heures d'étude par semaine et aux "langues anglaise ou allemande" quatre ans et 12 heures hebdomadaires. Du point de vue méthodologique, 1905 accentue l'innovation commencée en 1894 : on préconise alors la "méthode d'enseignement direct" qui "sera prédominante".

## LA PÉRIODE DE 1910 À 1926

*Les priorités éducatives de la République*
　　Le régime politique issu de la révolution qui, le 5 octobre 1910, a renversé la Monarchie, a centré son action éducative sur l'enseignement primaire et supérieur. Afonso Costa, l'un des politiciens républicains les plus éminents, déclarait quelques jours après la chute de la Monarchie que l'instruction serait, "après l'immédiate satisfaction de tous les principes libéraux, la croisade [...] de la République qui répandrait l'instruction à flots" (Nóvoa 1989 : IX [trad. M.J.S.]).
　　Dans *La grande révolution*, titre d'un article publié dans le journal "República", on pouvait lire que la République avait besoin de "s'affirmer et de s'ennoblir, ce qu'elle ne pourrait faire qu'en ouvrant des écoles, en répandant l'instruction, en éclairant et en rachetant la jeunesse" (Nóvoa 1989 : IX-X). L'attention des dirigeants républi-

cains s'est donc tournée, comme le souligne Rómulo de Carvalho, "vers la résolution des problèmes déjà traditionnels de notre enseignement : l'analphabétisme" (dont le taux s'élevait alors à 70%), le nombre insuffisant d'écoles primaires (lieux idéaux de la transformation de "l'âme de la patrie républicaine"), la préparation pédagogique et scientifique insuffisante des instituteurs et leur misérable situation économique" (Carvalho 1986 : 656).

Les historiens sont unanimes à penser que l'enseignement secondaire a été l'un de ceux où la Première République a le moins innové (*cf.* Nóvoa 1989 : XXV). En effet, jusqu'en 1918 celle-ci a maintenu, pour l'essentiel, le système d'instruction secondaire institutionnalisé en 1894 et amélioré en 1905. Même ce qu'on appelle les réformes de 1918, 1919 et 1921 ne représentent que des retouches au schéma antérieur. Un premier projet de réforme de l'enseignement secondaire, élaboré en 1912, où la problématique de l'enseignement des langues étrangères avait été l'objet d'une réflexion approfondie, n'a pas eu de suite, quoique quelques-unes de ses propositions aient été reprises dans la législation postérieure.

L'instabilité politique qui a caractérisé la Première République a souvent empêché l'élaboration de projets d'éducation cohérents et leur exécution. L'appui à ses débuts presque exclusif de la petite bourgeoisie urbaine et de quelques fractions des classes moyennes, l'influence des groupes anarchistes dont le rôle et l'efficacité ont été déterminants dans le renversement de la Monarchie, la lutte idéologique et politique, au sein même des différents partis républicains, le conflit religieux qui a opposé le nouveau régime à l'Église Catholique, les conflits sociaux et les difficultés économiques et financières ont fait de ces seize années l'une des périodes les plus troublées de notre histoire et ont eu, inévitablement, des répercussions sur la vie du pays et de ses institutions d'enseignement. Comme un exemple frappant de la précarité de cette situation nous pouvons citer les 40 ministères de l'Instruction Publique qui se sont succédé entre 1913, date de la création du Ministère de l'Instruction Publique, et 1926, année où un coup d'état militaire a renversé la Première République.

*La réforme de l'enseignement secondaire de 1918*
En janvier 1918, lors de la nomination des différentes commissions chargées de la révision de tous les secteurs de l'enseignement public, le gouvernement avoue la modestie de ses ambitions : il prétend

moins à une "transformation radicale" de l'enseignement qu'à "profiter des indications de l'expérience et à répondre aux besoins les plus urgents et aux plus vives aspirations des enseignants, des élèves et de l'opinion publique éclairée" (Instrução Secundária. Reforma de 1918 (1919 : 5) [trad. M.J.S.]). L'un des sujets proposés à la considération des deux commissions de révision de l'enseignement secondaire pour les jeunes filles et les garçons concernait la "fonction nationaliste" propre, aussi, à cet enseignement.

La réforme est promulguée le 14 juillet 1918 et l'on constate qu'aux finalités éducatives et aux objectifs de formation traditionnels (l'enseignement secondaire "se destine à la formation d'une élite" et il vise "la culture générale" et la préparation aux études supérieures, objectifs consacrés dans le nouveau décret), s'ajoutent le dessein d'intensifier le caractère pratique et utilitaire de l'enseignement et celui d'assurer la formation nationaliste des élèves. Ce "caractère éminemment national, profondément patriotique" de l'enseignement sera surtout l'objet des "disciplines nationales", telles que "la langue et la littérature portugaises, l'histoire nationale et la géographie du Portugal et de ses colonies" (*ibid.* : 7). Étant donné la "situation précaire des finances nationales" qui ne permet pas la réalisation de l'un des vœux de la Commission de révision de 1912, la création de deux types d'enseignement, un "cours classique" et un "cours moderne", la nouvelle réforme garde la structure de celle de 1905 : un premier cycle d'études ("Curso Geral") suivi d'un deuxième cycle ("Curso Complementar") de deux ans, à deux branches, Lettres et Sciences.

Dans le nouveau plan d'études, les langues étrangères modernes privilégiées sont l'anglais et le français, en particulier l'anglais, discipline dorénavant obligatoire dans les deux niveaux d'enseignement : 12 heures de cours dans le premier niveau "Curso Geral", 6 heures dans les deux sections du "Curso Complementar". Les élèves suivront encore 3 cours pratiques d'anglais (4 1/2 heures). Un article du décret en question détermine même que dans le "Curso Complementar" de Lettres si l'élève choisit l'allemand, il devra suivre les cours pratiques d'anglais. Le français a la deuxième place dans l'ensemble des trois langues étrangères incluses dans ce plan d'études, malgré l'augmentation des heures de cours voulue par le législateur (16 heures), qui considère les 14 heures du plan de 1905 insuffisantes, et malgré l'inclusion de cours pratiques de français dans le plan d'études du "Curso Complementar" de Lettres. De toute façon, le statut du français est revalorisé de façon significative si l'on considère que la plupart des lycéens s'arrêtent au "Curso Geral". L'allemand, toujours discipline à option, est maintenant relégué au "Curso Complementar" avec 8 heures de cours dans les deux sections de ce niveau d'études. Son rôle de discipline préparatoire aux études supérieures, visant essentiellement la compréhension écrite d'ouvrages didactiques et scientifiques est évident :

> "L'enseignement de l'allemand doit se limiter à donner la préparation suffisante pour la lecture et la traduction d'ouvrages didactiques et scientifiques" (*Ibid.* : 269 [trad. M.J.S.]).

Le besoin de recourir à des livres étrangers se faisait sentir, en effet, dans un pays comme le Portugal qui n'avait pas de production scientifique propre. Le professeur espagnol, Ruben Landa, Catedrático de Psychologie au lycée de Salamanque, évaluant dans les années vingt l'enseignement des langues au Portugal où il a visité plusieurs lycées dans la capitale et en province, témoigne de l'efficacité de cet enseignement surtout en ce qui concerne le français et les lycées de Lisbonne. Tous les élèves quittant le lycée sont aptes, d'après lui, à "lire des livres français et à comprendre la langue parlée ; beaucoup de ces lycéens peuvent même parler et écrire le français" (Landa 1928 : 66) [trad. M.J.S.]. Les résultats ne sont pas les mêmes en anglais et en allemand, "mais tous les élèves qui ont étudié l'anglais peuvent utiliser des livres scientifiques en anglais. Quelques professeurs ont réussi à ce que leurs élèves parlent et écrivent cette langue avec aisance" (*Ibid.* : 66). J'ai vu, ajoute-t-il, des élèves des derniers cours de plusieurs établissements qui étudient dans des livres français, et des étudiants qui travaillent principalement en utilisant des ouvrages français et quelques ouvrages anglais. Dans le lycée Passos Manuel, les guides de manipulation utilisés par les élèves pour les exercices pratiques de chimie "Curso Complementar de Ciências" sont en anglais et en allemand".

Le Règlement de l'Instruction Secondaire, publié en septembre 1918, prévoyant sans doute que les élèves d'allemand seraient toujours peu nombreux, détermine qu'au cas où il y aurait un nombre très réduit d'élèves, on pourrait réunir dans une même classe les élèves de la même année des deux "Cursos Complementares" (Art. 54°, § 4°, p.115). Par opposition au programme des cours pratiques de français

centré sur la conversation, la dramatisation de courtes pièces théâtra-
les, de brefs exposés en français (mais aussi des exercices de composition écrite), les programmes d'anglais (théorique et pratique) et
d'allemand comportent une étude grammaticale et privilégient des
activités traditionnelles comme la lecture et la traduction. Pour ce qui
est de l'anglais on y ajoute la conversation et la correspondance.
Quant à l'allemand, on lit et on traduit de petits volumes sur les différentes branches de la science, comme, par exemple, quelques volumes
de "Sammlung Göschen", et des revues scientifiques. La seule modification apportée au plan d'études de la réforme de 1918 que je viens
d'analyser concerne l'anglais qui, lors de la restructuration des programmes et des plans d'étude du secondaire opérée en 1919, voit son
temps d'études réduit d'une heure au "Curso Geral". L'écart qui le
sépare du français (qui conserve 16 heures) s'élargit donc.

Pour conclure, la rupture politique que l'avènement de la République en 1910 représente n'a pas donné lieu à un changement radical de
l'enseignement secondaire portugais ni à des modifications significatives dans l'enseignement du F.L.E. : ceci, pour des raisons de
conjoncture (parmi lesquelles il faut considérer que beaucoup des
décisions législatives du régime républicain n'ont été que partiellement exécutées ou n'ont même pas eu de suite) et parce que la Première République a hérité d'une dynamique culturelle et pédagogique
dont les forces internes se sont inévitablement développées. Malgré
l'ascension de l'anglais qui s'impose progressivement comme langue
à vocation fonctionnelle et donc privilégiée dans le dernier cycle
d'études, le français garde son statut traditionnel de première langue
de culture et de communication de la plupart des lycéens portugais.
De par sa renommée, sa position et son rôle traditionnels, le français
est toujours valorisé comme élément essentiel de la culture générale
des jeunes Portugais dont la plus grande partie s'arrête au "Curso
Geral". Entre 1894 et 1926 les heures de français au "Curso Geral"
passent de 13 à 16 heures ; à ce même niveau, l'anglais, par contre,
après une première montée de 12 heures (en 1894) à 14 heures (en
1905), connaît une réduction : 12 heures dans la réforme de 1918 et
11 dans celle de 1919. Quant à la méthodologie de l'enseignement du
français j'ai pu constater la permanence, dans les grandes lignes, des
objectifs d'enseignement, des programmes et de la méthodologie définis en 1894 et 1905 et, dans une certaine mesure, des manuels sco-

laires utilisés. Jusqu'en 1921, sauf pour un seul ouvrage accepté provisoirement en 1919, on utilise les manuels de français approuvés sous la Monarchie en 1907, 1909 et 1910. Une étude approfondie de ces ouvrages pourrait peut-être donner une réponse autre à la question qui nous a été posée : dans quelle mesure le F.L.E. est-il utilisé au profit de l'idéologie et du pouvoir politique ? Pour l'instant je ne puis répondre. En ce qui concerne l'enseignement des langues étrangères modernes, l'originalité pédagogique de la Première République s'est limitée à l'introduction des "cours pratiques de langues" dans les deux dernières années du plan d'études des lycées.

## BIBLIOGRAPHIE

ALMEIDA, V. (1948) : "Adolfo Coelho", in *Revista da Faculdade de Letras de Lisboa*, Tomo XIV - 2ª Série, n° 1

*Boletim da Associação do Magistério Secundário Oficial*, Anos I a III, 1904-1908, Lisboa

CARVALHO, M. F. de (1928) : *Relatório duma Missão de Estudo em França e Inglaterra. Ano lectivo de 1926-1927*, Lisboa : Fernandes & Cª, Lda

CARVALHO, R. (1986) : *História do Ensino em Portugal, desde a fundação da nacionalidade até ao fim do regime de Salazar-Caetano*, Lisboa : Fundação Calouste Gulbenkian

CHRISTO, H. (1915) : *Cartas de longe. A Instrução secundária em Portugal e em França*, Aveiro : António Conceição Rocha

Colecção Oficial da Legislação Portuguesa, (1906), *Diário do Governo N° 194, de 30 de Agosto de 1905*, Lisboa

Comissão do Projecto de reforma do ensino secundário. Relatório de 24 de Agosto de 1912, *Diário do Governo N° 127 de 2 de Junho de 1913*

Federação das Associações dos Professores dos Liceus Portugueses, 1927. *Votos e conclusões do 1° Congresso Pedagógico do Professorado Secundário*, Aveiro : Progresso

FRANCO, C. (1915) : *A República e o Ensino Secundário. Discurso proferido na abertura do Colégio Militar, no ano lectivo de 1915-1916*, Lisboa Imprensa Nacional

GIL, M. dos S. (1919) : *Didáctica das disciplinas de Português e Francês (2° Grupo dos liceus)*, Dissertação para o exame de Estado do curso de habilitação ao magistério secundário, Lisboa : César Piloto

GRACIO, S. (1998) : *Ensinos Técnicos e Política em Portugal, 1910/1990*, Lisboa : Instituto Piaget

LANDA, R. (1928) : *La enseñanza secundaria en Portugal*, Coimbra : Imprensa da Universidade

Ministério da Instrução Pública, Direcção Geral do Ensino Secundário, 1923, *Decreto N° 6 : 132, de 26 de Setembro de 1919* (Programas e quadros de distribuição das disciplinas), Porto : Sociedade de Papelaria, Lda

NOVOA, A. (1989) : *Reformas do Ensino em Portugal,Reforma de 1911*, I, II - Vol. I, Lisboa : Ministério da Educação, Instituto de Inovação Educacional de António Aurélio da Costa Ferreira

OLIVEIRA MARQUES, A.H. (1970) : "Notícia Histórica da Faculdade de Letras de Lisboa (1911-1961)", Lisboa : Separata da Revista Ocidente

OLIVEIRA MARQUES, A.H. (dir.) (1991) : *Nova História de Portugal, vol. XI (Portugal. Da Monarquia para a República)*, Lisboa : Presença

PESTANA, A. (1915) : *La educación en Portugal*, Junta para Ampliación de estudios e investigaciones científicas, Patronato de Estudiantes, Madrid

PROENÇA, M. C. (1998) : *O Sistema de Ensino em Portugal (sécs. XIX-XX)*, Lisboa : Colibri

República Portuguesa, Instrução Secundária, *1919, Reforma de 1918*, Lisboa: Imprensa Nacional

República Portuguesa, Instrução Secundária, *1922, Decreto n° 7 : 558, de 18 de Junho de 1921*, Lisboa : Imprensa Nacional

ROCHA, F. (1984) : *Fins e Objectivos do Sistema Escolar Português - I. Período de 1820 a 1926*, Porto : Paisagem

SALEMA, M. J. (1993) : *A didáctica das línguas vivas e o ensino do francês nos liceus portugueses na viragem do século : o período de 1894 a 1910*, Braga : Universidade do Minho (thèse non publiée)

SANTOS, A. dos (1921) : *Um plano de reorganização do ensino público. Projecto de lei, para ser apresentado à Câmara dos Senhores Deputados*, Coimbra : Imprensa da Universidade

VALENTE, V. P. (1983) : "O Estado Liberal e o Ensino : os liceus portugueses (1834-1930)", Tentar perceber, Casa da Moeda : Imprensa Nacional

# CONTEXTE ADMINISTRATIF ET SCIENTIFIQUE D'UNE GRAMMAIRE POUR L'ENSEIGNEMENT DU FRANÇAIS EN ESPAGNE (1907)

Brigitte Lépinette
Universitat de València

Dans cette étude, nous présentons le contexte administratif et scientifique dans lequel la *Gramática razonada histórico-critica de la lengua francesa* (1889[1]-1907[6]) de Fernando Araujo Gómez (1857- *ca.* 1928[1]) a été élaborée. Notre but est d'analyser l'influence de ce contexte sur la mise en forme à la fois pédagogique et linguistique d'un manuel de français destiné à des apprenants espagnols vers 1900. De façon préliminaire, nous apporterons quelques données sur l'auteur de l'oeuvre objet d'analyse.

Situé chronologiquement à la charnière des deux siècles, Araujo fut titulaire d'une chaire de français dans les *institutos* (lycées) de Salamanque, Tolède et *Cardenal Cisneros* de Madrid. Notre auteur est un romaniste reconnu aussi bien dans son pays qu'en France ou en Allemagne. A son propos, A. Morel-Fatio[2] affirme qu'il suivait de très près toutes les publications scientifiques étrangères, étant donc au fait des courants scientifiques contemporains. Entre autres publications philologiques importantes concernant le français, Araujo a signé

---

[1] Le mémoire *Instituto de Enseñanza Media Cardenal Cisneros. I Centenario (1845-1945)* Madrid 1946 (anonyme) indique que Araujo figure parmi les *catedráticos* (professeurs) de français de ce lycée durant le premier centenaire de cette institution. Il semblerait avoir pris sa retraite en 1926. En effet, l'année suivante durant l'hiver 1927-28, eut lieu un concours qui permit à Eduardo Luis Palacio Fontán de prendre possession de la chaire de français alors vacante. Cependant, nous n'avons pas de documents permettant de préciser la date de la mort du *catedrático*. Araujo est contemporain des philologues Marcelino Menéndez Pelayo (1856-1912) et de Ramón Menéndez Pidal (1869-1968), entre autres (*cf.* Lépinette 1999).

[2] *Cf.* Pérez Villanueva 1991 : 92 ; notons cependant, que si les connaissances scientifiques d'Araujo sont indubitablement à jour, pour ce qui est du reste des philologues espagnols, il en va de même. En effet, dans la dernière décennie du siècle, le comparatisme et la grammaire historique ne sont pas inconnus des érudits de la Péninsule même si, dans leur enseignement, les facultés ne tiennent compte de ces nouvelles tendances que très occasionnellement.

"L'évolution phonographique de l''oi' français" en 1891 dans la *Revue de philologie française et provençale* de Léon Clédat. Membre de la Société de Phonétique, il a également lu les travaux des savants allemands et il fait allusion, dans l'article que nous venons de citer, à certaines remarques qui lui ont été faites par E. Stengel, lecteur de son manuscrit, avec qui il a dû être en contact épistolaire. L'oeuvre ici analysée (p. XVII-XX, 2$^e$ édition) contient un *Extracto de las opiniones emitidas sobre esta gramática* [Extrait des critiques sur cette grammaire[3]] dont les auteurs sont P. Meyer (de l'Ecole diplomatique de Paris), Gaston Paris (in *Romania*), H.R. Lang, professeur de l'Université de Yale (in *Zeitschrift für Romanische Philologie*, Strassburg), W. Vietor (in *Phonetische Studien*), K. Nyrop (in *Litteraturblatt für Germanische und Romanische Philologie*, Leipzig), P. Passy (in *Le maître phonétique*), L. Clédat (in *Revue des patois puis Revue de philologie française et provençale*), M. Menéndez Pelayo[4] (*El Globo*, Madrid, 23 juin 1891), enfin F. Neumann, de Heidelberg (*Kritischer Jarhesberichtüber die Fortschritte der romanischen Philologie*, Münich-Leipzig). Ces savants ont donc lu la grammaire d'Araujo, certainement sur sa demande. En tout cas, ils ont donné leur opinion (favorable) sur l'oeuvre qui leur avait été envoyée.

Pour finir cette brève introduction, notons que la double condition de philologue et de grammairien du français[5] n'est pas propre à Araujo dans l'Espagne de la fin du XIX$^e$ siècle. F. García Ayuso, également philologue et comparatiste (*cf.* Gutiérrez Cuadrado 1987 : 163), a aussi élaboré des manuels de français dont l'édition devait être plus rentable que les travaux scientifiques. Comme les précédents, E. Benot (1822-1907) avait déjà eu ce double profil.

LE CONTEXTE ADMINISTRATIF

Tout d'abord, nous préciserons que décrire le contexte administratif dans lequel naît une grammaire comme celle d'Araujo peut n'être que partiellement pertinent, si ledit contexte, à savoir la loi, dans son texte et les pratiques pédagogiques qui devraient normalement en

---

[3] Cet *extracto* figure toujours dans la 6$^e$ édition de 1907.
[4] Dans cet extrait, M. Menéndez Pelayo (1856-1912) dit ne pas connaître personnellement Araujo, ce qui ajouterait de la valeur aux éloges qu'il lui décerne à propos de sa grammaire.
[5] Nous ne prenons en compte ici que deux des multiples aspects de l'œuvre d'Araujo, également juriste, historien et journaliste (*cf.* Lépinette 1999).

découler ne détermine pas d'objectifs très précis pour l'acquisition de la langue étrangère, et s'il n'impose ni méthodologie didactique contraignante ni, d'une manière directe ou détournée, d'analyse linguistique donnée. La conception de la langue à présenter aux apprenants (dans ce cas, le type de description) et celle de l'apprentissage (déterminant la méthodologie didactique) ne seraient pas alors le résultat de conditionnements institutionnels externes.

Cependant, les situations d'enseignement du français en Espagne à la fin du XIX<sup>e</sup> siècle créent de facto certaines impositions didactiques, qui, pour être implicites, n'en existent pas moins. Voyons d'abord quelles sont ces diverses situations du point de vue administratif et en même temps social.

*Le français peut être étudié dans les institutos de segunda enseñanza [lycées]*
Il s'agit alors de l'enseignement officiel. Depuis la loi Moyano (1857), avec des intermittences et des irrégularités essentiellement dues au manque d'homogénéité dans le financement de ces établissements scolaires, les "Institutos de segunda enseñanza" dispensent un enseignement du français qui se trouve intégré dans les humanités (celles-ci comprennent au moins le latin, pour les langues mortes, et la langue espagnole). Dans cette seconde moitié de siècle, tous les lycées des grandes villes d'Espagne ont des titulaires de chaire de français. Araujo lui-même, nous l'avons vu, sera catedrático à Salamanque, à Tolède et à Madrid. Cependant Sanz Diaz 1985 montre que jusqu'à 1874 (date à laquelle il clôt son étude, mais les choses ne seront pas différentes jusqu'à la réforme du début du XX<sup>e</sup> siècle), cette langue occupe quantitativement une place réduite dans les lycées. Sur le temps total consacré à l'enseignement de toutes les matières, elle représenterait respectivement, 6 % (selon le plan de 1857, Loi Moyano, qui impose la présence d'une langue étrangère), 7 % (plan de 1858) et 7 % (plan de 1861). Précisons que dans les plans de 1866 et de 1868, le français a cessé d'apparaître officiellement. Pour ce qui est du Plan de 1873, établi durant la période révolutionnaire et influencé par les "krausistas", il représente une tentative de réforme qui, cependant, aboutit finalement encore à un échec. En particulier, le français y est considéré matière complémentaire ; de ce fait, il n'est pas obligatoire :

> "El plan se completaba con dos idiomas modernos que figuraban no como asignaturas, sino como condición previa para pasar de un nivel

a otro. Así el francés se exigía en el examen de ingreso para la Segunda enseñanza, y el alemán para acceder a determinadas faculta-
des" (Sanz Diaz 1985 : 358).

A partir de 1880, le français est présent dans les lycées et le Ministère
commence à lui marquer des objectifs. Ceux-ci restent pourtant encore assez vagues. Dans le Plan de 1884, le français ne devrait pas
avoir de fins théoriques mais permettre l'utilisation pratique [de cette
langue] dans les situations ordinaires de la vie[6], raison pour laquelle,
dans ce cycle de deux ans, sont recommandés, paradoxalement dans
notre optique actuelle (Fernández Fraile 1996 : 238) :

> "frecuentes ejercicios de lecturas, traducción, análisis, escritura o
> composición y diálogos, de suerte que el alumno pueda leer y tradu-
> cir corrientemente al darlo terminado, debiendo hacerse el primer
> curso en castellano y el segundo en francés"[7].

Il est évident qu'il existait une certaine incompatibilité entre les
moyens et la fin (si la visée était, entre autres, la pratique orale
comme le suggérait la formulation : les "situations ordinaires de la
vie"). En outre, comme l'a noté aussi Fernández Fraile (*ibid.*), les
manuels tiendront peu compte de la finalité déterminée par le ministère. L'enseignement restera théorique, visant l'assimilation de la
grammaire et une pratique de l'oral réduite (ou, au moins, ne laissant
pas de traces dans les manuels). La raison principale en est, pour
nous, la collision entre cette finalité pratique, vague et non exclusive,
et, en même temps, les moyens pour atteindre celle-ci. Il ne faut pas
non plus oublier l'influence de l'enseignement des langues vivantes
en France qui ne devait pas être très différent. Enfin, il existe un dernier facteur que Fernández Fraile (1996 : 244) n'a pas pris en compte:
c'est la linguistique dominante à l'époque, qui accentuera, dans sa
visée diachronique, la difficulté pour penser l'organisation didactico-
linguistique d'une initiation communicative en L.E. (*cf. infra*).

---

[6] Il y a lieu de souligner le caractère ambigu de la formulation qui, dans l'esprit de
l'Institution, renvoyait cependant moins à la communication orale directe et plus à
différentes situations de lecture avec des supports différents (livres scientifiques,
journaux, etc.), *cf.* la conception d'Araujo (1901) concernant l'enseignement du
français, qui renforce cette interprétation.
[7] Plan de 1898 *in* Fernández Fraile 1996 : 238.

*Les écoles spéciales*
   Le français peut aussi être étudié dans les écoles privées ou publiques : écoles de commerce, vétérinaires, militaires, etc...), dans des institutions culturelles : *Ateneo*, ou Ecole de langues (comme celle de l'*Institución libre de enseñanza*, dorénavant ILE, de Valence) qui se multiplient à la fin du XIX<sup>e</sup> siècle et au début du suivant (Alfaro Amieiro 1992 et Vivero García 1992).
   Les écoles spéciales semblent dispenser un enseignement peu différent de celui des *Institutos de segunda enseñanza*. Si Méndez Bejarano (1994 et 1896) ajoute à son manuel un appendice spécial pour les Ecoles de commerce[8], la plupart des manuels ne font pas cette différenciation, comme le montrent, par exemple, les titres de Bosque y Aniento 1882 (*Curso de lengua francesa dedicada a los alumnos de los Institutos, Escuelas especiales y Seminarios*) y de García de Modina y Camarero 1882 (*Gramática teórico-práctica elemental y filosófica para uso de los institutos y Escuela especiales del Reino*).

*Les collèges privés*
   Le français est aussi enseigné dans des collèges privés pour lesquels il existe une intéressante étude concernant la période 1820-1868 (Simón Palmer 1972), qui précise le statut social et professionnel des maîtres ainsi que le fonctionnement de ces établissements. Cependant, l'époque suivante (jusqu'à 1900) a été, à notre connaissance, peu étudiée. Notons enfin que dans la mesure où les examens ont été à la charge des professeurs des "Institutos", l'enseignement secondaire privé se voyait dans l'obligation de suivre les normes officielles[9].

*Les cours particuliers*
   Des professeurs, au profil social varié et numériquement importants au début du siècle (*cf.* Simón Palmer 1972), enseignent le français chez eux ou chez l'élève. La pédagogie doit être souple et s'adapte sans doute à la demande des apprenants. Si les effectifs de l'enseignement secondaire ont augmenté à la fin du siècle, la catégorie des professeurs particuliers, au rôle souvent complémentaire, ne peut qu'avoir crû.
   Les quatre situations que nous venons de déterminer peuvent cependant se réduire à deux dans une optique didactique. Il y aurait d'abord un enseignement du français (a) qui a lieu dans un cadre sco-

---

[8] *Cf.* Fernández Fraile 1996 : 243.
[9] Les séminaires tentèrent toujours d'échapper à la tutelle de l'Etat.

laire, avec un public captif, (b) dont la visée, malgré la tendance des instructions officielles, continue à être culturelle. Le français fait traditionnellement partie des humanités, ensemble de disciplines où les activités didactiques, tout aussi traditionnellement, consistaient à mémoriser des règles de grammaire et à faire des exercices d'application et de traduction/composition. Dans ce dernier cas, elles étaient liées aux textes littéraires. La liste chronologique des manuels de cette époque montre, avec les réserves qui s'imposent quant à son exhaustivité, que la présence littéraire s'accentue dans la seconde partie du XIX^e siècle, parallèlement au développement de l'enseignement secondaire (officiel et privé non ecclésiastique).

On peut aussi constater l'existence d'un enseignement du français dans lequel (a) le public, non captif, est pressé d'assimiler les connaissances qu'il choisit d'acquérir, en même temps qu'il est sensible aux nouveautés pédagogiques provenant de l'étranger qu'on peut lui offrir pour ce faire ; (b) la visée en est expressément pratique. On se rappelle, par exemple, que l'"Escuela de Idiomas" (Ecole des langues) de Barcelone avait été "fondée par la Real Junta de Comercio pour faciliter aux Catalans le commerce avec les étrangers"[10] ou plus tard, l'"Institución libre de enseñanza" pour laquelle, comme pour les "Ilustrados" du XVIII^e siècle, l'enseignement des langues a une fin, en dernier recours, utilitaire[11]. Les méthodes rapides et basées sur la motivation, qui supposent (Puren 1988 : 67) "une approche inductive, expérimentale et active" sont alors spécialement bienvenues ; nous avons déjà signalé que l'ILE de Valence utilisait la méthode Ahn.

Cependant, pour ces deux groupes de publics dans des situations différentes, la méthode didactique ne diffère pas fondamentalement. Elle élimine de facto l'apprentissage de la communication et, dans tous les cas, elle vise seulement la pure acquisition de la grammaire.

Dans la première des deux situations déterminées, les règles sont explicitées puis elles font l'objet d'applications à travers lesquelles leur assimilation est vérifiée. Dès le début du XIX^e, Chantreau, valeur toujours sûre à en juger par le nombre de ses rééditions et réfections, met en évidence, de manière significative, la transformation de sa visée (qu'on peut considérer) initialement communicative. Fernández Fraile avait observé le fait dans la réédition de Bergnes de Las Casas :

---

[10] *Cf.* Olives Canals 1947.
[11] *Cf.* n. 14 et, en particulier, le titre de la conférence prononcée par G. Tarazona en 1902.

" los preceptos metodológicos de Chantreau han sido totalmente olvidados. Bergnes acentúa la concepción del aprendizaje gramatical como previo" Fernández Fraile 1996 : 184) [12].

Cette évolution s'était manifestée assez tôt. Par exemple, Dupuy (1ᵉ éd. : 1824) avait déjà repris, et parfois complété sur des points de détail, la doctrine de Chantreau mais en excluant significativement de son propre volume, entre autres parties présentes dans *El Arte*, le préambule intitulé *Método que el maestro debe llevar en su enseñanza, y el discípulo en su estudio* (1787 : XVII-XX.). Cette partie préliminaire expliquait, à la fois, les deux temps de la mémorisation des règles et la manière dont l'élève devait s'exercer lorsqu'il voulait "promper a hablar" [commencer à parler]. Le manuel de Chantreau était ainsi devenu un pur recueil grammatical[13]. Dans la seconde situation envisagée, les méthodes dites actives (Jacotot par exemple[14]) devaient permettre à l'apprenant de découvrir les règles mais il s'agissait encore de règles grammaticales. La caractéristique principale était la motivation liée à cette découverte. L'on sait que le *Télémaque* de Fénelon a longtemps servi de support à un enseignement de ce genre grâce auquel l'élève ordonnait les formes et les sens du français. Comme l'a encore montré Puren 1988, le texte, mémorisé (ou traduit) dans un premier moment, permettait, dans un second, d'effectuer une systématisation grammaticale, en un parcours qui était donc inductif. Le même auteur cite le prologue d'une méthode Robertson d'italien pour des Français, qui ne laisse pas de doutes à cet égard (1988 : 66) :

"La méthode Robertson consiste [...] à donner aux élèves un texte qui présente l'application de toutes les règles de la grammaire de chaque langue, et, pour retrouver à chaque instant la règle dont ils ont besoin, les élèves doivent savoir imperturbablement ce texte par cœur" (Cours de langue italienne de V. Vimercati 1846 : 312).

---

[12] Fernández Fraile fait la même remarque, par exemple, pour Cot 1824/25. Elle constate une *ejercitación de las reglas* [puramente] *lingüísticas* (p. 141).

[13] Le titre que Bergnes de Las Casas (Barcelona, 1860-1905) donne à sa réédition est aussi significatif : *Novísimo Chantreau o Gramática francesa en la que se han enmendado cuantas ediciones del Chantreau se han hecho hasta el día, aumentándose considerablemente la parte sintáctica, que era defectuosa, y hecho otras variaciones importantes.*

[14] La méthode de Jean-Joseph Jacotot (1770-1840), décrite génériquement par Puren 1988, est passée assez tôt en Espagne où, par exemple, nous trouvons traduit en 1839: *Exposición razonada del Método de enseñanza universal de J. Jacotot*, Madrid.

Le parcours didactique n'est donc pas fondamentalement différent dans les deux cas. L'on va de la grammaire au texte écrit (lecture, exercices, compositions, etc.) dans la première catégorie d'enseignement de la L. E., alors que, dans la seconde, le point de départ est le texte écrit qui mène à la grammaire.

Dans l'enseignement officiel du français, le contexte administratif est peu contraignant, nous en avons vu les objectifs que l'on disait *"pratiques"* et la "méthode théorico-pratique" de la fin du siècle. Cependant, la liberté d'enseignement y sera considérée un principe politique essentiel (c'est d'ailleurs la raison pour laquelle les livres de textes se multiplieront) et elle permettra la coexistence des deux types de parcours didactiques mentionnés.

Dans le cas de l'enseignement non officiel (celui qui ne suit pas le *cursus* secondaire de l'enseignement public), les impositions externes n'existent pas et permettent aussi les deux parcours, bien qu'il existe parfois des objectifs inhérents aux différentes institutions comme la ILE, nous l'avons vu, pour les phases qui ne sont plus d'initiation.

## LE CONTEXTE SCIENTIFIQUE

Nous avons décrit ailleurs, bien que brièvement, la grammaire rai-sonnée historico-critique d'Araujo[15]. Nous avions alors montré le dessein de son auteur : faire une grammaire scientifique, qui loin de l'empirisme régnant jusqu'alors dans ce domaine, tentait de sortir des sentiers battus pour un public plus large que le proprement scolaire dont il sera malgré tout tenu compte[16]. Ses modèles furent les philolo-gues français contemporains et surtout les grammairiens, dont la fina-lité était d'exposer des lois linguistiques tirées de l'observation des faits historiques rassemblés. F. Brunot[17] avait insisté, deux ans avant Araujo, sur le fait que :

---

[15] Lépinette 1999.
[16] Fernández Fraile (1996 : 241), se plaçant d'un point de vue didactique, considère la grammaire d'Araujo une *"auténtica aberración"* [pure aberration]. Sans doute s'agit-il là d'un jugement un peu rapide car l'œuvre s'articule comme un hypertexte qui rend, de ce fait, compatible la présence de ce que cette thèse appelle la *composante scientifique* et le *caractère de manuel* dans cette *Gramática*. Il est cependant indubi-table qu'Araujo sort des sentiers battus. F.F. aurait pu penser au texte de Chantreau qui ménage aussi des temps d'utilisations différentes pour des apprenants aux besoins parallèlement différenciés.
[17] *Précis de grammaire historique avec une introduction sur les origines et le déve-loppement de cette langue* Paris Masson 1887 (BN Madrid 1 / 61 808). A. Brachet

"La grammaire n'est pas, comme on l'enseignait autrefois, l'art de parler et d'écrire correctement. [...] Les anciennes grammaires ressemblaient un peu trop à des codes [...] enregistrant des arrêts" (Araujo 1887, Préface : I).

Les ouvrages modernes devaient décrire la langue dans son évolution et celle-ci est expliquée par des lois qu'il s'agissait de présenter. Chevalier avait montré que, malgré leurs intentions et prétentions rénovatrices, les grammaires françaises de l'époque (celles de Brunot 1887 et Clédat 1889, par exemple) :

"accordent une place considérable aux sons et aux graphies et pour les Formes et la Syntaxe reviennent au vieux plan latinisant des Parties du discours qui privilégie les différences de formes, leurs accords et désaccords" (Chevalier 1985 : 582).

C'est aussi ce que fit Araujo, élaborant une grammaire raisonnée et critico-historique qui représente, du point de vue purement grammatical, la somme du modèle de Landais[18] (souvent cité) et de celui de L. Clédat 1787 (dans le même cas).

Malgré l'innutrition d'Araujo dans les sources françaises, il n'y a pas lieu ici de décrire longuement le contexte scientifique avec ses prolongements institutionnels dans lequel se développe la grammaire historique outre Pyrénées. Nous dirons seulement qu'en Espagne, les nouvelles conceptions linguistiques sont loin d'être inconnues à la fin du XIXe siècle. Les philologues espagnols qui ne voyagent pas, entretiennent une correspondance régulière avec les savants d'outre Pyrénées. D'autres font des séjours plus ou moins longs en Europe (comme Milá i Fontanals[19], Menéndez Pelayo, García Ayuso[20]). les Européens viennent en Espagne (comme Morel-Fatio que nous avons déjà cité). Des livres et des revues arrivent dans la Péninsule. Gutiérrez Cuadrado a montré qu'en 1891, il se trouvait à la bibliothèque de l'Ateneo de Madrid toutes les oeuvres linguistiques importantes de l'époque (1985 : 156) : "Bopp, Grimm, Schleicher, Burnouf, Lu-

---

1867, quelques années plus tôt, ne diffère pas beaucoup, du point de vue des intentions, de Brunot.
[18] Landais, Napoléon Paris (1803-1852) est auteur de la *Grammaire générale des grammaires françaises* (1e éd. : 1835, Paris : Bureau central), qui a eu neuf éditions jusqu'à 1865.
[19] Manuel Milá i Fontanals, philologue catalan (1818-1884).
[20] *Cf.* aussi *supra*, au sujet de cet auteur.

chaire, Max Müller, Diez, Hovelacque, Bréal...". La liste même des sources citées par Araujo dans sa *Gramática del Poema del Cid* est le fait d'un chercheur bien informé.

Nous montrerons maintenant que la vulgarisation de concepts propres à la linguistique historique dans des ouvrages scolaires antérieurs à 1900 (voir infra) prouve que ces concepts avaient été assimilés par des auteurs qui, tout comme Araujo, voulaient se démarquer expressément de la majorité des grammairiens ignorant (ou bien ne croyant pas adéquats dans leur perspective) les apports de cette linguistique.

Il est intéressant de constater qu'Araujo, qui opte pour l'élaboration d'une grammaire historique, considère une question d'honneur national la publication en Espagne d'une oeuvre qui abandonne le modèle de ces

> "métodos que [presentan todas] la misma serie de reglas empíricamente expuestas , [y son el] descrédito de la ciencia gramatical y lingüística española" (1907 : XI).

Le retard en la matière lui semble scandaleux (*ibid.*) :

> "mientras en todas la naciones el estudio de las lenguas se funda en la historia, explicándose todas las formas y todas las reglas como resultado de la evolución de los sonidos y de las leyes generales lingüísticas modificadas por el genio particular de cada idioma, aquí sigue siendo el empirismo nuestra única guía".

L'indignation est vraisemblablement ressentie de manière sincère. Cependant, l'histoire de la langue avait déjà fait son entrée, comme en France, dans les textes didactiques destinés aux élèves de lycées espagnols dans la dernière décennie du siècle. Araujo reconnaîtra d'ailleurs qu'un de ses collègues a avancé dans cette direction[21]. Cependant, il ne décèle pas dans les autres grammaires de son temps des apports qui y sont indéniablement présents.

Les répercussions de cette introduction de la visée historique prennent différentes formes. D'une part, le français est parfois pré-

---

[21] Il s'agit de Sommer E. 1861 : *Abrégé de grammaire française* Paris (BN Madrid 1/ 23 164) & Sommer E. y P. Hernández 1864 : *Compendio de gramática francesa* Paris (BN Madrid 1/ 34 641) (*cf.* aussi : Sommer E., [1863] 1868 *Méthode uniforme pour l'enseignement de toutes les langues* Paris).

senté dans son évolution dans un chapitre d'introduction. C'est le cas, par exemple, d'Olavarrieta [22] dont la leçon I a les sous-titres suivants :

"Origenes e historia de la Lengua Francesa. El latin vulgar como elemento para la formación de la Lengua Francesa. La lengua celta. Lenguas germánicas, Lengua d'oïl y lengua d'oc. Dialectos de la lengua d'oïl y predominio del francés. La lengua francesa en el siglo XIV. Palabras de formación popular y palabras de formación sabia. La lengua francesa en nuestros días : su importancia y universalidad" (d'Olavarrieta 1894).

Précisons qu'il s'agit d'un chapitre aux contenus indépendants du reste de la grammaire.

De la même manière, l'œuvre d'Escriche y Mieg & Fernández Iparraguirre, intitulée *Método racional de lengua francesa seguido de una colección escogida y ordenada de trozos de literatura para traducir y componer y una serie de diálogos con numerosos modismos de los más actuales* (Guadalajara 1885) s'ouvre sur un assez long commentaire (p. XXI-XXXV) dont le titre et les contenus ont une visée proche du précédent : *Genealogía y caracteres del idioma francés* [généalogie et caractères du français]. Après une introduction au concept de classification des langues, l'auteur décrit les origines du français et défend (brièvement) son universalité qu'il devrait à sa concision face à l'espagnol plus riche. Il est à noter que le développement sur l'histoire et les caractères du français cite des sources savantes : Edgar Quinet, *in La creación* ; Reinach *in Manuel de Philologie Classique* 1880 ; Diez *in Grammaire des langues romanes* ; Monlau *in Discurso de ingreso en la RAE*, 1839 ; Monlau *Discurso leido en la RAE* 1863 ; Littré, *in Histoire de la langue française* (la liste des auteurs cités ici est moins longue que chez Araujo).

Dans le cas d'Olavarrieta, l'introduction précédée d'une présentation intitulée : *Gramática general : principios fundamentales y leyes generales. Gramática particular francesa. El lenguaje como facultad del hombre. Proposición gramatical sus elementos esenciales* [...], ainsi que le reste des chapitres, descriptifs et articulés en fonction des catégories du discours (spécialement du verbe) et de leurs variations morphologiques, font penser que la partie historique est une sorte d'ajout qu'impose la mode linguistique. En effet, les leçons 3 à 8 sont

---

[22] Nous remercions D. Fisher de nous avoir communiqué le *Programa de lengua francesa. Primer curso, por* D. Luis de Olavarrieta Lacalle [...] Reus : Tipografía de Hijos Sanjuan.

consacrées à la prononciation mise en rapport avec les graphies, et à partir de la leçon 9 jusqu'à la 50, nous sommes en face d'une "Etymologie" classique qui, après avoir défini les concepts grammaticaux, s'occupe des accidents formels de chaque catégorie (25 leçons sont consacrées au verbe dans les multiples irrégularités de ses conjugaisons). Il ne semble donc pas que ce *Premier cours* soit très différent, si nous en excluons la présentation historique, des contenus de la plupart des grammaires scolaires de L.E.

Cependant, certains textes didactiques sont influencés de manière plus profonde mais moins immédiatement visible à la fin du siècle, par la visée diachronique et par le développement, dont celle-ci est globalement responsable, de la phonétique.

C'est le cas du *Método racional de lengua francesa* d'Escriche y Mieg et de Fernández Iparraguirre déjà cité. En premier lieu, la phonétique constitue une description scientifique des sons, organisée selon l'opposition voyelle / consonne et dans les différentes caractéristiques de ces derniers. Les voyelles sont placées dans le triangle d'Orchell, auquel Araujo a aussi recours[23]. Escriche y Mieg & Iparraguirre classent les voyelles en séries gutural, paladial, labial et compuesta. Les consonnes le sont parallèlement en gutural, guturo-paladial, paladio-dental, dental, dento-labial, labial, labio-gutural.

Araujo, plus érudit que la plupart des autres grammairiens du français en Espagne, présente en premier lieu un long chapitre qui discute, d'abord, le concept d'orthophonie, puis présente l'alphabet phonétique français et, enfin, commente l'existence des lois phonétiques. Il y cite, en une liste éloquente, par exemple (1907 : 54) : Bréal, Brugmann, Henry, Regnaud, Sweet, Osthoff et Passy, avant de se lancer dans la classification des sons des voyelles et leurs différents types, décrivant, entre autres, les lois de dérivation extraites de (n.1, p. 57) "*Diez, Brunot, Chassang, Clédat, Delon, Meyer, etc.*". Toute la grammaire d'Araujo est une synthèse de la science de l'époque dont des débutants ne peuvent pas profiter mais qui, cependant, explicite, justifie et appuie (pour leurs professeurs et des lecteurs avisés) la doctrine présentée, donnant ainsi un arrière-plan aux quelques règles que doivent mémoriser ces débutants (celles-ci figurent marquées par un index pointé). Il est impossible qu'Araujo veuille faire de ses élèves "*pequeños filólogos*" (comme l'affirme Fernández Fraile 1996 :

---

[23] Araujo décrira en détail ce triangle d'Orchell, réclamant l'honneur d'avoir été le premier à l'avoir appliqué au français. Il situe dans le triangle extérieur les voyelles ouvertes et dans l'intérieur les voyelles fermées (Araujo 1907) : 58 et n.1).

241) mais son texte, dans sa partie doctrinale, est une construction
raisonnée, critique et, de manière évidente, marquée par la visée historique.

Les deux chapitres de phonétique que nous venons de commenter
(Escriche y Mieg & Iparraguirre et Araujo), bien que différents l'un
de l'autre, n'ont presque plus rien en commun avec les "Prononcia-
tions" habituelles jusqu'à cette époque dans les manuels de FLE. Le
nouveau savoir sur la phonétique y a laissé des traces facilement re-
connaissables.

L'autre domaine marqué, croyons-nous, par la visée historique,
sans que les auteurs soient toujours clairement conscients du fait, est
celui de l'évolution des unités de la langue, longuement commentée et
sur laquelle les auteurs montent des exercices étymologiques qui
prennent en considération les signifiants français dans leur formation
(Escriche y Mieg & Iparraguirre 1885 : 19-38). Par exemple, nous
lisons chez ces derniers (p. 32, notre traduction) :

> "Dans les phrases suivantes qui contiennent la quasi-totalité des pré-
> fixes français, l'élève devra 1/ lire soigneusement les mots indiquant
> - dans la mesure du possible - où il trouve des consonnes doubles,
> pourquoi celles-ci sont-elles doubles, et quelles sont les règles de
> prononciation, 2/ expliquer en relation avec le castillan, si l'élève ne
> connaît ni le latin ni le grec, la valeur étymologique du préfixe et la
> racine de chaque terme 3/ traduire en espagnol".

De la même manière, dans le programme correspondant à la méthode
pour le premier cours de français (Málaga : Tipografía Ramón Giral,
1894[24]) J. G. Ayala introduit une leçon (LXVI) dont l'énoncé est le
suivant :

> "A qué llamamos acento tónico? 1/ Cuál es generalmente en francés
> la sílaba tónica? 2/ et 3/ Cuántas sílabas han conservado las palabras
> latinas al pasar al francés? 4/ Qué vocales de las sílabas atónicas
> (sic) de las palabras latinas han desaparecido al pasar al francés ?"

Quant à la leçon suivante (LXVII), elle propose la tâche :

> "Indíquese algunas generalidades sobre la trasformación de las vo-
> cales latinas al convertirse al francés".

---

[24] Nous remercions D. Fisher de nous avoir fourni ce programme.

La leçon LXVII est tout aussi historique. Fernández Fraile (1996 : 243) avait aussi remarqué que Méndez Berejano (1984) présentait dans son *Cours de français*, tout comme les auteurs que nous avons cités plus haut, un essai grammatico-philologico-étymologique (pp. 9-129) ainsi qu'un court appendice présentant des textes médiévaux. Elle voyait dans cette double présence (qu'elle considérait incongrue) une preuve de l'hésitation d'auteurs qui navigueraient entre des objectifs pratiques imposés par les textes officiels (Plan de 1894 dont nous avons déjà souligné l'ambiguïté) et des objectifs formateurs et culturels qui leur auraient été propres. L'explication de la chercheuse ne fait donc intervenir que des considérations de nature pédagogique. Pour notre part, nous optons pour une explication plus linguistique. Les grammaires françaises éditées en France restent toujours les modèles théoriques (surtout si ce sont des ouvrages didactiques/de divulgation) de celles qui sont élaborées pour les étrangers apprenant le F.L.E. hors de ce pays et elles jouissent du prestige des apports scientifiques récents. Pour cette raison la grammaire historique se retrouve en Espagne dans l'enseignement du français, comme, depuis des années, elle l'est en France dans la pédagogie de cette L.M. Autour de 1960-70, les grammaires du français pour étrangers ne sont-elles pas devenues aussi structuralistes, à l'instar de celles que les Français rédigeaient pour leurs élèves de L.M.?

Enfin, il nous semble que le fait même de la multiplication des chrestomathies littéraires offertes aux apprenants à la fin du siècle, en Espagne (comme en France), ne soit pas étrangère à cette vision historicisante. Elle ne serait donc pas une des conséquences de l'objectif formateur qu'auraient eu les auteurs espagnols devant enseigner le français (*cf. supra* notre discussion de Fernández Fraile) mais du désir de montrer aux apprenants le français dans son devenir et de leur faire comprendre cette évolution. Ainsi, la notion de *loi*, remplaçant celle de *règle* a aussi été, très souvent, présente à l'esprit des Espagnols de la fin du siècle voulant enseigner le français à leurs compatriotes.

CONCLUSION

Nous avons tenté de contextualiser, du point de vue administratif et scientifique, une grammaire de la fin du XIX$^e$ siècle, rééditée au début du XX$^e$. La politique espagnole de cette époque, aux va-et-vient législatifs continuels, est d'une extrême complexité, spécialement dans le domaine éducatif qui met en évidence les mêmes mouvements incessants de progrès et de retours en arrière. Ces derniers manifestent la tension entre le désir de modernité, qui, dans ce domaine, est, de façon contradictoire, synonyme, à la fois, de liberté d'enseignement et de contrôle de l'Etat, et les difficultés pour atteindre cette modernité.

Cependant, si l'enseignement a été un enjeu important dans la politique des conservateurs, libéraux et progressistes, il suffit de voir la valse des plans d'études pour s'en persuader, l'enseignement du français ne l'a pas été (contrairement à d'autres matières, comme le latin ou la gymnastique). Le français est hors des polémiques. Il est entendu à la fin du siècle qu'une langue étrangère est indispensable dans le cursus d'un élève de l'enseignement secondaire. Le pourquoi, le quoi, le comment du français est une affaire qui se discute, en particulier, sous l'influence de l'ILE, mais sans passion, entre quelques spécialistes. A la charnière des deux siècles, le contrôle de l'état s'impose, au moins dans l'enseignement officiel, à l'imitation de ce qui se fait en Europe. Comme conséquence de la réflexion sur les langues étrangères menée en France par des pédagogues comme M. Bréal et connue en Espagne grâce aux institutions rénovatrices (entre autres, l'ILE) qui introduisent les idées débattues outre Pyrénées, le Ministère de l'Instruction publique apporte quelques précisons sur ce que doit être la finalité et les caractéristiques didactiques du français. Cependant, ces indications restent peu contraignantes, sinon contradictoires.

Cette situation, sans vrais conditionnements d'origine administrative concernant la pédagogie du français, explique que le contexte scientifique de l'époque dite *sous l'égide de l'histoire* ait pu déterminer, de la part d'Araujo (comme d'un certain nombre d'autres pédagogues contemporains du français), le choix d'une description linguistique essentiellement diachronique. La grammaire historique, alors vue comme une science aux lois irréfutables, était la seule analyse que pouvait offrir un grammairien moderne à ses lecteurs, quels qu'ils fussent. C'est pourquoi la didactique est subordonnée à la linguistique dans la *Gramática* et elle n'infléchit que très peu des mises en forme qui visent seulement l'acquisition d'un savoir théorique sur la langue.

Ajoutons finalement que, pour Araujo, introduire ce type de théorisation était lié à la modernité de l'Espagne et constituait une question d'orgueil national. L'auteur, qui insiste à plusieurs reprises sur la nécessité impérieuse de bannir définitivement (1907 : XI) "*métodos que son el descrédito de la ciencia gramatical y lingüística española*", ne manquait donc pas de raisons pour rejeter les productions didactiques antérieures marquées par l'"empirismo, nuestro único guía aquí", pour adopter une visée dans laquelle, finalement, les langues apparaissent comme ce qu'elles étaient pour les savants du temps : "organismos vivos sujetos a leyes fijas".

## BIBLIOGRAPHIE

ALFARO AMIEIRO, M. (1992) : "Diffusion et influence de la langue et de la culture françaises en Espagne entre 1880 et 1914 : panorama historique", *in Documents pour l'Histoire du français langue étrangère et seconde,* n° 10, décembre 1992 : 82-88

ANTOINE, G., MARTIN, R. (1985) : *Histoire de la langue française 1880-1914,* Paris : CNRS

ARAUJO GÓMEZ, F. (1880) : *Gramática razonada de la lengua francesa,* Salamanca

ARAUJO GÓMEZ, F. (1889, 1ª éd., 2ª éd., 1907, 7e éd.) : *Gramática razonada Histórico-crítica de la lengua francesa,* Toledo/ Paris/ Madrid : Menor/Walter/ Hernando Súarez (2ª ed. : BN Madrid 1/ 83 546-7, inclut un *Compendio de la historia de la literatura francesa*)

ARAUJO GÓMEZ, F. (1890) : *Crestomatía francesa. Trozos escogidos de autores franceses,* Toledo/Madrid

ARAUJO GÓMEZ, F. 1891 (2ª ed.) *Método razonado téorico-práctico para la enseñanza del francés* [con cien modelos de ejercicios prácticos], Toledo : Rafael Gómez Menor /Madrid : H. Suárez

BENOT, E. (1886, 1ᵉ éd., 1888) : *Método para aprender la lengua francesa,* Madrid[25]

BENOT, E. (1890) : *Arquitectura de las lenguas,* Madrid

BENOT, E. (1892) : *Prosodia castellana,* Madrid

BERGOUGNOUX, G. (1984) : "La science du langage en France de 1870 à 1885", *Langue française* n° 63 : 7-41

BOURQUIN, J. (1991) : "Léon Clédat (1850-1930) et la *Revue de Philologie française*" in HUOT, H. (1991) : *La grammaire française entre comparatisme et structuralisme, 1870-1960,* Paris : Colin : 25-72

BRACHET, A. (s.d.) :*Grammaire historique de la langue française,* Paris : Hertzel

BRACHET, A. (1867) : *Grammaire historique de la langue française,* Paris : Herztel

BRÉAL, M. (1893) : *De l'enseignement des langues vivantes. Conférences faites aux étudiantes en lettres de la Sorbonne,* Paris : Hachette

---

[25] Catalogué par D. Fisher.

BRUNOT, F. (1860-1938) (1887) : *Précis de grammaire historique avec une introduction sur les origines et le développement de cette langue*, Paris : Masson

BRUNOT, F. (1966-79$^2$) : *Histoire de la langue française*, Paris : Colin

BUISSON, F. (1882) : *Dictionnaire de Pédagogie et d'Instruction publique*, Paris[26]

CABEZAS, M. I., HERRERAS, J.C. (1989) : *La enseñanza del francés en España*, Valencia : Nau Llibres

CHASSANG, M. A. (1880) : *Nouvelle grammaire française. Cours supérieur avec des notions sur l'histoire de la langue et en particulier sur les variations de la syntaxe du XVI$^e$ au XIX$^e$ siècle*, Paris : Garnier

CHERVEL, A. (1977) : *Histoire de la grammaire scolaire. Et il fallut apprendre à écrire à tous les petits Français..*, Paris : Payot

CHEVALIER, J.-C. (1968) : *Histoire de la syntaxe. Naissance de la notion de complément dans la grammaire française 1530-1750*, Genève : Droz.

CHEVALIER, J.-C. (1985) : "Les grammaires françaises et l'histoire de la langue" *in* ANTOINE, G., MARTIN, R. 1985 : *Histoire de la langue française 1880-1914*, Paris : CNRS : 577-600

CLÉDAT, L. (1894) : *Grammaire raisonnée de la langue française*, Paris : Le Soudier

COSSÍO, M. B. (1878) : "Una conferencia de M. Bréal", *Boletín de la Institución libre de enseñanza* II : 183-184.

ESTEBAN MATEO, L. (1974) : *La Institución libre de enseñanza en Valencia*, Valencia : Bonaire

FERNÁNDEZ FRAILE, M. E. (1996) : *La enseñanza/ aprendizaje del francés como lengua extranjera en España entre 1767 y 1936. Objetivos contenidos y procedimientos* (Tesis de doctorado), Microfichas : Universidad de Granada

GARCÍA AYUSO, F. (1883$^2$) *Gramática francesa. Método teórico- práctico*, Madrid, Imp. de Aribau y Cía[27].

GARCÍA AYUSO, F. (1894) : *Leyes y procedimientos seguidos en la formación de las lenguas neo-sánskritas y neo-latinas*, Madrid : *in* RAE Rivadeneyra

GARCÍA HOZ, V. (1980) : *La educación en la España del siglo XX*, Madrid: Rialp (Biblioteca de Educación y ciencias sociales. Investigaciones y ensayos)

GONZÁLEZ PALENCIA, A. (1948) : "Notas sobre la enseñanza del francés a finales del siglo XVIII" *Eruditos y libreros del siglo XVIII*, Madrid : C.S.I.C. Instituto Miguel de Cervantes, 417-428

---

[26] M. B. Cossío fut l'un des collaborateurs espagnols de F. Buisson.
[27] Catalogué par D. Fisher.

282

Une grammaire du français en Espagne (1907)

GUTIÉRREZ CUADRADO, J. (1987) : "L'introduction de la philologie comparée dans les universités espagnoles (1857-1900)", Histoire. Epistémologie. Langage n° 9 : 149-168

HUOT, H. (1991) : La grammaire française entre comparatisme et structuralisme, 1870-1960, Paris : A. Colin.

LANDAIS, N. (1835) : Grammaire générale des grammaires françaises, Paris : Bureau central

LÉPINETTE, B. (1999) : "A propos de F. Araujo Gómez (1857-?), auteur d'une grammaire historique pour l'enseignement du français aux Espagnols (1889-6ª ed. : 1907), essai de bio-bibliographie", Actas del Congreso de Lingüística francesa (oct. 1999), Santiago de Compostela (sous presse)

PESET, J. L. (1985) : Pasado , presente y futuro de la Universidad española, Madrid : Fundación J. March

POMAR I FUSTER, J. (1904) : Ensayo histórico sobre el desarrollo de la Instrucción pública en Mallorca, Palma de Mallorca : Francisco Soler Prats

PUELLES BENÍTEZ, M. (1979) : Historia de la educación en españa II. De las Cortes de Cádiz a la Revolución de 1868, Madrid : Ministerio de Educación (Col. : Breviarios de Educación)

PUELLES BENÍTEZ, M. (1989) : Historia de la educación en españa II.I De la Restauración a la II República, Madrid : Ministerio de Educación (Col. : Breviarios de Educación)

PUREN, C. (1988) : Histoire des méthodologies de l'enseignement des langues , Paris : Nathan

ROIG, C. (1997) : "L'enseignement du FLE au sein de l'Institution Libre de Enseñanza dans le premier tiers du XXᵉ siècle", in Documents pour l'Histoire du français langue étrangère et seconde n° 20, décembre 1997: 141-158

ROIG, C. (1994) : "La formation à l'enseignement du FLE en Espagne", Etudes de Linguistique appliquée 95 : 40-47

SANZ DIAZ, F. (1985) : La segunda enseñanza oficial en el siglo XIX, Madrid : Servico de publicaciones del Ministerio de Educación y Ciencia (Col. : Brevarios de Educación)

SIMÓN PALMER, M. del C. (1972) : La enseñanza privada seglar en Madrid (1820-1868). Prólogo de V. Palacio Atard, Madrid : CSIC

TURIN, Y. (1959) : L'éducation et l'école en Espagne de 1874 à 1902, Paris: PUF [trad. esp. : 1967 La educación y la escuela en España de 1874 a 1902, Madrid : Aguilar]

VIÑAO FRAGO, A. (1982) : Política y educación en los orígenes de la España contemporánea, Madrid : Siglo XXI de editores, S.A.

VIVERO GARCÍA, D. (1992) : "L'enseignement des langues étrangères en Espagne entre 1880 et 1914, les mouvements d'innovation et d'ouverture sur l'étranger dans cette période", in Documents pour l'Histoire du français langue étrangère et seconde n° 10, décembre 1992 : 88-96

UTANDE IGUALADA, M. (1964) : *Planes de estudios de la Enseñanza Media 1787-1963,* Madrid : Ministerio de Educación Nacional

# L'ENSEIGNEMENT DE LA LANGUE ET DE LA LITTÉRATURE FRANÇAISES AU PORTUGAL ENTRE 1910 ET 1936 : ASPECTS IDÉOLOGIQUES ET INSTITUTIONNELS

Maria Hermínia Amado Laurel
Universidade de Aveiro

"Quando cheguei na diligência a Coimbra, para fazer o exame de lógica, retórica e francês, o presidente da mesa, professor do Liceu, velho amável e miudinho, de batina muito asseada, perguntou logo às pessoas carinhosas que se interessavam por mim :
- Sabe ele o seu francês?
E quando lhe foi garantido que eu recitava Racine tão bem como o velho Talma, o excelente velho atirou as mãos ao ar, num imenso alívio.
- Então está tudo óptimo! Temos homem!" (Queirós 1889 : 322).

L'objectif de cette communication est de proposer quelques réflexions de nature institutionnelle ou /et idéologique[1] sur des aspects qui m'ont semblé intéressants, dans les politiques d'enseignement universitaire du français (langue et littérature) au Portugal dans la période comprise entre l'instauration du régime républicain en 1910 et celle du régime de Salazar, au pouvoir depuis 1926 appelé *Estado Novo* (Etat Nouveau). Bien que ce régime ne se soit terminé qu'en 1974, je prendrai comme terme *ad quem* de ma réflexion la date de 1936, date à laquelle l'enseignement était consolidé.

---

[1] Nous suivons la définition d'"idéologie" proposée par Torgal : "Une idéologie est un système de représentations, des idées, des images, des mythes, des valeurs, des pratiques, que l'on cherche à imposer, "en persuadant", pour parvenir ainsi à rejoindre un espace hégémonique, voire même totalisant". "L'idéologie est décrite surtout par ses objectifs ("la conquête du pouvoir", quel qu'il soit, au niveau des instances politique, sociale, religieuse, scientifique, etc.) et par la stratégie de la "reproduction" (Torgal 1989 : 21).

Les textes publiés dans le "Journal Officiel"[2] n'étaient pourtant que des synthèses extrêmement condensées (et parfois presque hermétiques, tant leur discours était succinct) d'une pensée, d'une volonté, d'un programme national d'enseignement (ou de leur absence) mis parfois à l'essai, mais dont les sources profondes ne semblaient pas visibles à la simple lecture. La place du français s'y trouvait immergée dans l'ensemble des réflexions concernant les aspects institutionnels de l'enseignement d'autres langues étrangères (en l'occurrence, l'anglais et l'allemand) ou concernant la mission des facultés des lettres, et semblait tout naturellement aller de soi[3]. Il fallait donc d'abord essayer de comprendre pourquoi justement l'enseignement du français avait l'air "d'aller de soi" dans les programmes universitaires portugais, avant d'en analyser le statut institutionnel et idéologique. Je présenterai donc quelques résultats très provisoires encore. Pour mener à bien mon projet j'ai choisi de concentrer mon attention sur les moments où des changements significatifs étaient survenus dans le champ de l'enseignement, soit en conséquence d'événements politiques importants, soit en conséquence de la promulgation de lois concernant les objectifs et la structure de l'enseignement. L'édifice institutionnel reflétant l'orientation idéologique dominante, on peut dresser "des systèmes de relations intelligibles capables de rendre raison des données sensibles", tel que l'annonçait Bourdieu dans son projet de travail sur *Les règles de l'art,* où l'objectif du sociologue était conçu comme celui de "rendre la vie aux acteurs et à leur environnement"[4].

Le "champ"[5] de l'enseignement d'Etat est peut-être un des domaines où la vie des institutions suit de plus près les orientations idéologiques officielles, quitte même à s'identifier avec elles, sous peine de n'avoir d'existence en dehors d'elles. En effet, j'ai pu remarquer que, pendant la période étudiée, tous les gouvernements ont voulu imprimer leur marque à la question de l'éducation. Un des premiers signes

---

[2] Les décrets qui créent des institutions d'enseignement supérieur, dont les facultés des lettres, ou ceux qui règlent, réforment et organisent les enseignements (contenus programmatiques, nombre de disciplines, nature des cours, horaires, évaluation, etc.) .

[3] Le premier règlement général date du 19 août 1911, et il subit plusieurs reformulations en 1918, 1926, 1929, et encore après la période qui nous intéresse.

[4] Bourdieu 1998 : 14.

[5] Il comprend, dans la perspective de Bourdieu, l'analyse "de la croyance qui le soutient, du jeu de langage qui s'y joue, des intérêts et des enjeux matériels ou symboliques qui s'y engendrent", et défini dans notre cas par l'étude de l'espace des possibles à un moment historique déterminé de l'existence du champ (*cf.* Bourdieu, 1998 : 16).

de cette préoccupation est décelable dans l'histoire relativement récente du Ministère de l'Education au Portugal, au niveau de sa désignation et des fonctions, aussi bien que de son "émancipation" par
rapport aux Ministères de l'Intérieur et de l'Instruction Publique[6].

Pour la première période, j'analyserai quelques textes officiels publiés en 1911 et ferai une courte introduction à l'histoire de la langue
française au niveau supérieur avant 1911. Après quoi je me propose-
rais de réfléchir sur la leçon d'ouverture du premier cours de langues
vivantes à l'Université Libre de Lisbonne, qui a eu lieu le 17 novembre 1912. Pour la deuxième période, située entre 1926 et 1936, je
mentionnerai quelques textes législatifs et présenterai le profil de
quelques enseignants. Je me référerai également à quelques institutions d'enseignement se trouvant en dehors de l'université mais ayant
collaboré étroitement avec celle-ci, comme l'Institut Français. Dans
les deux cas, des conclusions seront tirées de l'analyse des comptes-
rendus des cours faits à la Faculté des Lettres de l'Université de
Coimbra, *alma mater* de l'université portugaise pendant la période
étudiée.

Les moments les plus significatifs pour la définition du champ de
l'enseignement entre l'avènement de la République portugaise et la
consolidation du régime de Salazar sont jalonnés par plusieurs textes
importants[7], dont le décret du 9 mai 1911, qui crée les Facultés des

---

[6] Les questions relatives à l'éducation n'ont pas toujours été coordonnées par le Ministère de l'Education. A l'avènement de la République les affaires de l'instruction
étaient assignées au Ministère de l'Intérieur, pendant la Première République au Ministère de l'Instruction Publique et à partir de 1936, au Ministère de l'Education Nationale. Le mot "instruction" est propre au vocabulaire républicain dans la mesure où
il témoigne du grand souci de la République envers l'état d'analphabétisme de la
population à la fin du régime monarchique. La polémique sur la désignation du Ministère n'est pas terminée de nos jours. Le mot "éducation" est connoté actuellement
par certains avec l'orientation idéologique du régime de Salazar-Caetano.
[7] 22 mars 1911 : création des universités de Lisbonne et de Porto, 19 avril 1911 :
règlement des trois universités et attribution aux universités de Coimbra et de Lisbonne d'une Faculté des Lettres (destinée à "l'enseignement des sciences psychologiques, philologiques et de l'histoire-géographie") et d'une Ecole Normale Supérieure à
Coimbra et Lisbonne ("écoles d'application" annexes des Facultés des Lettres), 9 mai
1911 : décret sur la création et le Plan général des études (chapitre I du décret) des
Facultés des Lettres de Lisbonne et de Coimbra, 19 août 1911 : Règlement de ces
facultés, 2 mai 1919 : réforme de la section philosophique des Facultés des Lettres de
Lisbonne et Coimbra, avec le texte du 10 mai 1919, supprimant celle de Coimbra et la
transférant à l'université de Porto, 19 septembre 1919 : règlement de la Faculté des
Lettres de Porto, juillet 1919 : celle-ci revient à Coimbra. Elle sera interdite à Porto
entre 1919-1928. La nouvelle Faculté des Lettres de Porto date de 1962 (Ministre

Lettres de Lisbonne et de Coimbra, et celui du 19 août 1911, qui règle leur plan d'études, le décret qui instituait les Universités de Lisbonne et de Porto datant du 22 mars 1911[8]. L'année 1936 est marquée par la publication d'une réforme globale du système d'enseignement institutée sous les auspices idéologiques de l'Etat Nouveau, signée par le Ministre Carneiro Pacheco, professeur de Droit aux universités de Coimbra et de Lisbonne, fidèle émule et compagnon de Coimbra du Chef du Conseil des Ministres, Oliveira Salazar. La loi du 11 avril 1936 instaure un "Remodelage du Ministère de l'Instruction Publique". C'est la "Révolution Nationale", la main mise idéologique absolue, méthodiquement orchestrée selon les principes politiques corporatifs qui soutenaient le régime, sur la formation de l'"esprit national" depuis l'enseignement primaire jusqu'à l'université. Ce dernier niveau n'intéressait d'ailleurs pas tellement le législateur, contrairement aux premiers républicains, à voir la minceur des articles qui y sont consacrés en comparaison de ceux consacrés à l'enseignement primaire et secondaire. Le texte du 9 mai 1911 décrit les objectifs à poursuivre par les deux facultés des lettres, les niveaux d'études, l'inclusion des disciplines de français dans le groupe de philologie romane, la durée des études et l'organisation des cours répartis en cours magistraux et travaux pratiques, et la recherche scientifique.

Les questions pédagogiques intéressent le législateur, tout comme l'autonomie de l'enseignement. L'article 11 en effet, précise qu' "au-delà de l'exposé du professeur dans les cours magistraux, celui-ci pourra dialoguer avec les élèves, en s'abstenant de formuler des questions qui pourraient sembler être destinées à la vérification des doctrines enseignées, mais uniquement dans le but de rendre les leçons intéressantes et d'éveiller l'initiative mentale des élèves" ; l'article 12 stipule que : "aucun livre de texte (manuel) ne pourra être prescrit officiellement pour les cours".

---

Lopes de Almeida) et son Cours de philologie romane de 1968.
[8] Ce texte est révélateur du poids politique de l'Université de Coimbra à l'époque. En effet, après une longue introduction de nature idéologique et politique sur la nécessité ressentie par le récent Etat démocratique portugais de fournir à tous les citoyens les moyens financiers suffisants pour qu'ils puissent accéder, sans distinction de fortune, "aux niveaux les plus élevés de la culture", le décret institue, au long de 42 articles, le système de l'attribution de bourses d'études aux étudiants des universités portugaises. La création des deux universités nouvelles est introduite très succinctement (art. I, ch. I) Le 9 mai 1911 est annoncée par le Chef du Gouvernement Provisoire de la République, J. T. Braga, la création des Facultés des Lettres dans les Universités de Lisbonne et de Coimbra.

Le décret du 19 août 1911 publie au long de douze chapitres la législation sur le "Plan général des études" en lettres. Cette législation
porte sur : l'"Organisation et nature des cours", les organes directeurs
de la faculté, la carrière du corps enseignant, les aspects administratifs
concernant les étudiants et l'organisation de l'année scolaire. Spécifiquement pour le français, ce règlement annonce le nombre des cours
magistraux et pratiques par semaine, les modalités de travaux pratiques, l'évaluation, le régime des présences aux cours, entre autres. Il
institue encore une formation en français (les mêmes disciplines, et la
même durée que pour les élèves ordinaires) intégrant le cours
d'Habilitation au Magistère Primaire Supérieur, section de lettres de
l'Ecole Normale Supérieure, annexe de la Faculté des Lettres (formation en deux ans).

La lecture des deux textes précédents nous invite à situer
l'enseignement du français dans le cadre institutionnel que cette langue étrangère occupait déjà dans ce temps-là, dans l'enseignement
supérieur portugais. Et il faudra reculer un peu dans l'histoire de
l'enseignement pour pouvoir comprendre ce cadre. De même il faudrait avoir recours à d'autres sources d'information pour saisir à quel
point le français avait déjà tracé un profil institutionnel sûr au Portugal, à partir surtout de la création des Lycées, et à quel point il avait
constitué le support culturel, contesté ou reconnu[9], de plusieurs
générations, depuis le XVIII^e siècle avec les "Estrangeirados"[10].

En effet, si Lisbonne et Coimbra n'ont connu leur Faculté des Lettres qu'en 1911, la fondation de ces deux institutions n'est pas née *ab
nihilo*. Leur histoire proche est différente, du point de vue de
l'institution et de ses fondements idéologiques, et cette histoire va

---

[9] Si le rôle de la France comme *leader* intellectuel d'une certaine élite cultivée du
Portugal est incontestable pour certains, tous ne partagent pas cette vénération. A.
Ribeiro, par exemple, à l'époque correspondant du journal *A Capital* à Paris, écrivait
en 1913, dans ses *Pages d'exil* : "Le Portugal est une colonie intellectuelle de la
France". L'année suivante, en effet, est publié le premier numéro du mouvement
nationaliste portugais (de tendance monarchique et catholique), "Integralismo Lusi-
tano", inspiré des thèses de Bergson et de l'Action Française, et dont un des représentants les plus marquants était A. Sardinha. C'était la revue intitulée *La Nation Portugaise.*
[10] Nom donné aux intellectuels qui, ayant séjourné à l'étranger, introduisaient des
idées nouvelles à leur retour au Portugal ; leur rôle a été fondamental pour la diffusion
de l'idéal culturel français ("francesismo") au Portugal au XVIII^e siècle, ainsi que
pour la consolidation de la "Restauration" politique et culturelle face à l'Espagne,
postérieure à 1640 (*cf.* Machado 1884).

déterminer un avenir différent aussi pour chaque institution. Ainsi, la Faculté des Lettres de Lisbonne est l'héritière du Cours Supérieur des Lettres, projet cher au roi Pedro V qui l'institua le 30 octobre 1858. Ce Cours proposait l'enseignement de trois disciplines : histoire, littérature ancienne et moderne. Créé pour la préparation du diplôme du Magistère, et incluant l'enseignement du français à partir de 1901, le cours n'a véritablement accompli sa mission de formation d'enseignants que lors de son intégration dans la Faculté des Lettres, à laquelle par le décret du 19 août 1911, était associée une Ecole Normale Supérieure (article 10). De son côté, la Faculté des Lettres de l'université de Coimbra est l'héritière de l'ancienne Faculté de Théologie où l'enseignement du français était inexistant. Nombre d'enseignants du Cours Supérieur des Lettres et de la Faculté de Théologie ont transité aux nouvelles facultés, et avec eux leur "philosophie" d'enseignement[11]. Après avoir fait référence au contexte institutionnel de l'enseignement du français, je voudrais m'arrêter sur le discours inaugural du premier cours de langues vivantes de l'Université Libre[12] de Lisbonne, le 17 novembre 1912. C'est dans ce document précieux que j'ai trouvé la formulation idéologique la plus intéressante de "la valeur littéraire, éducative et sociale de la langue française" (titre de sa leçon inaugurale), émanant d'un universitaire de la Faculté des Lettres de Lisbonne, le Professeur Apell, germaniste et érudit distingué[13]. En rejetant l'argument traditionnel de la connaissance du français, de l'anglais et de l'allemand comme une plus value d'une bonne éducation pour des jeunes filles à marier, Apell conçoit essentiellement l'apprentissage d'une langue étrangère comme l'instrument de "la connaissance de la culture du peuple qui parle cette langue" (Apell 1912 : 4). Et ce sera sur cet argument qu'il basera toute sa "défense et illustration de la langue française".

De nombreux comptes-rendus nous renseignent sur la pratique de

---

[11] C'est le cas notamment d'Alfredo Apell, à Lisbonne, et de Mendes dos Remédios à Coimbra, futur directeur de la Faculté.

[12] Ces universités libres instituées par la Première République se proposaient "l'enseignement du peuple par la coopération des idées" (*cf.* Sá 1990 : 471).

[13] Apell, professeur d'anglais et d'allemand au Cours Supérieur de Lettres, a été l'auteur de plusieurs ouvrages consacrés à l'enseignement de la langue allemande, tels que, par exemple, *Grammatica alemã*, s.d., 8 vol., *Nova Grammatica Theorica e pratica para o estudo da Língua Alemã*, revista por Z. Consiglieri Pedroso, Lisboa, 1897, 6 vol., *Selecta Alemã* (II e III classes dos lyceus), 6 vol., aussi bien que de traductions du russe comme *Contos Populares russos* (trad. do original), Coimbra (1920).

cours de Langue française centrés sur des aspects de la vie quotidienne et culturelle des Français, aussi bien que sur les mœurs. Influencé sans doute encore par la pensée positiviste de Taine et celle de l'évolutionniste Darwin, Apell défend l'existence d'une échelle de valeurs différemment applicable aux divers peuples : "De même que ni tous les individus de la même nation n'ont la même valeur, les peuples ont-ils également une valeur différente" (Apell 1912 : 4). L'argumentation de Apell se développe selon un schéma comparatif et évaluatif entre le français, l'anglais et l'allemand, le latin et d'autres langues romanes dont le portugais, schéma dans lequel les avantages s'accumulent du côté du français, héritier de l'esprit supérieur de la race celtique qui en a fait "ce merveilleux instrument de la sociabilité humaine" (Apell 1912 : 8). Et, puisque les langues sont le miroir des peuples qui les parlent, le reflet et le moyen d'expression de leur culture, nous voici très rapidement confrontés à un discours nationaliste ou anti-nationaliste où le rapport à la langue/culture de l'autre (et bien évidemment, à l'autre) est aussi soumis à un critère comparatif/évaluatif. Entendons-nous bien : on n'apprend pas la langue de l'autre pour "connaître" *naïvement* sa culture, tel qu'une première lecture de ce texte pourrait le laisser supposer, mais pour mieux l'évaluer par rapport à la nôtre et pour mieux évaluer la nôtre par rapport à celle de l'autre.

Aussi l'auteur oppose-t-il la nature démocratique du français, parlé, selon lui, de la même façon par toutes les classes sociales, à la nature aristocratique des usages de la langue allemande, marqueurs de différences sociales nettes. Dans ce discours l'auteur explique, par exemple, la facilité avec laquelle les Portugais apprennent les langues étrangères, par le fait que "l'esprit portugais [...] moins original, imite [...] très bien" (Apell 1912 :10) à l'inverse de l'esprit français, de par sa nature réfractaire à l'influence étrangère. Très curieusement, l'auteur considère aussi que la valeur de la littérature française est due à son pouvoir de "propagande" d'idées non originales, mais que la langue française, de par ses qualités expressives, aurait eu le mérite de répandre aux quatre coins du monde. Il faut reconnaître que la fièvre patriotique n'épargne personne dans ces premiers temps républicains et qu'elle se manifeste dans toutes les circonstances. Ce discours s'en trouve profondément imprégné.

La période républicaine portugaise est fertile en contradictions : les exemples sont nombreux où le champ idéologique des valeurs républicaines s'approche dangereusement de celui d'un nationalisme exa-

cerbé qui se manifeste soit dans la suprématie avilissante de la langue
et de la culture de l'autre, soit dans la défense de la suprématie de la
langue et de la culture nationales. Pour les Républicains il est nécessaire de remplacer les anciennes croyances par des croyances nouvelles, ainsi les appels au renouveau de l'esprit patriotique, le recours à la
création de toute une mythologie qui élèvera le culte des héros nationaux, l'instruction du peuple et les hommages fréquents aux chefs
politiques, au rang d'instrument de propagande privilégié. Leurs efforts de laïcisation de la société sont guidés par les nouvelles divinités
que sont devenues les idées de "nation", "patrie", "race". Nous en
retrouverons les conséquences sous le régime institué le 28 mai 1926.

Dans ce contexte idéologique et politique, l'enseignement du français assume forcément dans le discours de Apell un caractère nettement pédagogique, du point de vue de la formation des valeurs nationales et morales. Il ne s'agit plus d'enseigner les belles lettres seulement pour le plaisir ou le développement culturel des jeunes filles,
mais aussi pour illustrer l'idéologie républicaine et ses valeurs éducatives et édifiantes. L'exercice de traduction à partir de textes littéraires
est très pratiqué comme en témoignent les comptes-rendus des cours.

L'argument politique et l'argument littéraire se rejoignent dans la
valorisation de la langue française et de son enseignement dans le
cadre des études supérieures universitaires dans le Portugal républicain, autour de la valeur suprême qui élève la France au-dessus de
toutes les autres nations du monde :

> "les Français, en enseignant au monde que l'homme n'existe pas
> pour l'utilité de quelques privilégiés qui vivent au prix de la sueur et
> du sang des pauvres et des abandonnés du sort ; les Français, en en-
> seignant que l'homme a en lui-même son droit et sa raison d'exister,
> ont fait la plus grande des découvertes car ils ont découvert la *di-
> gnité humaine!*" (Apell 1912 : 17).

C'est en effet de former des citoyens fidèles aux idéaux de la révolution qu'il s'agit, des citoyens tournés vers l'actualité, des citoyens
ayant le sens pratique de la vie et non pas tellement cultivant le savoir
ou le goût purement contemplatif des Belles Lettres en cette période
d'affirmation du régime républicain. Nous pouvons conclure que cette
perspective idéologique trouve son équivalent pratique dans le champ
institutionnel avec la création d'Ecoles Normales Supérieures adjoin-
tes aux facultés des lettres et destinées à la formation des enseignants

de lycées.

La conception utilitaire des facultés des lettres comme institutions vouées au Portugal essentiellement et presque exclusivement à la formation d'agents d'enseignement date certainement de cette époque, c'est-à-dire, de leur création-même. Cette conception a été réaffirmée dans le Portugal contemporain à partir des années 80, où les facultés des universités "classiques" et "nouvelles" se rejoignent dans l'accomplissement de cet objectif par l'introduction de "curricula intégrés"[14] . C'est encore là, sans doute, la source de l'asphyxie où se trouvent ces facultés à l'heure actuelle, contribuant à chaque fin d'année scolaire à l'augmentation du nombre de chômeurs diplômés dans le pays.

Les affirmations de Apell, qui auraient constitué de très bons arguments à la nouvelle critique, surtout en ce qui concerne des clichés tels que ceux de la défense de la clarté, de l'universalité et du génie de la langue française, ont été pourtant la base de tout un programme d'enseignement du français à l'université pendant de longues décennies. En effet, à la Faculté des Lettres de l'Université de Coimbra, *alma mater* de l'institution universitaire au Portugal jusqu'en 1974, le programme de Langue et Littérature françaises (dans sa variante plus spécifiquement littéraire ou dans le cours de français pratique) a débuté pendant la période qui nous occupe par un large panorama de la littérature française à partir des textes médiévaux ; puis des dizaines de cours étaient consacrés à l'étude de Corneille, Racine et Molière, le programme s'arrêtant à la fin de la période romantique.

Etant donné le poids institutionnel de l'université de Coimbra, contre lequel s'était dressé le plan réformiste du régime républicain, mais que le régime ultra-conservateur de l'Etat Nouveau renforcera, c'est de l'enseignement du français dans cette université que je m'occuperai particulièrement dans la deuxième partie de mon exposé.

Malgré l'existence d'une idéologie officielle unique, l'analyse des rapports entre la production scientifique et l'idéologie n'en devient pas plus évidente. En effet, on ne peut pas établir, à proprement parler, une correspondance claire entre les données de deux champs épistémologiques distincts. Cependant nous pouvons discerner des lignes de

---

[14] Ce modèle de formation intègre dans le *curriculum* de l'enseignement universitaire, dès les premières années, un nombre considérable de matières de nature pédagogique et didactique. Le diplôme universitaire n'est obtenu qu'après validation d'un stage d'un an dans une école secondaire de la région où se trouve l'université.

convergence entre la pensée officielle du régime et certains "événements" universitaires. L'analyse des comptes-rendus des leçons de langue et de littérature françaises m'avait semblé, a une première approche du sujet, la source la plus riche pour comprendre cette problématique. Pourtant, étant donné le caractère parfois extrêmement lacunaire ou même l'absence des registres des "programmes" des cours, les quelques phénomènes suivants ont pu être identifiés :

- La désignation Langue et Littérature pour la même discipline en vigueur de 1911 à 1915. Très curieusement, cette désignation semble reprendre la perspective de l'étude d'ensemble de ces deux spécialités que nous retrouvons dans des ouvrages très répandus à l'époque, tels que celui de L. Petit de Julleville, *Histoire de la Langue et de la Littérature Françaises, des origines à 1900,* publié à Paris, chez Armand Colin, à partir de 1896. La perspective historique diachronique est d'ailleurs prépondérante dans l'enseignement de la littérature française, avec la perspective philologique pour l'enseignement de la langue nationale, dans la Section d'Etudes romanes[15] ;

- L'emploi des mêmes enseignants à des disciplines très diversifiées, comme c'était le cas de Raymond Bernard (1924-1930) qui a enseigné aussi la littérature italienne, ou le cas plus marquant d'Eugénio de Castro (1915-1939) également chargé de littérature espagnole, italienne, et d'archéologie, pendant quelques années,

- La permanence des mêmes programmes pendant des décennies, à quelques variantes près, surtout valable pour le programme de littérature, qui se terminait invariablement vers la période romantique, et n'accordait aucune place à l'actualité (ce qui n'était d'ailleurs pas la norme de l'histoire littéraire) ;

- L'introduction de quelques variations méthodiques dans l'enseignement de la langue, et surtout l'apport de sujets plus proches de la contemporanéité par des enseignants étrangers, francophones,

- L'attribution des chaires de Langue et de Littérature françaises à deux poètes et érudits portugais, très proches du symbolisme : Carlos de Mesquita (1911-1914) et de Castro (1915-1939), fondateur du mouvement symboliste au Portugal.

La permanence du même programme d'études est extrêmement curieuse lorsqu'on analyse, d'une part, l'agitation politique du premier

---

[15] A partir de 1939-40, nous trouvons des comptes-rendus dénotant la perspective philologique dans l'étude de textes médiévaux français (cours de Paiva Boléo, successeur de de Castro en littérature française).

régime républicain au Portugal, et d'autre part, la question de la censure sous le régime de Salazar. L'université se tenait-elle à l'écart de cette réalité? Bénéficiait-elle d'une autonomie scientifique assez considérable pour ne pas être concernée par tous ces changements ? Il y a des questions qui resteront sans doute sans réponse et des tentatives de réponse qui ne seront jamais satisfaisantes.

De simples documents, tels que ces comptes-rendus des cours, soigneusement conservés dans les archives de la Faculté des Lettres de l'Université de Coimbra appellent en effet d'autres recherches qui les compléteraient du point de vue institutionnel et idéologique.

Un des aspects dont il faudrait tenir compte est celui du profil personnel des enseignants : on ne peut pas considérer séparément l'enseignement pratiqué et la personnalité de ceux qui le font[16]. Très brièvement, et pour ne citer que de Castro, sa conception de la poésie comme lieu par excellence du mot, lieu de la réflexion privilégiée sur le langage, ne peut être considérée en dehors des rapports intellectuels et d'amitié qu'il entretenait avec quelques-uns des poètes symbolistes français et belges. C'est ainsi que nous retrouverons dans son enseignement une attention particulière portée à l'étude de la poésie, très concrètement à certains éléments fondamentaux comme les aspects rythmiques et prosodiques des poèmes, la "précision" du mot rare. Sa valeur littéraire ainsi que son rôle de diffuseur de la langue et de la littérature françaises à l'étranger lui ont valu une nomination à l'Académie Royale de Langue et de Littérature Françaises de Belgique en 1935[17], ainsi que l'attribution du doctorat "honoris causa" par les universités de Lyon et Strasbourg. C'est également à son initiative que la ville de Coimbra doit l'ouverture de l'Alliance Française locale, en 1949[18]. La langue et la littérature françaises étaient ainsi enseignées

---

[16] Des études cherchant à établir des liens entre la biographie des universitaires et le contexte (institutionnel, idéologique ou politique) dans lequel ils étaient censés exercer leur enseignement et développer leur recherche font défaut dans le panorama de l'histoire de l'enseignement universitaire au Portugal, tel que d'autres chercheurs qui s'intéressent à cette problématique le constatent.

[17] À ce propos, voir le document officiel de la session, *Réception de Monsieur Eugénio de Castro, Discours de MM. Albert Mockel et Eugénio de Castro (séance publique du 11 mai 1935)*, Bruxelles, Académie Royale de Langue et de Littérature Françaises de Belgique, 1935.

[18] Centre intellectuel autour duquel se réunissait l'*intelligentsia* de la plus ancienne ville universitaire du pays, c'est à partir de l'année 1959 que l'institution s'est vouée aux cours de langue et de civilisation françaises, pour reprendre le titre d'un manuel largement utilisée dans les années soixante, les inoubliables livres bleus de G. Mau-

aux premiers temps de la république et du régime de l'Etat Nouveau, non pas précisément par des "professionnels" de l'enseignement, qui n'existaient pas au niveau universitaire, mais par des érudits, par des personnages profondément engagés dans un mouvement littéraire précis. Plus que par des équipes et des projets de recherche ou d'enseignement qui, à l'époque, n'étaient pas institutionnalisés comme aujourd'hui, l'université se définissait autour des individus illustres qui la composaient.

D'autres sources et témoignages de nature idéologique peuvent être repérés dans des domaines plus ou moins proches de la vie universitaire. L'institution d'une modalité particulière du doctorat, le doctorat "honoris causa", me semble particulièrement significative à cet égard[19]. L'esprit même de l'attribution du premier doctorat *honoris causa* à l'université de Coimbra en 1921, indépendamment des circonstances historiques et militaires dans lesquelles il a été accordé, est révélateur, d'une part, de la liaison étroite entre le pouvoir politique et les organes directeurs de l'université, et, d'autre part, de l'importance intellectuelle et culturelle attribuée à la France dans le Portugal de l'époque. Une phrase comme celle-ci, proférée par le Président de l'Université dans le discours de réception des nouveaux docteurs, est révélatrice de l'atmosphère officielle de l'époque : "La France est [...] notre mère spirituelle". Les livres des Actes du Conseil Scientifique de la Faculté des Lettres de Coimbra annoncent la proposition d'accorder le titre de docteur "honoris causa" à Paul Valéry (titre qui ne lui a pourtant jamais été décerné malgré un vote favorable du Conseil de la Faculté des Lettres[20]), très attiré à l'époque par la pensée de Salazar. La proximité idéologique entre les deux hommes pourrait être illustrée, à titre d'exemple concret, par l'apposition d'une "Note en guise de préambule sur l'idée de dictature" écrite par Paul Valéry, de l'Académie Française, à la traduction en langue française d'un recueil d'entretiens accordés par Salazar à l'écrivain journaliste por-

ger.
[19] Le doctorat *honoris causa* a été inauguré à l'université de Coimbra en 1921 par l'attribution du titre aux chefs des armées alliées pendant la première guerre mondiale, le Maréchal Joffre, le Généralissime Diaz et le Général Smith Dorrien, *cf.* Torgal, 1999, ainsi que le document officiel de la session, *Doutoramento dos generais aliados Maréchal Joffre, Generalíssimo Diaz, General Smith Dorrien, no dia 15 de Abril de 1921*, Coimbra, Imprensa da Universidade, 1921.
[20] Nous tenons à remercier Madame Ofélia Paiva Monteiro, Professeur de Littérature Française à la Faculté des Lettres de l'Université de Coimbra, pour cette information.

tugais António Ferro en 1933 (Ferro 1934 :9-19)[21].

Je suis ainsi amenée à la conclusion que le critère qui présidait au choix des candidats au titre de docteur *honoris causa*, sans tenir compte de la valeur scientifique ou du rayonnement culturel des candidats, rejoignait des tendances idéologiques étroitement associées au régime politique d'alors. Très curieusement pourtant, Paul Valéry ne figure pas dans les programmes d'enseignement de langue et littérature françaises de cette période. La seule présence d'un enseignement basé sur l'œuvre de Valéry est repérable dans une leçon du cours pratique de français III, de l'année scolaire de 1931-32, consacrée à l'étude du vocabulaire et du style de l'auteur. Ce cours est signé du nom de Pierre Hourcade, éminent lusophile, conseiller culturel de l'Ambassade de France et directeur de l'Institut Français au Portugal, pays où il résida de 1931 à 1962 ; ses études sur Guerra Junqueiro, Fernando Pessoa ou d'autres auteurs situés entre la génération d'Orphée et le Néoréalisme, tout en constituant des références bibliographiques de base pour l'étude de la littérature portugaise pendant quelques décennies[22], se révélèrent des instruments précieux pour la diffusion de ces écrivains.

Le livre de Ferro cité témoigne non seulement du climat de vénération pour Salazar qui caractérisait l'ambiance idéologique officielle de l'époque, mais encore il aide à comprendre dans quelle mesure la "renaissance nationale" à laquelle aspirait Salazar, n'était possible qu'au prix du contrôle de la formation des esprits[23]. Or l'enseignement des lettres, par ses choix et ses omissions, se révèle être le champ privilégié de la fermentation intellectuelle et de la diffusion idéologique ; il constitue un observatoire privilégié de la "politique de l'esprit".

En 1936, le Ministre de Salazar, C. Pacheco dresse la réforme qui consolide le régime du point de vue de l'organisation de

---

[21] Le titre de l'édition française, qui ne répond pas exactement à la formulation originale (*Salazar, l'homme et son œuvre*), omet l'existence du Président de la République, le général Carmona, "à qui l'on doit la continuité du mouvement de renaissance portugaise" mis en route par Salazar.

[22] *Cf.* Hourcade, *Temas de Literatura Portuguesa*, Lisboa, Moraes Editores, 1978, volume qui réunit quelques-unes de ses études les plus connues, traduites en portugais par ses amis, des chercheurs et des universitaires de renom.

[23] C. Ramos, ministre de l'Instruction Publique jusqu'en 1933, et malgré son exonération, réaffirmera sa fidélité idéologique au projet éducatif de Salazar lors d'une conférence faite en 1937 où il soulignera cet aspect : "faire une révolution économique, en omettant la révolution spirituelle de l'individu et de la société, est une simple utopie" (*in* Carvalho 1986 : 751, 31).

l'enseignement. C'était la pierre de touche qui manquait au régime : le contrôle idéologique des institutions d'enseignement, à tous les niveaux, par la Junta Nacional de Educação (Directoire National de l'Education), et l'institution d'un modèle formateur de l'idéologie des jeunes : la "Mocidade Portuguesa" (Jeunesse Portugaise). L'article V ("Base V") de la loi du 11 avril 1936 concernait la sélection du professorat de tous les niveaux d'enseignement en fonction de sa "coopération essentielle dans la fonction éducative et dans la formation de l'esprit national". L'article IX annonçait la révision de tous les programmes d'enseignement. Cette loi avait été précédée d'un texte non moins redoutable, publié le 13 mai 1935 par le Ministre de l'Instruction, E.Tamagnini, lui aussi professeur à l'Université de Coimbra. L'objectif de ce décret était de réglementer l'épuration des services publics, dont l'enseignement, en fonction de la fidélité des "fonctionnaires ou employés, civils ou militaires" au régime (Carvalho, 1986 : 752). Une comparaison s'impose ici avec la loi républicaine n° 410, du 9 septembre 1915, reformulée jusqu'en 1922, qui interdisait le professorat à tout individu "n'ayant pas fait preuve, par ses actions et faits, de sa franche adhésion aux institutions républicaines et aux lois de la République portugaise" (Carvalho 1986 : 704).

L'expulsion de quelques universitaires en 1947 est encore justifiée par le recours à la loi de 1935. Le cas d'Andrée Crabbée Rocha, lusophile d'origine belge francophone, en constitue un exemple lamentable qui, tout en brisant une carrière à ses débuts, visait aussi indirectement son mari, le poète Miguel Torga, un des écrivains les plus lucides et probes de l'opposition démocratique.

Revenons à l'histoire : l'instabilité républicaine est manifeste dans les nombreux crimes, attentats, insurrections, désordre publique et faillite financière qui caractérisent les premières années du régime obligé malgré les nobles idéaux qui le guidaient, à changer vite ses propos démocratiques en un discours et des attitudes répressives. En 1931, l'Espagne avait institué un régime républicain de gauche. L'idéologie dictatoriale fasciste nourrissait les régimes italien et allemand. Devant ces scénarios extrêmes, le Portugal faisait ses choix. *Salazar, le Portugal et son chef* se termine par un épilogue inspiré par une lecture très particulière de *Vol de Nuit*, de Saint-Exupéry, publié en 1931. Selon Ferro, des affinités idéologiques profondes rejoindraient le personnage Rivière, inspecteur général de tous les aéroports d'Argentine, l'Infante D. Henrique, héros de l'épopée maritime portugaise, et Salazar, modèles du sens du devoir et de l'obéissance aveugle à un idéal qui les dépassait et exigeait d'eux la victoire sur tout obstacle contraignant l'accomplissement de leur idéal surhumain. C'est là un document fondamental qui témoigne de la réception de Saint-Exupéry au Portugal en 1933. Les pratiques d'enseignement universitaire, tout en privilégiant la méthode très orientée de l'explication et du commentaire de textes, persistaient dans la consécration de l'époque classique ; le journaliste, écrivain et idéologue du régime, lui, apprivoisait la modernité à sa manière.

On devrait s'attendre alors à la présence de ces auteurs dans les programmes universitaires, et surtout dans ceux de la Faculté des Lettres de l'université de Coimbra, aux rapports si étroits avec le régime. Je n'ai pu le confirmer. Ceci est intéressant, car c'est peut-être un indice de la non-coïncidence absolue entre discours idéologique officiel et discours éducatif universitaire. On trouve un autre indice qui pourrait confirmer cette hypothèse dans l'analyse des revues de littérature, de culture ou d'art publiées à Coimbra en marge de l'université. L'une de ces revues s'intitulait *Vértice, Revista de Cultura e Arte*, dont un numéro spécial paru en décembre 1946 était consacré "à la culture et à l'art français". Ce numéro fait connaître "l'influence de la pensée progressive française [au Portugal] à partir de 1936", période de raffermissement du régime et par contre coup de l'opposition. L'éditorial de ce numéro célèbre la mémoire des intellectuels, hommes de lettres, artistes et penseurs français qui sont morts pour leur idéal de liberté ou qui ont contribué au maintien de cet idéal pendant l'occupation. Ce numéro constitue d'une part un hommage à la France "de la Renaissance française [...] dans ce qu'elle a de meilleur : son intelligence, plus humaniste et universaliste que jamais, liée à son peuple, plus patriotique et progressive qu'en aucun moment de son histoire" (*Vértice* 1946 : 5), et, d'autre part, une exhortation à l'amitié et aux échanges entre les intellectuels des deux pays, et un acte de foi dans la réaffirmation de la France en tant que "grande nation du monde", phare de tous ceux qui aiment la liberté" (*Vértice* 1946 : 5).

En revenant au champ plus concret des "activités parallèles" qui complétaient l'enseignement universitaire de la langue et de la littérature françaises au Portugal pendant la période concernée, et cette fois-ci, dans le champ de l'orthodoxie diplomatique, il faudra faire une référence particulière à l'action de l'Institut Français de Lisbonne. Fondé par l'éminent lusophile Léon Bourdon en 1929, l'Institut a publié son premier Bulletin, dont le titre était rédigé en langue portugaise, *Boletim do Instituto Francês em Portugal*, en janvier 1930.

C'est dans les pages de ce Bulletin que nous retrouvons les textes des communications présentées par des érudits français dans les facultés des lettres de l'époque, la liste des traductions d'œuvres littéraires, des nouvelles collections et les comptes-rendus de livres récemment parus, la liste des prix ou des titres décernés à des enseignants et les nominations ; on y trouve aussi mention des visites illustres et des événements culturels soutenus par l'Institut. C'est là que nous apprenons à mieux connaître ceux qui enseignèrent plus ou moins longtemps dans les universités portugaises et qui y laissèrent leur marque. C'était le cas de Bernard, traducteur du poète portugais Manuel da Silva Gaio ou de Philéas Lebesgue, homme de lettres, érudit, polyglotte et lusitanien, critique des lettres portugaises au *Mercure de France*, tous deux contemporains et amis de de Castro. Ces professeurs français étaient très attachés aux lettres portugaises ainsi qu'à la Faculté dans laquelle ils travaillaient. C'était le cas, entre autres, de Lebesgue ou de Hourcade, déjà cités. Les liens entre la France et le Portugal étaient alors d'une autre nature que ceux que nous avons définis au temps de la Première République, bien illustrés par le texte d'Appel.

La coopération scientifique et culturelle était maintenant instituée entre des Facultés portugaises et françaises, la venue de conférenciers de renom et les séjours d'universitaires portugais en France devenaient chose presque courante. A. Pauphilet, Professeur à la Faculté des Lettres de Lyon, affirmait dans son intervention "Au sujet du Portugal et de Lyon", lors de l'attribution du doctorat *honoris causa*, le 4 novembre 1929, à quatre universitaires portugais, dont le futur prix Nobel portugais de Médecine, le Professeur Egas Moniz, et le poète E. de Castro, qu'il considérait comme "un des plus ardents défenseurs de la culture française au Portugal" : "Enfin, s'il est un pays où la langue française joue encore le rôle d'une langue universelle, c'est le Portugal". L'action de l'Institut Français est d'ailleurs étroitement liée à la richesse bibliographique de la Salle Française de la Faculté des Lettres de l'Université de Coimbra, dont la création est également le fruit du travail de de Castro. La rubrique "Chronique de l'Institut" parue dans le premier numéro du Bulletin tout en identifiant les sources d'où provenaient les dons à l'Institut, nous donne la longue liste des revues universitaires, littéraires, philologiques, historiques, philosophiques, géographiques et d'art que l'Institut recevait régulièrement, et qui le situait en pleine actualité éditoriale française, tout particulièrement dans le domaine de la littérature française. J'ai lieu de croire que l'étude des aspects idéologiques et institutionnels qui influent sur l'enseignement des langues et cultures étrangères demande un champ de connaissances qui dépasse le cadre de nature spécifiquement didactique où ces aspects sembleraient se manifester de manière plus clairement discernable.

La lecture des programmes de cours, quand ils existent, et de leur compte-rendu, celle des textes officiels et autres sources strictement institutionnelles se révèle incomplète et insuffisante pour comprendre la complexité de l'enseignement de la langue et de la littérature françaises pendant la période choisie. Ces documents, bien qu'importants ne constituent que la face visible, immédiatement identifiable de tout un édifice duquel l'activité enseignante ne constituait à l'époque qu'un étage : la culture d'une nation dans ses rapports avec la culture de l'autre, le cas échéant la culture française.

Apprendre le français en pleine période républicaine pouvait constituer un hommage au pays des droits de l'homme, au pays qui divulgua au monde les idéaux démocratiques de la Révolution française, dans une université soucieuse de son autonomie scientifique, et dans un cadre institutionnel et national qui cherchait à se définir et à identifier de nouvelles valeurs, au risque de se contredire. Apprendre le français sous le régime totalitaire de l'Etat Nouveau signifiait n'avoir accès qu'à certains auteurs ou qu'à certains textes, dans un cadre institutionnel stagnant, établi sur des principes respectueux des traditions et prônant la pyramide hiérarchique, s'auto célébrant dans des occasions stratégiques, de moins en moins soucieux de son autonomie, miroir du pouvoir qu'il contribuait à instituer, dans un cycle de reproduction auto-référentielle. Cela pouvait aussi signifier se nourrir à d'autres sources, quitte à en subir les conséquences. Finalement, ces deux expériences, dont la nature et l'origine sont si éloignées, finiraient par se ressembler en bien des aspects.

## BIBLIOGRAPHIE

APELL, A. (1912) : *O valor literario, educativo e social da lingua francesa*, Universidade Livre, 18ª lição

BOURDIEU, P. (1998) : *Les règles de l'art : genèse et structure de l'œuvre littéraire*, Paris : Seuil

CARVALHO, R. de (1986) : *História do Ensino em Portugal : desde a fun-*

*dação da nacionalidade até ao fim do regime de Salazar-Caetano*, Lisboa : Fundação Calouste Gulbenkian

COELHO, A. (1908) : *O Curso Superior de Letras e os Cursos de Habilitação para o Magistério Secundário, Notas sobre Portugal, Exposição Nacional do Rio de Janeiro em 1908 : secção portuguesa*, vol. I, Lisboa : Imprensa Nacional

FERRO, A. (1933) : *Salazar : o homem e a sua obra*, s/l : Empresa Nacional de Publicidade, Prefácio de Oliveira Salazar

FERRO, A. (1934) : *Salazar : le Portugal et son chef*, précédé d'une *Note sur l'Idée de Dictature*, par Paul Valéry, de l'Académie Française, Paris : Grasset

GOMES, J. F. (1989) : *A Escola Normal Superior da Universidade de Coimbra (1911-1930)*, Lisboa : Instituto de Inovação Institucional

GOMES, J. F. (1990) : *A Universidade de Coimbra durante a Primeira República (1910-1926)*, Lisboa : Instituto de Inovação Institucional

MACHADO, A. M. (1984) : *O "francesismo" na Literatura Portuguesa*, Lisboa : Instituto de Cultura e Língua Portuguesa, Ministério da Educação, Biblioteca Breve, vol. 80

MATTOSO, J. (1993) : *História de Portugal : O Liberalismo*, Lisboa : Estampa, vol. 5

PEREIRA, J. C. S. (1995) : *História Crítica da Literatura Portuguesa*, Lisboa : Editorial Verbo, vol . VII, "Do Fim-de-Século ao Modernismo"

QUEIRÓS, E. de (1889) : *O Francesismo, Cartas e outros escritos*, Lisboa : Edição Livros do Brasil [1930?]

RIBEIRO, A. : *Paginas de exilio :1908/1914*, Lisboa : Vega, colecção Outras Obras

SÁ, V. de (1990) : "Universidades populares na Iª República", in *Universidade(s) : História, Memória, Perspectivas*, I : 471-476

SERRÃO, J. (1981) : *Estrutura social, ideologias e sistema de ensino*, in SILVA, M., TAMEN, I. (1981) *O sistema de ensino em Portugal*, Lisboa: Fundação Calouste Gulbenkian

TORGAL, L. R. (1989) : *História e Ideologia*, Coimbra : Livraria Minerva

TORGAL, L. R. (1993) : *'Quid petis?' : Os "Doutoramentos" na Universidade de Coimbra*, Revista de História das Ideias, 15 , "Rituais e cerimónias", Coimbra : Instituto de História e Teoria das Ideias : 177-316

TORGAL, L. R. (1999) : *A Universidade e o Estado Novo*, Coimbra : Minerva

*Universidade(s) : História, Memória, Perspectivas, Actas do Congresso "História da Universidade (No 7º Centenário da sua fundação)*, 5 a 9 de Março de 1990, Coimbra : Comissão Organizadora do Congresso "História da Universidade", 5 vol., 1991

*VÉRTICE, Revista de Cultura e Arte*, nº 40-42, vol. III, Número especial dedicado à cultura e à arte francesas, Coimbra : Sérgio Marques Lopes, Dezembro de 1946

# L'ENSEIGNEMENT DU FRANÇAIS MIS AU SERVICE DU RÉGIME DE FRANCO (1936-1940)

Manuel Bruña Cuevas
Universidad de Sevilla

Comme on le sait, les tensions politico-sociales qui ont agité l'Europe des années trente du XX$^e$ siècle ont donné lieu en Espagne à un coup d'état (juillet 1936) contre le régime démocratique républicain, établi en avril 1931. N'ayant pas réussi à contrôler tout le territoire espagnol, ce soulèvement n'a été finalement que le point de départ d'un affrontement armé entre deux Espagnes radicalement opposées, le départ d'une guerre civile qui a duré trois ans (jusqu'en avril 1939). Naturellement, le triomphe final de l'Espagne dirigée par le général Franco a été suivi d'un intense labeur d'adéquation de tous les organismes de l'État et de toutes les instances sociales aux principes idéologiques du nouveau régime politique. Cette adéquation a d'ailleurs commencé, dans le territoire qui échappait au contrôle du gouvernement républicain, tout de suite après le début de la guerre, l'éducation scolaire méritant de ce point de vue une attention toute spéciale par son rôle essentiel dans la formation des mentalités. Aussi la promulgation de la première loi sur l'enseignement secondaire dans la nouvelle Espagne est-elle antérieure à la fin des hostilités. Dès 1938[1], cette loi établissait, comme le premier des principes fondamentaux qui l'inspiraient : "L'emploi d'une technique d'enseignement visant la formation de la personnalité à partir d'un solide fondement religieux, patriotique et humaniste". Par "humaniste" et "religieux", le législateur entendait surtout l'étude des langues et littératures classiques et espagnoles, censées être le chemin pour remettre en valeur "l'Essence réelle de l'Espagne", c'est-à-dire l'Espagne du XVI$^e$ siècle. Par "patriotique", on doit comprendre la défense de ces essences espagnoles, l'enseignement de l'histoire, par exemple, ayant donc

---

[1] "Loi sur la réforme de l'enseignement secondaire" du 20-9-1938, publiée dans le *Boletín Oficial del Estado* (*B.O.E.*, l'équivalent du *Journal officiel*) le 23-9-1938.

comme but "la remise en valeur de tout ce qui est proprement espagnol, l'extirpation définitive d'un pessimisme anti-espagnol dérivé des influences étrangères, de l'apostasie et d'une légende noire mensongère".

La formation humaniste devait être complétée par des "études scientifiques" (mathématiques, géométrie, physique, etc.), dont ferait partie l'apprentissage de deux langues modernes facilitant aux élèves "l'accès aux productions littéraires et scientifiques de l'étranger". Cet accès sera toutefois sérieusement limité par l'injonction qui clôt l'ensemble de directives devant présider à l'élaboration des programmes de langue et littérature espagnoles, de français, d'italien, d'allemand et d'anglais[2]. Ainsi :

> "Les professeurs devront veiller - chaque fois qu'il s'agira de faire connaître le nom ou les oeuvres d'un auteur réputé pour son grand mérite littéraire, mais présentant un caractère moral condamnable ou des tendances idéologiques ou religieuses erronées - à le signaler à leurs élèves, en leur faisant bien remarquer ce fait, en leur conseillant d'en éviter la lecture et en mettant nettement en relief la nature de ses erreurs ou de son immoralité. À toute occasion, surtout dans l'enseignement secondaire, on devra, en règle générale, fuir les auteurs qui, tout en ayant des mérites littéraires reconnus, sont dangereux pour la bonne formation morale des élèves et pour l'intégrité de leur Foi Catholique. Il faudra éviter également d'aborder des sujets qui, n'étant pas immoraux, peuvent toutefois s'avérer inadéquats eu égard à leur âge"[3].

À remarquer le contraste de ces prescriptions avec celles qui avaient été données dans le décret républicain sur l'organisation de l'enseignement secondaire[4]. Ce décret établissait, en tant que bases du système d'enseignement espagnol, des principes qui rappellent ceux défendus par la loi de 1938 :

> "On ne peut faire abstraction, quel que soit le plan d'études, de notre psychologie, de nos traditions, de nos racines langagières et du trésor

---

[2] "Programmes de l'enseignement secondaire", approuvés le 14-4-1939 (*B.O.E.* du 8-5-1939).
[3] Toutes les traductions sont de l'auteur [MBC].
[4] Décret du 29-8-1934, *Gaceta de Madrid,* l'équivalent d'avant-guerre du *Journal officiel,* du 30-8-1934.

de la culture classique, si décisive dans la configuration de la civilisation espagnole".

Mais le mot "catholique" n'y apparaît cependant pas une seule fois et il n'y a rien, dans le ton général comme dans les propos, qui y rappelle une déclaration telle que la suivante, résumant, dans la loi franquiste de 1938, le but dernier assigné à l'enseignement secondaire :

> "Sous peu de temps, après la formation des jeunes intelligences suivant ces normes, on sera parvenu à transformer totalement la mentalité de la Nouvelle Espagne et à bannir de nos milieux intellectuels des symptômes trop évidents de décadence : le manque d'instruction fondamentale et de formation doctrinale et morale, le mimétisme de l'étranger, la russophilie et l'efféminement, la déshumanisation de la littérature et de l'art, le fétichisme de la métaphore et le verbalisme sans contenu. Ce sont là des traits qui caractérisent la désorientation et le manque de vigueur intellectuelle de maints secteurs sociaux dans ces derniers temps et qui contrastent douloureusement avec l'héroïsme viril de la jeunesse en action qui verse généreusement son sang au front pour le rachat définitif de la véritable culture espagnole".

Comme on le voit, cette loi de 1938 est un reflet fidèle du camp idéologique qui l'a forgée. En ce qui concerne la place qu'elle réserve aux langues modernes dans l'enseignement secondaire, sa cohérence avec les circonstances politiques du moment est également remarquable : elle va changer la hiérarchie traditionnelle des langues étrangères enseignées en Espagne. Le régime républicain espagnol, contrairement aux régimes totalitaires contemporains, se situait dans le camp des démocraties occidentales. Politiquement, rien ne s'opposait, par conséquent, à ce que le français gardât le statut de première langue étrangère qu'il avait eu en Espagne, pratiquement sans interruption, depuis le XVIIIe siècle. Dans le cadre du décret républicain de 1934, la réglementation concernant spécifiquement l'enseignement du français[5] reconnaissait explicitement le rôle d'intermédiaire culturel joué par cette langue :

---

[5] "Programme de français", publié dans la *Gaceta* du 21-10-1934.

"[...] le français [est une] langue primordiale pour nous, les Espagnols, car c'est principalement par son intermédiaire que nous est parvenue et nous parviendra la culture moderne étrangère".

Toujours selon le décret de 1934, les études secondaires devraient comprendre sept ans, le français étant une matière obligatoire, et la seule langue étrangère, dans les quatre premières, à raison de quatre heures par semaine dans les trois premières années et trois heures hebdomadaires en quatrième année[6]. Pour ce qui est des autres langues modernes, l'élève avait l'obligation de choisir entre l'anglais et l'allemand, enseignés à raison de six heures par semaine pendant les deux dernières années. Seuls les élèves qui suivraient des études universitaires feraient donc une langue germanique, alors que tous les autres (aussi bien ceux qui quitteraient le lycée au bout de la troisième année avec un diplôme leur permettant d'entamer des études professionnelles que ceux qui le feraient au bout de la cinquième pour accéder aux écoles normales) ne posséderaient que le français, qui apparaissait ainsi comme la langue étrangère commune à tous ceux qui auraient en Espagne une formation éducative dépassant le niveau de l'enseignement primaire.

Le régime de Franco des premières années ne pouvait pas s'identifier à cet état de choses. Le traité de non-intervention dans la guerre d'Espagne, signé aussi bien par les pays démocratiques que par les régimes totalitaires de l'époque, n'a pas empêché ces derniers d'appuyer à tous points de vue, y compris au point de vue militaire, l'Espagne franquiste. La proximité idéologique avec les régimes instaurés en Italie et en Allemagne sera donc renforcée par un sentiment de reconnaissance de l'aide reçue. Par contre, la France, gouvernée comme la République espagnole par un Front populaire au moment où éclate la guerre civile, et la langue française, véhicule traditionnel depuis le XVIIIe siècle des idées contre lesquelles avaient lutté les conservateurs espagnols les plus récalcitrants, ne pouvaient pas prétendre aux mêmes sympathies de la part du nouveau régime[7].

---

[6] Les élèves voulant obtenir les diplômes prévus pour la fin des cinquième et septième années respectivement devraient passer également des épreuves de français et, à cette fin, des cours de révision ont été prévus pour les cinquième, sixième et septième années.

[7] Tout ce qui est français devient suspect. Voici, par exemple, la demande de renseignements envoyée au recteur de l'université de Séville par le Ministère de l'éducation : "Ce Ministère désire savoir si la dénommée École Française, établie

Toutes ces circonstances, intérieures et internationales, devaient trouver leur reflet dans les premières dispositions scolaires adoptées par le franquisme. La loi de 1938 ajoute aux trois langues enseignées aux lycées républicains, le français, l'anglais et l'allemand, une langue de plus : l'italien. Avec cette incorporation, la loi sur le nouvel enseignement secondaire, distribué aussi sur sept années et prescrivant toujours l'étude de deux langues vivantes, trouve le moyen de mettre fin au monopole qu'avait le français sur les premières années de ce cycle éducatif : pendant les trois premières, l'élève suivra toujours un enseignement de langue romane, mais il pourra maintenant choisir entre l'italien et le français. Pour le reste des années, son choix portera, comme pendant la période républicaine, sur l'allemand ou l'anglais[8].

Mais, si la fin du monopole du français sur les premières années, en faveur de la langue d'un pays à régime politique parent, est déjà hautement significative, la disposition qui révèle le plus clairement les tendances idéologiques de cette loi de 1938 est celle qui limite les possibilités réelles de choix de la part des élèves en prescrivant que l'une des deux langues étudiées devait être soit l'allemand soit l'italien. Les résultats ne se sont pas fait attendre. Malgré le fait que l'apprentissage de l'allemand ne commençait qu'en quatrième année, c'est-à-dire à un moment où le nombre d'élèves était inférieur à celui qu'il y avait dans les trois premières années (période réservée aux langues romanes), pendant l'année 1941-42, en pleine guerre mondiale, il y avait au lycée de garçons de Séville 103 inscrits en allemand contre 85 en français, langue qui conservait toutefois sa position prépondérante face à l'italien, au portugais[9] et à l'anglais (25, 13 et 64 inscrits respectivement). Naturellement, le dénouement de la guerre mondiale met fin à la germanophilie et à la protection officielle de certaines langues. Au

---

dans votre ville, dépendante d'une société bienfaisante de nationalité française et entretenant des relations avec les Autorités consulaires de France, a été transférée à une entité totalement espagnole ou si, par contre, cette transformation est plus apparente que réelle. Veuillez m'en informer, en détail et le plus vite possible. Que Dieu vous prête longue vie. À Vitoria, le 9 mars 1938 (Deuxième Année Triomphale)" [trad. M.B.C.]. Ce document se trouve aux archives historiques de l'Université de Séville (*A.U.* dans nos prochaines citations) sous la cote Carp. 3370, n° 1.

[8] Pendant ces quatre dernières années, les élèves devaient faire aussi une heure hebdomadaire de révision de la langue romane choisie en première année.

[9] Le portugais, comme l'italien et l'allemand, était la langue d'un pays à régime autoritaire, d'où sa présence parmi les langues modernes de l'enseignement secondaire, non prévue, pourtant, par la loi de 1938.

même lycée, pendant l'année 1951-52, il n'y avait plus d'élèves en italien ni en portugais et il n'en restait que 13 en allemand, le français ayant récupéré son ancienne première place (129 élèves), suivi de près par l'anglais (104)[10].

La façon dont les auteurs de manuels de langue française ont interprété les nouvelles consignes de 1938 n'a pas été la même dans tous les cas. Il y en a eu qui ont juste écarté certains textes de lecture pouvant être taxés de francophiles, ou qui ont augmenté quelque peu la dose de références religieuses qui, depuis toujours, se trouvaient dans les textes. C'est là le cas des méthodes de Massé, de Perrier, de Guzmán y Martínez ou de Fábrega Pons, rééditées juste après la fin de la guerre, mais parues pour la première fois avant qu'elle ne commence (et avant, aussi, la période républicaine). Fábrega Pons, s'adaptant au programme officiel de langue française de 1927, avait inclus, dans l'édition de 1929 de son livre de lectures, une leçon consacrée à la patrie. Elle est alors illustrée par trois textes : le poème "La patrie" de E. Souvestre, la Marseillaise et, comme texte en prose, "Voilà Chauvin", puisé chez A. Daudet. Dans la réédition de 1939, seul le poème subsiste. À la place des deux autres lectures, on y trouve des textes politiquement moins marqués (1939 : 68-70) : le poème "Le retour dans la patrie" et le morceau en prose "Le roi [Henri IV] et le paysan". Le texte sur Chauvin n'était plus acceptable pour deux raisons : il montrait un amour aveugle pour la France tout en condamnant le patriotisme exacerbé ; or ni l'un ni l'autre de ces deux aspects n'étaient acceptables dans l'Espagne *nationale* (c'est-à-dire antirépublicaine) de 1939 : le patiotisme par-dessus tout était considéré comme une vertu et toute expression d'amour pour la France était suspecte, surtout dans le cas du texte que nous commentons, où Chauvin appelle à la guerre

---

[10] L'abandon progressif de l'allemand explique son absence des deux décennies suivantes, alors que le français renforcera sa position de première langue étrangère : 246 inscrits en français et 73 en anglais en 1961 ; 429 en français et 179 en anglais en 1971. L'allemand remonte à partir des années quatre-vingt, alors que les effectifs en français commenceront à diminuer, lentement dès le début des années soixante-dix, et de façon vertigineuse à partir de la fin de cette décennie. La cause n'en est autre que l'emploi de plus en plus généralisé de l'anglais comme langue internationale, ce qui trouve son reflet dans le nombre d'élèves qui se décident à étudier cette dernière langue : 317 inscrits en français, 328 en anglais et 21 en allemand en 1981 ; 75 en français, 437 en anglais et 47 en allemand en 1991 (informations empruntées à López Bahamonde, 1990 : 215).

contre l'Allemagne. Quant à la Marseillaise, outre les raisons que nous venons d'exposer, elle avait été parfois chantée par les Brigades internationales, venues aider la République, et incorporée dans la collection de chants révolutionnaires de certains secteurs antifranquistes. En ce qui concerne les adaptations d'ordre religieux opérées par Fábrega, il suffit de citer la déclaration suivante : "[...] l'étude de la *Grammaire*, qui est pour la jeunesse la plus importante des disciplines après la Religion" (1940 : préface).

D'autres auteurs ont mieux encore répondu à l'esprit de la loi de 1938, sans avoir eu besoin, pour autant, de changer, eux non plus, leurs positions idéologiques. Parejo Santos, par exemple, n'a pas été obligé, pour rééditer les ouvrages qu'il avait déjà donnés à la presse avant la guerre, de faire de grands efforts d'adaptation, car, dès 1927, il déclarait dans la préface de sa méthode de français : "Afin de chasser tout scrupule, aussi bien de la part des lecteurs que de la part de l'auteur, j'ai demandé et obtenu la licence ecclésiastique correspondante" (préface : VIII). Comme on le voit, il a de bon gré soumis son livre à une censure[11] qui ne pouvait que l'accueillir favorablement ; parmi les différents groupes thématiques de textes dont se composait son manuel, certains, en effet, portaient des titres significatifs : "Anecdotes religieuses", "Apologétique chrétienne". Voici, à titre d'exemple, la conclusion de son premier texte apologétique : "La fidélité à la religion est donc pour la société une question de vie ou de mort. Une société sans croyances est une société vouée au chaos, un peuple sans Dieu doit mourir" (1927 : 262). Ses *Lecturas francesas*, édition de 1940, ne présentent donc que des retouches d'ordre secondaire par rapport aux textes de lectures qu'il avait publiés avant la guerre.

Un troisième cas de figure est représenté par la collection de manuels "F.T.D.", publiée par la Librería Católica (librairie catholique) depuis le début du siècle. Étant donné le nom de cette maison d'édition, on n'est pas surpris de constater que ses manuels, y compris, par exemple, celui de langue française paru en 1911, montraient clairement leur confessionalisme, quoique de façon modérée et donc non comparable au radicalisme confessionnel de Parejo Santos. Ce même

---

[11] En 1927, l'Espagne était dirigée par le dictateur Primo de Rivera, qui avait établi la censure gouvernementale des publications. La déclaration de Parejo Santos pourrait être interprétée, par conséquent, comme une prise de position en faveur de la restriction des libertés. Supprimée par la République, la censure sera rétablie par le régime de Franco.

trait de confessionalisme modéré caractérise également le manuel de langue française faisant partie, en 1946, de la collection de livres scolaires "Edelvives ou F.T.D.". Cette collection assurait la continuation de la collection "F.T.D.", de sorte que, de prime abord, on a l'impression que le manuel de 1946 ne diffère pas beaucoup de ceux de Perrier ou Guzmán y Martínez, également modérés comme nous l'avons indiqué ci-dessus. Certes, tous les manuels de la collection Edelvives présentent, à la page de garde, une déclaration d'adhésion au régime instauré, laquelle n'apparaît pas dans les manuels publiés à leur compte par certains professeurs :

> "Conçus pour des buts éducatifs, ces manuels éveillent dans l'esprit et dans le coeur de l'élève de profonds sentiments moraux, religieux et patriotiques, conformément aux tendances du *Movimiento Nacional*[12] et aux postulats fondamentaux du nouvel État Espagnol".

Mais, pour découvrir la concrétisation de cette déclaration, il faut en fait atteindre la partie finale du livre, où se situe un ensemble de lectures (1946 : 189-222) dont les quatre dernières (1946 : 216-222) sont consacrées à la guerre civile, présentée comme une croisade[13] des Espagnols contre les forces du mal (les Républicains, ni dans ces textes ni dans les documents officiels, ne reçoivent jamais la qualification d'Espagnols). Le texte "Le martyr et sa famille", par exemple, commence ainsi : "Au commencement de la persécution espagnole, un père de famille fut arrêté par les rouges". Et voici le contenu de celui intitulé "Mère courageuse" : "Sous le régime de la terreur rouge, les enfants d'une famille aristocratique espagnole furent arrêtés et condamnés à être fusillés ; [lorsqu'ils étaient devant le peloton d'exécution]

---

[12] *Movimiento Nacional* a été le nom pour désigner, pendant la guerre, l'ensemble des forces qui ont appuyé le coup d'état contre la République. Après le conflit armé, le terme a désigné le parti unique chargé de diriger l'État.

[13] Malgré le fait qu'une partie des catholiques espagnols, et notamment les catholiques basques, défendaient la République, le terme "Croisade", pour faire allusion à la guerre civile espagnole, a été couramment employé par ceux qui l'ont gagnée dans leurs discours et documents officiels. Dès le début des hostilités, la hiérarchie ecclésiastique espagnole a encouragé l'emploi de ce terme et la vision de la réalité qu'il comportait. Ceux qui sont tombés en défendant le camp *national* ont été, par conséquent, considérés comme des martyrs. Même de nos jours (la dernière fois en novembre 1999), le pape procède de temps en temps à la béatification de certains prêtres espagnols victimes de la guerre civile. Le 2 décembre 1999, l'Église catholique espagnole a demandé pardon pour certaines de ses attitudes pendant ce conflit.

leur mère leur crie : 'Mes enfants, que je suis fière de vous voir donner votre vie pour Dieu et pour l'Espagne!'". Le texte "La joie de la délivrance", décrivant le joyeux accueil fait par les habitants d'un petit village catalan à l'armée *nationale*, se termine par ces phrases : "Ces manifestations de joie avaient lieu partout où arrivaient nos armées. On avait tant souffert sous la domination marxiste!". Finalement, la traversée du détroit de Gibraltar par l'armée coloniale espagnole du Maroc, malgré l'opposition de la flotte républicaine[14], apparaît dans le texte "Le passage du Détroit" (1946 : 218-22) comme le résultat d'un miracle : l'intervention en faveur des *nationaux* de la Vierge d'Afrique, dont un dessin sous forme de *pietà* accompagne le texte.

Malgré tout, nous insistons sur le fait que ces quatre textes de lecture se trouvent en quelque sorte "collés" à la fin du manuel d'Edelvives; la structure et le contenu du reste du manuel sont, en revanche, les mêmes que ceux que présentaient les manuels de la même collection antérieurs à la guerre. Pour illustrer une possibilité différente, celle d'un remaniement significatif des contenus et de leur distribution, nous allons analyser en détail le cas des méthodes de langue française publiées par Mirmán.

Mario Mirmán Contastín[15] était, au moment du coup d'état, *catedrático* (professeur agrégé) de français à l'École de Commerce de Séville. En 1936, avant le commencement de la guerre, il avait publié, sous le titre de *Método teórico-práctico de la Lengua Francesa*, une méthode de français commercial adressée aux étudiants de l'École.

---

[14] Selon l'auteur, franchir le détroit était d'une importance capitale : "Il n'y avait qu'une alternative : ou le retour à la grandeur passée ou la transformation du pays en un fief du soviétisme féroce et sans Dieu". Notez que par "retour à la grandeur du passé" il faut comprendre la restauration de la grandeur de l'Espagne impériale, de l'Espagne des essences traditionnelles délaissées par le régime républicain et, auparavant, par les réformateurs du XVIIIe siècle et les libéraux ou les marxistes de toute espèce des XIXe et XXe siècles, c'est-à-dire par tous ceux qui, le long de ces derniers siècles, avaient été influencés, contre l'opinion de l'Église, par des idées étrangères et anti-espagnoles. Le texte répond ainsi parfaitement aux lignes directrices, citées ci-dessus, données par la loi sur la réforme de l'enseignement secondaire.

[15] Selon le dossier Leg. 945, f° 144, n° 1295 des archives historiques de l'Université de Séville (A.U.), il est né, en 1895, à "Serres (Francia)" (Hautes-Alpes). Les registres du cimetière de Séville notent le 11 avril 1968 comme la date de son enterrement.

Elle était composée de deux niveaux[16], le premier consacré à l'étude de la prononciation et de la morphologie et le second à la syntaxe. Le premier niveau incluait un grand nombre de lectures et de petits poèmes, ainsi qu'un certain nombre de lettres commerciales, lesquelles constituaient majoritairement les textes de lecture et les modèles à imiter dans le manuel du deuxième niveau. Au point de vue idéologique, chacun des deux niveaux était plutôt neutre. Il est vrai qu'ils incluaient déjà, surtout le premier, quelques textes teintés d'une certaine dose idéologique (nous pensons surtout à quelques textes sur la famille ou à certaines références religieuses) ; mais ils ne présentaient pas encore le caractère net de propagande politico-religieuse à laquelle nous ferons référence plus loin. Cette méthode de 1936 nous semble, donc, en gros et pour l'époque, assez acceptable et bien adaptée au type d'enseignement auquel elle était destinée.

L'année suivante, 1937, en pleine guerre civile, Mario Mirmán publiera une nouvelle méthode : son *Nuevo Método teórico-práctico de la Lengua Francesa*. Quoique destinée à l'enseignement secondaire et organisée, par conséquent, autrement que celle de 1936 (quatre niveaux)[17], le contenu et la structure des leçons du nouvel ouvrage coïncident en général avec ceux de la publication précédente : la plupart des textes de lecture et des exercices qui apparaissent dans le *Método* de 1936 sont repris dans les deux premières années du *Nuevo Método* de 1937. Il y a toutefois deux différences fondamentales entre les deux méthodes. Premièrement, le remplacement, en 1937, de

---

[16] Le décret du 31-8-1922 avait établi l'enseignement de la langue française uniquement dans les deux premières années du cycle élémentaire des études de Commerce. Pour les années suivantes, il prescrivait l'apprentissage d'autres langues vivantes.

[17] L'auteur annonce en 1937, dans le volume correspondant à la première année, que sa méthode se compose de cinq niveaux. C'est dû au fait qu'il l'a publiée avant l'approbation de la loi de 1938 sur la réforme de l'enseignement secondaire. En 1937, il partait du plan d'études républicain (1934) : quatre années de français, plus une année de révision et de préparation à l'examen pour l'obtention d'un diplôme à la fin de la cinquième année. L'organisation définitive de la méthode en quatre niveaux dérive du fait que, comme nous l'avons dit ci-dessus, la loi franquiste de 1938 a réduit l'étude du français aux trois premières années, plus une heure de révision par semaine pendant les quatre années suivantes. Pour une étude comparative des lois de 1934 et de 1938, axée surtout sur la place qu'elles réservent aux langues vivantes, voir Roig (1990). Pour une étude du statut assigné aux langues vivantes et aux professeurs qui les enseignaient par les dispositions légales en matière éducative qui se sont succédé en Espagne depuis le XVIIIe siècle, voir Calle Carabias (1990).

l'important recueil de lettres commerciales inclues en 1936 par des textes de lecture variés, fait qui se justifie par le changement de destinataires visés. La seconde différence n'est autre que la forte charge idéologique qui pèse sur la méthode de 1937 par rapport à celle de 1936.

Mais pourquoi Mirmán, qui n'était pas professeur de lycée, publie-t-il une méthode destinée aux élèves du secondaire ? Pourquoi le fait-il en pleine guerre et avant la rentrée de l'année 1937-1938 ? Sans aucun doute pour s'adapter aux nouvelles circonstances politiques surgies de la guerre. Le *Nuevo Método* de Mirmán répondra en effet, pour l'enseignement de la langue française, au besoin de manuels scolaires, idéologiquement conformes au nouveau régime politique, qui se fait sentir à Séville qui, dès le début des hostilités, a fait partie du territoire contrôlé par les forces antirépublicaines. Quant au fait que cette tâche ait été assumée, non par un professeur de lycée, mais par le professeur titulaire de l'agrégation de français à l'École de Commerce, il s'explique aisément par les circonstances du moment. Il y a avait alors deux lycées à Séville : "Antiguo" et "Murillo", disposant tous deux en 1935-1936, d'un "catedrático" (professeur agrégé) de français : Jesús Guzmán Martínez avait assuré l'enseignement de cette langue à l'ancien lycée et Mª Concepción Barrera Castilla l'avait fait au lycée Murillo. Or, le conflit armé ayant commencé en période de vacances, il a surpris ces deux professeurs dans la zone républicaine, ce qui les a obligés à y demeurer pendant la durée des hostilités. Il n'y a donc pas eu, pendant la guerre, de "catedrático" de français aux lycées de Séville, l'enseignement de cette matière ayant été assuré, dès lors, par des spécialistes d'autres matières ou par des bénévoles ("profesores ayudantes interinos y gratuitos")[18]. Il faut remarquer, cependant, que Jesús Guzmán était l'auteur d'une méthode, *Método de Lengua Francesa*, plusieurs fois rééditée depuis 1916 et qui le sera encore une fois, à Valladolid, en 1940. On peut supposer que le professeur Guzmán s'en servait en classe et que, en principe, il aurait été possible de le garder comme manuel, même si son auteur ne pouvait plus

---

[18] En réalité, chacun des deux lycées disposait de deux professeurs de français avant le commencement de la guerre : l'agrégé et un autre professeur qui assurait les heures de cours dépassant la charge horaire assignée au premier. Ces deux autres professeurs n'ont pu réintégrer leur poste au moment de la rentrée (année 1936-37) et seront suspendus.

assurer ses cours au lycée[19]. Mais, outre qu'il ne présentait pas la distribution en quatre degrés qu'avait celui de Mirmán, ce manuel n'était
pas, comme la nouvelle situation l'exigeait, spécialement marqué au
point de vue idéologique. Si l'on y ajoute que Mario Mirmán, en plus
de ses cours à l'École de Commerce, préparait depuis longtemps les
élèves de plusieurs collèges religieux à l'examen du baccalauréat, on
s'explique qu'il ait pris la décision de fournir les manuels de français
destinés à l'enseignement secondaire que demandaient les circonstances. L'adoption de ces manuels par les deux lycées a été, d'ailleurs,
immédiate.

L'opération consistant à imprégner les textes d'une forte charge
idéologique est annoncée par Mirmán dès le prologue de l'édition de
1937 de *Nuevo Método*. Après avoir expliqué, un peu plus largement
qu'il ne le faisait en 1936, la façon dont il fallait exploiter l'ouvrage, il
ajoute :

> "Bien que ce livre ne soit pas un cours de morale, il nous a semblé
> qu'il serait très utile de profiter de l'occasion que nous offre
> l'enseignement d'une langue étrangère pour choisir, en tant
> qu'exercices de lecture, des textes tout à fait conformes à la morale
> chrétienne, en vue d'inculquer à tout moment des idées[20] sur la reli-
> gion, la famille, le foyer, la patrie, etc. Le 'but éducatif' est donc
> l'une des caractéristiques de notre *Nuevo Método*",

soulignant par là même que l'endoctrinement politique est l'un des
buts principaux de cette *Nouvelle Méthode*.

Le premier niveau de 1936 était organisé, en gros, autour de plusieurs grands sujets, chacun d'entre eux constituant le centre d'intérêt
thématique de plusieurs leçons. Les premiers niveaux de l'édition de
1937 de *Nuevo Método* maintiendront cette même distribution thématique, le plus souvent illustrée, comme nous l'avons dit, par des textes
et des exercices identiques ou très similaires à ceux déjà utilisés en
1936. Un premier changement significatif ressort pourtant d'un simple
coup d'oeil sur les tables des matières. L'ordre des sujets traités ne
subit pas de modification d'une méthode à l'autre sauf sur un point :

---

[19] D'autant plus que ce professeur n'avait pas été jugé, dans le rapport envoyé au
*Gobierno Civil*, comme étant spécialement hostile au nouveau régime. Il ne sera
d'ailleurs pas suspendu, comme l'a été la *catedrática* du lycée Murillo.
[20] La préface de la réédition de 1938 du manuel de première année renchérit sur ce
point : "...en vue d'inculquer à tout moment des idées *saines* sur la religion...".

dans l'édition de 1937, après les leçons sur la famille, on ne passe pas, comme c'était le cas en 1936, à celles qui s'occupent du monde et des saisons, mais à celles qui portent sur la patrie. Il s'agit là d'une réorganisation qui nous semble révélatrice de la nouvellee idéologie dominante. La famille apparaissait, dans l'édition de 1936, comme une institution qui, quoique essentielle pour les enfants, relevait du domaine de la vie privée, ce qui explique, d'une part, que les leçons qui en traitent (11ᵉ à 14ᵉ) se trouvent situées immédiatement après celles qui portent sur la vie de l'écolier, et, de l'autre, qu'elles soient bien séparées des 42ᵉ et 43ᵉ leçons, consacrées à la patrie, une institution publique qui trouvait sa place pertinente là où commençaient les sujets sur la vie en société, c'est-à-dire devant les leçons sur le travail et les faits de civilisation. Par contre, dans les manuels correspondant aux différents niveaux de 1937[21], ces sujets sont systématiquement traités dans des leçons consécutives ; en 1937, après les leçons sur la famille, qui gardent leur ancienne place dans la distribution générale par sujets, on trouve toujours celles relatives à la patrie[22]. Le fait que famille et patrie se trouvent réunies dans une même série de leçons confère à l'une et à l'autre un caractère différent de celui qu'avaient ces institutions en 1936 : la patrie est maintenant présentée comme une extension de la famille, laquelle, à son tour, apparaît, non pas comme une institution relevant du domaine privé, mais comme le pilier fondamental d'une vie sociale organisée dans le cadre de la patrie. Comme on le sait, ce point de vue sur la famille et la patrie est l'un des traits qui a caractérisé par la suite le régime franquiste, comme il caractérisait déjà les régimes autoritaires de l'Europe contemporaine de l'édition du

---

[21] Les mêmes sujets, abordés de points de vue différents, sont traités, dans le même ordre, dans l'ensemble des leçons des trois premiers niveaux de la méthode. Mirmán n'a fait que suivre les indications du programme de langue française publié le 10-8-1927 (*Gaceta* du 13) pour développer les dispositions de la loi sur l'enseignment secondaire du 25-8-1926 (*Gaceta* du 28). Il se tient à ces directives parce que les dispositions républicaines de 1934 n'ont rien précisé à propos des sujets à traiter en cours.
[22] La réglementation de 1927 prévoyait, pour constituer le programme de français, une unité thématique sur la famille placée en troisième position, entre l'unité sur le corps humain et celle sur l'alimentation. Les unités sur la patrie et sur l'armée occupaient respectivement les vingt-cinquième et vingt-septième positions, faisant partie de la série thématique monnaie, patrie, institutions juridiques, armée. La quinzième unité était consacrée à la vie religieuse (dans la série vie religieuse, vie intellectuelle, vie artistique, vie sociale).

*Nuevo Método*, ou ceux de l'Europe immédiatement postérieure, cas du régime de Vichy.

Signalons, toutefois, que nous n'avons pas tiré ces conclusions uniquement à partir du changement dans l'ordre des leçons sur la patrie dans l'ensemble de la méthode. Il est vrai que ce déplacement constitue le signe le plus révélateur en ce qui concerne le premier des quatre niveaux de *Nuevo Método* de 1937. Pour ce premier niveau, en effet, l'auteur a recours à des textes sur la patrie qu'il avait déjà utilisés pour le premier niveau du *Método* de 1936. Le premier de ces textes de 1936, qui ouvre aussi la première leçon sur la patrie en 1937, présentait déjà la patrie comme une grande famille : "Il y a une famille plus nombreuse que la vôtre, une famille comme la vôtre pourtant, où l'on se connaît, où l'on s'aime, [...] Cela, c'est la grande famille : c'est La Patrie" (1937 : 56). Seulement, dire que la patrie est une grande famille et le dire en dehors de tout contexte relève presque de la banalité ; éloigné des leçons consacrées à la famille, ce texte, quoique faisant déjà un rapprochement explicite entre famille et patrie, n'a donc pas, en 1936, la force idéologique dont, de par sa position, il est le véhicule au premier niveau de 1937[23]. Or, dès que l'on passe au *deuxième* niveau de 1937, ce n'est plus seulement une question de place, mais, comme nous l'avons dit, il s'agit surtout d'une question de contenu. La plupart des textes qui illustrent les leçons traitant de la famille et la patrie dans la deuxième année de l'édition de 1937 ne figuraient ni dans la première ni dans la deuxième années de l'édition de 1936. Ils présentent, dès lors, un caractère beaucoup plus engagé, beaucoup plus explicite en ce qui concerne l'idéologie qui sous-tend le *Nuevo Método* de 1937. Il est, par exemple, hautement significatif que le premier texte

---

[23] L'importance du rapprochement de ces sujets est confirmée par le fait que la même redistribution est également mise en oeuvre dans la deuxième édition, profondément remaniée, du *Método* de 1936 (Séville, en 1938 le *Primer Curso*, en 1939 le *Segundo Curso*). En fait, le critère suivi par Mirmán dans cette réédition a été celui de se conformer, en ce qui concerne le choix des textes, à celui qui a présidé à l'élaboration de l'ensemble du *Nuevo Método* de 1937. De la même façon que la plupart du matériel grammatical employé dans la composition du *Método* (1936) avait été réutilisée dans la composition du *Nuevo Método* (1937), le nouveau matériel idéologique mis à profit pour composer ce dernier remplacera souvent, dans la réédition du *Método*, les textes idéologiquement plus neutres de la première édition. La comparaison de la première et de la deuxième éditions du *Método* conduit donc aux mêmes conclusions auxquelles on arrive à partir de la comparaison de la première édition du *Método* avec la première du *Nuevo Método*. Ce sont des raisons de date et de diffusion qui nous ont fait pencher ici pour cette dernière voie d'étude.

de lecture de la première leçon sur la patrie s'intitule "La patrie et la famille", titre qui dévoile le désir de jeter un pont entre les leçons précédentes, sur la famille, et celles qui suivent, sur la patrie et l'armée[24]. Le texte lui-même est également assez révélateur ; il n'y est plus dit, comme en 1936, que la patrie est une grande famille, mais que "La famille est une patrie dans la patrie : [...] c'est la patrie elle-même abrégée et concentrée à ce point vivant par où l'homme tient à elle et lui demeure attaché d'un invincible attachement et d'un impérissable amour" (1937 : 44). Comme on le voit, l'identification famille-patrie est complète ; la famille est le fondement même de la patrie : "La famille est, par-dessus tout, la force de la société et le plus ferme rempart de la patrie" (*idem* : 45).

Ces idées, exprimées d'abord dans le texte de lecture, reviennent ensuite dans les exercices de version, de thème et de conversation et dans la lecture-récitation qui clôt chaque leçon, l'efficacité de ces reprises pour fixer dans les esprits les contenus idéologiques du texte de lecture nous semblant indéniable ; d'autant que, dans les exercices, il ne s'agit pas tout simplement de répétition, mais de renchérissement sur les idées du texte de lecture. Celui-ci ayant établi que la famille est la base de la société, les exercices exposeront les conséquences qui en dérivent : il est tout à fait impensable que l'individu, en tant que tel, et sans passer par le cadre familial, puisse s'intégrer directement à la société ; quiconque sort de ce cadre ne peut être qu'un hors-la-loi. Voici, à cet égard, le contenu de l'exercice de thème :

> "L'homme qui n'a pas de foyer est presque toujours un être dangereux. - Comme il se sent seul, il hait la société, qu'il accuse de son isolement. - Rien ne l'attache à sa patrie. - Il ne se soucie ni du passé ni de l'avenir. - Il ne s'intéresse qu'au présent. - Lorsqu'il est accablé par le malheur, il en accuse la société, qu'il considère comme son bourreau. - Dès lors, son génie et sa force sont pour la Patrie, non pas une défense, mais un péril ; non un bouclier et un abri pour la protéger, mais un poignard pour la blesser" (*ibidem*).

De même, l'exercice de version de cette leçon insiste sur les idées déjà exposées dans le texte de lecture : l'idée que seule la famille peut canaliser les forces qui défendent la patrie contre les dangers qui la me-

---

[24] À remarquer le rapprochement opéré entre patrie et armée, deux sujets parfaitement distingués dans le programme officiel de langue française de 1927.

nacent ; c'est elle qui forme les soldats. Si le texte de lecture disait que, grâce à la famille, "tout homme bien élevé devient pour elle [la patrie] un glaive et un bouclier, un soldat dans la guerre et un soldat dans la paix"[25], la version rajoute :

> "La famille enchaîne l'homme à sa patrie par des racines profondes que rien ne peut briser, ni la persécution, ni l'exil, ni la barbarie. Ainsi elle prépare à la société ces défenseurs vraiment dévoués, pour qui ces mots ; [sic] *mourir pour la Patrie!* ne sont pas un cri banal retentissant dans les émeutes, mais le cri spontané de la vie retentissant en son lieu natal ; cri généreux des vrais héros prêts, en effet, à la défendre et à mourir pour elle, parce qu'ils ont appris à aimer et à défendre jusqu'à la mort ces deux choses saintes qu'on aime avec la patrie, les *autels* et les *foyers*" [c'est l'auteur qui souligne].

Il faut noter que le *Nuevo Método* ne fait aucune référence explicite à la situation de guerre civile où se trouvait le pays ; toutefois, des textes tels que ce dernier ont dû être lus et développés dans les exercices de conversation, en établissant un rapport direct avec la tragédie espagnole contemporaine[26]. La deuxième partie du texte de lecture, située dans cette leçon après la version, devait viser aussi le même but lorsqu'elle précise que les ennemis de la patrie ne l'attaquent pas toujours de l'extérieur de ses frontières :

> "Debout entre ses tombes si sacrées et ses berceaux si chers, entre le foyer où il aima son père et l'autel où il adore son Dieu, il attend, l'arme au bras, le dévouement au cœur et la fierté au visage, toute la

---

[25] Ce ne sont pas là des propos rhétoriques. Dans la réalité terrible de l'Espagne d'alors, ces idées trouvent parfois toute leur application pratique. Voici la suite de l'affaire Valdés. L'imprimeur se défendra des accusations portées contre lui et réussira à convaincre l'état-major de "son amour pour notre Espagne". Mais, dans le même document où les militaires admettent que M. Valdés éprouve un tel sentiment, celui-ci est toujours accusé de ce que "l'attitude adoptée par ses enfants en quittant Séville pour partir à l'étranger, après que la campagne actuelle avait déjà commencé, révèle qu'il n'a pas su leur inculquer la dévotion due à la Patrie, et qu'il n'a pas exigé d'eux, lorsqu'il le fallait, de lui faire l'offrande de leurs services à titre de juste réciprocité pour la protection et la sauvegarde qu'Elle dispensait à leurs progéniteurs" (A.U., Carp. 3370, n° 2).
[26] La même chose est applicable aux contenus des lectures et des exercices des deux leçons suivantes, également consacrées à la patrie. Voici quelques titres significatifs de ces deux autres leçons : "Le déserteur", "Le soldat", "Le drapeau", "Morts pour la patrie", "Tu seras soldat".

barbarie qui menace ; barbarie du dehors, marchant par la force bru-
tale à l'attaque de la civilisation ou barbarie du dedans, sortie des
entrailles même de la civilisation, et prête à dévorer sa mère" (*ibidem*).

Comme on le voit, ces textes sont, en dernier ressort, une justification
de la guerre civile, du soulèvement militaire contre le régime républicain, assimilé à une "barbarie du dedans" qui était sur le point de détruire la civilisation. D'ailleurs, les exercices de conversation ne man-
queront pas de revenir sur la question ; parmi les phrases proposées
pour engager le débat, il n'y en a aucune faisant allusion à un ennemi
extérieur, mais on en trouve trois sur l'ennemi du dedans : "Les ennemis de la patrie se trouvent-ils toujours hors de son sol? - Les ennemis
intérieurs sont-ils à craindre ? - Pourquoi ?" (*ibidem*).

On aura remarqué dans nos dernières citations que l'auteur, cohérent avec ses déclarations du prologue, a ajouté à la fusion famille-
patrie un troisième volet, intimement lié aux deux précédents : la religion. *Nuevo Método* constitue un exemple privilégié du confessionalisme qui va caractériser le nouveau régime surgi de la guerre, un
exemple, en somme, du "national-catholicisme" officiel de l'Espagne
franquiste. Ce n'est pas que le *Método* de 1936 fût aconfessionnel ; il
présentait déjà des allusions par-ci par-là à Dieu et aux sentiments
religieux. Mais cette présence restait globalement discrète. Dans *Nuevo
Método*, en revanche, non seulement, comme nous venons de le voir,
les concepts défendre la patrie, défendre la famille et défendre les au-
tels reviennent plus ou moins au même, mais n'importe quel sujet,
traité en général de façon laïque en 1936, est toujours empreint d'une
dose de confessionalisme. Dans le manuel de première année de 1937,
par exemple, la suite des leçons sur la vie de l'écolier se termine par un
texte -inexistant en 1936, alors que la plupart des autres y figuraient
déjà- intitulé "Conseils aux enfants" ; en voici le début :

> "Connaissez votre véritable père qui est Dieu ; honorez-le dans vos
> parents qui sont les images de son éternelle paternité, ayez sa crainte
> dans le cœur et apprenez de bonne heure à vous laisser conduire et
> redresser pour arriver à la sagesse. N'oubliez pas que la prière nous
> met en rapport avec le Seigneur ; elle élève notre âme, soutient notre
> courage, agrandit nos pensées. Élevez donc chaque jour votre cœur
> vers ce père qui est aux cieux. Demandez-lui..."

Inutile de dire que les exercices de thème et de conversation reprennent ce même sujet et que la même opération se reproduit dans le manuel du deuxième niveau de la méthode ("L'écolier et le libre penseur", p. 13). Et il vient encore s'ajouter à cette couche religieuse qui teint la plupart des textes, l'incorporation, en 1937, de quelques leçons spécifiquement consacrées à Dieu, avec des titres tels que "L'inégalité des êtres de la Providence", "Dieu créateur de toutes choses", "L'idée de Dieu" ou "L'oeil de Dieu" (deuxième niveau).

Ce confessionalisme généralisé frise parfois l'intégrisme religieux. Mario Mirmán finit par assimiler le non-croyant à un de ces barbares du dedans dont il parle à propos de la patrie, conseillant même de fuir son amitié, quelles que puissent être par ailleurs ses qualités humaines. Il le dit explicitement dans le texte de lecture "Le choix des amis", inclus dans la dernière leçon du premier niveau de 1937 ; voici le premier conseil donné par ce texte pour choisir correctement ses relations:

> "Il faut choisir les amis avec de grandes précautions et par consé-quent se borner à un fort petit nombre. Point d'ami intime qui ne craigne Dieu, et que les pures maximes de la religion ne gouvernent en tout ; autrement il vous perdra quelque bonté de cœur qu'il ait" (1937 : 196).

Nous ne nous étendrons pas sur d'autres constantes idéologiques du *Nuevo Método* de 1937, car, pour surprenantes qu'elles puissent être pour le lecteur actuel, nous pensons qu'elles correspondaient à une mentalité générale de l'époque, qu'elles n'étaient pas tout à fait l'apanage d'une idéologie politique précise. Certaines d'entre elles, pourtant, deviennent significatives par leur réitération. Il en est ainsi des rôles assignés au mari et à la femme, le premier toujours chargé du soutien financier de la famille, alors que l'épouse est toujours une femme au foyer. Ou du concept d'obéissance, qui s'étend jusqu'à l'obligation de la femme d'obéir à son mari :

> "Honore ton père et ta mère pour que Dieu te bénisse et prolonge tes jours. Frères et sœurs, garçons et fillettes obéissent à leurs parents. La femme obéit au mari, l'époux protège l'épouse" (Premier niveau de 1937 : 44 ; déjà inclus dans le manuel de première année de 1936: 43).

Voici encore le début d'un texte qui, par son caractère nettement raciste, pourrait bien relever d'une idéologie fasciste, mais qui pourrait être vu aussi comme le reflet d'une mentalité née de la tradition coloniale et commune à toute l'Europe[27] :

> "Le nègre est léger, inconstant, gai, rieur, amoureux du plaisir avec emportement, fou de danse, de tapage, de parure bizarre et éclatante. Vaniteux à l'excès, il éprouve le besoin de montrer sa supériorité, mais cependant il est familier avec tout le monde. Il est bon et hospitalier ; ce qui ne l'empêche pas d'avoir une tendance invincible au larcin et à la chicane. Si au fond le nègre n'est pas méchant, il est vindicatif à l'excès. Il est très superstitieux, ce qui le pousse souvent à commettre des actes abominables..." (99-100 du niveau supérieur).

Nous espérons avoir montré que l'enseignement du français a été mis au service des intérêts idéologiques du nouveau régime autoritaire implanté en Espagne en 1936. Le moins qu'on en puisse dire, c'est qu'il s'est fort convenablement acquitté de sa nouvelle fonction.

## BIBLIOGRAPHIE

CALLE CARABIAS, Q. (1990) : *La enseñanza oficial de idiomas en España. Por una redefinición de la formación teórica del profesorado*, Málaga: Secretariado de Publicaciones de la Universidad. Thèse en microfiches

---

[27] Ce genre de textes vantant la supériorité des blancs sur les autres races humaines ne sont pas rares dans les manuels que nous avons consultés. Chez Fábrega (1940 : 69), on trouve celui-ci : "Un nègre se lavait dans un ruisseau. Un passant lui dit : À quoi bon troubler l'eau ? Quoi que tu fasses, tu ne deviendras jamais blanc." Perrier, pour sa part, inclut dans le manuel de première année de sa grammaire (1910 : 76, 1934 : 76), le texte suivant : "Nous sommes de la race blanche. Mais tous les hommes ne nous ressemblent pas. En Afrique il y a des nègres. Ces hommes ont la peau noire, ils ont de grosses lèvres, un nez aplati, des cheveux frisés et laineux. En Amérique, les indigènes ont la peau rougeâtre et des cheveux très rudes. En Asie, ils ont la peau jaune, des cheveux noirs, longs et raides. Les hommes les plus forts et les plus intelligents sont les Européens. Ils ont la peau blanche et des cheveux dont la couleur varie du blond le plus clair au noir le plus foncé." Ce texte ne se trouve plus dans l'édition de 1961 ; à sa place il y a le texte "Coutumes asiatiques" (236), où le ton change enfin; après l'exposition de certains traits de la civilisation orientale contrastant avec les coutumes occidentales, l'auteur conclut : "Mais c'est une race de travailleurs : ils se sont élevés bien avant nous à une très haute civilisation".

EDELVIVES (1946) : *Lengua francesa. Primer curso de enseñanza media*, Zaragoza : Luis Vives

FÁBREGA PONS, P. (1929) (2ᵉ) : *Lecturas adaptadas al cuestionario oficial de lengua francesa. Primer curso*, Cáceres : s.é. // 1939 (5ᵉ), *Lecturas simplificadas de lengua francesa. Aprobadas por la Comisión dictaminadora de libros de texto para la enseñanza media. Primer curso*, Cádiz : Cerón, Madrid : Cervantes // 1940 (6ᵉ), Cádiz : Cerón, Madrid : Cervantes

F.T.D. (1911) (3ᵉ) : *Método teórico-práctico para el estudio de la lengua francesa*, Barcelona : Librería Católica

GUZMÁN Y MARTÍNEZ, J. (1916) : *Método de lengua francesa. Primer curso*, Madrid : Gabriel López del Horno // 1926 (5ᵉ). Badajoz : Joaquín Sánchez // 1940 (11ᵉ), Valladolid : Santarén

LÓPEZ BAHAMONDE, M. del R. (1995) : "Instituto 'San Isidoro' : legislación y alumnado, 1901-1992", *in Instituto de Bachillerato "San Isidoro": Estudios y recuerdos del sesquicentenario de su creación (1845-1995)*, Antonio Herrera García, Sevilla : I.B. "San Isidoro" : 205-219

MASSÉ, R. (1908) : *Méthode de français. Primer curso*, Barcelona : Ramón Pujol // 1942 (19ᵉ), Barcelona : Araluce

MIRMÁN CONTASTÍN, M. (1936) : *Método teórico-práctico de lengua francesa*, deux volumes : premier et second degrés, Sevilla : Tipografía Andaluza // 1938 (2ᵉ éd. du 1ᵉʳ degré) et 1939 (2ᵉ éd. du 2ᵉ degré), Sevilla: Tipografía Andaluza.

MIRMÁN CONTASTÍN, M. (1937) : *Nuevo método teórico-práctico de lengua francesa*, quatre volumes, 1ᵉʳ et 2ᵉ degrés, Sevilla : Imprenta de la Gavidia, 3ᵉ degré et degré supérieur, Sevilla : Imprenta S. Peralto[28] // 1938 (2ᵉ éd. du 1ᵉʳ degré). Sevilla : Tipografía Andaluza

ORTIZ VILLALBA, J. (1998) : *Sevilla 1936 : del golpe militar a la guerra civil*, Sevilla : Fundación "El Monte", Diputación Provincial

---

[28] Nous ne connaissons pas la raison pour laquelle les quatre volumes, quoique publiés la même année, n'ont pas été imprimés par la même maison. S'est-il agi tout simplement d'un problème technique ou Mirmán a-t-il voulu garder ses distances envers un entrepreneur de qui se méfiaient les nouvelles autorités? Julio Valdés Álvarez, propriétaire de "La Gavidia", sera en effet accusé par l'État-major de la deuxième division de l'armée du Sud "d'avoir volontairement éloigné ses fils de l'Espagne Nationale afin de les empêcher d'agir en faveur de notre Sainte Croisade" (A.U., Carp. 3370, nº 2). Mirmán devra encore changer d'imprimeur pour les rééditions suivantes de ses manuels, ce qui a dû certainement l'encourager à ouvrir sa propre imprimerie (Imprenta Mirmán) et sa propre librairie (Librería Balmes).

PAREJO SANTOS, I. (1927) : *Nuevo método rápido de idioma francés*, Sevilla : Gómez Hnos // 1940 (2ᵉ). *Lecturas francesas escogidas y graduadas*, Sevilla : Rodríguez Giménez y Cía

PERRIER, A. (1910) : *Lengua francesa, Método práctico para hablar y escribir correctamente el francés, Curso Elemental*, Barcelona : Autor [Impr. J. Horta] // 1934 Revu par Marguerite Rieussec, Barcelona : Autor [Impr. J. Horta] // 1961 (10ᵉ) *Método Perrier, Primer curso de lengua francesa*, Barcelona : Perrier

ROIG, C. (1990) : "Le Français dans les programmes officiels en Espagne : 1934-1938", *in* CHRIST, H., COSTE, D., *Contributions à l'histoire de l'enseignement du français*, Tübingen : Gunter Narr : 212-234

# L'ANTAGONISME LINGUISTIQUE EN BELGIQUE 1830-1850 : TENSIONS ET CONFLITS POLITICO-LINGUISTIQUES

Pierre Swiggers
Katholieke Universiteit Leuven

Ce texte ne traite pas de la didactique du français comme contenu doctrinal, mais du contexte de la présence du français, comme langue étrangère et non étrangère à la fois, dans un contexte d'ailleurs où la langue maternelle sera souvent perçue comme une langue politiquement étrangère, et du contexte dans lequel le français s'est présenté comme langue enseignée et comme langue de l'enseignement. La contextualisation impliquera au moins trois dimensions, très importantes dans toute reconstruction qui se fait au plan de l'épistémologie historique : la situation politique (et économique), la situation des langues, les enjeux idéologiques (le lien entre les trois étant explicitement marqué dans des conceptions humboldtiennes ou néo-humboldtiennes, éventuellement gauchies). Notre analyse voudrait aussi montrer l'importance d'un type de documents encore trop souvent négligé par les historiens de la linguistique / historiens de la grammaire/didactique : les revues (ou publications périodiques), qui donnent des reflets instantanés, moins canonisés que les publications officielles (souvent contrôlées par des instances politiques)[1].

## PRÉSENTATION DU CORPUS

La coexistence de deux populations linguistiquement différentes sur le territoire de l'actuelle Belgique a posé, à travers différentes époques et divers régimes politiques, des problèmes et des tensions, que l'indépendance de l'État belge (1830) n'a fait qu'accroître, grâce à une exploitation remarquable de la situation par les hommes politiques. Aussi longtemps que le territoire des anciens Pays-Bas méridionaux était soumis à des dominations étrangères, il ne lui incombait

---

[1] Les abréviations des sources périodiques exploitées sont données ci-dessous.

pas de réglementer l'emploi du flamand et du français dans les diffé-rentes institutions publiques, telles que le gouvernement, le tribunal, l'enseignement, etc. Une fois indépendante, la Belgique a dû organi-ser sa propre vie politique, sociale et culturelle selon une Constitution basée sur les principes de la démocratie. C'est aussi à partir de ce moment qu'elle a pu fixer l'emploi des langues dans le pays.

Les nations étrangères qui ont gouverné la Belgique n'ont guère considéré le problème linguistique de la même façon. Jusqu'en 1792, les deux langues nationales avaient été respectées, mais non traitées de façon égale dans les affaires gouvernementales. L'époque napo-léonienne mit brusquement fin à cet usage : le français devint prépon-dérant au détriment du flamand, exclu du gouvernement, du tribunal et de l'enseignement. Même sous le régime hollandais, et malgré les efforts du roi Guillaume pour promouvoir le néerlandais grâce à son emploi dans les institutions publiques, la Flandre ne parvint pas à se libérer de la puissante influence française, et beaucoup de Flamands abandonnèrent leur idiome maternel au profit de la langue du Sud. La Révolution belge de 1830 aboutit à l'indépendance du royaume. Si la Constitution prescrivait la liberté des langues, le français reprit néanmoins son rôle prédominant en Flandre. Le flamand était de nou-veau banni du gouvernement, de l'administration et du barreau, et reculait dans l'enseignement. Mais très vite les Flamands, constituant la majorité de la population belge, réagirent contre l'oppression de leur idiome maternel. Ce fut le début d'une lutte flamingante, pour-suivie pendant plusieurs décennies, visant à faire valoir les droits du flamand.

L'analyse de cette lutte nécessite un corpus "de contrôle", pour le-quel nous avons constitué une documentation qui fournit un reflet, à travers la presse périodique, de l'antagonisme linguistique tel qu'il s'exprime dans les revues générales pour la période 1830-1850[2]. No-tre corpus se compose des revues suivantes, traitant des sciences, des arts et de la vie socio-politique en Belgique :

– *Annales de la Société royale des Beaux-Arts et de Littérature de Gand* [*Annales*], 1844-1877

– *Belgisch Museum voor de Nederduitsche Tael- en Letterkunde en de Geschiedenis des Vaderlands* [*BM*], 1837-1846

---

[2] Notre article se veut avant tout une analyse interne d'un corpus (plus ou moins homogène). Pour la situation du flamand à la fin du XVIIIe et au début du XIXe siècle, *cf.* Deneckere (1954) ; l'ouvrage de Geerts (1979) permettra au lecteur intéressé d'insérer la thématique traitée ici dans un cours évolutif plus large.

– *Chronique contemporaine et rétrospective. Organe de la littérature belge-française et de la littérature néerlandaise* (hollandaise et flamande) [*Chronique*], 1847
– *De Eendragt, veertiendaegsch tydschrift voor Letteren, Kunsten en Wetenschappen* [*Eendragt*], 1846-1874
– *Kunst- en Letterblad* [*K.-L.*], 1840-1845
– *La Flandre libérale. Revue politique, littéraire et scientifique* [*Fl. lib.*] 1847-1848
– *Messager des Sciences et des Arts* [1823-1830] ; *Messager des Sciences et des Arts de la Belgique, ou Nouvelles Archives historiques, littéraires et scientifiques* [1833-1838] ; *Messager des Sciences historiques de Belgique* [1839-1844] ; *Messager des Sciences historiques et Archives des Arts de Belgique* [1845-1850] [abréviation unifiante : *Messager*]
– *Nouvelles Archives historiques, philosophiques et littéraires* [*N. Arch.*], 1837-1840
– *Revue de la Flandre* [*R. d. Fl.*], 1846-1851
Parmi ces périodiques, les *Annales* se tiennent à l'écart du débat linguistique et ne fournissent guère de témoignage intéressant. La *Revue de la Flandre* adopte une position de neutralité explicite dans les questions politico-linguistiques de l'époque. Quant au *Kunst- en Letterblad*, revue qui prend la défense de la langue flamande, il s'agit d'une publication qui continue le programme des *Bydragen der Gazette van Gend voor Letteren, Kunsten en Wetenschappen, uitgegeven door de Maetschappy van Vlaemsche Letteroefening onder kenspreuk: "De Tael is gantsch het Volk"*, revue créée en 1836 qui a cessé de paraître en 1839. Après la disparition du *Kunst- en Letterblad*, c'est l'*Eendragt* qui poursuit le combat flamingant.

LE CONTEXTE POLITIQUE

La Révolution belge n'avait pas mené tout de suite à l'indépendance nationale. En 1830, les grandes puissances européennes approuvèrent à Londres "les bases de la séparation", qui devaient régler la délimitation des territoires des Pays-Bas et de la Belgique, mais qui impliquaient en même temps la reconnaissance de l'indépendance belge. Avec un peu de retard, la Belgique accepta à son tour "les bases de la séparation et consigna son accord dans le *"Traité des XVIII articles"*. La Hollande, par contre, rejeta le *Traité* et envahit la Belgique en 1831. La France repoussa l'armée hollandaise, mais l'atmosphère d'hostilité entre la Belgique et la Hollande ne s'apaiserait qu'en 1839, quand Guillaume I reconnut officiellement l'indépendance belge dans le *"Traité des XXIV articles"*.

Au plan de la politique intérieure, la Belgique était, entre 1830 et 1840, une démocratie sans partis politiques. Toutefois, il y avait déjà deux "mentalités" publiques, à savoir l'esprit libéral et l'esprit catholique. Or, la Révolution belge avait été en grande partie le résultat direct de l'union entre libéraux et catholiques, en 1828, pour renverser le gouvernement hollandais. Les ministères belges de la période 1830 à 1840 étaient des ministères mixtes, où les deux tendances étaient représentées. Après 1840, on vit évoluer la politique intérieure vers une lutte confessionnelle entre catholiques et libéraux. L'unionisme tombait ainsi en décadence. Dès 1841, le libéralisme gagnait en influence dans les grandes villes, ce qui déboucha en 1846 sur la formation d'un véritable parti politique libéral, avec un programme à forte coloration anticléricale. Par leur victoire électorale en 1847, les libéraux s'emparèrent du gouvernement et donnèrent ainsi le coup de grâce à l'unionisme. Les catholiques, qui ne se sont organisés en parti politique qu'à la fin du XIX$^e$ siècle, étaient obligés de faire de l'opposition. L'évolution politique intérieure a influencé la discussion linguistique en Flandre. D'abord, certains thèmes politiques, comme le débat sur l'enseignement, touchaient directement à la question des langues. De plus, le mouvement flamand intervenait dans la politique de l'époque dans la mesure où il sollicitait directement le gouvernement d'améliorer la situation du flamand. Enfin, l'aspect doctrinaire de la presse se renforçait, et plus d'une revue se fit le porte-parole de tel parti politique.

## L'OPPRESSION DU FLAMAND

Entre 1830 et 1840, le flamand a connu une certaine résurgence littéraire, mais il restait toujours privé de ses droits : la littérature en langue française profitait d'un encouragement plus généreux de la part des autorités que les lettres flamandes. Après 1840, le gouvernement s'enfonçait obstinément dans la partialité, comme en témoigne la rédaction de l'*Eendragt* (1847-1848 : 10) : elle raconte comment le ministre de l'Intérieur refusait d'octroyer des subventions à un écrivain flamand, sous prétexte que les fonds prévus pour l'année en question étaient épuisés, alors qu'il accordait au même moment une somme considérable à un autre écrivain flamand pour son livre écrit en français. Cette iniquité dans la démarche du gouvernement expliquerait la disproportion numérique entre les ouvrages en français et en flamand publiés en Belgique, comme il ressort d'une statistique établie par Saint-Genois et Blommaert (*Messager* 1840 : 508). Ces auteurs ont recensé 320 ouvrages originaux livrés à l'impression en Belgique au cours de l'année 1840, parmi lesquels 218 (68%) étaient écrits en français et 92 (28%) en néerlandais (les 4% qui restent correspondent à 6 volumes en latin et 4 en allemand). Cette statistique, qui nous fournit aussi une liste des journaux belges du moment, ne nous informe que de manière imparfaite. On aurait voulu y trouver des chiffres qui concernent uniquement le flamand, et qui nous auraient donné une idée de la productivité littéraire des écrivains flamands, ainsi que de leur préférence linguistique.

Si en 1840, en dépit de la politique injuste du gouvernement, les écrivains flamands pouvaient se réjouir d'une renaissance littéraire de leur langue maternelle, la situation du flamand ne s'était pas pour autant améliorée dans le gouvernement ni au tribunal. Les revues gantoises attestent que dans ces domaines l'oppression de la langue flamande continuait sans relâche. Les fonctions ministérielles étaient assumées le plus souvent par des Wallons (*K.-L.* 1840 : 45). Dans l'administration provinciale et municipale, la connaissance du français était une condition indispensable pour prétendre à un emploi (*BM* 1844 : 72 ; 1845 : 435), puisque toute la correspondance se faisait en français (*K.-L.* 1840 : 9). P.J. van Eeckhoute attirait l'attention sur les difficultés que soulevait l'emploi du français dans les affaires administratives des communes flamandes. Il faisait remarquer que le peuple flamand avait le droit d'assister aux séances publiques et de consulter certains documents administratifs, et que, par conséquent, il était difficile de se servir là du français (*K.-L.* 1840 : 20). Dans son article "De Moedertael in de provincien Antwerpen en Oostvlaenderen" (*K.-L.* 1840 : 61), J. F. Willems (signant "W.") signalait que la connaissance du français était un puissant moyen pour les maires et les secrétaires, non seulement pour maintenir leurs emplois, mais aussi pour renforcer leur pouvoir[3].

---

[3] "Het gebeurt maer al te dikwyls dat zekere burgemeesters en dorpssecretarissen, als zynde de eenigste persoonen van hunne gemeenten welke het fransch magtig zyn, zich by middel van het fransch in hunne posten zoeken te perpetueren [...] want daermede kunnen zy de zaken hunner gemeenten naer hun eigendunken leiden, en niemand kan dan [...] den neus in hunne papieren steken, waervan zy juist aen de andere leden van den gemeenteraed zoo veel by vertaeling mededeelen als met hunne eigene inzichten te pas komt".

L'hégémonie que les Wallons avaient obtenue avec la Révolution belge, continuait donc. Blommaert la qualifie de "joug" dans son article à propos de l'emploi des langues dans les affaires gouvernementales[4] Ailleurs, on présente l'oppression du flamand comme une des plus grandes humiliations que la nation puisse subir (*K.-L.* 1840 : 9). Le caractère illogique de la situation se résume en deux aspects, soulignés dans *Kunst- en Letterblad* (1840 : 9) et *Belgisch Museum* (1844 : 72). D'une part, ceux qui exerçaient le pouvoir en Belgique devaient juger des affaires de la Flandre, sans être au courant des mœurs et coutumes de la région. D'autre part, le peuple flamand ne pouvait pas participer à la vie publique, puisque d'autres les gouvernaient en une langue étrangère et inconnue. Au tribunal non plus, l'emploi des langues n'a guère évolué en faveur du flamand à partir de 1830. Le français était toujours la langue véhiculaire au barreau, et l'inculpé flamand, incapable de se défendre lui-même, était livré à la bonne volonté de son avocat. Le Flamand n'était pas seulement réduit au silence lorsqu'il était accusé ; très souvent, l'ignorance du français le plaçait aussi dans l'impossibilité de faire partie du jury (*BM* 1845 : 435).

La prépondérance du français était encore manifeste dans d'autres domaines, tels que l'enseignement et l'armée (*BM* 1845 : 435). Le *Bulletin officiel* ne faisait autorité que dans sa version française. La traduction flamande qui l'accompagnait laissait beaucoup à désirer, car parfois, en dépit de quelques corrections à la fin de la décennie 1830-1840, elle prescrivait le contraire de la version officielle (*K.-L.* 1840 : 52). Enfin, la mode française se maintenait avec acharnement dans l'élite flamande, qui continuait à élever ses enfants en français, à adopter les mœurs et coutumes de la France (*K.-L.* 1840 : 96).

Tout concourait à une dégradation continue du flamand, où l'on voyait s'introduire des emprunts français. La rédaction du *Kunst- en Letterblad* voyait dans ce langage un français à l'aide de mots flamands (*K.-L.* 1840 : 96). Au début de la décennie 1840-1850, les écrivains flamands ont repris de la vigueur dans la lutte contre l'asservissement et la dégénération de la nation flamande. Selon Willems, la quintessence du combat résidait dans l'opposition entre deux forces inverses qui agissaient en Flandre. D'une part, l'oppression de la langue maternelle avait son origine dans le sommet de la société et descendait peu à peu dans les classes inférieures.

---

[4] "En thans, na tien jaren, in spyt van herhaelde vertoogen, zyn wy nog door hetzelfde juk onderdrukt" (K.-L. 1840 : 5).

D'autre part, les défenseurs du flamand voulaient faire passer le dynamisme national, encore très vivant dans les couches plus basses, aux couches supérieures de la population (*BM* 1844 : 3).

## L'ARGUMENTATION DÉFENSIVE DU CÔTÉ FLAMAND

Il convient maintenant d'examiner quelles sont les *raisons* qu'ont avancées les auteurs pour justifier leur attitude envers la langue flamande. On peut distinguer ici différents topiques argumentatifs.

Le premier pivote autour du rapport entre *langue* et *nation*[5]. Dans l'article de Snellaert intitulé "Dissertation sur les désavantages de ne pas pratiquer la langue populaire" (*Verhandeling over het nadeelige van het niet beoefenen der Volkstael, Bydragen* 1836), la maxime "la langue est tout le peuple" introduit directement le discours condamnant l'indifférence à l'égard de la langue populaire. L'auteur insiste sur le lien très étroit entre les mœurs et la langue, qui sont les traits distinctifs d'une "nation". Chaque peuple a des vues et des sentiments particuliers, qu'il manifeste par un langage et des coutumes propres (*Bydragen* 1836 : 38). Blommaert, concevant le rapport en sens inverse, estime que la nation se forme seulement parce que la langue diffuse les mêmes idées à tous les échelons de la société (*Ned. Lett.* 1834 : 11)[6]. En 1839, Blommaert établit le même lien intime entre "langue flamande" et "nation", mais en substituant un point de vue politique à la perspective ethnique antérieure. Comme seul point de contact entre le présent et le passé, et comme unique moyen de repousser l'influence des nations voisines, le flamand était "un des éléments les plus forts de notre nationalité" (*Messager* 1839 : 100). Blommaert a ainsi évolué à la fin de la décennie 1830-1840 vers une attitude plus flamingante.

Le deuxième topique d'argumentation concerne le rapport entre *langue* et *mœurs*. En 1839 F.L. Michiels (*BM* 1839 : 358) qualifie de "vaniteuse" l'attitude à deux faces qui consiste à conserver, d'un côté, les coutumes personnelles, et, de l'autre, à renoncer à sa propre langue. Cette incongruité prouve que le français sera toujours une donnée étrangère à la nationalité flamande. Pour que les Flamands

---

[5] Pour une analyse détaillée des conceptions à propos du rapport entre langue et nation dans les années 1830, voir Devlieger et Swiggers (1993).

[6] Lambin, adoptant une perspective philosophique et anthropologique générale (BM 1838 : 383), défend l'idée que le patriotisme est une caractéristique innée de l'humanité et que l'amour de la langue maternelle est inhérent à la dignité humaine.

puissent prétendre au titre de "peuple", il leur faut les mêmes mœurs et une même langue, mise à l'abri de toute influence française[7]. Comme l'observe Blommaert (*Ned. Lett.* 1834 et *Bydragen* 1837), les Flamands sont impuissants à se familiariser complètement avec le français : même les savants flamands qui utilisent le français commettent des erreurs stylistiques.

Blommaert offre un troisième type d'argument, qui sera maintes fois repris après lui. Parlant du Nord de la France, une région détachée de la Flandre depuis la fin du XVIIe siècle, il s'efforce de démontrer les conséquences néfastes de l'imposition d'une langue étrangère à un peuple : l'usage du français dans l'administration, dans l'enseignement et au tribunal, y provoque l'altération de la langue populaire et empêche l'instruction du peuple, faute d'ouvrages en flamand. Pourtant, les Français ne seraient jamais capables d'extirper le flamand (*Bydragen* 1836 : 77).

L'éloge de la "sublimité" du flamand constituait un autre argument, mis en œuvre surtout par Willems. Chez lui, l'argumentation reçoit une assise historique. Il démontre que le flamand et le hollandais ne forment pas les seules variantes du bas-allemand, mais que les dialectes des provinces bas-saxonne et rhénane sont également des variétés de cette même langue. La similarité formelle permet de conclure à l'étroite parenté génétique de ces quatre parlers et d'affirmer qu'ils constituent un seul et même idiome. Le haut-allemand s'est imposé plus tard comme langue écrite dans les territoires où les dialectes bas-saxon et rhénan constituaient et sont restés les langues parlées. Cette esquisse historique amène l'auteur à inférer que le bas-allemand des Pays-Bas et de la Flandre s'est conservé sous sa forme la plus originale, la plus pure, aussi bien au niveau de la langue parlée qu'à celui de la langue écrite. Le thème de la beauté et de la pureté du flamand se retrouve chez d'autres auteurs : Blommaert, par exemple, le reprend pour établir une opposition entre le flamand et les langues française et anglaise, et pour dresser un parallèle entre la richesse morphosyntaxique du flamand et celle du latin et du grec.

Un autre champ de discussion est celui des "frontières" du flamand. Les ennemis du flamand ont souvent mis en relief son manque d'extension, en comparaison avec le français, qui jouissait d'un prestige européen en tant que langue des sciences et des élites. Les

---

[7] *Cf.* aussi les remarques de J.B.Courtmans dans *Bydragen* (1838 : 53).

contre-attaques des écrivains flamands révèlent des conceptions assez différentes concernant le "territoire" du flamand. Willems s'est basé sur la parenté génétique des dialectes du bas-allemand pour délimiter le domaine où l'on pouvait comprendre le flamand (*BM* 1837 : 3) : une zone qui va d'Ostende à Dantzig. Il appuie cette affirmation par des anecdotes témoignant de l'étonnement de quelques Flamands qui, résidant dans le Nord de l'Allemagne, se sont aperçus de la ressemblance entre la langue flamande et la langue de la région où ils séjournaient. En fait, Willems confond ici flamand et bas-allemand, deux entités auxquelles il attribue les statuts bien distincts de "dialecte" et de "langue" ; de plus, il néglige la distinction entre emploi actif et compréhension d'une langue. D'autres auteurs adoptent une attitude plus résignée, en admettant l'étendue restreinte du territoire flamand[8]. Mais en même temps ils refusent de considérer ceci comme un défaut. Selon Snellaert (*Bydragen* 1836 : 38), l'attachement à la langue reste une des manifestations principales du respect de soi-même, si petite que soit la nation.

La position géographique de la Belgique est invoquée dans des contextes divers. Chacun des deux camps cherchait à en tirer argument. Dans son texte "Sur la pratique de la langue maternelle" (*Over het beoefenen der Moedertael*, *BM* 1839 : 358), Michiels exprime le souhait qu'en Belgique on n'enseigne plus seulement le français, mais les deux langues nationales, et que les savants n'attirent pas seulement l'attention sur les produits français, mais qu'ils montrent aussi la beauté de la langue de la Flandre. Il avance deux arguments : la situation favorable du pays et la facilité qu'ont les Belges à apprendre des langues. L'argument de la position de la Belgique est allégué ici au profit du flamand, afin qu'on octroie à celui-ci les mêmes droits dont jouissait le français. Le même argument a été avancé en faveur du français par la rédaction des *Nouvelles Archives*. Dans le prospectus de cette revue, on esquisse le projet de stimuler la régénération intellectuelle en Belgique grâce au français. La Belgique devait devenir le lieu de rencontre entre "ces deux foyers principaux de l'instruction en Europe", en "tendant d'un autre côté la main à l'Angleterre" (*N. Arch.* 1837 : 1).

Comme dernier argument pour défendre les droits de leur langue maternelle, les écrivains flamands ont avancé le zèle des savants étrangers à étudier la langue populaire de la Flandre. Leur intérêt

---

[8] *Cf.* la délimitation du territoire flamand par Blommaert (*Bydragen* 1836 : 77).

contrastait avec l'apathie de beaucoup de Flamands à cet égard. Spyers (*Bydragen* 1837 : 3) note les efforts de savants allemands et anglais pour apprendre le néerlandais, et C.P. Serrure (*Ned. Lett.* 1834), étudiant les traductions faites à l'étranger de livres en "bas-allemand", relève que le début du XIX⁰ siècle marque le point de départ d'une tradition scientifique allemande qui concerne le fla-mand. Deux autres témoignages des années 1830-1839 soulignent encore cet intérêt croissant des Allemands et des Anglais pour l'étude de la vieille littérature flamande :

> "Ces savans d'Allemagne s'emparent petit à petit de toutes les ri-chesses du génie de nos pères" (Willems, *Messager* 1833 : 329) ; "Nous pouvons nous enorguiller [*sic*] de voir l'Angleterre, et plus encore l'Allemagne [...] rechercher avec une incessante avidité, les débris de la langue flamande" (de Saint-Genois, *Messager* 1836 : 199).

## LA NÉCÉSSITÉ D'UNE "SPRACHPFLEGE"[9] DU FLAMAND; LA SITUATION DES LANGUES DANS L'ENSEIGNEMENT

Mais la défense du flamand se heurtait à un obstacle de poids : l'absence d'une orthographe unifiée[10]. Les écrivains flamands se sont rendu compte de la gravité de la situation, et ont fait des efforts pour arriver à une orthographe plus uniforme. Une société littéraire, la "Maetschappy tot bevordering der Nederduitsche Tael- en Letter-kunde", devint le porte-parole des écrivains auprès du gouvernement. Au nom du roi Léopold I, le ministre de l'Intérieur ouvrit, le 6 sep-tembre 1836, un concours dans le but de rassembler des propositions procurant les moyens d'arriver à plus d'uniformité dans l'orthographe du flamand. Il prévoyait également la formation d'une commission parmi les membres de la Maetschappy, qui devrait juger de la valeur des propositions[11]. L'initiative du gouvernement a été accueillie avec beaucoup d'enthousiasme. Elle a incité la Société à fonder le *Belgisch Museum*, lieu de publication des contributions jugées utiles. Selon Snellaert, le projet réveillait chez beaucoup l'espoir d'un avenir plus

---

[9] Sur cette notion et son application, au cours des deux derniers siècles, au néerlandais en Belgique flamande, voir Swiggers (1998).

[10] Certains auteurs, tel F.A.Spyers, y voyaient une des causes principales de l'indifférence et du mépris de beaucoup de Flamands envers leur langue maternelle (*Bydragen* 1837).

[11] *Cf.* l'arrêté royal publié dans *Bydragen* (1836).

heureux (*Bydragen* 1837 : 39) et Willems était convaincu que les savants participant au concours seraient nombreux (*BM* 1837 : 3).

Or, quelles furent les décisions de la commission pour mettre en place une orthographe plus uniforme du flamand? La commission voulait restaurer le fonds primitif du flamand, en restaurant la graphie des XIIᵉ-XIVᵉ siècles, et en restituant l'union linguistique entre la Flandre et la Hollande. Les idées de la commission se heurtaient, en 1839, à l'opposition de quelques personnes défendant d'autres principes et rejetant de façon catégorique la réforme proposée. Leur reproche principal à l'adresse de la commission était que celle-ci accordait toute autorité à des écrivains anciens, et de proposer ainsi un système orthographique contraire à l'évolution spontanée du flamand. D'après eux, le fonds du flamand ne s'était développé qu'après la séparation avec la langue hollandaise, et dès lors, il fallait se baser sur l'usage des écrivains flamands des XVIIᵉ-XVIIIᵉ siècles. Tout effort de rétablir l'union avec les voisins du Nord était considéré comme une tentative de "hollandiser" la langue maternelle de la Flandre, ou même d'abandonner le flamand au profit du hollandais. Comme le montrent certains témoignages[12], le problème de l'orthographe flamande a été une occasion pour les auteurs flamands de promouvoir leur langue maternelle comme langue de culture, et de condamner expressément l'influence néfaste du français.

L'organisation du concours sur l'orthographe a été accueillie avec enthousiasme, puisqu'on y voyait une reconnaissance des droits du flamand en Belgique. Mais les écrivains flamands n'ont pas toujours apprécié positivement la démarche du gouvernement. Ainsi, l'article anonyme "Langue flamande" (*Vlaemsche tael*) accuse les hommes politiques de mépriser la langue flamande (*cf. Bydragen* 1839 : 68). Le même article nous apprend que la connaissance du français était devenue une condition de base pour pouvoir prétendre à une fonction pour laquelle la nomination ressortissait au gouvernement central, même s'il s'agissait d'un emploi dans une commune flamande. L'auteur de l'article dénonce la partialité du gouvernement en faveur des Wallons[13]. Il répond aussi à l'argument souvent allégué par les Wallons comme justification de la diffusion du français en Flandre, à savoir que dans le royaume de Belgique on sentait le besoin d'une langue officielle commune aux deux parties linguistiques du pays.

---

[12] *Cf.* celui de l'étudiant Michiels (*BM* 1839).

[13] *Cf.* aussi le témoignage de Snellaert sur l'oppression du flamand par la direction provinciale de Gand (*Bydragen* 1838 : 72).

L'auteur de l'article admet que pour ce qui est des affaires générales du pays, on délibère en français dans les Chambres, composées de Wallons et de Flamands. Mais dans l'administration, au tribunal et dans l'enseignement, il fallait écouter les Flamands dans leur propre langue.

Quant à l'enseignement, le mécontentement des Flamands portait sur deux aspects. En premier lieu, il y avait beaucoup d'écoles en Flandre, où les jeunes pouvaient apprendre bien des langues étrangères, mais non la langue maternelle de la région. En deuxième lieu, on enseignait souvent les différentes matières uniquement en français. Même les principes de la langue flamande, si celle-ci figurait au programme, étaient exposés en français. Il convient de mentionner ici, en contraste, la remarque de Gobert-Alvin (*Messager* 1836 : 103), qui estimait nécessaire de faire enseigner le français par des locuteurs natifs, pour éviter l'écueil de la prononciation, qui posait encore des problèmes à beaucoup de professeurs flamands. Dans les revues gantoises de cette époque, on trouve de nombreux témoignages d'écrivains qui lancent un appel pour que l'on enseigne, à côté des langues étrangères, l'idiome maternel[14].

Snellaert voyait dans la publication des *Nouvelles Archives* une nouvelle attaque des Français, qui, selon lui, n'avaient pas abandonné le projet de reconquérir la Belgique (*Bydragen* 1837 : 28). Dans son article "Où veulent-ils en venir ?" (*Waer willen zy naer toe ? Bydragen* 1838), il affirme que les Français essayaient de séduire les Wallons par l'illusion de devenir maîtres en Belgique. Dans sa dissertation sur la poésie néerlandaise en Belgique (*Verhandeling over de Nederlandsche Dichtkunst in België*), commentée par Blommaert dans le *Messager* (1839), Snellaert écrit : "La France nous traite avec mépris et nous regarde comme une branche bâtarde". Dans la suite de ce passage, il qualifie l'influence française de "joug étranger", de "barbarie" et d'"esclavage moral, sous lequel nous sommes encore courbés".

Il n'est pas surprenant que la première solution fût de refuser l'emprise française, tant au plan politique qu'au plan intellectuel et moral[15]. Si le remède primordial était de se séparer de la France, la

---

[14] *Cf.* les textes de van Loo (*BM* 1837 : 304), de Blommaert (*Ned. Lett.* 1834), et de Michiels (*BM* 1839 : 358).

[15] "Non, nous ne pouvons nous rallier à la France. Il ne peut exister entre la Belgique et ce pays que des traités de bon voisinage. La France doit perdre tout espoir de nous conquérir" (*Messager* 1839 : 100).

Belgique ne devait tout de même pas devenir un État isolé en Europe. On proposait une alliance avec les Pays-Bas septentrionaux, ou avec l'Allemagne :

> "Non, nous sommes par notre langue et par le sang, Germains d'origine, et tout ce qui est national chez eux, l'est chez nous. Aussi l'Allemagne nous tend les bras comme à des descendants de la même famille [...] Soyons comme autrefois Germains de la souche flamande, soyons Belges" (Snellaert, cité par Blommaert, *Messager* 1839).

Il convient d'examiner l'attitude des écrivains flamands à l'égard des relations entre Wallons et Flamands. En 1834 (*Ned. Lett.* 1834 : 11), Blommaert défendait le respect des droits des deux peuples en Belgique. Il se montrait partisan d'un maintien de l'originalité, de l'individualité des deux nations, et condamnait toute immixtion d'une partie dans la spécificité de l'autre. Pour lui, l'imposition du français en Flandre constituait une insolence intolérable. Il préconise donc l'emploi de la langue populaire en Flandre, tout comme il accepte l'utilisation du français en Wallonie. Sur ce point, il est suivi par Willems (*BM* 1838 : 387) et par l'auteur anonyme de l'article "Langue flamande" (*Vlaemsche Tael*, *Bydragen* 1839). Ce dernier y ajouta un argument nouveau, à savoir le souvenir de la Révolution belge de 1830. À ce moment-là, les Wallons avaient lutté contre le gouvernement hollandais, parce que celui-ci avait voulu leur imposer un idiome étranger. Mais quelques années plus tard, ils commettaient la même injustice à l'égard des Flamands, oubliant les griefs qu'ils avaient formulés eux-mêmes contre les Hollandais. L'auteur invite les Wallons à accorder aux Flamands l'usage exclusif de leur langue en Flandre. Vers la fin des années 1830, on relève un changement d'attitude. En 1839, Blommaert ne considère plus le flamand uniquement comme langue maternelle de la Flandre, mais surtout comme l'idiome national de la Belgique. Il cite Thiersch, qui croyait à la prééminence des Flamands sur les Wallons dans l'élaboration d'une culture (nationale) en Belgique (*Messager* 1839 : 100) :

> "Et si le royaume réussit, placé qu'il est sur la grande limite de la nation romane et de la nation germanique à se créer un esprit et une civilisation particulière, ce ne peut être que par le développement de ce qu'il y a de national et d'indigène dans les deux Flandres et par la

prépondérance que cette partie du pays pourra acquérir sur l'influence des autres provinces plus françaises ou plus allemandes".

## LE MOUVEMENT NATIONAL FLAMAND

La genèse du mouvement flamand relève directement des événements politiques de l'année 1839. À ce moment-là, la Hollande abandonna tout espoir de reconquérir la Belgique, et l'indépendance politique du royaume fut enfin reconnue (*Messager* 1845 : 161). Après 1839, les Flamands pouvaient exprimer ouvertement leurs intentions, sans qu'on les interprète de façon négative (*K.-L.* 1840 : 9) ; à ce moment, leur défense des droits de la langue maternelle prenait un tournant important.

Dès 1840, on a donné à cette défense renouvelée le nom de "mouvement flamand". Sous cette étiquette, on désignait les efforts faits pour l'émancipation des régions flamandes en Belgique (*K.-L.* 1840 : 29), pour la restitution des droits d'une nation opprimée (*Eendragt* 1847-1848 : 65). C'était là un but noble, qu'on appelait aussi la "bonne cause" ou la "cause sainte" (*Eendragt* 1846-1847 : 9). Au début, les efforts émanaient exclusivement d'une poignée d'auteurs. Mais ceux-ci étaient conscients que seul un esprit populaire solidement enraciné dans le cœur de tous les Flamands pouvait mener au succès. Cette conviction ressort du slogan que Blommaert a inséré dans son article "Over de toestand der Volkstael in Belgie en in de Bohemen" (*K.-L.* 1840 : 73) : "La volonté du peuple est la volonté de Dieu" (*De wille des volks is de wille Gods*). Dès lors, les écrivains flamands cherchaient à communiquer leur enthousiasme à toute la population flamande, afin d'augmenter la force nationale de la Flandre. Pour atteindre cet objectif, il fallait éveiller l'amour de la langue maternelle, par la création de sociétés de littérature et surtout en fournissant des ouvrages scientifiques en flamand, afin de combler le manque qui existait toujours dans ce domaine (*Eendragt* 1847-1848 : 65 ; *K.-L.* 1840 : 29).

L'appel des écrivains flamands n'est pas resté sans réaction. Le cercle des combattants s'élargissait d'année en année, les jeunes trouvaient la voie vers la littérature flamande et l'esprit populaire pénétrait dans toute la nation. En 1842, la rédaction du *Kunst- en Letterblad* notait un enthousiasme croissant pour la littérature flamande, et un an plus tard elle constatait que la cause flamande faisait toujours des progrès. Les auteurs flamands étaient si sûrs de leur coup qu'ils se décidèrent à confirmer leur alliance de façon officielle lors d'une réunion des sociétés littéraires de la Flandre, à Bruxelles, en 1844. Willems, qui fut le premier à parler, nous décrit en quoi consistait l'activité du mouvement flamand (*BM* 1844 : 3) :

> "... komen wy hier een plegtige verbindtenis tot stand brengen tus-schen de beoefenaers, vereerders en voorstaenders onzer moedertael [...] ; ... bevinden wy ons in opstand tegen vreemden invloed, tegen bedreigingen van buiten en verraderlyke aenslagen van binnen [...] wy zyn in opstand voor de zedelyke behoeften van het vaderland ; een heilige opstand voorwaer! doch die tot geen bloedvergieten leidt [...]. Wy zoeken niet anders dan eendragt, en om die te bekomen vechten wy [...] met geen snydend stael, lood of steen, maer met de pen".

Le mouvement flamand a été stimulé dans son élan par les révoltes populaires qui se manifestaient au même moment dans toute l'Europe et au niveau mondial : en Alsace, en Corse, en Irlande, au Canada, (*K.-L.* 1840 : 73 ; *BM* 1846 : 345).

> "Il ne peut échapper à personne qu'il s'opère en ce moment en Europe une modification importante dans la vie des nations. Partout où langues et mœurs du pays ont longtemps été sacrifiés à des influences étrangères, on voit le peuple, semblable à un géant, briser les liens qui retenaient captif son libre essor individuel" (*Messager* 1849 : 130).

Dès son véritable commencement, le mouvement flamand a pris part à la vie politique contemporaine. En 1840, il a fait circuler une péti-tion dans toute la Flandre, pour rassembler des signatures appuyant les requêtes qu'il adressait au gouvernement. L'initiative de cette première manifestation publique du mouvement flamand provenait de Gand, comme l'atteste le *Kunst- en Letterblad* (*K.-L.* 1840 : 45 ; 1841: 13). Les requêtes ont eu un grand succès auprès de la popu-lation flamande. Nos sources parlent à plusieurs reprises de milliers de signatures, rassemblées dans deux cent quatorze pétitions. Une seule fois, le *Kunst- en Letterblad* nous donne un chiffre plus précis, en mentionnant quarante mille signatures (*K.-L.* 1840 : 45). Le plus important, c'est que les pétitions ont été accueillies favorablement dans toutes les couches de la société.

Or, quelles étaient les requêtes que les flamingants formulaient à l'adresse du gouvernement? Nous pouvons nous en rendre compte grâce à une reproduction de la pétition insérée dans le *Kunst- en Let-*

*terblad* (1840 : 9). D'abord, on énumérait les conséquences néfastes de la diffusion du français en Flandre : la rupture entre les classes supérieures et inférieures de la société ; l'invasion des Français dans les journaux, dans l'enseignement, et leur contrôle des fonctions principales ; la perte des valeurs religieuses par la diffusion d'idées françaises ; la nécessité de savoir le français dans l'administration provinciale et municipale ; l'injustice de juger les Flamands au tribunal dans une langue étrangère. Les Flamands exigeaient que le gouvernement prenne des mesures pour rétablir les droits de leur langue maternelle[16]. Leurs pétitions n'ont point été accueillies de façon positive dans la presse francophone, ni en Wallonie, ni en France. Dès la mise en circulation de la pétition, les journaux wallons ont commencé à jeter feu et flammes contre les Flamands. Ensuite ce fut le tour aux journaux français (*cf. K.-L.* 1840 : 52).

La presse flamande, par contre, était très enthousiaste, témoin les grands espoirs de rencontrer quelque indulgence chez le gouvernement envers les Flamands. Pourtant, on reprochait aux rédacteurs d'avoir utilisé un langage trop modéré en comparaison avec le ton agressif des Wallons envers les Flamands (*K.-L.* 1840 : 45). Qu'en est-il devenu de ces pétitions, et quels ont été leurs résultats directs? L'intention des organisateurs était qu'on en discutât à la Chambre des représentants, pour que celle-ci les transmît au ministre de l'Intérieur, qui en déciderait. Or, au début de l'année 1840, les représentants ont tardé longtemps à délibérer sur les pétitions, à cause d'un changement ministériel, ce qui poussa les revues flamandes à lancer un appel pour qu'on mène l'affaire plus activement (*K.-L.* 1840 : 33). Un peu plus tard, la Chambre transmit la requête à Liedts, ministre de l'Intérieur. Ce fut le début d'une discussion sur la façon de régler l'affaire (*K.-L.* 1840 : 57). En 1841, il semblait que les pétitions porteraient quelques fruits. Le nouveau ministre de l'Intérieur Nothomb semblait prêt à aller au devant des désirs des Flamands (*K.-L.* 1841 : 37). D'abord, le

---

[16] "1° Dat alle provinciale en plaetselyke belangen, in de Vlaemschsprekende gewesten, zullen behandeld worden in het Nederduitsch ; 2° Dat 's ryks ambtenaren, in hunne betrekkingen aldaer, hetzy met de gemeentebesturen, hetzy met de ingezetenen, zich zullen bedienen van dezelfde tael ; 3° Dat deze tael ook zal moeten gebezigd worden by de regtbanken, wanneer de partyen of de beschuldigden die kunnen verstaen ; 4° Dat er eene Vlaemsche Academie, of eene Vlaemsche afdeeling by de Brusselsche Academie, tot aenmoediging der Nederduitsche letterkunde zal worden opgerigt ; En 5° dat het Nederduitsch by de Universiteit van Gent en by de andere ryksscholen in de Vlaemsche gewesten dezelfde voorregten zal genieten als het Fransch" (*K.-L.* 1840 : 9).

flamand recevait sa place à côté du français dans le programme du futur concours entre les collèges et athénées flamands. En outre, le ministre octroyait des subsides aux écrivains à titre d'encouragement. Enfin, il promit d'acquiescer à la pétition concernant l'enseignement. Malheureusement, c'étaient les derniers succès que les pétitions ont remportés. En 1842, la bienveillance du gouvernement se limitait de nouveau à formuler beaucoup de promesses, sans réaliser effective-ment grand-chose. Dans les ministères de la Justice et des Finances, on n'avait même jamais prêté l'oreille aux requêtes des Flamands (*K.-L.* 1842 : 5). Et l'indulgence apparente du ministre de l'Intérieur à propos de l'enseignement se démasqua bientôt lorsqu'un projet de loi sur l'enseignement supérieur ne réservait aucune place au flamand dans le programme, tandis que l'étude des littératures étrangères y était rendue obligatoire. Aussi la société "De Tael is gantsch het volk" rédigea-t-elle deux nouvelles requêtes à l'adresse du Roi et de la Chambre, dans le but d'attirer l'attention sur cette injustice (*K.-L.* 1842 : 45). Au début de l'année 1843, les Flamands avaient perdu tout espoir que les pétitions amélioreraient la situation de leur langue maternelle. Ils prenaient conscience de la duplicité dans l'attitude du gouvernement, qui, sous prétexte de rendre justice aux Flamands, leur faisait quelques menues concessions, qu'il compensait aussitôt par des "cadeaux" beaucoup plus avantageux aux francophones[17].

Il apparaît donc que l'impact des pétitions ne fut pas très grand. En fait, elles ne produisaient pas plus d'effet que les requêtes qu'on avait formulées avant 1840, en raison de l'habileté du gouvernement, qui parvenait à neutraliser les attaques flamandes sans subir trop de pertes. D'ailleurs, l'inertie de la bureaucratie était également en jeu, comme le montrent plusieurs témoignages (*cf. K.-L.* 1841 : 37 ; 1842 : 5).

Avant 1840, les différences entre les deux tendances politiques n'étaient pas très marquées. Au contraire, aussi longtemps que la Belgique était tourmentée par des problèmes internationaux, on cher-chait à renforcer l'indépendance politique par le maintien de l'union entre libéraux et catholiques, qui avait permis à la Belgique de se

---

[17] *Cf.* l'extrait suivant (*K.-L.* 1843 : 1) : "Wat gaf men? slechte vertalingen ; een paer Vlamingen in lagere posten, een paer onvlaemschen meer in verhevenere ; het hooger onderwys bleef in statu quo, terwyl het beoefenen der Moedertael meer en meer gedwarsboomd werd [...] De vlaemsche letterkunde verzocht om op gelyken voet behandeld te worden als de fransche ; men nam twaalf of vyftien exemplaren van een nederduitsch werk, en begiftigde fransche schryvers met duizende franken".

séparer de la Hollande. Aussi tous les ministères étaient-ils mixtes, c'est-à-dire formés de représentants des deux tendances. Après 1840, les oppositions entre les deux orientations politiques grandissaient, et l'unionisme s'effritait. On évoluait vers des cabinets homogènes. Les libéraux augmentaient leur influence dans les grandes villes, et en 1846 ils s'organisèrent en un véritable parti politique, dans lequel la séparation de l'Église et de l'État était l'objectif principal.

Or, dès le début de la décennie 1840-1850, nous trouvons des passages où l'on associe les notions de "catholique" et de "libéral" respectivement avec "Flamand" et avec "Wallon". Que le libéralisme ait d'abord et surtout trouvé accueil en Wallonie ne pourrait étonner, puisqu'il était importé de France[18]. Évidemment, une telle démarcation entre les deux tendances politiques était trop absolue. Elle n'était valable que lorsqu'on considérait la situation dans ses grandes lignes. Dans une perspective plus nuancée, on ne pouvait nier que chacune des deux tendances était représentée dans les deux parties de la Belgique. La présence à Gand de revues libérales, telles que la *Flandre libérale*, en témoigne.

Si l'on veut situer le mouvement flamand dans ce paysage politique, il faudra tenir compte du fait que la politique n'était pas la préoccupation centrale du mouvement flamand. Celui-ci ne se sentait concerné que lorsque la langue flamande était en jeu (*K.-L.* 1840 : 1). Dès le début de ses activités, le mouvement flamand pouvait compter sur l'appui du parti catholique. Telle était du moins la conclusion du *Kunst- en Letterblad*, lors de la parution d'un article de soutien dans le *Journal historique*, qui passait pour l'organe principal des catholiques (*K.-L.* 1843 : 60). En outre, le mouvement a toujours, et de façon très ouverte, attribué une grande importance aux valeurs de la foi, comme il apparaît de la pétition de 1840. Il n'est donc guère étonnant qu'on ait souvent rapproché le mouvement flamand du parti catholique.

N'empêche que l'objectif primaire du mouvement était d'émanciper le peuple flamand, de lui garantir les mêmes droits que ceux dont jouissaient les compatriotes francophones, enfin de le faire participer aux progrès de la science en lui fournissant des livres d'érudition dans sa propre langue maternelle. Cette ambition était au fond un principe "libéral", fondé sur la Constitution, qui prescrivait

---

[18] *Cf.* "De uitslag der laetste kiezingen heeft op het denkbeeld gebragt, Belgie te verdeelen in Waelsch of liberael en in Vlaemsch of katholiek" (*K.-L.* 1843 : 53).

l'égalité des citoyens et l'usage libre des deux langues nationales du royaume (*Eendragt* 1847-1848 : 6)[19]. Sans doute, cette recherche de la liberté devait provoquer chez certains le soupçon d'une sympathie du mouvement flamand pour le parti libéral.

Selon la *Flandre libérale*, le mouvement flamand s'est lancé dans la même voie "rétrograde", conservatrice, qui a toujours caractérisé le parti catholique en Belgique. Selon cette revue libérale, les Flamands ont, dans leur défense de la langue maternelle, tourné le dos à tout ce qui émanait de la France, par haine du f/Français, qu'ils considéraient comme l'ennemi principal de leur nationalité. Ils se sont ainsi exclus eux-mêmes du progrès et de la civilisation, alors que le peuple flamand demandait l'instruction et l'émancipation. Le périodique libéral reprochait aux écrivains flamands de s'être attardés à la forme extérieure de la langue, à son histoire, en un mot de s'être enfermés dans une attitude de "la langue pour la langue", qui récolte seulement du succès dans les milieux d'érudits. Selon les libéraux, l'auteur avait une mission sociale, celle de diffuser l'instruction dans le peuple afin de le faire participer au progrès et à la vie publique. Au lieu de promouvoir l'émancipation des classes inférieures de la population, les catholiques conservaient opiniâtrement la superposition des classes sociales, où le clergé et les érudits maintenaient leur influence dominante. Le mouvement flamand n'était donc rien d'autre qu'un "anachronisme", un retour au passé, "un maintien de l'édifice du moyen âge" (*Fl. lib.* 1847 : 81). D'après les libéraux, qui s'appelaient "constitutionnels", parce qu'ils voyaient dans la Constitution démocratique un tremplin au progrès, l'activité des flamingants se réduisait à "repousser les idées de la France immorale et pervertie", et à pratiquer la langue flamande, qu'ils considéraient comme le palladium de la nationalité. Puisque les catholiques ne pouvaient opposer aucun principe positif à ce négativisme anti-français, les constitutionnels appelaient le mouvement flamand un groupement "politiquement indiffé-

---

[19] La Constitution, qui réservait une grande place à la liberté et à l'indépendance de l'individu, inspirait Snellaert lorsqu'il essayait de décrire l'essence du mouvement flamand dans l'article "Wael en Vlaming" (*BM* 1846 : 345) : "Want een van twee, of de grondwet heeft de Vlamingen bedrogen met de gelykheid der talen te dekreteeren, en in dat geval mogen wy ze zonder angstvalligheid verscheuren [...] of de grondwet is regtzinnig, en dan hebben wy het regt te eischen dat de hoogere magt ook aen ons grondbeginsel de middelen aenbiede, waerby het volk belet wordt tot den graed van verbastering te vervallen [...] De slotsom onzer beschaving moet zyn de individueele vryheid [...] De vryheid van het individu moet voorafgegaen worden door de volksvryheid. En hoe verstaet ge vryheid zonder gelykheid van regten ?".

rent", "en dehors de la réalité". En tout cas, la rédaction de la *Flandre libérale* se voyait obligée d'utiliser le français, puisque c'était là le seul véhicule des idées libérales. Toutefois, elle admettait que le flamand aurait été un moyen plus efficace de répandre le libéralisme dans le peuple, comme il ressort du passage suivant (*Fl. lib.* 1847 : 190) :

> "Il y a parmi nous des citoyens et en grand nombre, qui pourraient entrer en communion avec l'esprit moderne, plus facilement au moyen du flamand, qu'au moyen du français".

Mais elle en voulait au mouvement flamand d'avoir exclu le peuple de toute participation au progrès :

> "Au lieu de songer à aller droit au peuple, en se faisant l'organe de ses douleurs et de ses espérances, on s'est tout d'abord engagé à la poursuite des effets pittoresques, et l'on a presque entièrement perdu de vue la mission sociale de la littérature flamande" (*Fl. lib.* 1847 : 190).

La conclusion de la *Flandre libérale* ne pouvait pas surprendre dans ce contexte. Prétendant lutter pour les garanties politiques de toute la population, elle invitait le mouvement flamand à se joindre au libéralisme (*Fl. lib.* 1847 : 1) :

> "La cause de la langue flamande est dans nos provinces la cause du peuple : c'est à ce titre qu'elle nous est chère et que le parti libéral regarde comme un devoir de la soutenir et de la défendre. Le mouvement flamand est donc à nos yeux d'un intérêt vital ; nous le suivrons d'un œil dévoué, heureux, si nous le voyons entrer franchement dans la voie du libéralisme, c'est-à-dire de la civilisation et du progrès".

Naturellement, le mouvement flamand ne pouvait pas manquer de réagir à cet article peu flatteur à son égard. Pourtant, il est surprenant que ces réponses n'aient pas été nombreuses ni circonstanciées. Dans un petit article, "Een woord aen de Flandre Libérale", l'*Eendragt* faisait remarquer que le mouvement flamand ne voulait pas être un mouvement démocratique, comme l'espéraient les libéraux. Il constituait une lutte pour une nationalité menacée, une requête des droits des Flamands (*Eendragt* 1847-1848 : 63).

Quelle était alors la place que le mouvement flamand s'assignait ? La confusion avait été si grande à ce propos que les écrivains flamands se sont décidés à publier un manifeste intitulé *"Mouvement flamand. Déclaration de principes faite à leurs compatriotes par les défenseurs des droits politiques des populations flamandes"* *(Vlaemsche Beweging. Verklaring van grondbeginselen, door de verdedigers der nederduitsche volksregten aen hunne landgenooten gegeven)*[20]. Le texte se divise en trois paragraphes. Dans la première partie ("Caractère et tendances du mouvement flamand"), les écrivains flamands formulaient douze objectifs qui devraient contribuer à l'émancipation de la Flandre aux plans politique et intellectuel. Dans la deuxième partie, intitulée "Principes politiques", le mouvement flamand exprimait d'abord sa conviction de l'importance vitale de l'élément flamand dans la quête d'une nationalité belge solide. Par conséquent, le but étant essentiellement patriotique et national, le mouvement voulait être politiquement neutre, indépendant de la gauche comme de la droite, à l'affût de saisir des deux mains tout appui à la cause flamande (*R. d. Fl.* 1847 : 417) :

> "Les défenseurs du mouvement flamand n'appartiennent donc, comme tels, ni à l'un ni à l'autre parti politique [...] Le mouvement flamand constitue une opinion entièrement indépendante, qui penchera toujours du côté de ceux qui, par leurs actes et leurs intentions, tendent à favoriser l'émancipation réelle du pays, qui veulent sincèrement rendre justice aux populations flamandes".

Enfin, dans la dernière partie ("Attitude envers la partie wallonne du pays"), le mouvement flamand exprimait le souhait de vivre en harmonie avec les compatriotes wallons, voyant dans cette cohabitation la seule garantie d'établir l'indépendance belge "sur d'inébranlables fondements". Ce but ne pouvait se réaliser que si l'on octroyait aux deux parties de la Belgique les mêmes droits et bénéfices, tout comme chacune des deux fractions devait supporter sa part de charges et de devoirs. De cette façon, le mouvement soulignait l'envergure nationale de ses activités, se justifiant ainsi de l'imputation de la part de ses ennemis, que sa véritable intention serait de "provoquer une scission entre les deux parties de la Belgique". Pourquoi alors faisait-il si

---

[20] On peut lire les deux versions de ce manifeste dans *Eendragt* (1847-1848 : 50) et dans la *Revue de la Flandre* (1847 : 417).

grand cas de l'idée de "nationalité flamande"? N'était-ce pas là une tendance vers la rupture entre les deux peuples? Voyons comment le double emploi du terme "nation" dans la réponse des écrivains flamands avait mené une fois de plus à un malentendu (*R. d. Fl.* 1847 : 417) :

> "Nous parlons, il est vrai, d'une nationalité flamande ; mais par là nous entendons uniquement le respect de la dignité et du caractère *national* des Flamands, en tant que faisant partie de la *nation* belge".

## LA QUESTION DES LITTÉRATURES

### *Les conceptions littéraires des Flamands*[21]

Dans le domaine des lettres, le mouvement flamand luttait avant tout pour la reconnaissance de la littérature flamande, qui, selon lui, méritait certainement une place respectable à côté de son pendant français. Les deux littératures devaient être considérées comme nationales, et il incombait au gouvernement de soutenir l'une et l'autre à un degré égal (*Eendragt* 1846-1847 : 65 ; 1847-1848 : 10). Aussi le mouvement soutenait-il le principe que la *Chronique contemporaine et rétrospective* affirmait dans son introduction (*Chronique* 1847 : I), à savoir la "Nécessité de l'existence simultanée de deux littératures en Belgique, comme instruments de civilisation" (*cf. Eendragt* 1846-1847 : 66). Le successeur immédiat de la *Chronique contemporaine et rétrospective*, la *Flandre libérale* défendait la même idée, mais dans un autre but. Ce périodique voulait propager le libéralisme dans les littératures flamande et française, constituant conjointement la littérature nationale de la Belgique, dans laquelle la dualité linguistique ne serait pas importante, mais où l'idéologie libérale prévaudrait. Cela revient à dire que la revue recherchait l'union entre la Wallonie et la Flandre, non au niveau de la langue, mais bien à celui des idées (*Fl. lib.* 1847 : 1) :

> "Appliquons-nous surtout, si l'unité n'est pas dans notre langage, à la faire régner dans nos idées et dans nos sentiments".

Si les écrivains flamands regrettaient le point de vue partial de la *Flandre libérale* envers la littérature flamande, ils découvraient dans

---

[21] Pour des analyses de la vie culturelle et littéraire en Flandre à partir de 1840, *cf.* Gaus (1977) et Vlasselaers (1985).

ses articles une certaine reconnaissance de la valeur des lettres flamandes. Cette attitude double apparaît clairement dans un commentaire de l'*Eendragt* sur trois comptes rendus d'ouvrages flamands qui
avaient paru dans la *Flandre libérale* (*Eendragt* 1849-1850 : 9).

À part la question des droits des deux littératures en Belgique, le
mouvement flamand a également porté des jugements sur leur richesse respective. En premier lieu, on vantait la tradition littéraire du
flamand, à l'opposé du wallon, qui n'avait jamais atteint le stade de
langue culturelle (*Eendragt* 1847-1848 : 65). Ensuite, on se plaisait à
souligner que les lettres flamandes se caractérisaient par une originalité permettant d'exprimer les idées propres à la Flandre, et de manière individuelle. En Wallonie, par contre, l'emploi du français menait à l'imitation de modèles étrangers (*Eendragt* 1847-1848 : 6). À
ce propos, F. de Vos faisait remarquer que même les Français
n'étaient point fiables lorsqu'il s'agissait d'originalité littéraire. Le
cas de l'ouvrage *Logique judiciaire*, qui, présenté comme l'œuvre
originale d'un Français, obtint un succès énorme en France, en est
une illustration, puisque le livre n'était rien d'autre qu'un calque
littéral d'un ouvrage flamand, intitulé *Regterlyke Redekunde* (*Eendragt* 1846-1847 : 65). Les écrivains flamands n'hésitaient pas à affirmer la supériorité de leur idiome maternel sur celui dont se servaient leurs compatriotes wallons. Ce jugement de valeur amena certains à qualifier la littérature flamande d'éminemment nationale[22].

L'influence pernicieuse de la littérature française sur l'esprit national de la Flandre est un thème que les écrivains flamands abordent
fréquemment. On s'efforçait de convaincre les lecteurs flamands que
toute littérature constitue l'image réfléchie de la nature du peuple où
elle est née, et que la lecture d'ouvrages étrangers, en particulier de
ceux qui émanaient de la France, nuisait à l'esprit populaire par
l'inculcation de coutumes et de pensées d'autrui, à un tel point que la
nationalité risquait de se perdre au profit de la nation voisine[23]. Dans
son commentaire sur un discours latin d'un orateur hollandais, la

---

[22] Ce fut le cas de Blommaert : "Het is een der heiligste regten voor een
gouvernement, van den invloed eener naburige natie, met het meeste geweld, tegen te
werken. Het gouvernement dient de nationale tael- en letterkunde onder zyne
bescherming te nemen in alle middelen te gebruiken om haer te verspreiden en aen te
moedigen ; want eene vreemde letterkunde voor te staen strekt tot niets anders dan het
vernietigen van alle nationale gevoelens" (*K.-L.* 1840 : 13).
[23] Cette idée est développée dans un article du *Kunst- en Letterblad*, portant le titre
significatif : "Hebben wy voor onze Letterkundige vorming inderdaed behoefte aen de
voortbrengselen van vreemde schryvers?" (*K.-L.* 1840 : 65).

haine de Blommaert contre cette francisation s'étend à l'influence latine qu'a engendrée l'expansion romaine :

> "On aurait désiré voir paraître ce discours dans la langue du pays [...] il est temps qu'on secoue le joug moral de ce même peuple romain qui, après quinze siècles que notre pays a secoué son joug gouvernemental, retient et entrave encore, par son influence pernicieuse, le libre développement de l'esprit et de la marche de la nationalité de race des Pays-Bas" (Messager 1844 : 320).

Qu'est-ce que le mouvement flamand a opposé à ce négativisme antifrançais dans le domaine de la littérature? Willems est très explicite à ce propos dans son article "Over den geest waerdoor de Vlaemsche Letterkunde zich moet doen onderscheiden" (*BM* 1844 : 3). Il énumère deux qualités qui doivent caractériser les produits littéraires, si l'on veut rester fidèle à la nature de la Flandre. D'abord, il mentionne la religiosité, qui avait toujours été forte dans la population flamande. Il rappelle que le clergé avait toujours protégé loyalement la langue maternelle comme seule voie d'accès au peuple. Cependant, les Flamands ne s'étaient jamais enfermés dans l'ascétisme, et avaient réservé une place importante à la passion, à l'amour et à la joie. De cette façon, Willems arrive au deuxième trait dont la littérature flamande est empreinte, à savoir la moralité. Sur ce point, les Flamands diffèrent nettement de leurs voisins du Midi. La devise des Français est : "Ayez des vices, mais ne soyez point ridicules" ; en se fondant sur cette devise, ils essaient de déguiser leur immoralité par des paroles adoucissantes. Les Flamands répugnent à de telles mœurs parce qu'ils ont d'autres coutumes, d'autres conceptions, une autre nationalité. La langue et la littérature doivent en être l'expression première.

   Le négativisme anti-français ne condamnait pas du tout la Flandre à l'état d'isolement. L'Allemagne et la Hollande encourageaient les efforts des écrivains avec enthousiasme, puisqu'elles les considéraient comme l'indice de la résurrection d'une nationalité parente menacée d'une mort précoce. Plusieurs textes témoignent de l'enthousiasme des voisins de l'est et du nord pour les activités du mouvement flamand (*cf. BM* 1845 : 435 ; *Eendragt* 1847-1848 : 65).

Le mouvement flamand accueillait d'ailleurs avec gratitude la sympathie des voisins germaniques[24].

Or, quelles ont été les conséquences littéraires de cette amitié cordiale entre Flamands, Allemands et Hollandais? D'après l'Allemand Höfken, les écrivains flamands essayaient d'ennoblir leur langue maternelle par la pratique littéraire et par son rapprochement avec le hollandais et l'allemand (*BM* 1845 : 435). Ces mots doivent être jugés avec précaution, car ils ne sont pas tout à fait en conformité avec les intentions des auteurs flamands. Pour Willems, le véritable but du mouvement flamand dans le domaine littéraire était d'instituer une union entre la Flandre et la Hollande, basée sur l'unité (ortho)graphique des deux dialectes du bas-allemand. Willems fondait ce dessein sur sa conception de ce qu'il fallait entendre par "nationalité". Selon lui, la "nationalité linguistique" est nettement distincte de la "nationalité politique". Mais, chose curieuse, Willems semble séparer la nationalité linguistique du bas-allemand de celle du haut-allemand. Au-dessus de la parenté génétique qui rapproche ces deux idiomes germaniques, à un niveau plus profond, Willems s'en tient à une distinction de langues plus superficielle, plus empirique (*BM* 1840 : 427). De la sorte, l'intention de créer une union littéraire avec la Hollande lui semble suffisamment motivée, mais un rapprochement du flamand avec l'allemand est loin de constituer la préoccupation primordiale du mouvement. Tout en appréciant la sympathie de l'Allemagne pour les efforts des écrivains flamands, Willems avance que la Hollande et la Flandre sont en relations politiques, et "unies par la langue et la littérature" (*Eendragt* 1846-1847 : 15)[25]. Un seul auteur flamand, à savoir van den Berghe, exprime le souhait d'un rapprochement des langues maternelles de la Flandre et de l'Allemagne, étant donné la parenté génétique des deux idiomes. Van den Berghe veut ainsi fournir un moyen de progrès à la littérature flamande et répondre à la proposition de certains Allemands (tels que Höfken).

---

[24] *Cf.* l'intervention de Willems (*BM* 1844 : 3) : "Alle duitsche volkeren nemen, met de levendigste belangstelling, deel aen de vlaemsche beweging : zy beschouwen ons als wedergevonde broeders van hetzelfde bloed ; zy zyn bereid ons krachtdadiglyk te ondersteunen in den wereldstryd tusschen zuidelyke sluwheid en noordelyke rondborstigheid".

[25] Cette idée revient fréquemment dans les contributions d'auteurs aux revues gantoises et est même partagée par quelques Hollandais, comme l'atteste la brochure *Vlaamsch Belgiën en Noord-Nederland* de J.A.Alberdingk-Thijm (commentée dans *Eendragt* 1848-1849 : 21).

*Les conceptions littéraires des francophones*

Les efforts des écrivains flamands dans le domaine de la littérature ont été appréciés de façon divergente par les auteurs et les journalistes francophones en Belgique. Parmi les Wallons, Français et "fransquillons" qui contribuaient à la littérature franco-belge, certains manifestaient une sympathie cordiale à l'égard des adhérents du mouvement flamand et se montraient tout prêts à appuyer les tentatives que ceux-ci entreprenaient. D'autres s'avéraient plus réticents ou formulaient même des critiques sévères à l'adresse des défenseurs du flamand.

L'influence des Français sur la littérature franco-belge de l'époque est une réalité irrécusable. Non seulement les activités littéraires des Wallons se limitaient le plus souvent à une simple imitation des produits littéraires français ; les Français, de leur part, se hâtaient de s'emparer des journaux francophones de Belgique. Naturellement, les Flamands regardaient leur invasion d'un mauvais œil ; ils la considéraient comme l'indice de l'ambition toujours vivante de la France de reconquérir la Belgique avec la collaboration des Wallons, et d'étendre leur territoire jusqu'au Rhin[26]. Une conversation entre de Vos et un avocat parisien, rapportée dans l'*Eendragt* de 1846-1847 sous le titre "De Parysenaers in Belgie" sert à confirmer les projets des Français en Belgique. L'interlocuteur déclare avoir quitté sa patrie, "la capitale du monde", pour consacrer ses talents à la civilisation et au bien-être des Belges, "ses frères". Son dessein initial était de publier un journal politique et littéraire, non pas dans un intérêt personnel, mais par simple attachement à "la bonne cause" : tremper la vie intellectuelle belge dans le génie parisien. La réaction de de Vos est très agressive : son interlocuteur est un de ces multiples journalistes étrangers qui ne savent rien de l'histoire, des mœurs et de la politique de la Belgique (*Eendragt* 1846-1847 : 65). D'autres articles

---

[26] *Cf.* K.-L. (1842 : 29) : "vreemde broodschryvers, welke uit hun vaderland, of gebannen, of gevlugt, of wel in ons midden gezonden zyn door het woelzieke uitschot hunner natie, steeds dromende eens hare grenspalen tot op den linker oever van Duitschlands vryen Rhyn te kunnen verschuiven. Deze zendelingen zyn heimelyk gelast om, by middel der fransche dagbladen, wier schryvers ze zyn, de openbare meening te vergallen en te verfranschen [...] Derhalve geen wonder dat deze vreemde gelukzoekers onze waelsche broeders op ons aenhitsen, om de vraeg des Nederduitschen Belgs van de hand te doen wyzen [...] wiens tael, die zy noch kennen, noch leeren [...] moet uitgeroeid en door de spraek der alleenbeschaefde Natie van Europa vervangen worden".

encore attestent qu'effectivement les propos des Français au sujet de la Belgique étaient parfois si visiblement contraires à la réalité qu'ils devenaient ridicules et provoquaient des rires chez les Flamands et leurs partisans. C'est le sentiment qui est exprimé dans le commentaire sur l'ouvrage *Un mot sur l'histoire de la Belgique* du Français Henrici (*Messager* 1848 : 75-84) :

> "À voir quelques écrits sur la Belgique et sur les Belges, élaborés par nos voisins du Midi, on serait en vérité tenté de dire que certains auteurs français sont placés ici bas pour nos menus plaisirs".

Évidemment, les périodiques belges formaient une voie efficace par laquelle les Français diffusaient leurs idées dépréciatives sur la population flamande, sous prétexte de civiliser la Flandre. Ils essayaient par là même de convaincre les Belges francophones de l'effet propice de la civilisation française sur la nation belge, dans laquelle les Flamands n'étaient, pour le moment, que des arriérés dont la langue maternelle était un simple patois barbare, un jargon incompréhensible (*K.-L.* 1840 : 28). L'influence de leurs articles, au sein du gouvernement et auprès des responsables de beaucoup d'institutions importantes (l'enseignement, l'Académie bruxelloise, le théâtre, les partis politiques) constituait un obstacle infranchissable à la réussite des efforts du mouvement flamand. Telle était du moins la conclusion de la rédaction du *Kunst- en Letterblad*, qui exprimait son désespoir à propos des résultats du mouvement, soulignant en même temps le mépris des Français et des Wallons pour la Flandre (*K.-L.* 1843 : 1). Le mépris des francophones pour les Flamands visait particulièrement leurs activités littéraires. Le *Messager* fourmille de comptes rendus d'ouvrages témoignant de la moquerie des Wallons (*Messager* 1845 : 552) et des Français (*Messager* 1845 : 165) à l'égard de la renaissance des lettres flamandes en Belgique. Il est utile d'attirer spécialement l'attention sur les propos du Wallon Nicolas, relatés par Jules de Saint-Genois dans sa critique de l'ouvrage *Wallonades* (*Messager* 1845 : 157) :

> "L'auteur attaque résolument la langue flamande, s'en moque impitoyablement, et ne consent à regarder la renaissance de la littérature flamande que comme une amusette, qu'il faut abandonner aux antiquaires, aux philologues et aux autres chercheurs de vieilleries historiques".

Un fait rapporté par de Vos dans *Eendragt* (1846-1847 : 65) est révélateur de l'attitude malveillante des critiques français à l'égard de la littérature flamande. Un collaborateur du *Figaro* présentait la poésie d'un certain Flamand sous une lumière extrêmement péjorative. Il ne se gardait nullement de généraliser ses observations à toute la littérature flamande, en présentant les produits du poète en question comme des spécimens exemplaires de toute la production littéraire de la Flandre. Or, comme l'observe de Vos, le poète attaqué n'était pas Belge, ni connu en Belgique comme écrivain[27].

Néanmoins, à la grande satisfaction des flamingants, dans le camp des francophones, les esprits n'étaient pas tous hostiles à la langue maternelle de la Flandre. Notamment dans la presse gantoise, quelques revues étaient favorables à la cause flamande et se montraient disposées à défendre les efforts des auteurs dans le domaine littéraire. Le point de vue du *Messager* relatif à la coexistence de deux idiomes maternels en Belgique est explicite : la revue manifestait un respect sincère pour les deux langues, qui méritaient l'une et l'autre le titre de "langue nationale" (*Messager* 1849 : 354). C'est pourquoi la rédaction applaudissait à la parution d'ouvrages en deux langues (*Messager* 1849 : 352) et louait la patrie d'avoir engendré des hommes capables de s'exprimer dans chacun des deux idiomes (*Messager* 1848 : 525). Fidèle à ses principes, le *Messager* dénonçait toute moquerie de la part des francophones à l'égard des écrivains flamands, en montrant et en confirmant l'existence réelle d'une littérature flamande "aussi riche que celle d'aucun peuple de l'Europe" (*Messager* 1845 : 165). C'est pour cela que la revue exaltait Willems, au moment de sa mort, comme philologue, poète et amateur principal des lettres flamandes (*Messager* 1846 : 483) et qu'elle se réjouissait de l'apparition de la *Revue de Flandre* (*Messager* 1846 : 156), de la *Chronique* (*Messager* 1845 : 552) et de l'*Eendragt* (*Messager* 1846 : 286). La neutralité de la *Revue de la Flandre* la rapprochait beaucoup du *Messager*, qui glorifiait sa consœur pour sa devise : "Servir la cause nationale sous le drapeau de la Constitution", d'où jaillit nettement sa volonté de liberté linguistique et de respect des deux langues nationales.

S'appuyant sur la thèse générale que "le mélange de deux idiomes ou l'absorption de l'un par l'autre peut avoir lieu lorsque les popula-

---

[27] *Cf.* aussi des textes qui dénoncent les efforts des Français et des Wallons pour bannir la langue maternelle de la Flandre du territoire belge au profit du français : *Eendragt* (1847-1848 : 45 ; 1849-1850 : 41) et *BM* (1845 : 435).

tions sont confondues [...] mais non lorsqu'elles sont juxtaposées"
(*Chronique* 1847 : I), la rédaction de la *Chronique* démontra nettement, dans son introduction, l'impossibilité d'extirper le flamand du
territoire belge. En guise d'illustration, la revue appliquait ce principe
au cas où des régions, comme l'Alsace et la Flandre française, avaient
été incorporées dans une nation qui se servait d'une autre langue, et
persistaient néanmoins dans l'utilisation de leur propre idiome maternel. La *Chronique* affrontait ainsi résolument l'opinion de ceux qui,
par hostilité envers la langue flamande, y voyaient un obstacle au
progrès de la nation belge. De l'avis de ces opposants de la littérature
flamande, le français suffisait largement à diffuser "la lumière" dans
toute la population belge, alors que le flamand ne constituait qu'un
élément rétrograde. Tel était, entre autres, l'avis du Baron de Reif-
fenberg, qui, en tant que secrétaire de l'Académie, s'était exprimé de
la façon suivante (*Chronique* 1847 : I) :

> "Chercher à élever le flamand au rang de langue littéraire, c'est jeter
> l'inquiétude et la perturbation dans l'éducation comme dans la
> science [...] Il faut de toute nécessité que l'une de deux [langues]
> succombe, et j'ose dire que, bien loin de perdre, la nationalité ga-
> gnera à la promptitude de cette chute. L'un des premiers éléments de
> l'unité nationale est l'unité de langue".

La *Chronique* traitait ces propos comme émanant "d'esprits malveil-
lants ou superficiels" (*Chronique* 1847 : I). À son avis, il ne fallait
pas se perdre dans des digressions sur ce qui pourrait être ; au
contraire, il était nécessaire d'accepter la réalité "que la Belgique ne
se compose pas d'un tout homogène". C'est pourquoi la revue encou-
rageait les efforts du mouvement flamand, qu'elle jugeait légitimes et
patriotiques. Toutefois, elle invitait les écrivains à accorder la prééminence à la littérature sérieuse, instructive, plutôt qu'à la littérature
frivole, légère, où la forme l'emporte sur le fond. Seule la littérature
solide pourrait produire un redressement intellectuel de la patrie,
développer le pays au niveau moral, consolider l'esprit national, et
permettre à la Belgique de "vivre intellectuellement de sa propre vie".
    La coexistence de deux langues littéraires pourrait même consti-
tuer à la longue un avantage précieux pour la Belgique. La *Chronique*
fait remarquer qu'à ce moment-là, l'esprit européen tendait vers une
fusion entre le génie du Nord et celui du Midi, d'où jaillirait une civilisation harmonieuse pour toutes les populations de l'Europe. La
position géographique de la Belgique et la dualité linguistique qui y

régnait réservaient au royaume un rôle capital sur la scène politique et intellectuelle de l'Europe.

> "Le moyen le plus certain d'accroître notre importance dans l'hiérarchie [*sic*] politique et intellectuelle des nations européennes, et de garantir en même temps notre neutralité, consiste à ne pas prendre pour base unique de notre civilisation le génie du midi ; mais de faire en sorte d'y introduire également les idées fécondantes du génie du nord".

De la sorte, la *Chronique* exprimait l'espoir que la patrie deviendrait, en conservant la neutralité qui lui était imposée au niveau politique, "le centre où viendraient se concilier les doctrines littéraires et scientifiques des peuples européens".

Quant à *La Flandre libérale*, ce périodique voulait surtout contribuer au progrès et à l'émancipation des couches inférieures de la société. Sur ce point, elle critiquait l'influence du "parti" catholique, qui s'en tenait à la superposition des classes sociales dans la population. L'attitude politique de *La Flandre libérale* a certainement eu une répercussion importante sur les conceptions littéraires de la revue. Elle les exprime nettement dans une critique sévère à l'adresse du mouvement flamand (*Fl. lib.* 1847 : 81, 190), qui partagerait avec les catholiques le même comportement déshonorant sur le plan social. Il est intéressant d'étudier les conseils formulés par la revue à l'intention des écrivains flamands dans le but de rectifier leur orientation[28].

D'abord, il convient d'attirer l'attention sur l'acception que *La Flandre libérale* donnait à la notion de "nationalité" : une nation ne se distingue des autres que parce qu'elle représente un principe particulier, une idée essentielle. Ce principe lui donne le droit de vivre et garantit son existence parmi les autres nations. Manifestement, *La Flandre libérale* concevait le terme de "nationalité" dans un sens politique. De ce point de vue, elle rejetait catégoriquement la maxime des écrivains flamands "La langue, c'est le peuple" (*De Tael is gansch het Volk*). De l'avis de *La Flandre libérale*, le choix de la langue dans le développement de l'idée fondamentale était arbitraire, puisque le principe même constituait la nationalité. Ce raisonnement ressort nettement du passage suivant, dans lequel la *Revue de la*

---

[28] Bien que successeur de la *Chronique*, *La Flandre libérale* défendait dans le domaine littéraire des principes nettement différents.

*Flandre* attaque Willems, en tant que propagateur principal de la démarche "absurde et funeste" des écrivains flamands :

> "Willems ne vit pas la question au point de vue que nous venons d'établir [...], la langue lui parut le grand, le premier intérêt [...], il crut que la langue faisait ou ressuscitait un peuple, tandis que c'est le peuple qui fait ou qui ressuscite une langue. Il avait pris l'effet pour la cause".

La démarche du mouvement flamand reflétait, aux yeux des libéraux, une hostilité inévitable envers la langue française et envers ceux qui s'en servaient. On y décelait également une tendance sournoise à la scission de la Belgique en deux nationalités différentes.

> "En admettant que la langue dominait tout, on devait finir par regarder comme ennemis de la patrie tous ceux qui écrivent en français" ; "On dirait qu'on ne peut aimer sa patrie qu'en jurant haine et guerre à l'étranger" ; "C'est une tendance bien contraire au caractère de notre époque, que de s'inspirer si ardemment d'un principe de haine nationale" ; "C'était la langue, disait-on, qui formait la nationalité [...] on ne s'apercevait pas qu'en poussant la conclusion jusqu'au bout, on arriverait à fédéraliser la Belgique, à la scinder en deux nationalités au moins étrangères, sinon ennemies".

Il est clair que *La Flandre libérale* méconnaissait les intentions véritables du mouvement flamand. Au fond, les deux antagonistes se situaient dans des perspectives opposées lorsqu'il s'agissait de définir la notion de "nationalité". Alors que le mouvement flamand entendait le terme dans une optique ethnique et linguistique, la revue libérale le prenait dans un sens purement politique. En effet, les flamingants tenaient leur idiome pour l'emblème de leur "nationalité" dans le seul but de faire reconnaître les droits du flamand et d'augmenter ainsi la valeur de leur ethnie à l'intérieur de la nation belge. Il n'était donc pas question de se séparer de leurs compatriotes wallons pour aller vivre dans un État politique isolé. Ces objectifs ressortent clairement de leur manifeste publié fin 1847, en vue de rectifier les jugements erronés à leur propos (*Eendragt* 1847-1848 : 50). De l'autre côté, *La Flandre libérale* recherchait la seule nationalité politique belge, basée sur un principe fondamental, dans laquelle les distinctions de race et de langue seraient sans importance.

Or, quel était ce principe essentiel qui fondait la nationalité belge et garantissait son existence parmi les autres nations européennes? Il n'est pas surprenant que *La Flandre libérale* avance une idée teintée de libéralisme : la patrie se caractérisait par l'esprit d'égalité et de liberté, et devait remplir la fonction de "médiateur entre des civilisations opposées" (l'expansion française, la simplicité allemande et la ténacité anglaise). *La Flandre libérale* n'hésitait pas à examiner les conséquences néfastes de la devise du mouvement flamand. Selon les libéraux, tout écrivain avait la mission sociale de contribuer à l'émancipation du peuple, en l'initiant au progrès et à la vie politique et intellectuelle de l'époque. Cette mentalité démocratique était importée de France, comme le signale *La Flandre libérale* :

> "Ce fut la France (ayons la loyauté de le dire) qui nous réveilla et nous convia à la vie moderne, et notre reconnaissance s'habitua à voir dans les Français des missionnaires des droits de l'homme [...] Ce fut du Midi que nous vint la bonne nouvelle sociale et politique".

Or, les écrivains flamands ont, par haine du français, repoussé violemment toutes les idées venant de France. Ils se sont ainsi exclus eux-mêmes du progrès et de la civilisation. Au lieu de s'orienter vers une littérature sérieuse, le mouvement flamand a préféré la production littéraire frivole, dans laquelle "ne pouvant s'emparer du fond, on s'était contenté de la forme". De plus, l'enthousiasme des écrivains flamands pour leur langue maternelle les a enfermés dans un fanatisme du passé où le flamand régnait sans rival. D'après les libéraux, c'est parce que le flamand ne marchait plus du même pas que les idées, et que les auteurs renonçaient à leur mission sociale, que la population flamande recourait volontiers à la langue française, seul véhicule de la vie moderne[29]. *La Flandre libérale* déplorait que le mouvement flamand nourrissait une rancune sans raison à l'égard des Français, et condamnait les "plaidoyers misérables" qu'il leur jetait à la tête. À son avis, on ne pouvait combattre une influence étrangère qu'en y opposant un principe supérieur. Les écrivains flamands, "exploitant tous les sophismes", "ameutant contre l'esprit constitutionnel tous les scrupules fourvoyés, tous les fanatismes, tout ce qui est étroit et absurde", s'étaient couverts eux-mêmes de discrédit. Incapables

---

[29] "Eh bien! voici le vrai : le peuple rougit de sa vieille langue, et l'admiration se porta tout entière sur la langue française. Paysans, ouvriers, bourgeois aussi, rêvèrent pour leurs enfants une éducation non pas française, mais au moyen du français. Tous s'étaient dit, et non sans quelque raison, que le flamand était mort, et que la vie, la force et l'avenir n'étaient que dans la langue française" (*Fl. lib.* 1847 : 190).

d'avancer aucune "idée généreuse", les flamingants agissaient dans le vide et formaient au fond un mouvement politiquement indifférent.

Dès lors, l'appel de *La Flandre libérale* aux flamingants était clair et évident. Pour que la véritable renaissance des lettres flamandes puisse avoir lieu, il fallait renouer avec le progrès. Convaincu de l'importance du flamand pour la diffusion des idées dans tous les échelons de la société, la revue invitait le mouvement flamand à se joindre au libéralisme, afin de contribuer au développement de tous les citoyens.

*Le flamand et le progrès*

Pour ce qui est de la situation concrète du flamand, les opinions des flamingants présentent quelques divergences. Alors que certains déploraient l'état d'ignorance de beaucoup de Flamands, d'autres vantaient le flamand pour sa participation au progrès et pour sa richesse en œuvres scientifiques. Parmi ceux qui se plaignaient de la situation misérable du flamand dans le domaine de l'instruction, on retrouve Willems, qui admettait le manque d'ouvrages scientifiques (*BM* 1844 : 3), et Blommaert, qui invitait les auteurs flamands à renoncer à l'imitation servile de l'étranger (*K.-L.* 1840 : 13). Snellaert a émis le souhait de voir apparaître, afin d'élargir cette littérature flamande déjà assez riche, des revues, des pièces de théâtre, des épopées, des dictionnaires (*BM* 1840 : 14). Wolffers attira l'attention sur le manque d'écoles où le flamand figurait dans le programme d'études. Pourtant, tous envisageaient l'avenir avec espérance, étant donné les efforts multiples des écrivains flamands pour remédier à la détresse[30]. Plusieurs textes réagissent contre l'accusation que le flamand serait étranger à la civilisation (*cf. Messager* 1847 : 158). On soulignait sa capacité de rendre toutes les idées de façon originale, à l'opposé du français, qui devait recourir au fonds gréco-latin (*Eendragt* 1847-1848 : 6). La *Chronique* attire l'attention des Wallons sur les effets favorables des tentatives patriotiques des écrivains flamands pour promouvoir leur langue maternelle comme moyen de civilisation. Le *Kunst- en Letterblad* insistait sur le fait que le public flamand

---

[30] *Cf.* le passage suivant, extrait du manifeste du mouvement flamand : "Door alles fransch te maken [...] heeft men voor het vlaemsche volk al de bronnen van wetenschap en van beschaving opgedroogd. Die stand van vernedering, van vyandschap tegen onze moedertael, willen wy doen ophouden, met de hoop dat het hooge bestuer weleens regtvaerdig en moedig genoeg zal zyn, om in Belgie alle gegronde redenen van volkshaet en tweespalt te niet te doen" (*Eendragt* 1847-1848 : 50).

n'avait pas besoin de produits littéraires étrangers pour se civiliser, mais disposait, par contre, d'une large littérature éducative (*K.-L.* 1840 : 65 ; 1841 : 37 ; 1843 : 53). Enfin, Snellaert condamne le mépris des francophones envers les Flamands, comme si le français était le seul véhicule des sciences (*BM* 1840 : 14 ; 1846 : 345). N'empêche qu'il fasse des propositions pour augmenter la richesse du flamand ...

## LES LUTTES POLITIQUES DANS L'ENSEIGNEMENT

La lutte des flamingants pour les droits du flamand dans l'enseignement, entamée déjà pendant la décennie 1830-1840, s'est envenimée après 1840. À un moment où l'instruction publique se trouvait au centre de l'intérêt politique, les exigences du mouvement flamand devaient, de toute évidence, s'accentuer. L'attention du gouvernement pour le problème de l'enseignement a mené à la loi sur l'enseignement primaire de 1842 et à celle de 1850 concernant l'enseignement secondaire.

L'analyse du rôle du flamand dans l'instruction publique de la décennie 1840-1850 est déterminée dans une large mesure par deux éléments nouveaux. D'abord, ce n'est qu'après 1840 qu'apparaissent, dans la presse gantoise, les premiers signes du conflit entre les deux branches de l'instruction, l'enseignement libre et son pendant officiel. En 1847 encore, *La Flandre libérale* assignait à l'État la charge du développement d'un enseignement public capable de faire contrepoids à l'enseignement libre, vu que le clergé pourrait transformer celui-ci en un "moyen de domination" et "d'asservissement des esprits" (*Fl. lib.* 1847 : 5) :

> "Or, il est de fait qu'aujourd'hui, l'enseignement libre, seul, serait insuffisant [...] Un parti [...] y trouverait bientôt tous les moyens d'une domination certaine, et parviendrait au monopole sous l'égide de la liberté. De là, pour l'État, le devoir d'organiser un enseignement qui dépende de lui et ne dépende que de lui : qui faisse pénétrer la lumière dans toutes les parties du corps social, et qui prévienne l'asservissement des esprits".

Pour ce qui est de l'enseignement des langues, le français prédominait largement dans les institutions officielles, d'où le flamand était pratiquement exclu. Étant donné la réputation assez honorable du clergé en ce qui concerne la protection de la langue maternelle de la Flandre, on serait tenté de croire que le flamand occupait une place plus importante dans l'enseignement libre. N'empêche que le *Kunst- en Letterblad* déplorait que même dans ces institutions, l'apprentissage de la langue du peuple laissât beaucoup à désirer (*K.-L.* 1843 : 60). Ceci est confirmé par un témoignage de l'*Eendragt* (1849-1850 : 69), qui signale que le représentant Rodenbach fit savoir au ministre de l'Intérieur que dans plusieurs collèges, le flamand n'était pas du tout enseigné.

Un deuxième élément nouveau dans le contexte, c'est qu'à partir de 1840 les revues deviennent les sources privilégiées pour se former une idée de l'état de l'enseignement des langues à tous les niveaux de l'instruction publique. Quant à l'enseignement primaire, le *Kunst- en Letterblad* soulignait qu'en Wallonie, on utilisait toujours le français, tandis qu'en Flandre, on se servait en général du néerlandais. De plus, alors que les enfants flamands étaient très souvent initiés au français, les instituteurs wallons négligeaient carrément le flamand (*K.-L.* 1842: 40). Pour ce qui est de l'enseignement secondaire, le français l'emportait largement sur le flamand, à tel point que celui-ci se voyait le plus souvent exclu du programme d'études. Dans les cas où le flamand était quand même enseigné, il ne s'agissait que d'une instruction élémentaire. On se servait également de la langue française dans l'enseignement de l'anglais et de l'allemand (*Eendragt* 1846-1847 : 53). D'ailleurs, parmi les professeurs, les Flamands ne formaient qu'une minorité dérisoire (*Eendragt* 1847-1848 : 63). C'est pourquoi les flamingants revendiquaient, en 1846, dans une pétition à la Chambre, 1) l'enseignement obligatoire de la langue flamande dans toutes les classes des écoles secondaires des provinces où elle constitue la langue maternelle, et 2) son usage dans l'apprentissage des autres langues germaniques (*Eendragt* 1846-1847 : 53). Certains défendaient l'idée qu'il serait plus avantageux de consacrer entièrement les deux premières classes de l'enseignement secondaire à l'étude de la langue maternelle, et de n'aborder l'apprentissage des langues étrangères qu'à partir de la troisième année, afin d'éviter toute interférence (*R. de Fl.* 1847 : 309). Après 1846, quelques auteurs allaient jusqu'à requérir une généralisation de l'enseignement du "bas-allemand" dans toutes les provinces, flamandes et wallonnes, de la Belgique (*Eendragt* 1846-1847 : 67 ; 1847-1848 : 57, 73). En général, le mouvement flamand s'en tenait pourtant aux requêtes plus modérées telles qu'elles étaient formulées dans la pétition de 1846.

La réponse de la Chambre des Représentants était à la fois positive et négative : si elle décevait les flamingants quant à la deuxième exigence, elle répondait à la première plus généreusement qu'on ne l'avait espéré. En effet, en 1850, l'enseignement du néerlandais fut rendu obligatoire, non seulement en Flandre, mais également en Wallonie, et cela aussi bien dans les humanités que dans l'enseignement professionnel. Il faut préciser que, alors que les étudiants en Flandre devaient étudier les deux langues nationales de façon approfondie, l'apprentissage du flamand en Wallonie se limitait à une étude superficiellement pratique. Quant à la deuxième requête, la Chambre proposait, par une ordonnance, que les institutions viennent au devant des souhaits des flamingants, compte tenu de la difficulté de trouver des professeurs d'allemand et d'anglais capables de s'exprimer en néerlandais. L'*Eendragt* affirmait, à plusieurs reprises, avoir repéré des professeurs originaires d'Allemagne et d'Angleterre, disposés à enseigner leur langue maternelle en flamand (*cf. Eendragt* 1849-1850: 94).

Il faut signaler que, dans les concours de composition qu'on organisait annuellement entre les institutions d'enseignement secondaire, le flamand ne figurait guère au programme. Si en 1841, les participants pouvaient faire porter leur choix sur la langue maternelle de la Flandre (*K.-L.* 1841 : 37), ceci ne constituait aucunement une garantie pour l'année suivante : en 1842, le flamand était de nouveau banni du concours (*K.-L.* 1842 : 41).

Dans l'enseignement supérieur, on envisageait vers 1849 d'imposer un examen à tous les jeunes qui voulaient s'inscrire à l'université. Le gouvernement déposa un projet de loi dans ce sens, dans lequel on stipulait que l'examen d'entrée consisterait à expliquer des auteurs grecs et latins, et à faire une traduction de l'allemand ou de l'anglais, selon la préférence du candidat. Mais après de longues discussions à la Chambre (*cf. Eendragt* 1849-1850 : 13), on proposa un amendement, en mettant sur le même pied, pour la traduction, le flamand, l'allemand et l'anglais. Dans le camp des Flamands, on considérait cet arrangement comme une défaite, d'autant plus que la Chambre avait rejeté une autre proposition, selon laquelle les candidats seraient soumis à un exercice de composition en latin et dans la langue maternelle (français, flamand ou allemand). Les flamingants déploraient qu'après tout, leur idiome maternel fût assimilé aux langues étrangères, tandis que le français, supposé connu de tout le monde, ne faisait pas partie de l'examen (*Eendragt* 1849-1850 : 13). D'autres accueillaient le décret avec plus d'optimisme et y voyaient même un triomphe pour les Flamands. En ce qui concerne le programme même des études universitaires, la langue et la littérature flamandes y étaient complètement négligées, alors que l'étude du français y était obligatoire (*BM* 1840 : 14 ; *K.-L.* 1842 : 45 ; *Eendragt* 1847-1848 : 93). Même dans les études de philosophie et lettres, où la connaissance des "littératures contemporaines" était requise, la langue et la littérature de la Flandre étaient mises à l'écart, sous prétexte qu'il n'était pas raisonnable d'obliger les Wallons à étudier les lettres flamandes. L'*Eendragt* se demandait pourquoi les francophones consentaient alors à l'enseignement des littératures espagnole, italienne, allemande et anglaise (*Eendragt* 1847-1848 : 10).

## "LANGUE NATIONALE", "LANGUE MATERNELLE"

La dénomination la plus courante par laquelle on désignait le flamand ou le français, était celle de "langue maternelle". C'était le terme le plus neutre, le plus direct : tout le monde le prenait dans le sens de "moyen d'expression de la communauté [en question]". "Langue maternelle" était donc un terme à valeur changeante selon le contexte d'utilisation. La dénomination moins fréquente de "langue nationale" était foncièrement ambiguë, selon la façon dont on définissait la "nationalité". Parfois, on adoptait un point de vue ethnique : "nation" correspondait alors à "peuple", et de façon corrélative, "langue nationale" était synonyme de "langue du peuple". Dans cette optique, la Flandre et la Wallonie disposaient chacune d'un idiome national, et le flamand et le français étaient les deux langues nationales de la Belgique[31]. Mais de cette façon, on violait la réalité linguistique : bien qu'on fût conscient de l'usage de l'allemand en Belgique comme langue maternelle d'une partie des Belges, on gardait le silence quand il fallait accorder à l'allemand le statut de "langue nationale". Quoi qu'il en soit, parmi ceux qui se situaient dans une perspective ethnique et soulignaient la présence de deux langues nationales, les rédacteurs du *Messager* occupent le premier plan (1848 : 25 ; 1849 : 352, 354). Willems, fidèle à sa définition de "nationalité linguistique", applique le terme de "langue nationale" à la totalité du bas-allemand, dépassant ainsi les frontières politiques de la Belgique (*BM* 1840 : 427). Cependant, le terme de "langue nationale" était le plus souvent pris dans un sens purement politique : s'appuyant sur l'argument de la supériorité numérique des Flamands à l'égard des

---

[31] C'est la position adoptée par les rédacteurs du *Messager* (*cf.* 1848 : 25 ; 1849 : 352).

francophones, d'aucuns présentaient la langue de la Flandre comme la seule langue nationale du royaume belge[32]. Si cette opinion était presque exclusivement celle des écrivains flamands, l'*Eendragt* nous fournit tout de même la traduction d'un article dans lequel un Wallon s'était exprimé ouvertement en faveur de la même idée (*Eendragt* 1847-1848 : 57).

## L'ATTITUDE DES FRANCOPHONES À L'ÉGARD DES FLAMANDS

Les francophones percevaient les efforts des Flamands comme un mouvement indéniable vers la scission de la Belgique en deux fractions (*K.-L.* 1940 : 13 ; *Messager* 1845 : 157). Selon eux, la condition préalable à la création d'une nation solide était l'unité de langue (*cf. Chronique* 1847 : I). C'est pourquoi ils préconisaient l'élimination du flamand et s'efforçaient de répandre le français comme seul idiome populaire du royaume (*BM* 1840 : 14). Ce processus de francisation se faisait avant tout par le biais des journaux belges, à travers lesquels les Français surtout essayaient de gagner la faveur de la population flamande[33]. D'après un article anonyme du *Kunst- en Letterblad* (1842 : 9), le centre de cette opération de francisation devait être localisé à Bruxelles, plus précisément dans une association d'ultra-libéraux, qui avait juré la chute de la nationalité flamande et de la foi catholique. L'auteur de cet article avait pris connaissance des desseins concrets que les francophones espéraient mettre en œuvre pour arriver à la suprématie absolue du français. Ces "plans de bataille" contre la langue flamande comprenaient entre autres les mouvements suivants : (1) diffuser l'idée que le clergé protège le flamand dans le seul but de maintenir le peuple dans l'état d'ignorance ; (2) amener les fonctionnaires francophones dans les régions flamandes à bannir le flamand de l'administration ; (3) encourager l'emploi du français

---

[32] *Cf. Eendragt* (1847-1848 : 93) : "De tael der meerderheid, de eenig nationale tael..." ; "Zonder de nationale tael, zonder het Nederduitsch moet België vergaen". *Cf.* aussi le *Kunst- en Letterblad* (1840 : 73, 85).

[33] *Cf.* la façon dont Willems décrit la démarche des Français pour recruter parmi les Flamands des adeptes de la civilisation française : "Van buiten roept hy [= de Franschman] ons terug by de *groote natie*, van binnen gebruikt hy dagbladschryvers om onzen volksgeest te vervormen, huerlingen die, wel is waer, niet openlyk durven zeggen : *wordt fransch*! maer die ons van onzen volksaerd willen aftrekken, ons gedurig uitlokkende naer zekere complimentenwereld, door hen *le beau monde* genoemd" (*BM* 1844 : 3).

dans l'enseignement en engageant des professeurs originaires de France.

Évidemment, les francophones devaient, dans leur ambition, rencontrer un obstacle fort gênant dans l'attachement de la Flandre à son histoire glorieuse, qu'elle considérait comme le gage de l'authenticité de la nationalité flamande et de son importance dans la nation belge du XIXe siècle. En jetant l'oubli sur les exploits héroïques des Flamands, les francophones se détournaient résolument du passé, refusaient d'y prêter aucune attention, et ne voulaient dater la naissance de la nationalité belge que du moment où la civilisation française y avait fait sentir son influence bienfaisante (*BM* 1840 : 14 ; *K.-L.* 1840: 45, 73). Ce sentiment de reconnaissance envers la France se dégage des paroles du représentant wallon Sigart, qui vitupérait les Flamands à la Chambre d'avoir repoussé la générosité française et de s'être condamnés ainsi à l'asservissement :

> "Dites-moi de bonne foi si la partie flamingante du pays peut soutenir la lutte avec la partie wallonne [...] Je sais bien que les hommes dégradés sont plus faciles à gouverner, je sais bien que l'homme dans la plénitude de sa force sent sa dignité, qu'il est moins disciplinable [...] La race flamande serait-elle d'une nature inférieure comme les races africaine et américaine? [...] Eh! nous n'avons pas le droit d'être fiers, nous autres Wallons. Nous le savons bien, si nous avons un peu mieux résisté à une action délétère, nous en sommes redevables à l'influence française. C'est cette puissante civilisation française qui a été notre sauvegarde" (d'après *Eendragt* 1846-1847 : 61).

Cependant, Sigart se réjouissait du fait que dans les grandes villes de la Flandre on avait tout de même prêté l'oreille à l'appel civilisateur des Français. Si à la campagne, la population demeurait toujours dans la détresse, cela ne pouvait être imputé qu'à la tyrannie du clergé, qui abusait du flamand comme moyen de domination intellectuelle (*BM* 1846 : 345).

D'autres francophones poussaient leur dédain des Flamands si loin qu'ils se perdaient dans des exagérations ou des allégations contraires à la réalité. C'était, entre autres, le cas de la réponse du *Flambeau* au manifeste du mouvement flamand. Cet hebdomadaire bruxellois rejetait carrément la manière dont les écrivains flamands comptaient consolider la nationalité belge. *Le Flambeau* défendait donc l'idée que la base primordiale de la nationalité belge résidait dans l'extermination progressive du flamand. À son avis, les tentatives de protéger la langue maternelle de la Flandre ne s'enracinaient que dans un amour-propre mal compris, puisque les écrivains compromettaient par là même les intérêts véritables de leurs compatriotes. En outre, comme le français était le seul idiome du progrès et des sciences, il était inutile d'imposer l'apprentissage du flamand aux Wallons. D'ailleurs, la plupart des Flamands n'étaient pas capables de s'exprimer par écrit dans leur propre langue. *Le Flambeau* se demandait dès lors s'il n'était pas plus raisonnable de leur apprendre la langue la plus répandue. Du côté français, on semblait ignorer la présence du flamand et on croyait que le français était la seule langue populaire du royaume belge. Voici ce qu'écrit un correspondant français à la *Revue de la Flandre* (1846 : 351) :

> "La France et la Belgique sont deux royaumes frères par la langue, par les mœurs, par les usages, par des intérêts multiples et variés".

Enfin, dans *Kunst- en Letterblad* (1842 : 29), Germaen Westerling dresse un tableau des impressions que certains écrivains français avaient ressenties lors de leur visite en Flandre. Tout à fait en contraste avec les expressions d'amitié et de fraternité par lesquelles la France essayait de charmer le Belgique, ces auteurs (Alexandre Dumas, Théophile Gautier, etc.) n'hésitaient pas à qualifier les Flamands de "cannibales", "animaux sauvages, gonflés de tabac et sentant l'alcool", "superstitieux", "idiots" et "fanatiques".

## LE MOUVEMENT FLAMAND ET LES FRANCOPHONES

### Les contre-attaques

Le mouvement flamand s'en prenait à tous les francophones : Wallons, Français et "fransquillons". Il nourrissait une haine particulière contre les voisins du Midi, qui, d'après lui, envisageaient simplement de reconquérir le royaume (*K.-L.* 1842 : 9 ; *Eendragt* 1847-1848 : 45)[34]. Mais la rancune du mouvement flamand ne touchait pas seulement la France. Les flamingants en voulaient également aux Wallons de s'être inclinés devant les Français, d'avoir abandonné leur individualité pour les mœurs de la France, mais surtout, de coo-

---

[34] Willems dénonça le danger en ces termes (*BM* 1844 : 3) : "De Franschman blyft nog altyd even verliefd op ons landeke. Verliefd? Ja, als op zyn petite maîtresse ; niet om ze opregt te beminnen, maer om ze te verkrachten".

pérer à la propagation de la civilisation française en Flandre. Enfin, le mouvement flamand faisait également des reproches durs aux "frans-quillons". Déjà dans la pétition de 1840, il avait attiré l'attention sur les effets funestes de la "mode" française qui avait captivé les cou-ches supérieures de la société en Flandre (*K.-L.* 1840 : 9). L'*Eendragt* nous fournit la quintessence du plaidoyer dans sa réaction contre *Le Flambeau* (*Eendragt* 1847-1848 : 53), qui prônait une politique de francisation. L'appel lancé par le *Kunst- en Letterblad* pour mettre fin à l'emploi du français dans la société flamande, était plus radical encore. Il qualifiait les fransquillons de "bâtards" et de "barbares" (*K.-L.* 1840 : 65).

Les francophones qui défendaient l'idée qu'une nationalité se fonde sur l'unité de langue étaient convaincus qu'il fallait éliminer le flamand du territoire belge. Ils présentaient les activités des flamin-gants comme des tentatives d'arriver le plus vite possible à la rupture de la Belgique en deux nationalités différentes. Toutefois, le mouve-ment flamand estimait que c'était justement la volonté de liquider la langue populaire de la Flandre qui avait engendré une scission de la population en deux castes. À force d'opprimer le flamand, on avait fini par créer un abîme entre, d'un côté, les francophones, Wallons et "fransquillons", qui s'étaient approprié tous les pouvoirs, et de l'autre, le peuple flamand qui, privé de ses droits, restait dans la dé-tresse (*cf. Eendragt* 1847-1848 : 45 ; *K.-L.* 1840 : 9)[35]. Naturellement, la domination des Wallons et l'oppression du flamand qui l'accompagnait semaient le chagrin et le désespoir dans les rangs flamands. Or, loin de vouloir diviser la nation belge, les flamingants désiraient vivre en harmonie avec leurs compatriotes de Wallonie. Cela n'était possible que si l'on conférait les mêmes droits aux deux langues nationales. Le seul moyen de renforcer la nation et de dissi-per toutes les hostilités internes, était donc de réintroduire le flamand dans le gouvernement, au tribunal et dans l'enseignement (*K.-L.* 1840: 13).

Certains écrivains flamands avançaient que l'entente entre Wal-lons et Flamands s'améliorerait si tous les habitants du royaume pos-sédaient les deux langues populaires. Ainsi que les Flamands admet-taient l'utilité de l'apprentissage du français (*Eendragt* 1847-1848 : 53 ; *K.-L.* 1841 : 102), les Wallons devaient être convaincus des

---

[35] *Cf.* aussi les commentaires de Blommaert (*K.-L.* 1840 : 13).

avantages nationaux d'apprendre, de leur côté, le néerlandais (*Een-dragt* 1846-1847 : 67).

Il y avait toutefois des prises de position moins réconciliantes. Snellaert, par exemple, fulmine contre les Wallons dans son article "Wael en Vlaming" (*BM* 1846 : 345). Il ne pouvait pas accepter que les Wallons, malgré leur minorité numérique dans l'État belge, aient pu s'attirer tous les pouvoirs et tous les privilèges. Affligé fortement par la situation d'oppression dans laquelle la Flandre était plongée, il qualifiait les Wallons de "parasites". Qui plus est, les différences ethniques profondes qui séparaient les Wallons et Flamands l'amenaient à conclure qu'une union entre les deux races était devenue impossible. Les flamingants contestaient aussi l'opinion des francophones que le français se propageait spontanément à travers la Flandre (*cf. K.-L.* 1840 : 61 ; 1841 : 102 ; *BM* 1845 : 435). Si la francisation avait gagné les grandes villes de la Flandre, le peuple même était toujours resté flamand, aussi bien dans sa langue que dans son esprit. Le mouvement flamand faisait remarquer que l'usage du français chez les "fransquillons" n'était pas de la plus haute qualité : ceux qui préféraient s'exprimer en français plutôt que dans leur idiome maternel, ne parvenaient pas à dégager leur langage des traces de leur origine flamande[36].

## Le support des Allemands

Dans la lutte entre Flamands et Wallons, le mouvement flamand pouvait compter sur l'appui des Allemands, qui voyaient dans les activités du mouvement un indice de la résurrection d'une nationalité de consanguinité. La Flandre devint le champ de bataille d'un duel entre l'Allemagne et la France. Le voisin du sud regardait avec méfiance les encouragements allemands aux flamingants. Le *Journal des Débats*, organe du ministère français, fut le premier à sonner l'alarme, comme si "la Prusse s'était emparée de la Belgique" (*Eendragt* 1847-1848 : 45). Selon l'*Eendragt*, le rôle de l'Allemagne se limitait à appuyer et à encourager les activités du mouvement flamand. N'empêche que certaines sources insinuent que les intentions des

---

[36] À ce propos, il convient d'attirer l'attention sur les paroles d'un Français, traduites par Saint-Genois (*Eendragt* 1849-1850 : 41) : "Een valsche gezochtheid, een belachelyke naäpingsgeest dryven hem om in de beschaefde wereld fransch te spreken, terwyl, door den langen duur, deze soort van bedwang hun oorspronkelyk volkskarakter allengskens doodt. De Belg drukt zich maer in het fransch uit by middel van een inwendige vertaling die gedurig zynen geest bezighoudt. Hy denkt in het vlaemsch, en spreekt in het fransch. Geheel Belgie is slechts een groote vertaling".

Allemands n'étaient pas si innocentes. Le *Kunst- en Letterblad* signale que quelques Allemands, séjournant à Bruxelles, avaient conseillé aux Flamands d'abandonner leur idiome au profit de l'allemand, s'ils voulaient obtenir quelque prestige international (*K.-L.* 1843 : 85). Un passage du *Belgisch Museum* (1845 : 435) nous informe que d'après Höfken, la seule manière pour les Belges d'assurer leur indépendance politique était de s'incorporer à la confédération allemande.

*Les arguments des Flamands*

Le mouvement flamand attachait une grande importance à l'histoire de sa langue maternelle. Ce passé glorieux constituait le gage de la valeur de l'élément flamand dans le royaume belge (*BM* 1844 : 3). Les flamands s'appuyaient sur le principe de l'impossibilité d'exterminer une langue populaire aussi longtemps que le peuple qui l'utilise reste une entité compacte parmi les nations qui l'entourent. Le mouvement flamand posait aussi un rapport étroit entre les notions de "langue" et de "nation". Il voyait dans l'idiome le principe constitutif d'une nationalité tant politique qu'ethnique[37].

À ce propos il ne faut pas oublier que le mouvement flamand n'est pas né dans le vide. Il s'inspirait de révoltes qui avaient lieu en Europe à cette époque : au Danemark, en Suisse, et en Bohème, des groupes ethniques s'étaient insurgés pour défendre les droits de leur langue maternelle, et souvent avec des résultats positifs. Ces exemples ont incité les flamingants à poursuivre avec ardeur dans la voie où ils s'étaient engagés. Mais ils devaient constater avec amertume que leur agitation n'avait pas donné les résultats positifs qu'on pouvait relever ailleurs[38].

---

[37] "De Nationaliteit is eene aengeborenheid, eene oorspronkelykheid, die zich voordoet by een volk, en die dat volk, ter onderscheiding van andere, kenschetst [...] Wat zulk volk, door behoefte en ondervinding, gedurende een tydverloop van duizende jaren, heeft leeren kennen en beoordelen, daeraen heeft het namen gegeven, en zoo vormde zich allengs elke byzondere tael. De tael is het verstand der natie" (*BM* 1844 : 3).

[38] "Niemand kan ontkennen dat het voor ons, Vlamingen, vernederend is dat volkeren, welke, nauwelyks eene eeuw geleden, nog in eenen betreurenswaerdigen staet van onbeschaefdheid gedompeld waren, thans meer voorregten omtrent het gebruik hunner moedertael genieten, dan wy, die, voor eeuwen, reeds met de meestbeschaefde volkeren ten minste wedyverden, zoo niet hen voorbygestreefd waren" (*Eendragt* 1847-1848 : 49).

## LES RÉSULTATS DU MOUVEMENT FLAMAND : UN CHANGEMENT DE MENTALITÉ

Même après une lutte de vingt ans, et malgré la résolution avec laquelle le mouvement flamand s'est manifesté, les efforts des flamingants n'ont donné pratiquement aucun résultat tangible : la pétition de 1840 a été escamotée dans les tiroirs des ministères, le français demeurait la langue officielle du gouvernement et les Flamands étaient toujours jugés au tribunal dans un idiome incompréhensible pour la majorité d'entre eux. Dans deux domaines seulement, un certain succès peut être enregistré. D'abord, les écrivains ont pu donner un nouvel élan à la littérature. Ensuite, la loi sur l'enseignement secondaire (1850) semble constituer un premier pas vers le rétablissement des droits du flamand à tous les niveaux de l'instruction publique. Mais même là, le flamand était largement dominé par le français.

Toutefois, à partir de 1845, le mouvement flamand a provoqué un certain changement de mentalité chez les francophones. Plusieurs Wallons, Français et "fransquillons" sont venus se joindre au camp des Flamands. L'*Eendragt* signale par exemple le "revirement" de certains écrivains d'origine flamande, qui avaient d'abord écrit en français et adoptaient maintenant le néerlandais comme moyen d'expression (*Eendragt* 1846-1847 : 101). Le même périodique se montre sympathique à l'égard de la *Chronique* et, chose plus curieuse, de *La Flandre libérale*, deux revues qui reconnaissaient la valeur du flamand dans la nation belge (*Eendragt* 1846-1847 : 66 ; 1847-1848 : 5). De plus, on appréciait beaucoup les éloges que *La Flandre libérale* avait faits du flamand dans quelques comptes rendus (*Eendragt* 1848-1850 : 9)[39]. Le mouvement flamand pouvait compter aussi sur l'appui de quelques Wallons dans les discussions sur l'enseignement. À la Chambre, le représentant Dumortier se prononçait ouvertement en faveur du flamand dans le programme d'études de toutes les institutions belges (*Eendragt* 1849-1850 : 13). Et comme le signale l'*Eendragt* (1848-1850 : 17), certains organes reconnaissaient sans ambages les droits du flamand et la nécessité pour les Wallons d'apprendre la langue flamande. Ces expressions de bienveillance de la part des francophones renforçaient la confiance des flamingants dans leur lutte pour l'égalité du néerlandais et du français en Belgique (*cf. Eendragt* 1849-1850 : 46).

---

[39] *Cf.* aussi *Eendragt* (1847-1848 : 65).

CONCLUSION

Si dans la période 1830-1840 le conflit se limite le plus souvent à quelques attaques timides, on constate qu'après la reconnaissance de l'indépendance belge par la Hollande, en 1839, la lutte a pris des formes parfois agressives et a assumé un statut national. À partir de 1840, le mouvement flamand s'est engagé dans la politique intérieure belge et a sollicité le gouvernement de satisfaire ses exigences. Après 1840, le mouvement flamand se profile comme le troisième parti politique en Belgique, à côté des catholiques et des libéraux[40].

Au bout de la décennie 1840-1850, quel est le bilan qu'il faut dresser de la lutte flamingante ? Au plan législatif, le bilan est peu réconfortant : la Constitution, qui devait régler l'usage linguistique en Belgique, prescrivait la liberté des langues, mais en 1850, le français était toujours l'idiome du tribunal, du gouvernement et de l'enseignement. Mais au plan "idéologique", celui du vécu subjectif, et celui de la culture comme sublimation collective des sentiments et des aspirations, on peut enregistrer des succès : le nouvel essor de la littérature flamande, le rôle de plus en plus important du néerlandais dans la presse, et un positionnement assuré du mouvement flamingant en tant que force politique. Mais le succès le plus important est sans doute celui qui s'est opéré dans le silence : à travers la Flandre se diffuse, très lentement, la confiance dans l'avenir du flamand émancipé, dans ses capacités comme langue officielle et littéraire, dans ses droits d'existence et d'auto-affirmation. L'idéologie de l'émancipation amènera alors un autre conflit interne : celui entre langue standard et patois. Des idéologies et de la politique qui étaient liées à la cristallisation mythique autour du couple *"langue/nation"*, on passe à une politique de la *distinction* sociale, idéologique et linguistique, où le couple "langue/nation" ne saurait plus fonctionner, tout simplement parce que le terme qu'il présuppose, celui de *"peuple"*, perd son contenu ...

---

[40] *Cf.* l'article "Tegenwoordige Belgie (Liberalen, Katholyken en Vlaemsche Beweging)" dans l'*Eendragt* (1847-1848 : 65).

# BIBLIOGRAPHIE

DENECKERE, M. (1954) : *Histoire de la langue française dans les Flandres (1770–1823)*, Gand : Romanica Gandensia

DEVLIEGER, B., SWIGGERS, P. (1993) : "De la langue à la nation : le 'cas belge' étudié à travers quelques revues dans les années 1830-1840", *In* : SAINT-GERAND , J.P. : *Mutations et sclérose : la langue française 1789-1848*, Zeitschrift für französische Sprache und Literatur, Beiheft 21: 42-56.

GAUS, H. (1977) : "Het socioculturele leven in België : Literatuur en kunst 1844-1895", *In* : *Algemene Geschiedenis der Nederlanden*, t. 12 : 191-208.

GEERTS, G. (1979) : *Voorlopers en varianten van het Nederlands*. Leuven : Acco. [4$^e$ édition]

SWIGGERS, P. (1998) : "La 'Sprachpflege' du néerlandais en Belgique flamande", *In* : GREULE, A., LEBSANFT, F. : *Europäische Sprachkultur und Sprachpflege*, Tübingen : Narr : 69-88.

VLASSELAERS, J. (1985) : *Literair bewustzijn in Vlaanderen 1840–1893*. Leuven : University Press.

# QUESTIONS OUVERTES

Willem Frijhoff
Vrije Universiteit Amsterdam


Au lieu de résumer les acquis du colloque et de clore ainsi le thème "Changements politiques et statut des langues, 1780-1945", les membres du Forum sont invités à dire en quelques minutes ce qui, à leur avis, a manqué pour que le thème soit convenablement couvert, ou ce qui, de l'avis de chacun, a été négligé dans les communications ou les débats. Autrement dit, comment garder la thématique ouverte et continuer la réflexion ?

*Gerda Hassler* propose quatre thèmes : la *typologie* des changements politiques nous conduirait-elle à discerner des changements dans l'enseignement des langues, les choix d'une langue étrangère ou seconde, ou la construction des manuels ? Il vaudrait mieux définir les caractéristiques de la rupture épistémologique, et les liens entre les éléments politiques et les traditions culturelles. Elle souligne les possibles *discordances* entre le rythme des événements politiques et l'enseignement des langues, entre la grammaire savante et la pratique quotidienne de la langue, entre l'approche scientifique et les pratiques culturelles. L'histoire institutionnelle de la langue n'est pas tout, il faut rester ouvert à ses aspects *non codifiés*. Enfin, *épistémologie* est un mot ambigu qui s'applique aussi bien à la méthodologie de l'enseignement qu'à la langue elle-même. Ne faut-il pas étudier la diffusion du français de l'intérieur des pays concernés ?

*Francine Melka* pour sa part signale les thèmes récurrents qui traversent les discussions et demande de réfléchir sur ces aspects "reçus": la fonction intellectuelle de l'enseignement, l'importance du contenu et de la structure de la langue ; ainsi que les concepts de "génie" et de "clarté" de la langue française, que l'on retrouve, en fait, appliqués à bien d'autres langues. Ces concepts ont souvent une dimension identitaire : la suprématie affichée est ailleurs que dans la seule langue. D'où l'intérêt d'une approche comparée.

*Jean-Claude Chevalier* met en avant le caractère idéologique de la notion de "clarté". Il souhaite, lui aussi, un souci de comparatisme plus développé, à l'égard du statut d'autres langues dans d'autres pays ou contextes, bien sûr, mais peut-être même par rapport aux langues électroniques. Revenant au problème des idéologies et leurs effets simplificateurs, il affirme qu'il vaut mieux suivre la voie sociologique que la voie idéologique dans l'étude du sujet de ce colloque. Il souligne enfin que le rapport entre langage dominant et langage dominé existe partout et toujours, jusqu'à l'intérieur d'une même langue, ce qui nous demande de raffiner davantage la problématique initiale.

*Denise Egéa-Kuehne* fait remarquer que la *S.I.H.F.L.E.S.* manque cruellement de l'expérience multilingue des pays du Centre et de l'Est de l'Europe. Elle souhaite une plus grande collaboration entre les pays concernés, et une multiplication des échanges de ressources. Enfin, elle se demande si les archives qui constituent la base de nos recherches futures sont convenablement conservées. À ce sujet, *Jean-Claude Chevalier* mentionne le rôle des instances européennes. Devant la politique de destruction rapide et systématique de tous les documents d'archives qui ne soient pas relatifs à la gestion même des administrations officielles, *Willem Frijhoff* exprime ses craintes devant l'éventualité d'une perte irréparable des documents qui nous permettraient dans l'avenir de scruter l'usage effectif des langues de l'Europe. Il se demande si la *S.I.H.F.L.E.S.* ne doit pas se montrer plus vigilante à cet égard et si elle n'a pas un rôle signalétique à jouer envers les autorités.

*Bernard Esmein* insiste sur l'intérêt d'un élargissement du thème et de l'audience d'un prochain colloque : il faut inviter des collègues étudiant d'autres langues et d'autres contextes linguistiques.

*Pierre Swiggers* résume ses réflexions en quatre points. Il faut réfléchir sur la notion de *langue* : l'employons-nous comme expression d'une culture, d'un certain génie, comme moyen de communication, etc. De même pour le *contexte* du changement politique et économique : ne faut-il pas mieux distinguer entre la longue, moyenne et courte durée, entre les différents rythmes, entre les influences des changements dans un pays donné ou au-dehors ? En troisième lieu, distinguons plus clairement entre l'enseignement *dans* la langue et l'enseignement *de* la langue étrangère. Enfin, prêtons attention à l'*écolinguistique*, en incluant dans nos recherches les langues sans toiture nationale, les dialectes sauvages, etc…

*Willem Frijhoff* dégage ensuite quelques thèmes récurrents, et les lignes de consensus qui semblent se dessiner à travers ces interventions : l'importance d'une typologie, la nécessité de l'approche comparée, la présence inéluctable du non-institutionnel, le souhait de définitions plus précises et de distinctions plus poussées.

Interrogé par *Daniel Coste* sur sa propre position, *Willem Frijhoff* met en avant l'importance que revêt à ses yeux, dans le contexte de ce colloque, l'apprentissage "sauvage" des langues étrangères. Par les échanges informels entre des personnes appartenant à des communautés linguistiques différentes, ceux-ci connaissent et utilisent souvent efficacement des bribes de langage avant tout apprentissage codifié. Cela vaut pour le français au XVIIe siècle hollandais, glané de la bouche des immigrés et des étrangers passants, artisans, matelots, soldats ou commerçants, comme pour l'anglais de nos jours, reçu en abondance de la télévision, de la musique internationale, de la publicité et d'Internet avant tout apprentissage formel. Avant et en dehors de l'enseignement structuré il existe donc bien souvent des formes élémentaires de communication linguistique qui s'installent dans le tissu des relations sociales entre gens de langue différente et influent sur le type de rapports linguistiques mais aussi sur les rapports de pouvoir qu'ils entretiennent. Ne faudrait-il pas s'interroger davantage sur les conséquences de ce type d'apprentissage "sauvage" pour la constitution et les caractéristiques d'une langue étrangère ou seconde, quelle qu'elle soit d'ailleurs ? Ainsi, le statut de la langue pourrait bien être fixé culturellement avant toute intervention politique, qui n'arriverait à l'influencer que marginalement.

On souligne dans l'assistance que c'est là précisément une des craintes majeures du monde anglo-saxon actuel : à savoir la constitution d'un semi-anglais mondialisé et en quelque sorte abâtardi qui échapperait aux anglophones de naissance.

Plusieurs membres de l'assemblée interviennent ensuite à leur tour. Ainsi, *Anthony Aquilina* insiste lui aussi sur la nécessité de prendre en compte le langage non codifié.

*Henri Besse* pose la question de l'importance, dans l'histoire des langues, de l'apprentissage de la langue de l'ennemi. *Denise Egéa-Kuehne* et *Willem Frijhoff* abondent dans ce sens : dans plusieurs pays le pouvoir militaire fut et reste un important promoteur de l'apprentissage des langues étrangères.

*Henri Besse* revient ensuite sur la question du sigle de la *S.I.H.F.L.E.S.* : faut-il conserver la lettre F et avec elle la place unique